语言生活皮书

# 粤港澳大湾区语言生活状况报告
# （2023）

屈哨兵　主编

**顾　问**　郭　熙

**主　编**　屈哨兵
**副主编**　张迎宝　王　苗

**编　者**　（按音序排列）
戴仲平　邓永红　郭　杰　和丹丹　侯仁魁　黄晓雪
马　喆　屈哨兵　王海兰　王晋军　王　苗　王文豪
王秀玲　王毅力　魏　琳　徐朝晖　徐曼曼　禤健聪
张晓苏　张迎宝　周清艳

**编　写**　国家语委国家语言服务与粤港澳大湾区语言研究中心
（广州大学）

# 学术使命如何才能更有担当更可持续

## ——序《粤港澳大湾区语言生活状况报告（2023）》

屈哨兵

这本《粤港澳大湾区语言生活状况报告（2023）》（以下简称《报告》）是国家语委国家语言服务与粤港澳大湾区语言研究中心研制的皮书。如果从中心研制的系列皮书角度看，这是中心研制的第五本皮书，第一本是《广州语言生活状况报告（2018）》，此后陆续研制推出的是《中国语言服务发展报告（2020）》《粤港澳大湾区语言生活状况报告（2021）》《粤港澳大湾区语言服务发展报告（2022）》；如果从“地方的语言生活绿皮书”（李宇明序《广州语言生活状况报告（2018）》语）角度看，这是中心研制的第三本皮书；如果从中心进一步明确研究任务的角度看，这是中心研制的聚焦大湾区语言生活的第二本皮书。当然，如果从走出三年新冠疫情、满血复活、继续推出中心的研制成果这个角度来看，这是中心走出疫情之后的第一本。

之所以做这一番梳理，是想借此机会，结合本《报告》的研制，谈一谈大学科研机构怎样才能使自己的学术使命更有担当，更可持续。

### 有组织的科研

2022 年 8 月，教育部印发的《关于加强高校有组织科研 推动高水平自立自强的若干意见》指出，高校要在“持续开展高水平自由探索研究的基础上，加快变革高校科研范式和组织模式，强化有组织科研，更好服务国家安全和经济社会发展面临的现实问题和紧迫需求”。中心近些年之所以能够取得一些进步，与我们想契合这种有组织的科研有一定的关系。表现有二。

一是国家语委有组织的引导培育。中心创建伊始，国家语委、教育部语言文字信息管理司就一直给予我们关注与支持，既出题，也审题，既催卷，也改卷。去年年底，我们分北京、武汉、广州三地线上线下结合举办国家语言资源服务平台上线、国家语言生活系列皮书发布和第七届语言服务高级论坛，系列活动结束后，我们向田立新司长汇报工作，禤健聪教授转给我一张 2012 年初举办第一届语言服务高级论坛时田司长跟与会专家代表的合影，合影记录着田司长那时就来到广州对中心发展和论坛召开给予了指导。此后的每一届论坛，司里领导都会与会。这不仅是表示支持，对我们过去一段的工作进行了解，更多时候是对我们下一阶段的工作提出要求。这种要求就是一种“有组织”的体现。我们在今年的《教育部语言文字信息管理司 2023 年工作要点》第 16 条中看到有“研制发布《粤港澳大湾区语言生活状况报告（2023）》”，这同样也是一种有组织的互动实现。

二是中心有组织的引导发育。中心现有科研人员二十余人，近年来我们比较注意立足机构实际的引导发育工作。以我为主，兼拓外援。中心同事大部分都承担教学任务，一部分同事还承担行政工作；另外，还有十来位相对稳定的来自大湾区内外的学术外援。以这本《报告》的作者为例，属于校内教学科研及管理岗的同事计有 21 位，来自大湾区的外援有 12 位，这些外援包括香港中文大学、香港教育大学、暨南大学、珠海科技学院、北京理工大学珠海学院的同道，还有几位来自广州市教育局及大湾区内的基础教育界的同行。关于校内的各位，我们一直在探索如何在开展高水平自由探索研究的基础上强化有组织科研。说实话，在一个学校的学术科研平台上进行这样的探索是有一定难度的。抛开大家都较为繁重的教学或管理工作不说，如何引导大家在原有的学术专攻的基础上聚焦到粤港澳大湾区语言中心的学术使命上来，是得有些办法。这里面涉及如何与学校评价系统对接，如何与学院教学工作融合，如何与大家商量在我们的湾区系列当中建立起自己的学术研究和社会影响的生发地，如何形成相对稳定又可互相呼应支援的板块团队，等等。可以说，近些年来我们在上述几个方面都进行了较为成功的探索。随着报告年份的不同，不同组合的同事都能有组织地发动起来。以这本《报告》为例，自贸区篇的几份报告，就主要是由王海兰组织并写作完成，两位副主编张迎宝和王苗完成了大量的选目组稿读稿编稿的工作。我相信这种有组织的发动会引导一个学术团队更好地成长。

2023 年 2 月 21 日，习近平总书记在中共中央政治局第三次集体学习时强调“要强化国家战略科技力量，有组织推进战略导向的体系化基础研究、前沿导向的探索性基础研究、市场导向的应用性基础研究”，这虽然是从基础研究“国之大者”角度提出的，作为一所大学里的小小学术科研中心未必需要机械附会，但从战略导向、前沿导向和市场导向思考我们立足本学科本中心本系列主动作为做些什么，却是十分应该的。参加国家语委十数年来推动中国语言生活派的建设发展，系统推出粤港澳大湾区语言中心自己的系列报告，或许就是一种主动作为。

## 有共识的追求

国家语言服务与粤港澳大湾区语言研究中心是在广州大学语言服务研究中心和广东省社科研究基地粤港澳大湾区语言服务与文化传承研究中心的基础上组建形成，依托广州大学建设，由教育部语言文字信息管理司、广东省教育厅共同指导支持。作为大学的一个学术机构，成立起来挂个牌子不难，运行起来形成共识并不断追求却并不容易。我们常常在问自己一个问题：国家语言服务和粤港澳大湾区语言研究中心，简称为“粤港澳语言中心”，对位国家“语言服务研究”和“大湾区语言研究”，我们应该在工作中形成什么样的共识？然后大家怎样来追求这种共识，实现这种共识？从我们的实践来看，至少在以下两点上我们有了一定的表现。

第一，形成五个方面的共识。2020 年底，在获批国家语委科研机构揭牌不久，我们专门召开了一次闭门会议，讨论中心的学科建设和学术发展的思路，中心大部分成员都参加了。在这次会议上，我提出中心建设发展要在五个方面形成共识。一是追求“国家队”意识，按照国家队的要求提升团队成员水平和整体水平；二是追求大湾区意识，紧紧围绕大湾区建设开展相关研究；三是追求集体作战意识，发挥集体智慧，打造中心学术成果品牌；四是追求语言服务成果意识，研发一批语言服务学术产品和语言服务应用产品；五是追求学术创新意识，实现在语言服务研究和大湾区语言研究方面的理论创新。这五个方面的共识追求提出来之后，我们陆续推出了粤港澳大湾区语言生活状况报告和语言服务发展报告。在每一次报告选题、报告组稿、报告审读、报告修改等不同环节，我们始终以国家绿皮书的研制标准作为大湾区皮书的质量标准，以大湾区语言生活语言服务最称职的报告人作为作者标准，以每年都争取获得良好反响作为我们的任务标准，以一盘棋思想精益求精作为每一份报告的取舍标准，以团队高质量创新作为我们的知识产权标准。我们希望这种共识追求能够成为团队的一种行动标准。

第二，团队成员都可以成为团队品牌的“代言人”。在上文提到的闭门会议上，我们还成立了后来大家习惯简称为“四室两部”的中心内部学术建设发展的架构。“四室”分别是语言生活研究室、语言服务研究室、语言文化传承研究室、大湾区语言规划研究室；“两部”则是“大湾区语言资源部”和“语言服务产学研促进部”。我们有意让年轻老师各自去担纲占领这些“山头”，这些室部的负责人除禤健聪教授外，其他的几位都是近几年学院与中心吸纳的优秀博士，依次分别是张晓苏、王海兰、王毅力、张迎宝、王文豪等。这些同事近年来的学术发展走向，一定程度上与这种“山头”担纲有关联。我们有计划地根据大家担纲的实际工作确定不同的团队成员担任系列报告的副主编和板块负责人。担纲就得代言。以这本《报告》为例，我们在每个板块都设置了主持人，“四室两部”的负责人就是当然的主持人。主持人既是板块内容组织者，也是板块推出的宣传者，每个板块的导语就由主持人代言负责。本报告有六个板块，分别为社群篇、领域篇、教育篇、广州篇、港澳篇、自贸区篇，相关的室部负责人就为这些板块把关并撰写导语进行提炼和推介，成为板块代言人。当然，根据每本皮书性质的不同，我们的“代言人”也有所不同。此前几本不同主题的报告皮书中，马喆、郭杰、侯仁魁等也在不同的板块中担任了组织者，成为“代言人”。将来还会有新的同事加入到这个代言人的群落中来。这逐渐也会成为我们共同努力以实现学术使命的一种共识。

## 有价值的努力

2023 年 3 月 3 日，在团队内部最后一次讨论这本《报告》的书稿时，我收到由中华书局（香港）新近出版的《叩门语思——一名语言学家的问学感悟》（李宇明著）。宇明老师很客气，在扉页上写上“哨兵弟正之　2023 年 2 月 22 日”赠我。宇明老师呼我为弟，是因为我和他都曾受教于邢福义先生。他是邢先生首招硕士时的开山弟子，我则是邢先生所带硕士的关门学生，此后邢先生就开招博士生了。我入邢门后，邢先生曾专门给我讲，李宇明虽然是你的师兄，实际上你也应该把他当老师看的，所以我一直以来是以老师来称呼宇明师兄的。宇明老师十数年来对我们这个中心及皮书研制团队倾注过很多心血，在学术走向上给予了最直接的指导和支持。在这种支持和指导的启发下，我们不断确认着努力的价值。无独有偶，打开《叩门语思》第一部分《学术理念》，不及翻页，下面一段话便跳进了我的视线：

> 学术的内驱力就是“求真”和“求用”。“求真”就是探讨事物背后的规律，这是学术的用途，是科学的使命，是“无用之用”。“求用”指的一是应国家和社会之需做学术研究，学术成果是人类的智库；二是开发产品满足市场和产业之需，现在语言学已经和市场很密切。

读这段关于学术“求真”和“求用”的话，我觉得拿来概括我们近年来在学术价值方向上的努力再合适不过了。这段话最早是作者2012年在《早把心智许学林，求善求美求本真》一文中说的，文中还点了两个做得很好的大学学术机构作为例证：一个是山东大学的语言经济研究所，一个是首都师范大学的语言产业研究中心。我们这个团队所依托的平台2012年还只是刚刚起步，当时宇明老师还在国家语委工作，我向他汇报广州大学成立“语言服务研究中心”设想的时候，他立刻就表示支持。之所以叫“语言服务”，其实也就是想就此给一个生发于地方综合性大学的学术机构以一种价值追求上的定位，做“真学问”，做“有用的学问”。从中心这些年的建设发展来看，我们也基本上是按照这种思路来探索前行的。中心由早年的“抱团取暖”到现在的“抱团发展”，从原来的校级科研机构逐步成长为国家语委的研究型基地，并被赋予国家“语言服务”和“大湾区语言”研究的特别使命，无不都在显示着这种探究学术服务家国的价值努力。近年来我们连续推出的《广州语言生活状况报告》《中国语言服务发展报告》《粤港澳大湾区语言生活状况报告》《粤港澳大湾区语言服务发展报告》等，都是在这种价值观引导下的成果。李宇明、周庆生两位老师先后以“语言服务的实践品格”“好风凭借力，送我上青云”“谱写中国特色区域语言服务话语体系的新篇章”等为题作序，对我们的工作加以评价和鼓励；《中国语言生活状况报告》现任主编郭熙老师则更是全过程鞭策指导，从选题策划到稿件的一读、二读、三读，耗费了大量心血。这是第二本《粤港澳大湾区语言生活状况报告》，同样也显示出我们求真求用的努力。我们相信，树立这样的学术价值观是一种正确的选择。

当然，我们的工作价值也得到了教育部和国家语委的充分肯定。在今年4月3日召开的2023年全国语言文字工作会议上，教育部党组成员、副部长陈杰同志在讲话中谈到国家语言文字事业过去一年的工作时，专门指出我们“发布了《粤港澳大湾区语言服务发展报告》，成立了‘粤港澳大湾区语言生活和语言服务建设联盟’”，也从一个角度反映出我们的这种有价值的努力。

## 有目标的工作

从基本功能意义上讲，进行国家或特定领域或地域的语言生活状况报告就是一种语言服务，这是我们这类报告的目标。本《报告》研制期间，我们在国家语委的指导下召开了第七届语言服务高级论坛，发布了《语言服务助力数字中国倡议》，同时还成立了“粤港澳大湾区语言生活与语言服务建设联盟”。受当时疫情的影响，我们邀请了三十多位同道学者线上发表高见，很多专家学者就数字中国大背景下的语言服务做了极富建设意义的报告。通过报告题目就可以窥斑见豹:《语言服务是语言生活派的根本理念》(厦门大学苏新春)、《数字化时代语言服务基础建设的转型升级试说》(武汉大学赵世举)、《语言服务向数字经济转型刍议》(暨南大学邵敬敏)、《语言服务质量与汉语词语雅俗》(北京师范大学周荐)、《粤港澳大湾区城市〈文明城市促进条例〉中的语言服务意识》(南京大学方小兵)、《本土语言服务需要国际视野》(北京外国语大学王文斌)、《区域语言能力指数研究的相关思考》(北京外国语大学张天伟)、《数据经济视角下的语言资源的保护开发》(北京语言大学王莉宁)、《人工智能助推语言教学数字化转型》(科大讯飞汪张龙)、《媒体语言顺应论与数字时代的语言规划》(广东外语外贸大学汪磊)、《语言产业视域中的语言传播》(首都师范大学贺宏志)、《语言产业与语言生活》(首都师范大学李艳)、《数字时代的语言伦理及其治理》(首都师范大学王春辉)、《加强网络语言治理 服务数字中国建设》(教育部语言文字应用研究所郭龙生)、《数字经济时代的语言服务问题分析》(扬州大学李现乐)……这些报告给了我们很多启发。举个例子，苏新春教授在《语言服务是语言生活派的根本理念》报告中提出“广义的语言服务观”，并指出：“语言服务指的就是语言要服务于社会发展、服务于国家、服务于百姓的和谐语言生活。”这与我们中心近些年来一直进行的研究探索及行动实践高度契合。新春教授是站在更大范围内来论证这个问题的，但毫无疑问，这给了我们的工作更多的目标自信。

皮书报告语言生活，从语言服务的角度看其追求的目标，有两点值得特别申说。

一是目标中要有国家。我们在学习讨论《国务院办公厅关于全面加强新时代语言文字工作的意见》和国家语言文字事业“十四五”发展规划及国家语委“十四五”科研规划的时候，专门以“服务”作为关键词进行过一次检索整理，发现与“服务”相勾连的概念可以形成三个很有意思的集群，三个集群可以分别称为“引领侧集群”“供给侧集群”“需求侧集群”。这些集群构成了我国新时代语言服务发展走向的“基本盘”。随着观察思考的不断深入，对这个“基本盘”的一些看法，我先后在国家语委指导组织的“迎接二十大，语言文字这十年”第三场讲座（主题：构建和谐语言生活——语言资源与语言服务研究实践这十年，时间：2022.7.28）和“新时代国家语言文字事业发展研讨会”（时间：2022.9.29）上做过发言，年底在这两个报告的基础上补充完善，以“新时代语言服务实践与研究的三个集群”为题在第三届岭南书院（时间：2022.12.1）做了报告。如果从国家语言文字事业整个框架和运行机制来看，引领侧集群偏向于战略级，供给侧集群偏向于战役级，需求侧集群偏向于战斗级。它们在内部可以形成一种逻辑自洽，彼此之间可以形成一种学理互证。我们或许可以考虑在系列皮书的实践基础上撰写一本《语言服务新论》，上承过去十数年来获益于中国语言生活派之培养，下启未来十数年继续参与中国语言生活派之建设。这可以算是本《报告》引发的下一步的工作目标。

二是目标中要有学生。作为大学学术科研机构，还有一件必须重视的事情，就是在进行科学研究的时候，不能忘记人才培养。这种人才培养实际上在很多大学的科研院所已经做得很有成效了，我们作为后来者，在这一方面自然也不能掉以轻心，有意识地创造机会让对语言生活感兴趣的同学有机会参与语言生活的观察研究。广州大学响应教育部“六卓越一拔尖”的工作意见，实施创新拔尖人才培养方案，落实到人文学院就是选拔开设“汉语言文学创新班”，其中语言学专设一个班。这本《报告》实际参与研制的人数达 94 人，其中教师 33 人，他们的构成上文已述，其余的则是学生 61 人，其中有博士生和硕士生，更多的是本科生。我们认为，从大学本科培养关注国家语言服务和语言生活的“后继者”是一件十分有意义的事情，细大不捐，方向不论，有时候也要有一点广种薄收的心态。在这样的学术训练中培养学生的科学精神，陶冶他们的家国情怀，体会学问的“热”与“冷”，尤其引导他们辩证地看待“无用”与“大用”之间的关系，或许是一件值得坚持做下去的事情。

最近人工智能领域的ChatGPT热引发了我们的很多思考。在这本《报告》书稿的最后一次内审会议上，我们还尝试利用ChatGPT作为工具来与我们试图提出的相关建议进行比较。在去年底的第七届语言服务高级论坛上，我们邀请的专家孙茂松（清华大学）、穗志方（北京大学）、刘挺（哈尔滨工业大学）、黄萱菁（复旦大学）、周建设（首都师范大学）、史晓东（厦门大学）、林鸿飞（大连理工大学）、金磊（网易有道）等介绍了人工智能和语言服务的最新发展，使我们真切感受到ChatGPT及相关人工智能技术对语言生活及语言能力自信可能产生的巨大影响。由此引发我们思考的是：在当下大数据人工智能日益嵌入语言生活的时代，我们（包括学生和作为老师的我们）是会显得逐渐“无用”，还是迎接挑战变得更加“有用”？是否更有必要把“无用之用”转化为“大用”？我们的目标在哪里？《庄子·逍遥游》讲的庄子与惠子关于葫芦是否有用的寓言可能对我们有较好的借鉴启发作用，尤其是庄子在这则寓言后说的那段话值得我们好好体会。“今子有五石之瓠，何不虑以为大樽而浮乎江湖，而忧其瓠落无所容？则夫子犹有蓬之心也夫！”我们今天在做的事情，大体就是栽种这“五石之瓠”的事情，是忧虑用它来盛水舀水，还是要看到它“为大樽而浮乎江湖”？这确实是一个我们在工作目标中要回答的问题，不只是对学生，也包括对我们自己。

2023年3月25—26日，国家语委科研机构年度工作会议在广州大学召开，根据会议安排，我在会上做了题为“国家语委科研机构区域布局与方向凝练——语言服务与湾区语言生活研究的实践与思考”的交流发言，交流的核心观点也就是上面的这四个方面：有组织、有共识、有价值、有目标。学术机构的可发展，皮书报告的可持续，条件与动力可能有很多，这几个方面的体会或者也只是一时一地的感受，肯定谈不上全面，但确实是我们这个学术科研机构发展的一点心得。

最后需要特别向各位读者说明的是，这本《报告》的数据采集与状况观察是在疫情期间进行的，有的取样未必充分，观察未必全面，建议也不见得精准，我们只是做了力所能及的工作，如果有什么欠缺不足，还需要请读者朋友批评指出。

是为序。

屈哨兵

2023年4月5日

# 目　录

# 第一部分

# 社　群　篇

# 导 语

《粤港澳大湾区发展规划纲要》发布已经四年，大湾区建设过程中推出大批人才政策，吸引了大量各类人才筑梦大湾区，大湾区的社群形态也因此多元且充满活力。不同社群在大湾区的生活中可能会遇到各式各样的语言问题，反映出各具特色的语言生活状况。

社群篇共六篇报告，分别关注珠三角地区外来务工人员、在广州生活的韩国人群体、东莞新移入的客家家庭、广州的高校学生、新疆籍大学生、在内地学习的港澳学生等社群的语言生活状况。《珠三角地区外来务工人员语言适应状况》对珠三角外来务工人员进行了抽样调查，回收有效问卷369份，同时对具有代表性的务工人员进行了深度访谈，从多个视角分析其语言适应状况和影响因素，并提出相关建议。《在穗韩国人语言生活状况调查》通过问卷调查和访谈等方式，调查了该群体的语言态度、语言能力、语言使用情况，特别关注他们的语言学习需求。《东莞市新移入客家家庭语言使用状况调查》访谈了8个改革开放后移入东莞的客家家庭，观察总结了该类家庭语言使用的特点。《广州市高校学生语言生活状况》回收有效问卷1097份，调查涉及29所高校，了解了该群体基本情况、语言能力、语言态度、语言使用以及语言需求等。《广州市新疆籍大学生新媒体语言使用状况》以广州高校中的新疆籍少数民族大学生作为调查对象，以当前流行的社交软件微信、微博及网站等为例，通过问卷调查了该群体在新媒体使用中的语言使用状况、语言态度等。《内地高校港澳生网络流行语使用状况调查》以网络流行语为入口，调查港澳学生对内地网络文化的认知与使用，为促进大湾区文化融合和提高港澳青年对网络文化认同提出相关建议。

基于不同社群的语言生活状况和语言需求，学者们提出相应的语言服务建议，以期帮助他们更好地融入粤港澳大湾区的建设和发展。

（王文豪）

# 珠三角地区外来务工人员语言适应状况*

珠江三角洲是我国南方地区对外开放的门户，拥有世界先进的制造业基地和现代化服务业场所，是亚太地区最具活力的经济区之一，多年来吸引了大量外来务工人员聚集于此。当外来务工人员在该区域面对自己不熟悉的语言或方言时，会在语言生活方面做出相应的调整和改变，经历一个语言适应的过程。本报告对珠三角外来务工人员进行了抽样调查，回收有效问卷369份，同时对具有代表性的外来务工人员进行了深度访谈，从多个视角分析他们的语言适应情况及其影响因素，并提出相关建议。

## 一　外来务工人员总体情况

### （一）来源地情况

抽样调查的369名外来务工人员来自广东、湖南、江西、河南、四川等13个省份，根据地理距离的远近，可分为两个类型:（1）同省型，来自广东省珠三角之外的地区;（2）外省型，来自其他省份。务工人员来源地与珠三角之间的距离是影响其语言适应快慢和难易的重要因素之一。总体来看，同省型外来务工人员来到珠三角之后，几乎没有出现语言适应问题，较短时间后便能融入当地生活。外省型务工人员来到珠三角后，面对的是完全陌生的当地方言，而且气候、饮食、习俗等也与家乡有着或大或小的差异，其语言适应难度相对较大。

### （二）语言/方言掌握情况

珠三角外来务工人员掌握的语言/方言数量不一，少则一种，多则三种，具体情况见表1。

* 广州大学2021年度大学生创新训练省级项目“珠三角地区外来务工人员语言适应与认同研究”（S202111078060），广东省社科规划2022年度学科共建项目“粤港澳大湾区语言资源库建设研究”（GD22XZY03），广州市高教改革项目“立德树人背景下语言学类专业本科生科研素质培养模式的探索与实践”。

表 1　外来务工人员语言 / 方言掌握情况

| 类型 | 组合模式 | 人数 | | 占比 /% | | 同省 | 外省 |
|---|---|---|---|---|---|---|---|
| 单语 / 方言 | A. 普通话 | 31 | 22 | 8.40 | 5.96 | 0 | 22 |
| | B. 本地方言 | | 6 | | 1.63 | 4 | 2 |
| | C. 其他方言 | | 3 | | 0.81 | 0 | 3 |
| 双语 / 方言 | D. 普通话 + 其他方言 | 243 | 125 | 65.85 | 33.87 | 0 | 125 |
| | E. 普通话 + 本地方言 | | 113 | | 30.62 | 89 | 24 |
| | F. 其他方言 + 本地方言 | | 5 | | 1.36 | 0 | 5 |
| 三语 / 方言 | G. 普通话 + 本地方言 + 其他方言 | 95 | 65 | 25.75 | 17.62 | 0 | 65 |
| | H. 普通话 + 本地方言 + 本地方言 | | 30 | | 8.13 | 30 | 0 |
| 总计 | | 369 | | 100.00 | | 123 | 246 |

注：表中“本地方言”指的是珠三角地区使用的粤方言、客家方言和闽方言。“其他方言”指的是除本地方言之外的其他汉语方言。

由表 1 可见，双语 / 方言者比例最高，三语 / 方言者次之，单语 / 方言者占比最少，珠三角外来务工人员平均每人掌握语言 / 方言数量为 2.17 种。从来源地类型来看，同省型和外省型外来务工人员平均掌握语言 / 方言数量分别为 2.21 种和 2.15 种，同省型略高。另外，从语言 / 方言的组合模式来看，可分为 A—H 共八种类型，具体分析如下。

单语 / 方言外来务工人员共有 31 人，占 8.40%。其中，只会说普通话的 A 类人员共 22 人，全部来自外省。通过访谈得知，这类务工群体在各种不同场合基本上都可以借助普通话达成交际目的，但是无法融入珠三角本地居民的方言生活。只会说某种本地方言的 B 类人员共有 6 人，其中 3 人说粤方言，2 人说客家方言，1 人说闽方言。这类务工群体因其母方言与珠三角本地方言相同，所以在语言生活方面不存在显著的适应困难。只会说某种其他方言的 C 类人员虽然占比不高（只有 3 人，都来自外省），但因其母方言与珠三角本地方言具有显著差异，移居珠三角之后会产生较强的语言陌生感和交流障碍，所以面临的语言适应难度非常大。而且这类群体的语言适应能力偏弱，值得我们高度关注。

双语 / 方言外来务工人员共有 243 人，数量最多，占 65.85%。其中，D 类最为常见，共 125 人，占 33.87%，全部来自外省。这类群体熟练使用普通话，同时也会说某种家乡方言。在他们的语言生活中，普通话和家乡方言分工明确，前者用于工作领域和公共场合，后者一般在私生活领域使用。虽然不能融入珠三角当地居民方言生活，但通过家乡方言也可以很好地融入同乡务工群体之中。E 类是普通话搭配本地方言，共 113 人，占 30.62%。该类群体中来自同省的共

89 人，其中移居珠三角之后才学会本地方言的占 28.09%；来自外省的共 24 人，均为移居珠三角之后才学会的本地方言。这类群体语言适应能力较强，已经完全适应了珠三角的语言生态。F 类较为少见，表现为一种其他方言加一种本地方言，调查到的 5 名对象均来自外省。这类群体一般年龄偏大，不太会讲普通话，但家乡方言非常流利；同时因为性格外向，来到珠三角之后，频繁与本地人打交道，掌握了本地方言，可以很好地融入本地居民的方言生活。

三语 / 方言外来务工人员共有 95 人，占 25.75%。其中，G 类共 65 人，全部来自外省，会讲普通话，同时还掌握家乡方言和一种本地方言。对外省型务工人员而言，这类群体语言适应能力最强，是珠三角外来务工人员具备的较为理想的语言能力模式。其中，普通话可以满足工作领域的信息交流，本地方言能够促进新环境语言生活的融入，家乡方言则可以缓解思乡之情。H 类务工人员也具备三种语言 / 方言能力，全部来自同省，能够熟练运用普通话，同时也掌握两种本地方言（粤方言和客家方言，或粤方言和闽方言）。这类群体的语言适应能力比 E 类更强，可以非常好地融入珠三角语言生活。

总体来看，掌握普通话的外来务工人员占 96.20%，涵盖 A、D、E、G、H 类。掌握本地方言的外来务工人员占 59.36%，涵盖 B、E、F、G、H 类。可见，珠三角外来务工人员语言生活中普通话占据绝对优势，即便没有掌握本地方言，对务工也不会造成太大的影响，只是无法融入本地居民的方言生活。此外，在掌握本地方言的外来务工人员中，相比客家方言和闽方言，粤方言具有最高的选择性，占 97.26%。可见，珠三角地区的强势本地方言是粤方言，对外来务工人员的吸引力最大，也是他们在珠三角地区的语言适应过程中需要攻克的最大难关。

### （三）本地方言学习需求

外来务工人员对于是否选择融入珠三角本地居民的方言生活，意见并不一致。问卷显示他们是否学习本地方言的理由主要集中在如下几条，见表 2。

**表 2　外来务工人员是否学习本地方言的理由**

| 类型 | 人数 | 占比 /% | 理由 | 人数 |
|---|---|---|---|---|
| 学习本地方言 | 235 | 63.69 | A. 对工作和生活有帮助 | 226 |
| | | | B. 喜欢本地方言，非常好听 | 198 |
| | | | C. 与本地人交朋友 | 170 |
| | | | D. 通过方言学习本地文化习俗 | 95 |
| | | | E. 其他原因 | 12 |

（续表）

| 类型 | 人数 | 占比 /% | 理由 | 人数 |
|---|---|---|---|---|
| 不学习本地方言 | 134 | 36.31 | F. 工作和生活中用不到 | 130 |
| | | | G. 太难了，学不会 | 112 |
| | | | H. 周围人都说普通话，没有学习的渠道 | 104 |
| | | | I. 不喜欢本地方言，不好听 | 89 |
| | | | J. 其他原因 | 9 |

369 位被调查者中，已经学会或想要学习本地方言的共 235 人，占 63.69%；不想学习本地方言的共 134 人，占 36.31%。可见，已经融入和想要融入珠三角本地方言生活的务工人员居多，占比过半。其中，支持学习本地方言的理由 A—E 总计 701 票，不支持学习本地方言的理由 F—J 总计 444 票。

理由 A 和 F 凸显了本地方言是否具有实用性，分别得 226 票和 130 票。之所以有这种分歧，跟外来务工人员从事的职业类型相关。支持 A 理由的一般与本地人打交道较多，通常经营餐饮、小吃、果蔬、服饰等，这类群体如果能够掌握珠三角本地方言，特别是粤方言，可以更大范围地吸引本地顾客。相应地，他们也较为支持 B、C、D 等理由，在个人情感上喜爱本地方言，也热衷于跟本地人交朋友，有的还希望通过方言学习本地的文化习俗。这些理由在很大程度上会加快这一群体的语言适应过程，最终使其具备双语 / 方言或三语 / 方言能力。

支持理由 F 的外来务工人员，通常进工厂做工，与外界和本地人接触较少，在工作领域使用普通话，私生活则多使用家乡方言与同乡交流。可见，本地方言对这一群体的工作和生活都不会产生明显的影响，因此他们对本地方言的学习热情普遍较低，在情感上也没有偏爱。而且因为缺乏学习动力而普遍认为本地方言难学、难听，也觉得自己没有足够的接触和学习的渠道。这一群体通常年龄偏小，语言适应过程不需要攻克本地方言的难关，但对其普通话水平提出了一定要求。

## 二　外来务工人员语言适应个案分析

在问卷调查的基础上，我们也对具有代表性的六位外来务工人员进行了深度访谈，具体信息见表 3。

表 3 深度访谈对象个人信息

| 序号 | 年龄 | 性别 | 身份 | 来源地 | 语言 / 方言 | 务工时长 |
|---|---|---|---|---|---|---|
| 1 | 27 | 男 | 理发师 | 广东潮州 | 潮州话 + 粤方言 + 普通话 | 4 年 |
| 2 | 30 | 女 | 面包店员工 | 广东湛江 | 雷州话 + 普通话 | 2 年 |
| 3 | 54 | 男 | 水果商贩 | 湖南 | 湘方言 + 普通话 + 粤方言 | 13 年 |
| 4 | 25 | 男 | 电子厂工人 | 福建 | 闽方言 + 粤方言 | 3 年 |
| 5 | 22 | 男 | 外卖员 | 河南 | 普通话 | 3 年 |
| 6 | 53 | 女 | 清洁工 | 江西 | 赣方言 | 8 个月 |

### （一）单语 / 方言型务工人员

采访对象 5 是来自河南的一名外卖员，22 岁，男性，在深圳打工三年多。他对家乡方言已经十分生疏，表示：“老家话不好听，太土了，我来了这边一年说不了几句，都不怎么会说了。”得益于小学阶段在校园里的语言训练，他的普通话非常流利。深圳与广州、佛山、东莞等其他粤方言盛行的珠三角城市不同，主流交际语是普通话。因此他没有语言适应的困扰，并认为没有学习粤方言的必要，普通话完全可以胜任工作和生活中的所有交际任务。

采访对象 6 是来自江西的一名清洁工，53 岁，女性，已经来中山 8 个月左右。因为女儿和女婿常年在中山打工，她跟过来帮忙做饭，但闲不住，找了一份清洁工的工作。她年纪较大，个性比较内向，只会说家乡话赣方言，普通话不流利。她表示自己老了，普通话说不来了，而且本地话又听不懂，有时候很麻烦，特别是领导安排清扫任务的时候，她必须借助同乡的翻译才能够明白。在问及是否具有粤方言学习需求时，她表示自己想学，但是没有渠道，周围人也不教她，自己的女儿和女婿也不会说。可见，她代表的群体在珠三角面临的语言障碍非常大，语言适应过程非常艰难，其语言学习需求也无法得到满足。

### （二）双语 / 方言型务工人员

访谈对象 2 是来自湛江的店员，30 岁，女性，在广州某面包店打工两年，其家乡话是雷州话，普通话较为流利，但是听不懂粤方言。她表示：“因为我们老乡有很多，在这里和老乡交流的时候经常都讲雷州话，工作的时候就说普通话，很少机会用到粤语，我也不会，好难学的感觉。”她是“普通话 + 家乡话”双语 / 方言型外来务工人员的代表，因为有普通话作为交流媒介语，其本土方言的学习欲望不是很强。同时，同乡较多，家乡话可以频繁使用，不仅可以舒缓思乡之情，也可以减轻陌生语言环境带来的压迫感。

访谈对象 4 是来自福建的电子厂工人，25 岁，男性，在东莞某工厂打工三年多，其家乡话是闽南语，普通话非常蹩脚，且很排斥说普通话。他自己描述："你知道我们福建人说普通话很差啦，我经常被人笑话，懒得说！"但是，他粤方言非常流利，并表示粤方言很容易学，又好听，自己来了半年就能听懂，一年后基本上就可以口头交流了。他代表着一类群体，由于对普通话较为排斥，很自然会把感情投入到粤方言上，且一般都会顺利掌握粤方言，最终能够很好地融入珠三角城市生活。

### （三）三语 / 方言型务工人员

采访对象 1 是来自广东潮州的理发师，27 岁，男性，来广州打工四年多。他语言能力很强，熟练掌握潮州话、粤方言和普通话。他表示自己从小在家里说潮州话，上学后学会普通话，来广州后又用了两年多时间学会了粤方言。如今，他可以根据交流对象的不同在三种语言 / 方言之间自由切换，这是一种非常理想的珠三角语言能力格局。被问及初来广州时是否遇到语言方面的困扰，他表示没有遇到太大的障碍，虽然一开始听不懂粤方言，有些不便利，但是自己在理发时接触的本地人比较多，很快就能够听懂了，加上自己"脸皮比较厚"，没多久也会说了。他代表着同省型群体，珠三角的生活方式和语言状况对其造成的陌生感较低，因此其语言适应过程相较近距型和远距型外来务工人员要顺利很多，只要自己有融入的意识和端正的态度，通常不会遭遇大的语言适应障碍。

采访对象 3 是来自湖南的商贩，54 岁，男性，来珠三角已经 13 年，目前在佛山某市场经营一个水果档口。该务工人员家乡话和普通话都非常流利，粤方言虽然不十分流利，但可以应付日常交流，特别是买卖用语方面，听和说都没有问题。他说："我来了太久了，粤语天天听，肯定会说了。会说了以后，生意都变好了，哈哈！"在采访的过程中，他始终认为自己这么多年来没有遇到语言障碍，又进一步补充说即便一开始来的时候听不懂，哪儿哪儿都不舒服，但是他很快就调整了自己的心态，结交了很多本地人做朋友，大家在一起开开心心，也就不存在什么障碍了。他性格开朗，说起话来滔滔不绝，这表明性格是影响语言适应过程的一个重要因素。如果外来务工人员性格开朗，善于交际，敢于开口说话，对新事物、新语言 / 方言不排斥，那么其语言适应过程就会非常顺利，反之则处处碰壁，难以融入珠三角语言生活。

## 三 建议

第一，协助语言适应存在困难的外来务工人员尽快融入新的语言生活环境。部分外来务工人员移居珠三角之后，面临的生存环境与家乡存在差异，这种新环境的陌生感会给他们带来不小的挑战。特别是在务工之初，生活方式要加以调整，语言环境更需要适应。因此，政府或工作单位相关部门应积极主动联系相关务工人员，了解其在语言生活中碰到的实际困难，协助其尽快融入新的语言生活环境。

第二，为具有方言学习需求的外来务工人员提供免费学习机会。珠三角外来务工群体中有三成以上人员具有本地方言学习需求，对他们而言，习得本地方言是其语言适应过程必须经历的难关。但是，他们通常处于社会底层，收入不高，需要外力帮助。政府部门可以联合社会公益组织或志愿者为其提供免费的方言学习机会，并根据务工人员的语言水平和具体需求来定制各种形式的公益课程。

第三，重点关注少数单语 / 方言务工群体的语言生活需求。部分单语 / 方言外来务工人员，特别是那些只会说家乡方言，普通话不流利，又对本地方言较为排斥的务工者，要格外关注。这类群体在新环境中的语言适应能力较弱，很难融入珠三角语言生活，因此政府和社区可以定期组织文化交流活动，让他们充分了解和感受珠三角风土人情，在人文关怀的基础上引导其树立乐观心态，鼓励他们积极学习本地方言，并提升普通话水平。

（郭　杰、吴子萍、宾泳珊、陈佳礼、余　琳、翁雨晴）

# 在穗韩国人语言生活状况调查*

根据广州市政府与广州韩国商工会提供的数据，截至2022年7月，广州在住的外籍人员约8.6万人，其中韩国籍人员约2.5万人，韩国人已经成为广州市外籍人口的重要组成部分。调查该群体的语言态度、语言能力、语言使用情况，摸清其语言学习需求，既有助于了解这一群体的语言生活状况与语言服务需求，进一步提升粤港澳大湾区的整体语言服务水平，同时也对建设“宜居宜业宜游”的大湾区优质生活圈具有积极的意义。

## 一 调查设计

### （一）调查地点

本报告将调查地点确定为广州市白云区远景路的韩国人聚居区。远景路位于白云区棠景街道，是广州市形成时间较早、移民集中、成熟度高的韩国人社区。以之为观察点，获取的样本具有较高的典型性与代表性。

### （二）调查内容与方法

本报告通过问卷调查与深度访谈相结合的方法，调查在穗韩国人的语言态度、语言使用能力、语言使用情况以及语言需求。

### （三）调查对象

本次调查共发放问卷200份，回收有效问卷169份，深度访谈其中8人。调查对象的具体情况如下。

* 广州市高等教育教学改革项目“立德树人背景下语言学类专业本科生科研素质培养模式的探索与实践”，广州市教育科学规划课题“粤港澳大湾区中小学生书面语能力发展研究与数据库建设”（202113640），国家语委“十四五”科研规划项目“意大利本土化国际中文教学案例库的开发与研制”（YB145-27），广东省社科规划项目“粤港澳大湾区语言资源库建设研究”（GD22XZY03），2022年度国际中文教育项目“新形势下粤港澳大湾区中外语言文化交流的机遇、挑战及展望研究”（22YH12D）。

### 1. 性别与年龄

表 1 调查对象性别与年龄分布

| 样本信息 | 类型 | 人数 | 占比 /% |
|---|---|---|---|
| 性别 | 男性 | 93 | 55.03 |
| | 女性 | 76 | 44.97 |
| 年龄 | 18—30 岁 | 82 | 48.52 |
| | 31—40 岁 | 77 | 45.56 |
| | 41 岁以上 | 10 | 5.92 |

根据表 1，169 个研究样本中，男性占 55.03%，女性占 44.97%，男性数量略高于女性。从年龄上看，18—40 岁的样本占 94.08%，41 岁以上的仅占 5.92%。也就是说，40 岁及以下的青壮年是样本的主体。

### 2. 职业

表 2 调查对象职业类型

| 职业类型 | 人数 | 占比 /% |
|---|---|---|
| 公司职员 | 61 | 36.10 |
| 商人 | 48 | 28.40 |
| 在读学生 | 30 | 17.75 |
| 外教 | 6 | 3.55 |
| 其他 | 24 | 14.20 |

表 2 显示调查对象的职业构成。人数最多的是公司职员，占 36.10%；商人和在读学生分别占 28.40% 和 17.75%；人数最少的是外教，占 3.55%。14.20% 的样本填写了“其他”选项，通过访谈得知，这些调查对象主要是来穗不久、工作尚不稳定、职业尚不明晰、临时从事各类工作的韩国人。

### 3. 文化程度

表 3 调查对象文化程度

| 文化程度 | 人数 | 占比 /% |
|---|---|---|
| 小学 | 10 | 5.92 |
| 初中 | 13 | 7.69 |
| 高中 | 21 | 12.43 |
| 大学 | 115 | 68.04 |
| 大学以上 | 10 | 5.92 |

根据表 3，所有样本中，文化程度为大学学历的人数最多，占 68.04%；其

次是高中、初中学历，分别占 12.43% 和 7.69%；小学与大学以上学历的人数最少，均占 5.92%。

## 二　结果分析

### （一）语言态度

#### 1. 情感态度

表 4　调查对象对社区内母语外语言 / 方言的情感态度

| 语言 / 方言 | 不同情感态度者占比 /% | | | | |
|---|---|---|---|---|---|
| | 非常好听和亲切 | 好听亲切 | 不好听也不难听 | 不好听不亲切 | 非常不好听不亲切 |
| 普通话 | 14.20 | 45.56 | 17.16 | 16.57 | 6.51 |
| 粤方言 | 5.92 | 11.83 | 47.34 | 24.85 | 10.06 |
| 英语 | 11.23 | 47.34 | 20.12 | 12.43 | 8.88 |
| 社区内其他语言、方言（法语、客家方言等） | 3.55 | 8.88 | 48.52 | 25.44 | 13.61 |

根据表 4，母语之外，在穗韩国人对普通话的认可度最高，59.76% 的被调查者认为“非常好听和亲切”“好听和亲切”；其次是英语，58.57% 的调查对象持积极的情感态度。对粤方言、法语 / 客家方言的情感认可度显著低于普通话与英语，前者为 17.75%，后者仅为 12.43%。

#### 2. 使用态度

表 5　调查对象对社区内语言 / 方言的使用态度

| 语言 / 方言 | 不同使用态度者比例 /% | | | | |
|---|---|---|---|---|---|
| | 非常有用，使用非常方便 | 有用，使用方便 | 作用一般，方便度一般 | 作用不大，使用不太方便 | 作用很小，使用不方便 |
| 韩语 | 15.38 | 36.09 | 23.08 | 13.61 | 11.84 |
| 普通话 | 30.18 | 35.50 | 15.38 | 9.47 | 9.47 |
| 粤方言 | 4.14 | 14.20 | 34.32 | 24.85 | 22.49 |
| 英语 | 14.79 | 35.50 | 26.04 | 15.98 | 7.69 |
| 社区内其他语言、方言（法语、客家方言等） | 0.58 | 8.88 | 26.63 | 27.22 | 36.69 |

从表 5 的数据来看，普通话的认可度最高，65.68% 的调查对象承认其有用性与方便性；其次是韩语和英语，正面评价分别为 51.47% 和 50.29%；粤方言

的认可度较低，47.34% 的被调查者持负面评价；社区内其他语言 / 方言，认可度最低，63.91% 调查对象认为其“作用不大，使用不太方便”或“作用很小，使用不方便”。深度访谈也印证了这一点，8 名被访者均认为，由于普通话、英语的普及率高，使用范围广，多数情况下依赖二者即可完成交际活动，相比其他语言 / 方言，其在工作、生意、生活中的实用价值更强。韩语虽然是调查对象的母语，但仅在其家庭内部或与韩国人交往时使用，使用范围较窄。

**3. 学习态度**

表 6　调查对象对社区内母语外语言 / 方言的学习态度

| 语言 / 方言 | 不同学习态度者占比 /% | | | | |
|---|---|---|---|---|---|
| | 非常愿意 | 愿意 | 无所谓 | 不愿意 | 非常不愿意 |
| 普通话 | 55.03 | 35.50 | 6.51 | 1.78 | 1.18 |
| 粤方言 | 17.75 | 34.91 | 36.09 | 8.88 | 2.37 |
| 英语 | 40.83 | 37.87 | 15.38 | 5.33 | 0.59 |
| 社区内其他语言、方言（法语、客家方言等） | 8.28 | 30.18 | 42.60 | 15.98 | 2.96 |

表 6 中，学习意愿最高的是普通话，55.03% 的调查对象选择“非常愿意”；英语次之，40.83% 的调查对象表达了强烈的学习愿望；粤方言，只有 17.75% 的调查对象选择“非常愿意”；学习意愿最低的是法语、客家方言等其他语言 / 方言，选择“非常愿意”的仅占 8.28%。

**4. 传承态度**

表 7　调查对象对子女传承社区内母语外语言 / 方言的态度

| 语言 / 方言 | 不同传承态度者占比 /% | | | | |
|---|---|---|---|---|---|
| | 非常愿意 | 愿意 | 无所谓 | 不愿意 | 非常不愿意 |
| 普通话 | 50.30 | 40.83 | 6.51 | 1.78 | 0.58 |
| 粤方言 | 20.71 | 39.50 | 25.59 | 10.06 | 4.14 |
| 英语 | 42.01 | 34.32 | 17.75 | 2.37 | 3.55 |
| 社区内其他语言、方言（法语、客家方言等） | 10.06 | 35.50 | 38.46 | 12.43 | 3.55 |

根据表 7，母语之外，韩国移民群体最希望自己子女传承的语言是普通话，50.30% 的调查对象展示出强烈的传承意愿；其次是英语，选择“非常愿意”的占 42.01%；对粤方言、法语 / 客家方言等的传承意愿相对偏低。访谈显示，在穗韩国人希望子女传承韩语，主要源于其民族认同感；希望子女学习普通话、英语则主要是看中这两种语言在跨境工作、生活中的实用价值。

## （二）语言使用能力

### 1. 语言能力自我评估

（1）听说能力

表 8　调查对象听说能力自我评估

| 语言 / 方言 | 不同自我评估者占比 /% | | | | | |
|---|---|---|---|---|---|---|
| | 完全听得懂，能准确流利地使用 | 完全听得懂，能熟练使用 | 基本能听得懂，能较为熟练地使用 | 基本能听得懂，只会说一些日常用语 | 基本能听得懂，但不会说 | 完全听不懂，完全不会说 |
| 普通话 | 13.61 | 30.18 | 28.98 | 13.61 | 7.69 | 5.93 |
| 粤方言 | 5.92 | 18.34 | 11.24 | 1.78 | 7.69 | 55.03 |
| 英语 | 9.46 | 42.60 | 28.40 | 12.43 | 5.33 | 1.78 |
| 社区内其他语言、方言（法语、客家方言等） | 7.10 | 18.34 | 7.69 | 5.33 | 7.10 | 54.44 |

表 8 显示，除母语外，听说能力自我评估最高的是英语，52.06% 的调查对象完全听得懂并能准确、流利或熟练地使用；其次是普通话，43.79% 的调查对象做了较高的自我评价；粤方言、社区内其他语言 / 方言的自评较低，前者 55.03%、后者 54.44% 的调查对象自评为“完全听不懂，完全不会说”。

（2）读写能力

表 9　调查对象读写能力自我评估

| 语言 / 方言 | 不同自我评估者占比 /% | | | | |
|---|---|---|---|---|---|
| | 能完全读懂，能用文字准确表达 | 能完全读懂，能较为准确地用文字进行表达 | 能大致读懂，但不会用文字表达 | 只能看懂少部分，不会用文字表达 | 看不懂，也不会用文字表达 |
| 中文 | 15.98 | 31.95 | 30.77 | 14.79 | 6.51 |
| 英文 | 14.79 | 47.34 | 27.22 | 7.69 | 2.96 |
| 社区内其他语言（法文、意大利文等） | 7.69 | 12.43 | 7.69 | 12.43 | 59.76 |

根据表 9，除母语外，调查对象读写能力自评较高的是英文与中文，表示能完全读懂，能用文字准确或较为准确地表达的，前者有 62.13%，后者有 47.93%。尤其是英语，仅有 2.96% 的调查对象既看不懂也不会用文字表达。社区内法文、意大利文等的读写能力自评最低。

### 2. 语言能力自我期望

（1）听说能力自我期望

**表10　调查对象听说能力自我期望**

| 语言 / 方言 | 不同自我期望者占比 /% | | | |
|---|---|---|---|---|
| | 希望能完全听懂，能准确流利地使用 | 希望能听得懂，能较为流利地使用 | 希望基本听得懂，能完成简单的日常交际 | 无所谓 |
| 普通话 | 59.17 | 33.13 | 5.92 | 1.78 |
| 粤方言 | 17.16 | 18.34 | 40.24 | 24.26 |
| 英语 | 47.34 | 33.13 | 14.20 | 5.33 |
| 社区内其他语言、方言（法语、客家方言等） | 17.75 | 20.71 | 30.18 | 31.36 |

表10显示，调查对象对普通话听说能力的期望最高，59.17% 的被调查者表达了高度的期望值“希望能完全听懂，能准确流利地使用”；其次是英语，高期望值者占了 47.34%；粤方言、社区内其他语言 / 方言的自我期望均较低，“希望能完全听懂，能准确流利地使用”这一选项，前者选择比例为 17.16%，后者为 17.75%。这一结果呼应了上文的学习态度调查，也进一步说明调查对象对普通话、英语有着较高的期望与需求。

（2）读写能力自我期望

**表11　调查对象读写能力自我期望**

| 语言 / 方言 | 不同自我期望者占比 /% | | | | |
|---|---|---|---|---|---|
| | 希望能完全读懂，能用文字准确表达 | 希望能读懂，能较为流利地用文字进行表达 | 希望能大致读懂，能用文字大致表达意思 | 希望能看懂少部分，不需要能用文字表达意思 | 无所谓 |
| 中文 | 45.57 | 30.77 | 11.83 | 7.69 | 4.14 |
| 英文 | 42.60 | 36.09 | 9.47 | 5.33 | 6.51 |
| 社区内其他语言（法文、意大利文等） | 11.83 | 19.53 | 11.83 | 19.53 | 37.28 |

表11中调查对象对中文和英文读写能力的期望值较高，“希望能完全读懂，能用文字准确表达”这一选项，前者的选择比例是 45.57%，后者则是 42.60%；对于社区内的法文、意大利文等，仅有 11.83% 的被调查者表现出高度的自我期望，37.28% 的调查对象认为“无所谓”。值得注意的是，与表10的数据比较可以看出，调查对象对读写能力的自我期望值要低于听说能力。

## （三）语言使用情况

表 12　调查对象针对不同交际对象的语言使用情况

| 语言 / 方言 | 针对不同交际对象所用语言 / 方言占比 /% | | | |
|---|---|---|---|---|
| | 家庭内部成员 | 中国朋友、顾客、陌生人等 | 韩国朋友、顾客、陌生人等 | 中韩之外的朋友、顾客、陌生人等 |
| 韩语 | 77.51 | 8.87 | 76.31 | 11.24 |
| 普通话 | 23.08 | 83.43 | 17.16 | 24.26 |
| 粤方言 | 3.55 | 8.28 | 5.33 | 8.87 |
| 英语 | 8.87 | 2.37 | 6.51 | 56.21 |
| 其他语言、方言 | 1.78 | 0.00 | 0.00 | 0.00 |

从表 12 可以看出，与家庭内部成员交流时，77.51% 的调查对象选择了韩语，也就是说，韩语是在穗韩国人家庭内部成员之间交流使用的主要语言；与中国人交流时，83.43% 的调查对象选择了普通话；与韩国人交流时，76.31% 的调查对象使用的是韩语；与中韩之外的朋友、顾客、陌生人等交流时，56.21% 的调查对象选择的是英语。值得注意的是，调查中我们发现，社区内部客家方言、法语等使用频率很低，仅有少数韩国人在家庭内部使用。

表 13　调查对象在不同交际场合的语言使用情况

| 语言 / 方言 | 在不同交际场合所用语言 / 方言占比 /% | | | |
|---|---|---|---|---|
| | 政务机构 | 餐厅、商场 | 医院、银行 | 工作场合 |
| 韩语 | 9.47 | 14.79 | 8.88 | 53.85 |
| 普通话 | 78.12 | 79.88 | 79.28 | 75.74 |
| 粤方言 | 7.10 | 10.06 | 8.28 | 8.28 |
| 英语 | 37.87 | 17.75 | 20.12 | 8.87 |
| 其他语言、方言 | 0.00 | 0.00 | 0.00 | 5.33 |

表 13 显示的是调查对象在不同交际场合的语言使用情况。在政务机构、餐厅商场、医院银行和工作场合，普通话是在穗韩国人的首选，选择率分别为 78.12%、79.88%、79.28% 和 75.74%；英语是工作场合之外各个场景的次选，在政务机构、餐厅商场、医院银行中的选择率分别为 37.87%、17.75% 和 20.12%；韩语是在穗韩国人工作场合的重要辅助性语言。访谈中，调查对象表示，之所以在工作场合经常使用韩语，是因为部分被调查者从事的行业涉及中韩贸易，韩语是重要的交流语言。

## （四）语言需求

### 1. 语言学习动机

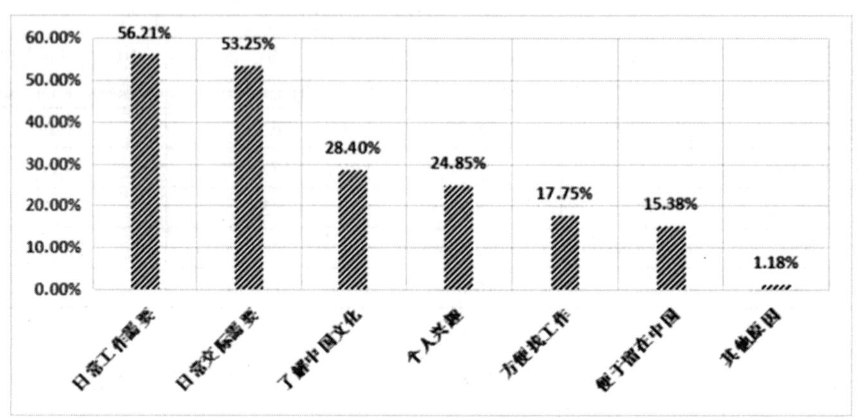


图 1　调查对象的汉语学习动机

根据图 1，在穗韩国人学习汉语的主要动机有两个。首先是工作需要，56.21% 的调查对象选择了这一选项；其次是日常交际的需要，53.25% 的被调查者将其作为汉语学习的动机之一。也就是说，工具性需求是该群体学习汉语的主要驱动力。

### 2. 语言技能需求

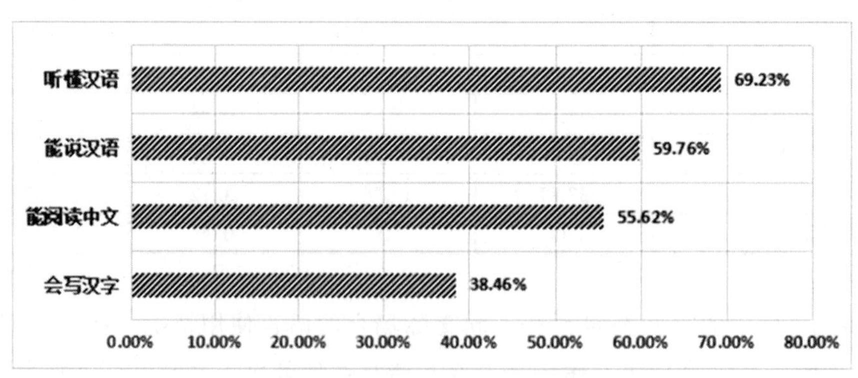


图 2　调查对象的汉语技能需求

图 2 中，希望能“听懂汉语”的调查对象占 69.23%，希望“能说汉语”的占 59.76%，希望“能阅读中文”的占 55.62%，仅有 38.46% 希望“会写汉字”。也就是说，“听懂汉语”是在穗韩国人最希望获得的语言技能，而“会写汉字”这一项技能的需求度最低。

### 3. 语言服务需求

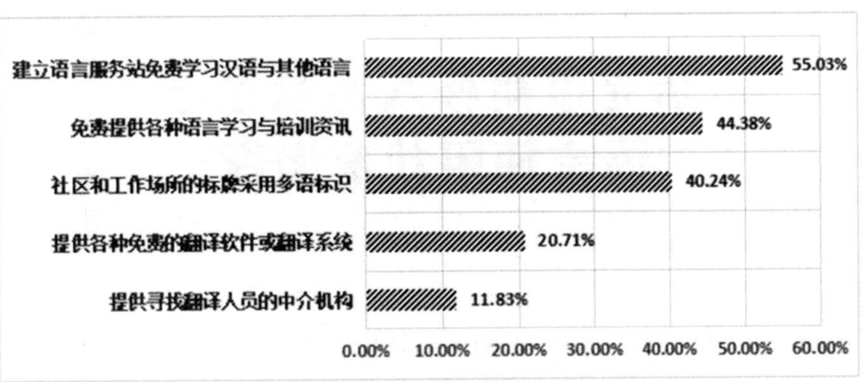


图 3　调查对象的语言服务需求

图 3 显示，“建立语言服务站免费学习汉语与其他语言”是调查对象最希望获得的语言服务，选择率为 55.03%；其次是“免费提供各种语言学习与培训资讯”，选择率为 44.38%；居于第三位的是“社区和工作场所的标牌采用多语标识”，选择率为 40.24%。访谈中，被访对象也指出，目前远景路附近的各种路标、指示牌多以中文、中文 + 汉语拼音或中英双语标记，这给社区的韩国人，尤其是在社区生活时间较短的韩国人，带来了诸多不便。

## 三　建议

第一，加强语言景观多语服务，对在穗韩国人社区重要的功能性标志物加注韩文。城建、交通部门可联合街道办事处，尝试在远景路等韩国人聚居区对实用性较强、适用面范围较广的功能性标志，比如路标、指标标记等，使用多种语言进行标记；语言的选择上，除了中文和英文之外，建议加注韩文。

第二，建立韩国人社区语言服务站，提供公益或半公益性的语言学习咨询与培训服务。优化韩国人社区服务站的语言服务功能，增设免费或低收费的多语学习咨询与培训项目。条件成熟的情况下，外籍人口管理部门可考虑联合语言文字部门、高等院校、社会力量等，组建语言服务志愿队伍，成立独立的语言服务站。

第三，构建数字化汉语学习资源平台，满足在穗韩国人的个性化学习需求。充分利用网络的便捷性、超时空性，搭建粤港澳大湾区在穗韩国人语言学习网络平台。整合与在穗韩国人日常工作、交际场景紧密相关的汉语听、说、读学习资源，制作学习资源库，通过平台发布，以方便其学习使用。

（张迎宝、曾雨鑫、胡梓欣、许紫晴）

# 东莞市新移入客家家庭语言使用状况调查*

在城市化、移民潮等因素的影响下，城市人口结构复杂多样，移民家庭逐年增加，新移民的语言问题值得关注。移民群体的语言使用与语言选择影响着一个城市的语言使用面貌。东莞是粤港澳大湾区九大城市之一，被称为“世界工厂”，常住人口1046.66万人，但户籍人口仅263.88万人，流动人口占比高达近75%，外来新移民群体已成为支持东莞发展的重要力量。① 东莞有32个镇街，其中20个镇街只使用粤方言，其余12个镇街因不断有客家人移入，有少部分居民使用客家方言。② 本报告关注粤方言环境下近二十年来新移入客家家庭的语言使用情况，着重对其进行调查和分析，发掘特征，并探讨其成因，提出相关建议。

## 一　被调查家庭的基本情况

本报告主要调查了8户家庭，他们均从说客家话的地方移居东莞。受访者均为新移入家庭的第二代。他们家庭的基本情况见表1。

**表1　被调查客家家庭基本情况**

| 家庭 | 居住地 | 移居时间 | 户口情况 | 家庭构成 | 祖父母是否一起生活 |
| --- | --- | --- | --- | --- | --- |
| 陈家 | 莞城区 | 6—10年 | 变更为东莞户口 | 父母都是广东梅州客家人，有3个子女 | 是 |
| 余家 | 大岭山镇 | 20年以上 | 变更为东莞户口 | 父亲为广东梅州客家人，母亲湖南人，有2个子女 | 是 |
| 邓家 | 厚街镇 | 11—15年 | 变更为东莞户口 | 父母都是广东河源客家人，有3个子女 | 否 |

* 广东省社科规划2022年度学科共建项目“粤港澳大湾区语言资源库建设研究”（GD22XZY03），广州高教改革项目“立德树人背景下语言学类专业本科生科研素质培养模式的探索与实践”。

① 数据来源于东莞市第七次全国人口普查公报，东莞市统计局，2021年5月22日。

② 数据来源于东莞市人民政府门户网站，《人口·民族·语言》，2022年5月5日。

（续表）

| 家庭 | 居住地 | 移居时间 | 户口情况 | 家庭构成 | 祖父母是否一起生活 |
|---|---|---|---|---|---|
| 张家 | 东城区 | 11—15 年 | 变更为东莞户口 | 父母都是广东梅州客家人，有 1 个女儿 | 否 |
| 钟家 | 大岭山镇 | 16—20 年 | 变更为东莞户口 | 父母都是江西赣州客家人，有 2 个子女 | 否 |
| 赖家 | 长安镇 | 20 年以上 | 留在原籍 | 父母都是广东化州客家人，有 4 个子女 | 否 |
| 兰家 | 大岭山镇 | 11—15 年 | 留在原籍 | 父亲为江西赣州客家人，母亲河南人，有 2 个子女 | 否 |
| 冯家 | 大岭山镇 | 20 年以上 | 留在原籍 | 父母都是广东梅州客家人，有 5 个子女 | 否 |

根据统计结果，8 户家庭在东莞的居住时间平均达到 15 年，有 3 户家庭达到 20 年以上。其中，6 户家庭父母都是同一地区的客家人，分别来自广东的梅州、化州、河源与江西的赣州；另 2 户家庭父亲为客家人，母亲不是，一位是河南人，另一位为湖南人。受访者的年龄、教育水平与职业见表 2。

**表 2　移居东莞的客家家庭子女基本情况**

| 姓名 | 性别 | 年龄 | 职业 | 目前的最高学历 |
|---|---|---|---|---|
| 陈同学 | 男 | 22 | 学生 | 本科 |
| 余同学 | 女 | 21 | 学生 | 本科 |
| 邓同学 | 男 | 21 | 学生 | 本科 |
| 张同学 | 女 | 22 | 学生 | 本科 |
| 钟同学 | 女 | 22 | 学生 | 本科 |
| 赖同学 | 男 | 22 | 学生 | 本科 |
| 兰同学 | 男 | 23 | 学生 | 本科 |
| 冯先生 | 男 | 26 | 个体户 | 中专 |

根据访谈，我们发现移居东莞的客家家庭具有以下基本特征：（1）三代同堂现象较少；（2）子女数量差距比较大；（3）母亲教育水平较低；（4）母亲在子女教育上参与较多；（5）从事个体经商的家庭居多；（6）将户口变更至东莞的家庭较多。

## 二　家庭语言使用的基本情况

本报告重点调查东莞新移民在家庭内部的语言使用情况。在家庭中，子女的主要交际对象是其父母与年长亲戚。调查发现，6 户家庭内部常用语言是客家话，1 户家庭为普通话，1 户家庭为客家话夹杂普通话。

受访者父母在家使用最多的语言基本上为客家话，受访者在与祖父母或年长亲戚交谈时最常使用的也是客家话。祖父母基本上听得懂普通话，但不怎么会讲。具体情况如表 3。

**表 3　受访者家庭内部语言使用情况**

| 家庭 | 父母在家使用最多的语言 | 父母与祖父母沟通的语言 | 受访者与祖父母或年长亲戚说话时最常使用的语言 |
|---|---|---|---|
| 陈家 | 普通话夹杂客家话 | 客家话 | 客家话 |
| 余家 | 客家话 | 客家话 | 客家话 |
| 邓家 | 客家话 | 客家话 | 客家话 |
| 张家 | 客家话 | 客家话 | 客家话 |
| 钟家 | 客家话 | 客家话 | 客家话 |
| 赖家 | 客家话 | 客家话 | 客家话 |
| 兰家 | 普通话 | 客家话 | 客家话 |
| 冯家 | 客家话 | 客家话 | 客家话 |

从表 3 可以看出，作为母方言的客家话使用频率有小幅度的下降，但仍然是东莞客家新移民家庭内部使用的主要语言。同时，普通话也渐渐进入到家庭语言使用中。总而言之，移居东莞的客家家庭的子女们使用客家话的能力并没有完全丧失。社会语言与文化环境的变化不可避免地影响到他们的语言选择，但在家庭域中，其母方言得到较好的运用与保护。

在语言能力的问答统计中，调查者发现大部分移民东莞的客家家庭的第二代至少掌握两种以上的语言，同一语言的掌握程度也有所差异。8 位受访者第一语言获得的都是客家话，通过访谈得知，他们现在对母方言的掌握情况都比较乐观。同时也发现，这些东莞客家新移民家庭的部分第二代存在客家话能力降低的自我感觉。余同学表达了类似的观点："其实讲客家话的机会并不多，感觉有的时候都有点讲不好了。"

受访者粤方言的能力差距较大，集中在不太会说但听得懂与基本能交谈的水平上。8户家庭中，只有1户家庭的子女可以流利使用粤方言，还有3户是基本能交流的水平，另外4户的子女不太会说粤方言，但是能听懂。受访者对于普通话都是能流利使用的，其中两位受访者参加过普通话水平测试并取得了二级甲等的优异成绩。

综上，我们对东莞客家新移民家庭第二代客家话、粤方言与普通话的语言能力情况已有了大致的了解，通过受访者对其语言能力的自我评定，能够考察他们的语言能力总体情况。这些移居家庭的第二代中没有单言人，都是双言人，并且有4位语言学习能力较强的受访者成为多言人。其中，有4位受访者习得了粤方言，并且能灵活地在实际生活中运用，可见移居家庭的第二代对当地方言有着较强的适应性。同时，8位受访者较好地保持了母方言，能够自然顺畅地与父母和年长亲戚交谈。

## 三　家庭语言态度

本报告从语言情感价值、语言功能价值与语言社会声望三个方面对受访者的语言态度进行了调查，并依据李克特量表（Likert Scale）把语言态度分为五个级别的选项“4＝完全同意、3＝同意、2＝一般、1＝不同意、0＝完全不同意”。关于客家话的统计结果见表4。

**表4　受访者对客家话的语言态度评分量表**

| 语言态度 | 完全同意 | 同意 | 一般 | 不同意 | 完全不同意 | 总分 | 平均分 |
|---|---|---|---|---|---|---|---|
| 好听 | 12 | 9 | 4 | 0 | 0 | 25 | 3.13 |
| 亲切 | 20 | 9 | 0 | 0 | 0 | 29 | 3.63 |
| 实用 | 12 | 6 | 6 | 0 | 0 | 24 | 3.00 |
| 有助于提高收入或带来其他经济收益 | 8 | 6 | 8 | 0 | 0 | 22 | 2.75 |
| 有身份 | 4 | 6 | 10 | 0 | 0 | 20 | 2.50 |
| 社会地位高 | 0 | 6 | 10 | 1 | 0 | 17 | 2.13 |

数据显示，受访者对客家话的语言评价按均值从高到低排序为：亲切＞好听＞实用＞有助于提高收入或带来其他经济收益＞有身份＞社会地位高。“亲切”评价的均值达到了3.63，是客家话、粤方言与普通话这三者中的“亲切”选项评分最高的。可见，家乡话始终是在外打拼的同乡人之间情感的纽带，不管身

在何处，听到乡音都会觉得亲切和热诚。“实用”这一功能评价的均值达到了3.00分，说明尽管移居到东莞生活，受访者们依旧认为客家话具有实用性，能够在生活中发挥用处。值得注意的是，语言社会声望这一功能评价最低。8位受访者对客家话的语言态度各项评分的平均值为2.85。

粤方言的统计结果见表5。

**表5 受访者对粤方言的语言态度评分量表**

| 语言态度 | 完全同意 | 同意 | 一般 | 不同意 | 完全不同意 | 总分 | 平均分 |
|---|---|---|---|---|---|---|---|
| 好听 | 20 | 6 | 2 | 0 | 0 | 28 | 3.50 |
| 亲切 | 16 | 6 | 2 | 1 | 0 | 25 | 3.13 |
| 实用 | 12 | 12 | 2 | 0 | 0 | 26 | 3.25 |
| 有助于提高收入或带来其他经济收益 | 12 | 6 | 6 | 0 | 0 | 24 | 3.00 |
| 有身份 | 8 | 6 | 8 | 0 | 0 | 22 | 2.75 |
| 社会地位高 | 8 | 6 | 8 | 0 | 0 | 22 | 2.75 |

数据显示，受访者对粤方言的语言评价按均值从高到低排序为：好听 > 实用 > 亲切 > 有助于提高收入或带来其他经济收益 > 有身份 = 社会地位高。“好听”评价的均值达到了3.50，是客家话、粤方言与普通话这三者中“好听”选项评分最高的。各项评分的平均值为3.06。

普通话的统计结果见表6。

**表6 受访者对普通话的语言态度评分量表**

| 语言态度 | 完全同意 | 同意 | 一般 | 不同意 | 完全不同意 | 总分 | 平均分 |
|---|---|---|---|---|---|---|---|
| 好听 | 16 | 9 | 2 | 0 | 0 | 27 | 3.38 |
| 亲切 | 12 | 12 | 2 | 0 | 0 | 26 | 3.25 |
| 实用 | 24 | 3 | 2 | 0 | 0 | 29 | 3.63 |
| 有助于提高收入或带来其他经济收益 | 16 | 9 | 2 | 0 | 0 | 27 | 3.38 |
| 有身份 | 4 | 12 | 4 | 1 | 0 | 21 | 2.63 |
| 社会地位高 | 8 | 12 | 4 | 0 | 0 | 28 | 3.50 |

从数据来看，受访者对普通话的语言评价按均值从高到低排序为：实用 > 社会地位高 > 好听 = 有助于提高收入或带来其他经济收益 > 亲切 > 有身份。“实用”评价的均值达到了3.63，是客家话、粤方言与普通话这三者中“实用”选

项评分最高的。各项评分的平均值为3.29。

把8位受访者对客家话、粤方言和普通话的总体评价加以汇总，能够更加直观地考察移居东莞的客家家庭第二代的语言态度。汇总合并后得出结果见表7。

**表7　受访者对这三种语言态度总体评价均值表**

| 语言态度 | 客家话总评分 | 粤方言总评分 | 普通话总评分 |
|---|---|---|---|
| 好听 | 3.13 | 3.50 | 3.38 |
| 亲切 | 3.63 | 3.13 | 3.25 |
| 实用 | 3.00 | 3.25 | 3.63 |
| 有助于提高收入或带来其他经济收益 | 2.75 | 3.00 | 3.38 |
| 有身份 | 2.50 | 2.75 | 2.63 |
| 社会地位高 | 2.13 | 2.75 | 3.50 |
| 总评的平均分 | 2.85 | 3.06 | 3.29 |

从表7可以看出，在语言情感价值层面："好听"这一项，粤方言的总评分最高，达到3.50；"亲切"这一项，客家话的总评分最高，达到3.63。

在语言功能价值层面："实用"这一项，普通话的总评分最高，达到3.63；"有助于提高收入或带来其他经济收益"这一项，同样是普通话总评分最高，达到3.38。

在语言社会声望层面："有身份"这一项，粤方言的总评分最高，达到2.75；"社会地位高"这一项，普通话的总评分最高，达到3.50。

归纳上述，受访者语言态度总评分从高到低的排序为：普通话（3.29）>粤方言（3.06）>客家话（2.85）。

## 四　家庭语言管理

我们通过访谈，还发现这8户东莞客家新移民家庭的家长对子女在家里说什么语言基本没有具体要求，在谈话中涉及"父母对你在家说什么语言有要求吗？"这一问题时，受访者回答的都是"没有语言要求"。在延伸提问中，得出的8户受访家庭语言管理相关情况见表8。

表 8 受访家庭语言管理相关情况

| 家庭 | 父母会下意识地培养子女的哪些语言 | 原因 | 父母的经历背景或态度对子女语言学习发展的影响 |
| --- | --- | --- | --- |
| 陈家 | 无 | 无 | 可以跟着父母工作环境学粤方言 |
| 余家 | 客家话 | 是客家人 | 能够多和不同的人沟通 |
| 邓家 | 客家话与粤方言 | 与他人沟通 | 有一定帮助，父母与客人同事都有用客家话与粤方言沟通，所以还是要掌握得好 |
| 张家 | 客家话 | 它是客家人的一种身份象征 | 母亲是老师，感觉是学语言要从娃娃抓起，还得注意口音问题带来的影响 |
| 钟家 | 客家话 | 身为客家人不能丢了母方言 | 虽然户口迁到这里来，但依旧觉得会讲客家话很重要 |
| 赖家 | 无 | 无 | 无 |
| 兰家 | 客家话与普通话 | 使用更方便 | 无 |
| 冯家 | 普通话与粤方言 | 好找工作，有更多工作空间 | 随父母亲来东莞后，便有粤方言与普通话环境，认为学习多种语言较快，得学着说 |

在受访者父母语言管理方面，仅有两户家庭表现得更为明显一些。其中，张家的母亲（47 岁，本科，老师）对女儿的普通话学习较为关注，但并没有做出明确的管理。但作为教育工作者，她对语言的规范化要求也潜移默化地影响了女儿，从表 8 也能看出。张母在谈话中表述过："我是一名老师嘛，大部分时间讲的都是普通话。所以呢，对我女儿普通话能力是比较关注。"在笔者的后续提问中，张母对"有对女儿进行过普通话辅导吗"的回答是："这倒是真没有，在家我们讲的都是梅州话来的。并且她普通话也不用我们操心哪，我就是平常会多关注一下。"同时，在语言学习投入方面，张家父母对孩子的英语学习是比较重视的，受访者表示其父母会购买相关资料，也督促她报考雅思。

另一户父母语言管理较为明显的是余家，家长对子女在家庭外语言使用的期待上表现得明显一些。余父（47 岁，高中，个体户）认为："小孩在东莞生活了这么久了，多多少少要会讲一点粤方言吧。"因此，会鼓励子女在外面多说粤方言。余家有一女一儿，长女客家话说得很好，还学会了东莞本土客家话，但幼子不太会说客家话。对这一点，余家父母比较在意，因此平常在日常交谈中就有意识地对他多说一些客家话。但效果不是特别好，其幼子还是更喜欢说普通话，觉得方便不拗口。

## 五　思考与建议

根据访谈内容并结合受访者家庭语言使用情况，本报告发现，移居东莞的客家家庭语言使用存在以下特点：一是在家庭语言使用层面，客家话仍是家庭内部常用语言，家庭中存在语言混用现象；二是在语言能力层面，家庭内部语言水平呈现代际差异，第二代客家话能力有所退化，粤方言语言能力差距较大；三是在语言态度层面，情感上认同客家话，情感价值中“好听”评价最高的语言为粤方言，功能评价上倾向于普通话；四是在语言管理层面，家长缺少显性的语言管理，第二代在自我语言管理上主观能动性较强。整体来讲，受访的8户家庭中存在第二代对客家话重视程度较低、语言管理不明确以及第二代在身份认同上与现实处境有较大偏差等问题。

针对以上研究发现的问题，我们提出如下建议。

第一，政府文化与教育部门或科研机构可以采取相关措施，加强语言科普。以东莞新移民群体为例，他们对语言的认识、对语言能力的认识都有不足，影响了他们的语言态度。语言科普一是要科普语言与文化的紧密关系；二是要强调家庭是语言传承的“堡垒”，要重视家庭内部的语言管理；三是要科普语言是社会资源的语言价值观。语言科普可以多采用新媒体，如抖音、西瓜视频等，更加亲民。

第二，借助语言科普活动，助力家庭语言管理实践。新移民在家庭语言管理和规划方面，应正确认识母方言的重要性，提高对母方言的重视程度。比如客家话是东莞客家新移民的母方言，是新移民家庭维系客家文化的重要纽带。家庭内部不应排斥使用母方言，不能放任母方言传承中断。父母在平时与子女的交流中可以尽量使用客家话，做到言传身教。

第三，政府相关部门还应致力于营造良好的多元社会文化环境，增强新移民的归属感。应引导本地居民与新移民家庭建立良好的人际关系，进行有效的语言与文化互动。也可组织相应活动，为新移民提供参与当地的语言和文化交流活动的便利，帮助新移民结交当地的朋友，拓展人脉，增加语言交流的机会。

（王文豪、钟淑惠）

# 广州市高校学生语言生活状况*

广州现有普通高等学校84所[①]，据2021年的统计，在校学生达141万余人[②]。生源来自全国各地，广东省占比最大。2022年6—7月，通过问卷方式，开展了广州高校学生的语言生活状况调查，包括学生的基本情况、语言能力、语言态度、语言使用以及语言需求等。共发放问卷1141份，回收有效问卷1097份。接受调查者涉及29所高校，以公办本科院校为主，少数来自民办高校；籍贯为广东省的853人（77.76%），广东省外的244人（22.24%），覆盖28个省（自治区、直辖市）；男性592人（53.97%），女性505人（46.03%）。2022年11—12月，从有效问卷中抽样42人进行了进一步的访谈。

## 一 语言能力的自我评价

所有学生均掌握普通话[③]，大部分学生掌握双语（言）或多语（言），74.48%的学生至少掌握一种汉语方言，50.96%的学生掌握英语。

### （一）国家通用语言文字能力

73.75%的学生自评能够准确流利使用普通话交流；24.16%的学生自评能用普通话熟练交流，但有时候发音不标准；只有2.09%的学生认为自身普通话使用不熟练。广州高校学生普通话掌握情况总体良好，但高质量提升还有空间。

23.15%的学生最先习得的语言[④]是普通话，其余76.85%则是最先习得方

* 国家语委“十四五”科研规划项目“高校语言文字工作理论与实践研究”（ZDI145-36），广东省普通高校创新研究团队“语言服务与汉语传承”（2019WCXTD002），2022年度大学生创新训练项目“广州地区高校学生语言生活状况调查”。

① 据广东省教育厅网站数据，http://edu.gd.gov.cn/。

② 据《2022广州统计年鉴》，广州市统计局，https://lwzb.gzstats.gov.cn:20001/datav/admin/home/www_nj/。

③ 本报告所指的“掌握”，包含“能准确流利交流”“能熟练交流但有时发音不准确”“基本能交谈但不熟练”三个层次。

④ 本报告所称“语言”包括方言。

言。将学生最先习得语言情况与其普通话能力进行对比（见表1），最先习得普通话的学生中有85.04%能准确流利使用普通话，比例明显高于最先习得方言的学生，其中最先习得潮汕方言的学生能准确流利使用普通话的比例较低（66.92%）。最先习得语言情况，与是否与祖辈同住有一定关联，与祖辈同住者最先习得普通话的比例是19.76%，明显低于不与祖辈同住者的30.61%。籍贯非广东的学生中，成长地为粤方言区[①]的64.38%最先习得普通话，成长地为非粤方言区则只有42.69%。

**表1　学生最先习得语言情况与现有普通话能力对比（N=1097）**

| 最先习得语言 | 拥有普通话能力的人数及其百分比 | | | | | |
|---|---|---|---|---|---|---|
| | 能准确流利交流 | | 能熟练交流但有时发音不准确 | | 基本能交谈但不熟练及以下水平 | |
| 普通话（254人） | 216 | 85.04 | 32 | 12.60 | 6 | 2.36 |
| 粤方言（373人） | 263 | 70.51 | 99 | 26.54 | 11 | 2.95 |
| 客家方言（142人） | 101 | 71.13 | 39 | 27.46 | 2 | 1.41 |
| 潮汕方言（130人） | 87 | 66.92 | 42 | 32.31 | 1 | 0.77 |
| 其他方言（198人） | 142 | 71.72 | 53 | 26.77 | 3 | 1.52 |
| 合计人数 | 809 | | 265 | | 23 | |

规范汉字书写方面，28.35%的学生表示在书写时容易提笔忘字，16.04%的学生字词使用经常出错。动笔写字频次、普通话能力水平与书写能力存在正相关，一般而言，普通话能力越好、写字频率越高，规范汉字书写能力越强。

### （二）方言能力

粤方言是广州的主要方言。以籍贯和1—6岁成长地为观察点，被调查者的粤方言掌握情况大致如下：85.71%的籍贯和成长地均在粤方言区的学生，44.52%的籍贯非粤方言区但在粤方言区成长的学生，以及14.83%的籍贯和成长地均非粤方言区的学生掌握粤方言。访谈中发现，相当一部分学生通过收看粤方言电视节目或听唱粤方言歌曲学会粤方言，大学期间通过与广州本地同学交往学会粤方言的情况不多。

此外，13.85%的学生掌握粤方言、客家方言、潮汕方言中的两种或全部三

① 粤方言区包括广东省内广州、深圳、珠海、佛山、韶关、惠州、汕尾、东莞、中山、江门、阳江、湛江、茂名、肇庆、清远和云浮等市的大部或部分地区，以及香港、澳门等地区。

种。分籍贯考察，籍贯为广东的学生最先习得方言的比例为 84.29%，籍贯为外省的是 50.82%。在由不同母方言背景成员组成的家庭中成长的学生，大多数最终掌握的优势语言是普通话，方言能力较弱，只有少数学生多方言能力兼具。访谈发现，长辈对方言的态度以及成长环境的语言氛围，对学生的方言习得有较显著影响；多数学生的方言表达受到普通话的影响，包括语法和词汇表达等。

### （三）英语能力

掌握英语的学生（559 人）中，自评能力为“基本能交流但不熟练”的占多数（396 人，70.84%）。其中，英语专业的学生 92.42% 达到“基本能交谈但不熟练”及以上水平，英语口语水平尤其欠佳，能熟练掌握英语的仅占 45.45%；非英语专业学生则有 51.7% 英语水平较低，处于“会说一些日常用语”及以下水平，能熟练掌握英语的仅 12.9%。可见，广州高校学生整体英语水平不高。

英文书写能力总体情况也不佳，78.21% 的学生表示容易提笔忘词，71.38% 的学生表示单词使用经常出错。英语专业的学生英文书写能力相对较好，但也有超过五成的学生自评书写较差。

### （四）繁体字认写能力

广州高校学生中，64.63% 能认读常见繁体字，24.89% 能够基本无障碍阅读繁体字书籍，还有 2.55% 表示能够使用繁体字写文章，仅 7.93% 表示几乎不认识繁体字。繁体字认写能力与学生的成长地、所学专业未见有密切关联。超过 60% 的学生通过课外书籍刊物或网络节目等渠道接触繁体字，此外也有一些学生是通过“书法”“港澳电视台”“电子游戏”“手机字体”“与会繁体字的朋友交流”学习接触繁体字。

## 二　语言使用的基本情况

### （一）普通话与方言各有分工

高校校园中，普通话和方言在不同场合的分工较为明确。普通话是学生在校园里交流的主要语言，使用率达 93% 以上。粤方言是校园中最常使用的方言，83.87% 的学生表示接触过粤方言。按学生在校园内接触到的语言频率高低排序，依次为普通话、粤方言、英语、潮汕方言、客家方言、其他方言，校园网络空间的语言使用频率也与此相同。

在公共场合，普通话是主要的交流语言（见表2）；而与家人交流，学生更倾向于使用方言（见表3）。在学生宿舍，不同方言背景的学生聚在一起，大部分情况下会共同选择普通话交流；彼此间会认为对方的方言有趣，尝试学习个别词句，更多的只是作为谈资。通过同学间交流学会方言的情况，大多是在中小学阶段；大学的各种场合，普通话均为主流，也得到普遍接受。

**表2　校园内不同场合的语言使用情况（N=1097）**

| 语言使用情况 | 普通话 | | 粤方言 | | 其他 | |
|---|---|---|---|---|---|---|
| | 人数 | 占比/% | 人数 | 占比/% | 人数 | 占比/% |
| 与食堂工作人员交流 | 1042 | 94.99 | 50 | 4.56 | 5 | 0.46 |
| 与商店工作人员交流 | 1033 | 94.17 | 59 | 5.38 | 5 | 0.46 |
| 与医务室人员交流 | 1068 | 97.36 | 21 | 1.91 | 8 | 0.73 |
| 与校内餐馆人员交流 | 1031 | 93.98 | 56 | 5.10 | 10 | 0.91 |

**表3　家人领域的语言使用情况（N=1097）**

| 语言使用情况 | 普通话 | | 方言 | | 普通话+方言 | |
|---|---|---|---|---|---|---|
| | 人数 | 占比/% | 人数 | 占比/% | 人数 | 占比/% |
| 与父母交流 | 187 | 17.05 | 592 | 53.96 | 318 | 28.99 |
| 与祖辈交流 | 111 | 10.12 | 833 | 75.93 | 153 | 13.95 |
| 与其他亲戚交流 | 156 | 14.22 | 661 | 60.26 | 280 | 25.52 |

### （二）语言选择的具体情况

大多数学生与陌生人接触时首选语言是普通话；如果面对的陌生人是长者，首选语言为粤方言的比例会略高。在被调查的696名会说粤方言的学生中，31.90%会首选粤方言与陌生长者交流。

在学校里，学生与老师交流，更倾向于使用普通话，即使与老师来自同一方言区，63.35%的学生仍选择使用普通话交流，仅有8.48%会单用方言。在与其他人交流时，若对方主动使用共同的母方言，66.55%的学生会改用同一方言进行交流；不过，同一方言也存在口音的地域差异，由此降低了部分学生使用方言交流的意愿。

学生的自然母语情况，是影响其与家人亲戚交流时语言选择的重要因素。

即使是最先习得普通话的学生，与亲属交流时也较多使用方言，与祖辈交流时使用方言的频率最高。几种方言中，粤方言自然母语者单用方言交流的比例最高，潮汕方言自然母语者单用普通话交流的比例最低（见表 4）。

**表 4　自然母语习得情况与其私人领域语言使用情况的关系**

| 最先习得语言 | 与父母交流语言 | | | 与祖辈交流语言 | | | 与其他亲戚交流语言 | | |
|---|---|---|---|---|---|---|---|---|---|
| | 普通话 | 方言 | 普＋方 | 普通话 | 方言 | 普＋方 | 普通话 | 方言 | 普＋方 |
| 普通话 | 134<br>52.76% | 33<br>12.99% | 87<br>34.25% | 89<br>35.04% | 101<br>39.76% | 64<br>25.20% | 117<br>46.06% | 54<br>21.26% | 83<br>32.68% |
| 粤方言 | 14<br>3.75% | 273<br>73.19% | 86<br>23.06% | 7<br>1.88% | 341<br>91.42% | 25<br>6.70% | 12<br>3.22% | 301<br>80.70% | 60<br>16.09% |
| 客家方言 | 13<br>9.15% | 76<br>53.52% | 53<br>37.32% | 7<br>4.93% | 107<br>75.35% | 28<br>19.72% | 10<br>7.04% | 83<br>58.45% | 49<br>34.51% |
| 潮汕方言 | 2<br>1.54% | 82<br>63.08% | 46<br>35.38% | 0<br>0.00% | 116<br>89.23% | 14<br>10.77% | 4<br>3.08% | 84<br>64.62% | 42<br>32.31% |
| 其他方言 | 24<br>12.12% | 126<br>64.65% | 46<br>23.23% | 8<br>4.04% | 168<br>84.85% | 22<br>11.11% | 13<br>6.57% | 139<br>70.20% | 46<br>23.23% |

## 三　语言态度与语言学习意愿

### （一）语言评价及影响因素

笔者从“好听”“亲切”“好学”“有用”四个维度调查了广州高校学生对普通话、粤方言和英语的语言态度。参照李克特量表设置 10 等级评价，普通话在“亲切”“好学”“有用”三个维度的得分均高于粤方言和英语，其中“有用”维度得分最高。粤方言在“好听”维度的评价得分最高，这与被调查者母方言多为粤方言有关。英语的“亲切”“好学”“好听”三个维度评价均得分最低，仅在“有用”维度得分略高于粤方言（见表 5）。

**表 5　对普通话、粤方言和英语的评分（N=1097）**

| 语言 | 评价维度 | | | | 平均 |
|---|---|---|---|---|---|
| | 好听 | 亲切 | 好学 | 有用 | |
| 普通话 | 8.28 | 7.97 | 8.59 | 9.38 | 8.55 |
| 粤方言 | 8.47 | 7.88 | 6.22 | 7.60 | 7.54 |
| 英语 | 6.75 | 4.94 | 5.02 | 7.96 | 6.17 |

自然母语背景是影响学生语言评价的重要因素，例如自然母语为普通话的学生对普通话的评价高于其他学生，自然母语为粤方言的学生对粤方言的评价高于其他学生，配对样本t检验均达到了统计上的显著性（$P<0.001$）。自然母语为普通话的学生对普通话的评价最高，评分高低依次是“有用”“好学”“好听”“亲切”。自然母语为粤方言的学生对粤方言评价高于普通话的有两项，为“亲切”和“好听”，“亲切”的差异最显著（$t=-14.422$，$df=372$，$P<0.001$）；但“有用”和“好学”两项，则对普通话评价更高，“有用”的差异更为显著（$t=6.903$，$df=372$，$P<0.001$）。高校学生对普通话的实用性有高度共识；与方言主要靠习得不同，普通话有系统的教学设计，显得更好学（见表6）。

**表6　自然母语因素与语言评价的关系**

| 自然母语情况 | | 评价维度 | | | | 平均 |
|---|---|---|---|---|---|---|
| | | 好听 | 亲切 | 好学 | 有用 | |
| 粤方言自然母语者 | 普通话 | 7.98 | 7.51 | 8.38 | 9.39 | 8.32 |
| | 粤方言 | 9.22 | 9.38 | 7.72 | 8.62 | 8.74 |
| 相对差值 | | −1.24 | −1.87 | 0.66 | 0.77 | −0.42 |
| 配对样本t检验 | | <0.001 | <0.001 | <0.001 | <0.001 | <0.001 |
| 普通话自然母语者 | 普通话 | 8.78 | 8.63 | 8.93 | 9.54 | 8.97 |
| | 粤方言 | 8.08 | 7.11 | 5.38 | 6.96 | 6.88 |
| 相对差值 | | 0.70 | 1.52 | 3.55 | 2.58 | 2.09 |
| 配对样本t检验 | | <0.001 | <0.001 | <0.001 | <0.001 | <0.001 |

学生的语言能力与其对语言的评价也有较重要的关联，已熟练掌握某一语言的学生对该语言的评价更高。如对英语的评价，掌握程度高与掌握程度低的学生在四个维度的评价排序一致，由高到低依次为“有用”“好听”“好学”“亲切”，但得分均有显著差异，相对差异最大的是“好学”，最小的是“有用”。“有用”仍是基本共识，“好学”与否则因掌握程度不同而差异明显（见表7）。

**表7　英语语言能力与语言评价的关系**

| 掌握情况 | 评价维度 | | | | 平均 |
|---|---|---|---|---|---|
| | 好听 | 亲切 | 好学 | 有用 | |
| 熟练掌握者 | 8.01 | 6.41 | 6.79 | 8.58 | 7.44 |
| 未熟练掌握者 | 6.53 | 4.68 | 4.71 | 7.85 | 5.94 |
| 相对差值 | 1.48 | 1.73 | 2.08 | 0.73 | 1.50 |
| 独立样本t检验 | <0.001 | <0.001 | <0.001 | <0.001 | <0.001 |

受访学生以“相辅相成”“共生关系”“双管齐下”等来形容普通话和方言之间的关系。在方言区成长的学生，其家庭一般较注重方言的传承，部分学生在与同乡交流时，会较留意同一方言的地域口音差异，对方言中的普通话表达会较为敏感。方言的认可度主要体现在文化传承和感情维系方面，但离开了家乡，方言普遍被认为可有可无，虽觉得可惜，但大多数学生并没有主动传承的明显动力。也有学生受家庭影响，对方言传承持无所谓态度，更有甚者，对方言存在羞耻感。

### （二）对国家语言文字政策的了解

学生对国家语言文字政策的了解大多停留在“国家大力推广普通话”上。只有 32.27% 的学生表示接触过国家语言文字方面的政策，途径主要有线上的公众号或网站，线下的学校宣传、书籍或刊物，以通过网络媒体接触为较多。另有 40.57% 虽然没有接触过有关政策，但有意愿了解。语言类专业的学生了解相关政策的比例较非语言类专业的高一些，但总体上仍偏低。

绝大多数学生（95.08%）认同和支持方言文化传承，理由包括多元地域文化保护、丰富语言文化表达等。少数学生认为方言不需要专门的传承保护，认为方言会造成沟通障碍或影响普通话的学习。受访学生多数对方言和方言文化的传承现状表示不乐观。部分学生意识到学校与家庭对语言习得各有分工，方言“更重要的还是家庭的传承”。

### （三）语言学习意愿

#### 1. 普通话学习意愿

超过六成的学生有意愿进一步提升普通话水平。学习提升的动机包括考取相关资格证书的需要（57.64%）、普通话不标准怕被他人嘲笑（42.36%），也有部分学生属于兴趣爱好驱使（38.12%）。

无意愿继续提升自身普通话水平的学生中，大多数（94.04%）认为自身现有的普通话水平已经能够满足日常交流需求。这部分人当中，接近 90% 属于自评普通话能准确流利交流的学生。

不同专业的学生对普通话学习的意愿和动机也略有不同。试以工科（非师范）类学生和师范类学生做比较，师范类学生有意继续学习普通话的比例（73.17%）明显高于工科类学生（62.86%），学习动机的高低排序，工科类学生为人际交往需要、考证需要、兴趣爱好，师范类学生则为考证需要、兴趣爱好、人际交往需要。

**2. 其他语言学习意愿**

只有 47.86% 的学生对学习其他语言有一定的意愿。学习的动机包括增进交流扩大朋友圈、欣赏不同的语言文化、能适应不同语言区的日常生活等。无意愿学习其他语言的学生，原因则包括没有实际使用需要、没有充足的时间、难度太大或没有合适的学习途径。

受访学生家庭、个人普遍没有明确的语言规划，个人成长与语言习得呈自然态势，继续或更多学习语言的意愿并不坚定和持久。普通话和英语的继续学习，主要还是出于考证、升学、工作的需要；其他外语的学习，是受娱乐（如影视剧）、旅游兴趣的推动，多不持久；至于方言，对母方言的主要关注点是传承，对非母方言的其他方言主要是觉得有趣，但都普遍缺乏专门学习的动力。相对而言，因为粤方言是广州的主要方言，部分有意留在广州工作发展的学生，会认为多学一点粤方言可以方便生活；但也有人认为，"就是在广州的话，用普通话完全都可以满足生活的基本需要"。

## 四　思考与建议

总体上，广州高校学生的语言生活呈现以普通话为主、方言为辅的多言和谐状况。通过基础教育阶段的有效推广普及，大学生的国家通用语言文字应用能力普遍较好。与此同时，高校学生的语言文字应用水平还有较大提升空间，对国家语言文字政策普遍缺乏了解，科学的语言观较为欠缺。建议高校在以下三方面有所着力。

第一，增进学生对国家语言文字政策的了解。高校是国家通用语言文字推广普及的重要阵地，大学生是国家通用语言文字推广普及的主力军。要增进在校大学生对国家语言文字有关政策、对国家和区域语言状况的了解，提升其对国家通用语言文字重要性的认识，推动其自觉学习、规范使用、传承传播国家通用语言文字，正确认识和处理好国家通用语言文字与方言的关系。教育部、国家语委《关于加强高等学校服务国家通用语言文字高质量推广普及的若干意见》的发布，为高校加强语言文字工作提供了明确的指引，要提高认识，落实行动。

第二，引导学生树立正确的语言资源观，提升语言规划意识。语言是一种资源，语言文字应用能力是一种核心竞争力。高校要引导学生树立正确的语言观，包括语言资源观、语言规划观，要能为学生提供必要的语言规划指导，帮助他们从语言规划入手，有意识地制定语言选择、管理及学习计划，提升语言能力及与之相关的职业竞争力。以多语多言能力提升为目标，既要熟练掌握普通话，使之成为职业发展和社会交往的有效工具；也要说好地道的家乡话，传承乡土文化；同时还要至少熟练掌握好一门外语，增强了解世界的能力。

第三，为学生创设更好的语言学习、多语交流氛围。各高校或校内学生组织，应积极搭建各类语言交流平台、融合媒体推动学生互助教学，促进语言资源共享。通过开设语言类社团、选修课等途径，为有需要的学生提供平台，营造良好的语言学习氛围。创设更多的机会，让学生能在用中学，提升国家通用语言文字应用能力，包括口语和书面表达能力，也包括键盘输入时代的汉字书写和文化传承。结合南方方言区的学生特点，设计有针对性的普通话水平提升训练，增强推普的有效性。

（禤健聪、石桂枝、詹小璇、刘素柳、王雅荧、吴咏鑫）

# 广州市新疆籍大学生新媒体语言使用状况*

随着互联网和新媒体的不断发展，越来越多的少数民族同胞通过网络打破地域限制，快速获取外界信息，呈现出语言、文化等融合的趋势。与此同时，城市化进程不断加快，人口流动日益频繁，少数民族青少年异地就学数量不断增长，学习、生活环境的改变带来了语言使用的变化。

互联网及新媒体为少数民族学生提供了便捷高效的交流平台。在外地求学的少数民族学子能及时了解家乡、本民族的各类信息，为少数民族文化的新媒体传播带来契机。借助新媒体平台，少数民族学子能亲自参与传播本民族语言文化，这在一定程度上增强了他们的民族自豪感，也增进了其他人对少数民族的了解。

本报告以广州高校中的新疆籍少数民族大学生作为调查对象。样本来源为：广州大学、广东工业大学、广东外语外贸大学。以当前流行的社交软件微信、微博及网站等为例，调查这一群体在新媒体平台上的语言使用情况、语言态度等。

## 一　调查设计

本次调查主要以发放问卷的方式进行，共回收有效问卷208份。问卷内容包括以下内容。1.受访者基本情况（性别、年级、民族成分）；2.语言能力：会讲哪些语言或方言；3.新媒体语言使用：不同新媒体语境下的语言使用情况；4.新媒体语言态度：关注少数民族新媒体网站、公众号的情况，关注新媒体平台上不同语言类型节目的情况。针对问卷情况，还对部分调查对象进行了访谈。

* 国家语委“十四五”科研规划2022年度省部级重点项目“高校语言文字工作理论与实践研究”（ZDI145-36）。

### （一）基本情况

从性别结构来看，男生 47 人（22.60%），女生 161 人（77.40%）。

从年级结构来看，预科生 64 人（30.77%），本科生 144 人（69.23%）。本科生中，大一 56 人（26.92%），大二 36 人（17.31%），大三 32 人（15.38%），大四 20 人（9.62%）。

从民族分布来看，维吾尔族 177 人（85.10%），哈萨克族 15 人（7.21%），回族 7 人（3.37%），柯尔克孜族 4 人（1.92%），蒙古族 2 人（0.96%），锡伯族、满族、塔吉克族各 1 人（0.48%）。

### （二）语言能力

广州新疆籍少数民族大学生的语言能力模式主要是“民族语 + 普通话”。调查中，一名维吾尔族学生表示，除了掌握本民族语和普通话外，他还能使用粤方言进行简单交流。

表 1 新疆籍大学生语言能力掌握情况

| 人数 | 语言 | | | | | | | | 占比 /% |
|---|---|---|---|---|---|---|---|---|---|
| | 普通话 | 维吾尔语 | 哈萨克语 | 柯尔克孜语 | 锡伯语 | 蒙古语 | 塔吉克语 | 粤方言 | |
| 176 | √ | √ | — | — | — | — | — | — | 84.62 |
| 15 | √ | — | √ | — | — | — | — | — | 7.21 |
| 4 | √ | — | — | √ | — | — | — | — | 1.92 |
| 1 | √ | — | — | — | √ | — | — | — | 0.48 |
| 2 | √ | — | — | — | — | √ | — | — | 0.96 |
| 8 | √ | — | — | — | — | — | — | — | 3.85 |
| 1 | √ | — | — | — | — | — | √ | — | 0.48 |
| 1 | √ | √ | — | — | — | — | — | √ | 0.48 |

由表 1 可知，接受调查的新疆籍大学生普遍掌握汉语普通话。其中，维吾尔族、哈萨克族、柯尔克孜族、锡伯族、蒙古族和塔吉克族学生普遍掌握本民族语，回族和满族学生（3.85%）已经全部转用汉语。

## 二 新媒体语言使用情况

超过 80% 的调查对象表示，每天使用手机时长在 3—6 小时及以上。对于手机应用程序（APP）的使用更偏向于体验感较强的社交类和娱乐类。

在新媒体使用方面，微信是新疆籍大学生使用率最高的应用软件。微信公众号、朋友圈等让交流和信息获取更便捷，微信中的语音通话和视频通话实现了沟通零距离。对于他们来说，笔记本电脑的功能主要是完成作业和查阅资料。

### （一）微信语音聊天时语言使用情况

表 2　与家人微信语音聊天时的语言使用情况

| 使用情况 | 维吾尔语 | 哈萨克语 | 蒙古语 | 柯尔克孜语 | 普通话 | 维吾尔语＋普通话 | 哈萨克语＋普通话 | 塔吉克语＋普通话 | 柯尔克孜语＋普通话 |
|---|---|---|---|---|---|---|---|---|---|
| 人数 | 92 | 10 | 1 | 3 | 38 | 59 | 3 | 1 | 1 |
| 占比 /% | 44.23 | 4.81 | 0.48 | 1.44 | 18.27 | 28.37 | 1.44 | 0.48 | 0.48 |

表 3　与本民族朋友微信语音聊天时的语言使用情况

| 使用情况 | 维吾尔语 | 哈萨克语 | 蒙古语 | 普通话 | 维吾尔语＋普通话 | 哈萨克语＋普通话 | 柯尔克孜语＋普通话 | 蒙古语＋普通话 | 塔吉克语＋普通话 |
|---|---|---|---|---|---|---|---|---|---|
| 人数 | 19 | 1 | 1 | 71 | 104 | 9 | 1 | 1 | 1 |
| 占比 /% | 9.14 | 0.48 | 0.48 | 34.13 | 50.00 | 4.33 | 0.48 | 0.48 | 0.48 |

表 4　与其他民族朋友微信语音聊天时的语言使用情况

| 使用情况 | 普通话 | 维吾尔语＋普通话 | 哈萨克语＋普通话 | 普通话＋粤方言 |
|---|---|---|---|---|
| 人数 | 183 | 22 | 2 | 1 |
| 占比 /% | 87.98 | 10.58 | 0.96 | 0.48 |

新疆籍少数民族大学生在微信语音聊天过程中，选择不同的语言与不同的聊天对象交流。由表 2 可知，与家人语音聊天时，只用本民族语的有 106 人（50.96%），超过了半数；只用普通话的有 38 人（18.27%）；兼用少数民族语言和普通话的有 64 人（30.77%）。由表 3 可知，在与本民族朋友语音聊天时，只用本民族语的有 21 人（10.10%）；只用普通话的有 71 人（34.13%）；兼用少数民族语言和普通话的有 116 人（55.77%）。由表 4 可知，与其他民族朋友语音聊天时，只用普通话的有 183 人（87.98%）；兼用少数民族语言和普通话有

24 人（11.54%）；有 1 人（0.48%）兼用普通话和粤方言。

### （二）微信文字聊天时的语言使用情况

**表 5　与家人微信文字聊天时的语言使用情况**

| 使用情况 | 维吾尔文 | 汉文 | 哈萨克文 | 柯尔克孜文 | 维吾尔文 / 汉文 | 哈萨克文 / 汉文 | 几乎不用文字 |
|---|---|---|---|---|---|---|---|
| 人数 | 38 | 94 | 4 | 1 | 59 | 3 | 9 |
| 占比 /% | 18.27 | 45.19 | 1.92 | 0.48 | 28.37 | 1.44 | 4.33 |

**表 6　与本民族朋友微信文字聊天时的语言使用情况**

| 使用情况 | 汉文 | 维吾尔文 | 维吾尔文 / 汉文 | 哈萨克文 / 汉文 |
|---|---|---|---|---|
| 人数 | 143 | 4 | 59 | 2 |
| 占比 /% | 68.75 | 1.92 | 28.37 | 0.96 |

**表 7　与其他民族朋友微信文字聊天时的语言使用情况**

| 使用情况 | 汉文 | 维吾尔文 | 维吾尔文 / 汉文 | 哈萨克文 / 汉文 |
|---|---|---|---|---|
| 人数 | 195 | 2 | 10 | 1 |
| 占比 /% | 93.75 | 0.96 | 4.81 | 0.48 |

表 5—7 显示，微信文字聊天方面，少数民族大学生也有不同的选择。使用汉文和本民族朋友、其他民族朋友以及家人聊天沟通的分别占 68.75%、93.75%、45.19%，混合使用少数民族文字和汉文与本民族朋友、其他民族朋友以及家人聊天沟通的总计分别占 29.33%、5.29%、29.81%。受调查者在选择文字聊天时主要考虑语言便捷与否。有 9 人（4.33%）在与家人聊天时，基本使用语音功能，几乎不使用文字。一位维吾尔族大学生表示，“少数民族语言在拼写时比较复杂，所以不管是和家人，还是和本民族或者其他民族的朋友聊天时，我更喜欢使用汉字”。

语言与文化是相互融合的有机体。新疆籍少数民族大学生大多是双语或多语人，访谈中，一些调查对象表示，在与家人聊天时喜欢使用本民族语言，他们认为“民族语言非常独特”“非常喜爱自己的民族语言”“自己民族的语言让我感到很自豪”，他们对本民族语言有着积极正面的态度。

调查发现，与本科生相比，预科生的普通话能力相对较弱。在新媒体语言使用中，虽然少数民族语言、文字的使用频率有一定的差别，但调查对象都认识到汉语的重要性。他们认为，“使用汉语更加方便”“汉语在国际上的影响力越来越大”。部分预科生表示，他们在新媒体平台上，会积极使用普通话与本民族或其他民族朋友聊天交流，以此来提高普通话水平。对于从小就接受汉语教育的少数民族学生来说，汉语的使用甚至比母语更加熟练。

## 三　新媒体语言态度

### （一）关注少数民族语言网站、公众号情况

新疆籍大学生对新媒体的使用也体现着他们的语言文化态度。在调查中，我们设置了关注少数民族语言网站、微信公众号的问题，调查结果见表 8。

**表 8　关注少数民族语言网站、微信公众号情况**

| 新媒体类型 | 是否关注 | 人数 | 占比 /% |
| --- | --- | --- | --- |
| 少数民族语言网页或网站 | 关注 | 7 | 3.37 |
| | 不关注 | 201 | 96.63 |
| 少数民族语言微信公众号 | 关注 | 47 | 22.60 |
| | 不关注 | 161 | 77.40 |

由上表可知，有 7 人（3.37%）关注过少数民族语言网页或网站；在这 7 人当中，只有 3 人经常浏览。没有关注过少数民族语言网页或网站的有 201 人（96.63%）。访谈对象库尔班表示，自己没有阅读少数民族语言网站的需要，同学们中很多人从小就接受汉语教育，对自己的民族语言和文字不是很熟悉，“拼读有困难”。

在微信公众号的关注度方面，关注少数民族语言微信公众号的人数有 47 人（22.60%）。一部分调查对象表示，大家关注更多的是与少数民族相关的汉语类公众号。其中，“石榴精神”“我从新疆来”在调查对象中的关注度较高。“石榴精神”是由几位新疆青年共同拍摄的短视频类公众号，主创者用夸张幽默的表演方式，展现新疆青年生活中的趣事。一位访谈对象表示，通过这些公众号，他们可以拉近与家乡的距离，感受到家乡的温暖。

### （二）观看新媒体节目情况

表 9　观看新媒体普通话节目情况

| 观看情况 | 人数 | 占比 /% |
|---|---|---|
| 经常看 | 192 | 92.31 |
| 从未看过，以后会尝试看 | 13 | 6.25 |
| 从未看过，以后也不看 | 3 | 1.44 |

如表 9 所示，使用新媒体观看过普通话节目的人数有 192 人（92.31%），他们观看的节目以综艺娱乐节目居多，如《快乐大本营》《天天向上》《奔跑吧，兄弟》《中国好声音》等。在访谈过程中发现，他们都较喜爱汉语综艺节目，对于文化类的节目则关注度较低。有的访谈对象表示，自己观看的节目和汉族同学并没有太大区别。一方面，本民族的综艺节目较少；另一方面，汉语类综艺节目确实很有吸引力。谈到《中国诗词大会》《中国成语大会》这样的文化类节目，他们认为，自己对汉语文化的领悟还不是很深入，理解并运用古诗词对他们来说有一定困难。两位访谈对象皮亚、给娜表示，自己是民考汉，从小就和汉族同学一起学习，也学习古诗词，很喜欢李白、杜甫的诗，所以也会看这种文化类的节目。对于那些民考民的同学来说，这些古诗词就显得很陌生，他们对这类节目不是很感兴趣，更倾向于选择观看中央广播电视总台的维吾尔语频道。

表 10　观看新媒体粤方言节目情况

| 观看情况 | 人数 | 占比 /% |
|---|---|---|
| 经常看 | 33 | 15.87 |
| 从未看过，以后会尝试看 | 150 | 72.12 |
| 从未看过，以后也不看 | 25 | 12.02 |

在广州语言环境中，粤方言属于强势型方言。如表 10 所示，有 150 名（72.12%）调查对象从未看过粤方言节目，但表示以后会尝试观看。有 25 名（12.02%）调查对象以后也不打算观看粤方言节目。有的调查对象认为，粤方言对他们来说生涩难懂，周围的老师、同学、朋友也都使用普通话。他们中也有人表示对粤方言感兴趣，但并未考虑通过新媒体平台去学习粤方言。

## 四　结语

网络新媒体时代，媒体语言的接触和使用不可避免。新疆籍少数民族大学生大多数是双语或多语人，绝大多数调查对象能积极主动地接触和使用各类新媒体。无论在日常学习、生活中，还是在新媒体平台上，新疆籍少数民族大学生都呈现出少数民族语言和汉语使用并重的情况。

第一，新媒体视域下多语能力有待提升。充分利用大学生语言能力中心等同类机构，加强语言环境建设，增加语言实践、语言交流机会。针对不同学生的语言学习需求，制定个性化的语言学习计划等。通过以上措施，可以提高新疆籍少数民族大学生的多语言能力。同时，学校还应该加强文化交流和理解，帮助学生更好地融入多元化的社会和文化。

第二，新媒体平台增强民族认同感和自豪感。网络与新媒体的发展，为新疆籍大学生了解外界打开了窗口，也为少数民族文化的传播带来了契机。通过新媒体平台，远在他乡的新疆籍大学生能够时刻了解家乡及与本民族相关的各种信息。他们也借助新媒体平台，传播本民族的语言文化，如转发、发布自己喜爱的少数民族舞蹈、音乐视频等。新媒体平台增强了他们的民族认同感和自豪感，也增进了其他民族对新疆少数民族的了解。

第三，少数民族语言文化传播的新媒体挑战。新媒体的发展也为少数民族文化的传播带来了挑战。一方面，新媒体所提供的少数民族文化内容较少，尤其缺乏以少数民族语言为载体的媒介内容；另一方面，从小接受国家通用语言文字教育的少数民族大学生中，较少有人使用本民族语言和文字，因此，导致少数民族语言新媒体浏览量减少，进而影响内容的提供量。

综上所述，新媒体平台有利于少数民族学生更便捷地了解和学习中华优秀传统文化，有利于增强少数民族学生的中华民族认同感。同时，应当加快培养少数民族媒体工作者，建设少数民族语言文化新媒体平台，制作通俗易懂的少数民族语言文化内容。

少数民族大学生要充分利用新媒体平台，不断促进少数民族语言文化的传播和发展，对于铸牢中华民族共同体意识，具有重大意义。

（魏　琳）

# 内地高校港澳生网络流行语使用状况调查

《粤港澳大湾区发展规划纲要》于2019年2月18日正式发布，标志着粤港澳一体化全面发展拉开了序幕。在此背景下，越来越多的港澳青年选择赴内地求学或就业创业。暨南大学和华侨大学作为招生规模最大的两所侨校，吸引了大量的港澳生就读。

网络流行语是年轻人的一种重要口语文化符号，其流传轨迹和意义的符号化被认为是生成网络文化的一个重要过程。以网络流行语为切口，调查内地高校港澳生对内地网络文化的认知与使用，可作为进一步促进大湾区文化融合，提高港澳青年对内地网络文化认同的策略性依据。

## 一　研究设计

### （一）调查对象与方法

暨南大学、华侨大学是我国仅有的两所华侨学府，是对外华文教育的主要基地，也是我国最早接收境外学生的高校。在粤港澳大湾区融合发展的国家大局中，本报告特别关注港澳生这个显著而重要的青年群体，因此，本报告以暨南大学、华侨大学港澳生为例，通过问卷调查，揭示两校港澳生对网络流行语的使用情况与接受程度。受新冠疫情影响，笔者主要通过线上进行问卷发放及回收，并借助在两所高校所认识的港澳生进行传播扩散，通过滚雪球抽样调查方式使调查群体更集中于两校的港澳生；此外还通过关联微信群、QQ群、微博粉丝群、抖音粉丝群等社交平台进行传播并有酬收集问卷。一共回收324份问卷，通过筛选，得到315份有效问卷。

### （二）网络流行语来源

考虑到调查对象年龄差异以及在内地生活的时间段不同，本报告主要利用谷歌、百度等搜索引擎，对十年来内地有代表性的网络流行语进行筛选，并参考语言类著作、门户网站上的热门词语，如百度、360 百科、《咬文嚼字》、新华在线等。经过整理、筛选，一共选出 25 条 2010—2021 年出现且至今仍被使用的具有代表性的网络流行语，并将其分类，如表 1。

**表 1　网络流行语分类表**

| 类别 | 网络流行语 |
|---|---|
| 谐音类；缩写类 | 蓝瘦香菇；喜大普奔 |
| 符号类 | 996；“柠檬精”表情包 |
| 语法形式变体类 | 也是醉了；萌萌哒；Hold 住；伤不起；硬核 |
| 社会新闻热词类 | 逆行者；双循环；神兽；我爸是李刚 |
| 名人名言类 | 你有 freestyle；洪荒之力；皮皮虾，我们走；你们城里人真会玩 |
| 外来词语类 | 佛系；C 位；重要的事情说三遍 |
| 影视音作品词语类 | 元芳你怎么看；小伙伴们都惊呆了；躺着也中枪；一切都是浮云；土味情话 |

### （三）研究内容

内地高校港澳生通过媒介接触和使用网络流行语而了解内地网络文化，并以此作为融入内地社会的一种手段。本报告通过实证研究分析港澳生对内地网络流行语的认知态度和使用现状，拟回答以下问题：

1. 港澳生接触和认知内地网络流行语的认知途径、认知程度如何？
2. 港澳生对内地网络流行语的媒介使用情况如何？
3. 港澳生对内地网络流行语的接受态度如何？
4. 港澳生对内地主流文化要素的认同情况对大湾区文化融合战略有何现实意义？

根据网络流行语的学术概念分析，同时结合网络文化认同的“感知—体验—使用”三阶段的理论框架，本报告基于对暨南大学、华侨大学港澳生的问卷调查，对该群体对内地网络流行语的认知情况、媒介使用以及接受态度进行调查。问卷内容见表 2。

表 2 问卷内容

| 序号 | 问题内容 |
| --- | --- |
| 1 | 性别 |
| 2 | 生源地 |
| 3 | 年级 |
| 4 | 学校 |
| 5 | 平均每日上网时长 |
| 6 | 在内地的生活 / 学习的时间 |
| 7 | 你的普通话水平是 |
| 8 | 你对以下网络流行语的了解程度如何 |
| 9 | 你是通过什么方式了解网络流行语的 |
| 10 | 日常生活中使用网络流行语的频率是 |
| 11 | 你平时使用网络流行语频次最多的场合是 |
| 12 | 你一般是在什么时期开始使用网络流行语 |
| 13 | 当身边同学都知道某些流行语而你不知道时，你会有什么反应 |
| 14 | 你使用网络流行语的主要原因是 |
| 15 | 你对某个时期的网络流行语的第一感受是 |
| 16 | 当他人使用网络流行语与你交流时，你的态度是 |
| 17 | 你对网络流行语的认识是 |
| 18 | 你认为使用网络流行语能带来哪些积极影响 |
| 19 | 你认为使用网络流行语会带来哪些消极影响 |
| 20 | 你认为网络流行语将如何发展 |

## 二　港澳生对内地网络流行语的媒介使用情况

### （一）样本基本情况

首先通过运用 SPSS22.0 软件对问卷样本进行描述性统计，结果见表 3。

表 3 样本基本信息

| 指标 | 选项 | 人数 | 比例 /% |
| --- | --- | --- | --- |
| 性别 | 男 | 156 | 49.52 |
| | 女 | 159 | 50.48 |
| 生源地 | 香港 | 220 | 69.84 |
| | 澳门 | 95 | 30.16 |

（续表）

| 指标 | 选项 | 人数 | 比例 /% |
| --- | --- | --- | --- |
| 年级 | 大一 | 59 | 18.73 |
| | 大二 | 27 | 8.57 |
| | 大三 | 19 | 6.03 |
| | 大四 | 63 | 20.00 |
| | 大五 | 7 | 2.22 |
| | 大六 | 1 | 0.32 |
| | 研一 | 35 | 11.11 |
| | 研二 | 25 | 7.94 |
| | 研三 | 7 | 2.22 |
| | 毕业 1—2 年 | 54 | 17.14 |
| | 毕业 3—5 年 | 18 | 5.72 |
| 学校 | 暨南大学 | 193 | 61.27 |
| | 华侨大学 | 122 | 38.73 |
| 平均每日上网时长 | 0—2 小时 | 11 | 3.49 |
| | 2—4 小时 | 40 | 12.70 |
| | 4—6 小时 | 124 | 39.37 |
| | 8—10 小时 | 79 | 25.08 |
| | 10 小时以上 | 61 | 19.36 |
| 在内地生活 / 学习时间 | 0—2 年 | 43 | 13.65 |
| | 2—4 年 | 54 | 17.14 |
| | 4—6 年 | 49 | 15.56 |
| | 6—8 年 | 37 | 11.75 |
| | 8—10 年 | 14 | 4.44 |
| | 10 年以上 | 118 | 37.46 |
| 目前普通话水平 | 非常流利，交流无障碍 | 196 | 62.22 |
| | 一般，略带口音 | 92 | 29.21 |
| | 交流起来比较吃力 | 13 | 4.13 |
| | 不太行，需要肢体语言辅助 | 12 | 3.81 |
| | 完全不会，只能用粤方言交流 | 2 | 0.63 |

调查样本中暨南大学和华侨大学学生占比分别为 61.27% 和 38.73%，男女比例基本持平。来自香港和澳门的学生分别占 69.84% 和 30.16%，造成该差异

的主要原因是两校的香港学生均多于澳门学生。平均每日上网时长 4—6 小时的占比最高，达到 39.37%，8—10 小时和 10 小时以上的分列第二、第三，三者相加占比将近 84%，说明大部分样本拥有稳定的网络使用习惯。62.22% 的学生普通话非常流利，交流无障碍；29.21% 表示自己的普通话一般，略带口音；剩余不到 10% 普通话较差。总体来看，大部分港澳生在内地生活中的交流沟通比较顺畅，没有太大困难。

### （二）港澳生对内地网络流行语的认知情况分析

港澳生对网络流行语的了解程度总体上有较大参差，从非常熟悉到一般了解，再到不了解，认知程度分布于多级层次。其中，对实用有趣类网络流行语了解程度最高。

**1. 认知途径：主要通过互联网了解内地网络流行语**

港澳生主要通过互联网了解内地网络流行语，同时通过人际交往学习流行语的使用情境，方式不限于线上或线下，交流范围不限于熟人或陌生人之间；此外，大部分综艺节目具备与潮流紧密贴合的娱乐性特征，节目中热梗频出，因此，超六成受访者会通过观看综艺节目了解流行语的含义；最后，内地课堂教学设计重视时新性和趣味性，老师适时运用网络流行语帮助学生理解知识，活跃课堂氛围，这也是学生认知流行语的途径之一。见图 1。

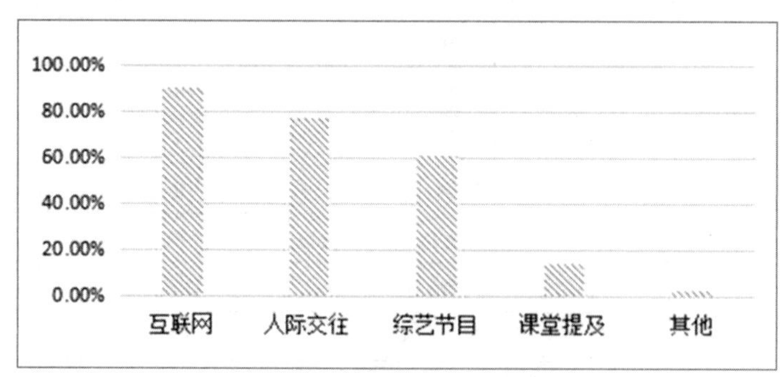


图 1　认知网络流行语的途径

**2. 认知程度：港澳生对内地网络流行语的认知度分布于多个层次**

本报告所选内地网络流行语，代表着近十年有一定知名度的社会事件，或依然被高频率使用，在网络语言生态依然具有高频显示度。总体上，港澳生对内地网络流行语的了解程度介于“非常了解”与“熟悉但不了解”之间。

从性别角度来看，女生对内地网络流行语的认知强于男生；从生源地看，结合参与式观察的相关经验，发现香港地区存在更多新移民，且香港生在内地生活六年以上的人数远多于澳门生，因此，香港学生对内地网络流行语的了解程度更高与生活时长有紧密关联；从学校来看，暨南大学的港澳生对内地网络流行语的了解程度更高。

按照港澳生对 25 条网络流行语的熟悉程度从高到低依次打 4—1 分，平均得分见表 4。

**表 4　港澳生对内地网络流行语的了解程度排行榜**

| 网络流行语 | 非常了解 | | 熟悉但不了解 | | 听过但不熟悉 | | 完全没听过 | | 平均得分 |
|---|---|---|---|---|---|---|---|---|---|
| | 人数 | 占比 /% | 人数 | 占比 /% | 人数 | 占比 /% | 人数 | 占比 /% | |
| 佛系 | 237 | 75.24 | 46 | 14.60 | 17 | 5.40 | 15 | 4.76 | 3.59 |
| 也是醉了 | 236 | 74.92 | 44 | 13.97 | 19 | 6.03 | 16 | 5.08 | 3.59 |
| C 位 | 243 | 77.14 | 33 | 10.48 | 18 | 5.71 | 21 | 6.67 | 3.58 |
| 重要的事情说三遍 | 241 | 76.51 | 32 | 10.16 | 25 | 7.94 | 17 | 5.40 | 3.58 |
| 蓝瘦香菇 | 233 | 73.97 | 40 | 12.70 | 25 | 7.94 | 17 | 5.40 | 3.55 |
| Hold 住 | 228 | 72.38 | 46 | 14.60 | 26 | 8.25 | 15 | 4.76 | 3.55 |
| 土味情话 | 229 | 72.70 | 49 | 15.56 | 15 | 4.76 | 22 | 6.98 | 3.54 |
| 萌萌哒 | 229 | 72.70 | 47 | 14.92 | 19 | 6.03 | 20 | 6.35 | 3.54 |
| 躺着也中枪 | 226 | 71.75 | 50 | 15.87 | 19 | 6.03 | 20 | 6.35 | 3.53 |
| 洪荒之力 | 217 | 68.89 | 51 | 16.19 | 30 | 9.52 | 17 | 5.40 | 3.49 |
| 小伙伴们都惊呆了 | 215 | 68.25 | 55 | 17.46 | 23 | 7.30 | 22 | 6.98 | 3.47 |
| 一切都是浮云 | 214 | 67.94 | 55 | 17.46 | 25 | 7.94 | 21 | 6.67 | 3.47 |
| 你有 freestyle | 214 | 67.94 | 53 | 16.83 | 26 | 8.25 | 22 | 6.98 | 3.46 |
| 你们城里人真会玩 | 215 | 68.25 | 50 | 15.87 | 31 | 9.84 | 19 | 6.03 | 3.46 |
| 伤不起 | 216 | 68.57 | 44 | 13.97 | 29 | 9.21 | 26 | 8.25 | 3.43 |
| 柠檬精 | 205 | 65.08 | 53 | 16.83 | 26 | 8.25 | 31 | 9.84 | 3.37 |
| 喜大普奔 | 151 | 47.94 | 67 | 21.27 | 42 | 13.33 | 55 | 17.46 | 3.33 |
| 硬核 | 179 | 56.83 | 70 | 22.22 | 39 | 12.38 | 27 | 8.57 | 3.27 |
| 996 | 184 | 58.41 | 55 | 17.46 | 36 | 11.43 | 40 | 12.70 | 3.22 |
| 我爸是李刚 | 189 | 60.00 | 43 | 13.65 | 43 | 13.65 | 40 | 12.70 | 3.21 |
| 皮皮虾，我们走 | 171 | 54.29 | 59 | 18.73 | 43 | 13.65 | 42 | 13.33 | 3.14 |
| 元芳你怎么看 | 179 | 56.83 | 39 | 12.38 | 44 | 13.97 | 53 | 16.83 | 3.09 |
| 神兽 | 108 | 34.29 | 61 | 19.37 | 64 | 20.32 | 82 | 26.03 | 2.62 |
| 逆行者 | 112 | 35.56 | 52 | 16.51 | 68 | 21.59 | 83 | 26.35 | 2.61 |
| 双循环 | 51 | 16.19 | 48 | 15.24 | 74 | 23.49 | 142 | 45.08 | 2.03 |

表4中，“佛系”和“也是醉了”并列熟悉程度第一位。“佛系”源自日本一家杂志称述的一种名为“佛系男子”的新类型男性，之后衍生出“佛系女子”“佛系青年”等系列，以表达对平静人生的向往。该词在2017年底风靡全国，表达对生活压力的无声抗争，还有自我调侃的情绪表达。“佛系”成为态度，在网络上受到年轻人的追捧。“也是醉了”是2014年十大网络流行语的榜首，常被简化为“醉了”。它以简洁、委婉的方式表达了对人或事物的复杂情绪，包括不满、无奈、轻蔑等态度，戳中年轻人在日常人际交往中的一些痛点，被广泛使用，同样成为港澳生了解程度最高的内地网络流行语之一。

“C位”和“重要的事情说三遍”并列第三位。“C位”来源于游戏领域，指代团队中心位的人，后被运用于偶像选秀节目，2018年因国内一档团体偶像选秀节目《偶像练习生》的风靡而广为人知。“重要的事情说三遍”来源于日本小林制药的广告语，后经ACG文化演变扩展为“×3”的句式，具有一定的趣味性，同时会引起网友的猎奇心理。由此可见，港澳生对有海外文化因素的网络流行语的认知度会更高。

排名第五位的“蓝瘦香菇”，来源于广西南宁一名男子失恋后录制的视频中说的“难受，想哭”，其极具地域特色的口音和失恋后的发言让他瞬间走红，网友纷纷效仿，造成病毒式传播，甚至名扬海外，因此港澳生对其认知度也较高。

反过来看，得分最低的流行语是“双循环”，其次是“逆行者”和“神兽”。“双循环”为“国内国际双循环”的简称，频见于各类媒体。该概念源于中共中央政治局常务委员会第一次提出的“深化供给侧结构性改革”，习近平总书记在经济、社会等方面的专家会议上也提到“要加快国内、国际双循环的发展格局”。该流行语与国家政策紧密相关，而港澳生在融入内地生活的进程中，对时事政策的接触难免存在一定的时差，对此类网络流行语的认知较低。“逆行者”指在新冠疫情期间不顾个人安危、拯救他人生命的医护人员或志愿者；“神兽”指受新冠疫情影响在家上网课的孩子们。这两个流行语映射当下社会现实，而同一时期的港澳生对此类流行语的认知度相对较低。

## 三　港澳生对内地网络流行语的媒介使用分析

### （一）使用场景：过半港澳生经常在社交软件上使用内地网络流行语

调查显示，94.61%的港澳生使用过内地网络流行语。高频使用的占16.83%，经常使用的占 38.41%，两者相加超过 55%。较少使用的占 39.37%，只有 5.39% 从未使用。见图 2。

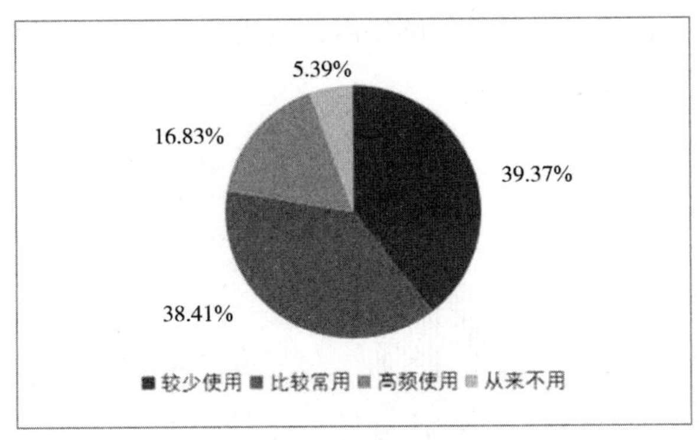


**图 2　港澳生对内地网络流行语的使用频率**

根据调查，最常使用内地网络流行语的，首先是微信、QQ 等以网络聊天为基本功能的社交软件；其次是微博、抖音、豆瓣等应用程序（APP），其媒介环境为港澳生的流行语使用提供很好的平台；再次，网络空间与现实空间彼此映射，现实生活中的口头交谈中也会有相应涉及；另外，直播、游戏等多元娱乐场景同样偶尔出现网络流行语，体现出受访者具备拓宽更多流行语使用空间的潜力。综上，八成以上的港澳生会在线上使用内地网络流行语，最常使用的场合是线上聊天。见图 3。

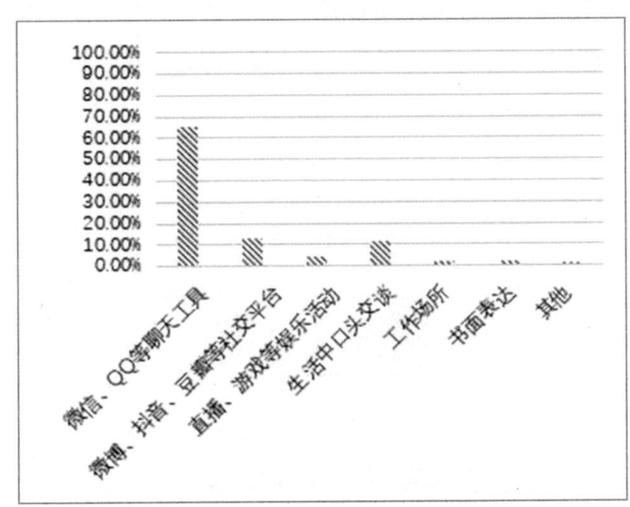


**图 3　港澳生对内地网络流行语的使用场景**

### （二）使用时期：近半数港澳生在网络流行语盛行期开始使用

总体来看，大多数港澳生都会在内地使用网络流行语。虽然 46.98% 的人表示直到身边人都在使用时自己才开始使用，但依然有 42.86% 的人在网络流行语未普及之前就开始使用。见图 4。

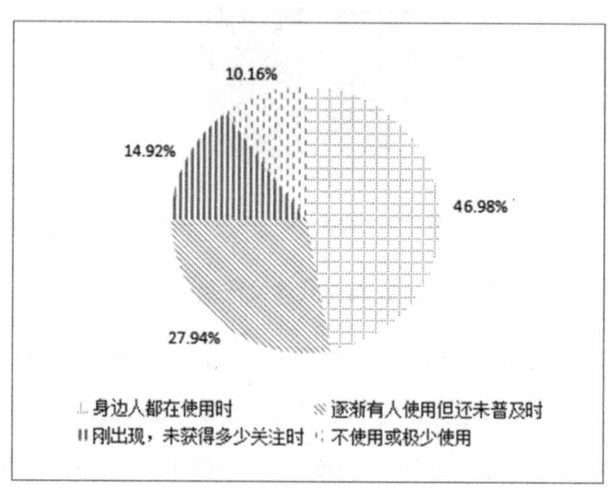


图 4　港澳生对内地网络流行语的使用时期

### （三）使用态度：大部分人表示愿意主动了解

当被问到身边人都知道或使用某些网络流行语，自己却不知道时会有什么反应，近七成的港澳生表示为避免被孤立，会通过网络、人际等途径来了解。在传递沟通中，他们一方面求取生存，另一方面也寻求一种文化层面的情感维系。见图 5。

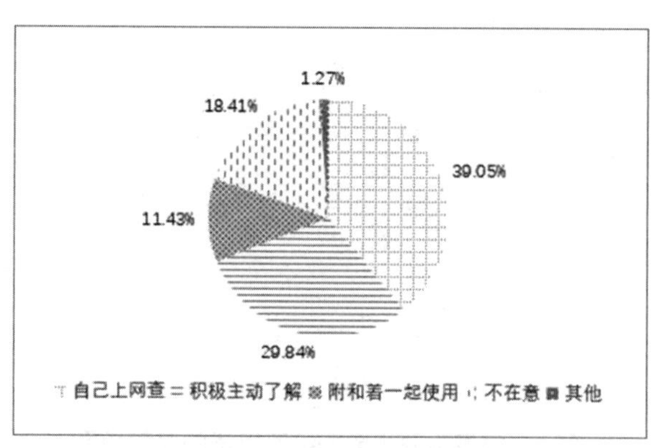


图 5　港澳生对内地网络流行语的使用态度

### （四）使用原因：港澳生通常因网络流行语的趣味性和实用性而使用

结合上文港澳生对内地网络流行语的了解程度可知，他们对有趣实用且表达简洁的流行语了解程度更高，这与搞笑娱乐、方便交流这两种占比最高的使用原因相匹配；其次是出于好奇心、从众、情绪宣泄等心理因素选择使用。见图6。

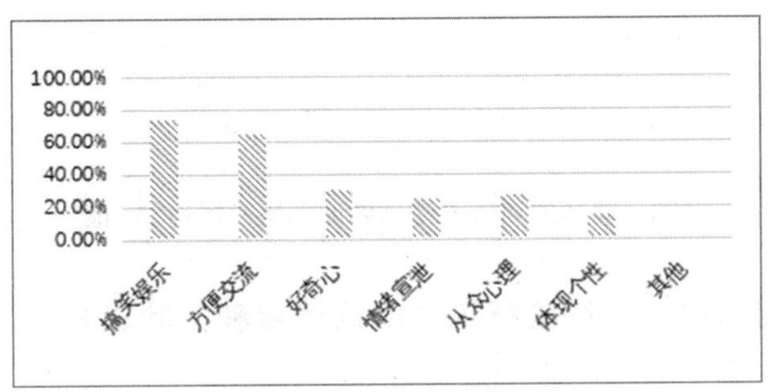


图6　港澳生对内地网络流行语的使用原因

## 四　港澳生对内地网络流行语的态度分析

### （一）接受态度：缘起于兴趣与好奇并持接受态度

总体来看，港澳生对内地网络流行语持友好接受态度，近七成受访者的反馈是正面肯定，流行语的趣味性能激发进一步了解的好奇心；少数学生对使用流行语的现象表示不理解，甚至觉得此类同质化表达缺乏内涵，较为俗气。见图7。

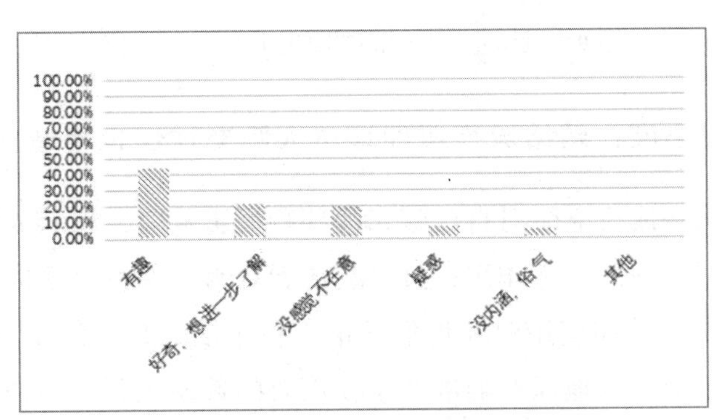


图7　港澳生对内地网络流行语的接受缘起

在回答他人用网络流行语与你交流，你做何态度时，多数港澳生表示可以接受，甚至乐在其中；近两成的人表示不在意；极少数人持排斥态度。见图 8。

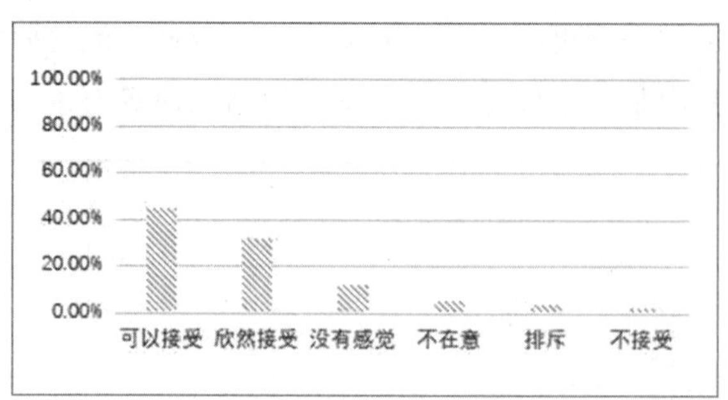


**图 8　港澳生对他人使用内地网络流行语的态度**

### （二）使用态度：网络流行语是时代语言和交际工具

在接受态度的基础上，使用态度则意味着网络流行语被使用时所表现出的工具属性，呈现为如下几类：是当下时代语言的鲜活表征（67.62%），是年轻人之间独特的交际工具（48.25%），是包括身份在内的多重象征符号（44.13%），同时也可作为进行更深层次思想交流的载体（33.97%）。见图 9。

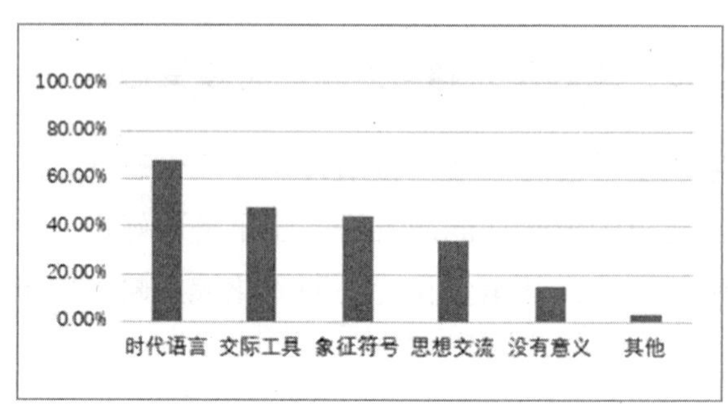


**图 9　港澳生对内地网络流行语的使用态度**

### （三）心理态度：网络流行语能增进人际交往但也易造成言语失范

当被问及网络流行语能对自己带来哪些积极影响时，超六成港澳生认可网络流行语对人际交往的促进作用；过半受访者认为上网可以帮助他们更好地理解当前社会状况，并在使用时让他们的语言更生动有趣。港澳和内地的生活、学习环境差异是前往内地深造的港澳生要面对的普遍难题，调查显示，流行语的使用能推动他们尽快适应新环境，增强其对社会主流意识的认同，对某些个体还能起到宣泄情绪、缓解压力的作用；但仍有 12.38% 的人认为网络流行语没有积极影响。见图 10。

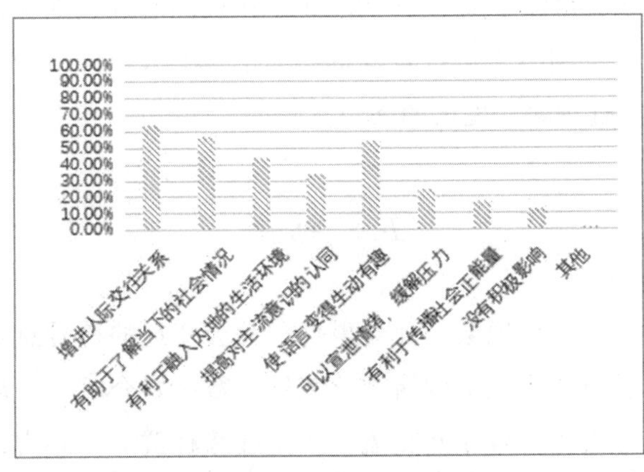


**图 10　网络流行语的积极影响**

当被问到网络流行语能带来哪些消极影响时，结果显示，对于流行语本身，内容的多义性、不可控性，容易造成理解偏差并导致使用时言语失范；对于整个语言体系，有破坏传统文化的风险；对于使用者，流行语常表现出承载情绪大于输出观点的特征，网友跟风使用流行语“造势”，不利于形成风朗气清的网络空间；对于现实社会环境，会阻碍理性的人际交往和价值观的沟通表达。见图 11。

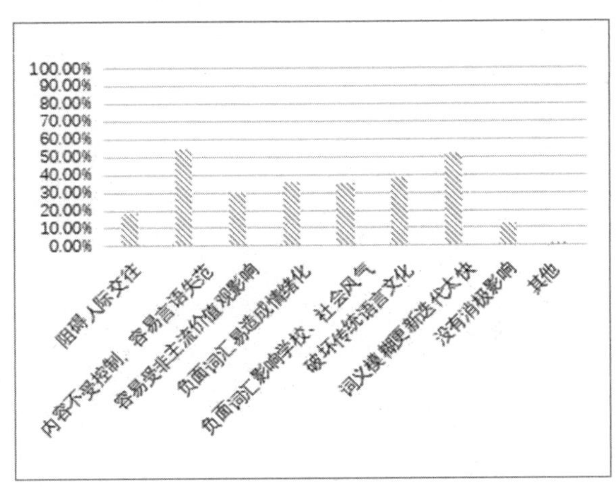


**图 11　网络流行语的消极影响**

### （四）心态预期：网络流行语推动个人融入社会

随着互联网空间走向开放包容，网络用户自身创造力和社会痛点敏感度持续拔高，多数受访者预测未来网络流行语会持续更新内容和形式，同时完成优质留存。只有极少数港澳生持对立态度，认为网络流行语破坏了语言生态，最终将会遭到淘汰（5.08%）。综上，在港澳生积极的心理预期和亲身实践网络流行语的基础上，这一网络文化符号具备推动个人融入在内地的生活与工作，接受内地社会文化，促进融合发展的潜力。

## 五 结语

网络流行语既有社会现象、社会事件、社会变迁的符号意义，也是一个标志性指数，其内涵演变构成了网络文化表征。数字媒介时代，港澳生与内地生之间通过流行语等文化符号相互交流，产生趣缘社群的向心力，进而凝聚各类文化认同。以流行语为代表的网络文化交流促进了他们对环境的了解认知与社会交往，提升其国家认同感与社会归属感。重视网络符号文化内涵的建设，对粤港澳大湾区文化融合具有十分重要的意义。

（王 媛、许佩欣）

# 第二部分

# 领　域　篇

# 导 语

“构建具有国际竞争力的现代产业体系”是《粤港澳大湾区发展规划纲要》提出的核心任务。近年来，粤港澳合作不断深化，在商业贸易、金融投资、社会服务等领域的合作取得了显著成效，已形成多层次、全方位的融通格局。

领域篇的九篇报告聚焦粤港澳大湾区不同行业和领域的语言使用情况。《大湾区政府门户网站无障碍化语言浏览状况调查》调查广东省人民政府和大湾区11个市的政府门户网站无障碍化浏览的情况。《惠州市政务部门工作语言状况调查》旨在了解政务部门工作语言使用情况，以提高行政服务效率，并对相关人员如何提升语言服务能力提出建议。《广佛地区医疗机构语言标识设置状况》以广州和佛山的16家医疗机构为样本，考察院内语言标识设置情况。调查显示，两市医疗机构的语言标识设置较好地考虑了就诊者的需求，但也存在使用不规范等问题。《佛山市银行系统的语言使用状况》调查佛山市15家银行的语言服务情况。报告指出，银行的标识可分为指引和警示两类，其中双语服务占绝对优势。《广州市国家一级博物馆服务残障人语言文字环境建设考察》考察广州的5家国家一级博物馆的语言文字环境建设情况，指出国内博物馆在语言文字无障碍环境建设方面的经验和不足，并提出了相应建议。《珠三角城际轨道交通站点命名状况》分析珠三角城际铁路站名的命名规律，指出使用地理要素的字作为通名或专名，可以更好地反映地域特征。《粤港澳大湾区港口企业官网语言使用调查》围绕港口企业官网的语言文字规范化工作展开调查，并建议港口企业官网要加强不同语种的服务。《粤港澳大湾区高校建筑名称考察》分析大湾区高校建筑的命名理据，指出建筑名称除实用之外，还应该承担一定的教化功用。《潮汕话学习资源及其在粤港澳大湾区的利用情况调查》调查潮汕话在粤港澳大湾区的传播和利用情况。调查显示，大部分人通过口头交流接触潮汕话，而网络短视频平台是潮汕话在网络上传播的主要途径。

以上报告以点带面，展现了大湾区在不同领域的语言生活状况。相关调查可以促进不同行业语言服务能力的提升，打造湾区良好的语言文化环境。

（王　苗）

# 大湾区政府门户网站无障碍化语言浏览状况调查*

政府门户网站应该考虑残障人士的需要，提供无障碍技术，以帮助他们更好地访问和使用政府门户网站，同时，建设和实现政府门户网站无障碍化服务，也是推进建设信息无障碍获取的重要一步。因此，对政府门户网站无障碍化浏览设施进行调查，具有重要的现实意义。

## 一　调查对象

本报告以广东省人民政府和粤港澳大湾区 11 市的政府门户网站为考察对象[①]，主要调查它们为方便特殊人士而提供的信息浏览无障碍化设施的建设情况。

调查发现，配置无障碍阅读服务设施并已投入使用的政府门户网站有 9 个，占总样本的 75.00%；配置无障碍服务设施但尚未投入使用的网站，也即正在建设中的，共有 2 个，占比 16.67%，分别是肇庆市和香港；尚未配置的有 1 个，占比 8.33%，是澳门。如图 1 所示。

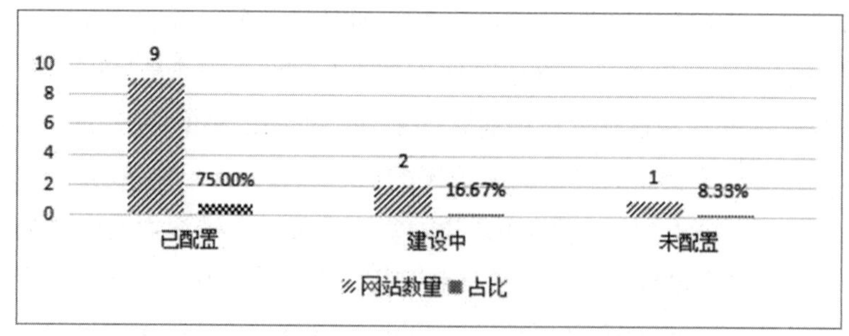


**图 1　大湾区政府门户网站无障碍浏览配置情况统计图**

---

* 2022 年度国际中文教育项目“新形势下粤港澳大湾区中外语言文化交流的机遇、挑战及展望研究”（22YH12D），国家语委“十四五”科研规划 2022 年度研究一般项目“大型国际活动语言服务体系构建研究”（YB145-19）。

① 包括广东省省政府门户网站在内共 12 个政府门户网站。

值得注意的是，肇庆和香港的情况比较特殊。肇庆市政府门户网首页设置了“无障碍通道”，但仅是纯文字而非超文本，即“无障碍通道”并不能实现页面跳转，网站无障碍服务设置形同虚设。香港政府网站“无障碍浏览”被放在网页末尾，是一个超文本，但超文本实现跳转后的内容，是对网站无障碍浏览建设的介绍和说明，网站无障碍建设正在进行中，并不具有使用意义。

## 二 可视语言状况

### （一）命名状况

#### 1. 网站无障碍浏览命名

工信部提到：“各互联网网站、移动互联网应用（APP）需在网站及应用的显著位置显示信息无障碍标识。”调查发现，各政府门户网站对无障碍浏览的命名格式各不相同，既有纯文字说明的，也有图文结合示意的，如表 1 所示。

**表 1 大湾区政府门户网站无障碍浏览名称统计表**

| 命名格式 | | 数量 | 占比 | 示例 1 | 示例 2 |
| --- | --- | --- | --- | --- | --- |
| 图文结合（标识 + 无障碍） | | 4 | 36.36% | 广东省、东莞市、惠州市、江门市 | 无障碍 |
| 纯文字 | 无障碍 | 2 | 18.18% | 广州市、佛山市 | 无障碍 |
| | 无障碍浏览 | 2 | 18.18% | 深圳市、香港 | 无障碍浏览 |
| | 无障碍版 | 1 | 9.09% | 中山市 | 无障碍版 |
| | 网站无障碍 | 1 | 9.09% | 珠海市 | 网站无障碍 |
| | 无障碍通道 | 1 | 9.09% | 肇庆市 | 无障碍通道 |
| 总计 | | 11 | 100.00% | — | — |

其中，纯文字命名格式有“无障碍浏览”“无障碍”“网站无障碍”“无障碍版”“无障碍通道”，共 5 种，但仅“无障碍浏览”与“网站无障碍”能够提示可以提供网页无障碍浏览服务。“无障碍浏览”在所有样本的命名使用中与“无障碍”并列第二，是更被浏览者认同的一种。实际上，被使用最多的命名格式是图文结合，即“标识 + 无障碍”，有 4 个政府门户网站使用，占比 36.36%。相对来说，纯文字命名在一定程度上会让不了解网站无障碍的浏览者感到困惑。故而，“无障碍”文字配以图片标识的命名会更容易为浏览者所识别和接受，例如广东省人民政府门户网站。

另外，工信部对图标做了规范：“根据适老化及无障碍建设水平评测结果，对符合要求的互联网网站、移动互联网应用（APP），授予信息无障碍标识（），有效期两年。”换言之，通过了国家工信局和社会残疾人组织的检验，政府门户网站才会被赋予信息无障碍标识。因此，图文结合命名格式既可以生动形象地向浏览者传递含义，也可以从某种程度上展示网站的信息无障碍浏览服务设施水平。

**2. 无障碍功能栏异名**

关于网站无障碍浏览系统各个功能的命名设计，中国残疾人联合会 2020 年 4 月发布了《无障碍声明》，该声明基于残疾群体上网的体验设计，为各个网站建设提供了参考。

调查发现，网站信息无障碍浏览系统功能栏的命名大多依照该声明，但在视觉聚焦功能和听觉语音读屏功能上的命名出现了不同，即出现了异名情况，见表 2。首先，具有聚焦作用的光标功能标记被命名为“辅助线（十字辅助线）”和“十字线（十字光标）”。其次，在语音播报中，指读和连读重要功能，分别为用户提供定点语音播报和全网页语音播报两种服务。调查发现，有 4 个网站对指读和连读做了合并，命名为“阅读方式”，导致指读和连读功能被隐藏，不便于浏览者选择。不同的命名格式会使得浏览者产生不同的理解，或需要浏览者进行多层次理解，这不利于残疾群体尤其是视障群体通过命名直接发现并使用网页浏览无障碍服务设施。

**表 2　大湾区政府门户网站无障碍浏览功能栏命名统计表**

| 功能 | 异名 | 数量 | 示例 |
|---|---|---|---|
| 焦点功能 | 辅助线 | 4 | 广东省、广州市、惠州市、中山市 |
| | 十字线 | 5 | 深圳市、珠海市、佛山市、东莞市、江门市 |
| 读屏功能 | 阅读方式 | 4 | 深圳市、珠海市、东莞市、江门市 |
| | 指读、连读 | 5 | 广东省、广州市、佛山市、惠州市、中山市 |

## （二）网页色彩搭配

色彩往往是网页最先吸引浏览者注意的元素，可用以强调所传递的网页信息。然而，网页无障碍浏览服务的对象不同于一般浏览者，而是特殊群体，因此一般的网页色彩服务并不适用。在网页无障碍浏览建设中，重新定义和构思适合残障群体的色彩设计很重要。

调查发现，各个政府门户网站都设计了多种配色，主要配色方案有蓝底黄字、黑底黄字、白底黑字三种，另有个别网站多加入黄底黑字、黄底蓝字、巧克力色、灰白色、深蓝白、红底白字、绿底白字等方案，如图 2 所示。配色的指示信息强烈，不同色彩之间的对比会有不同的效果。例如在无彩色的搭配中，白底黑字的显示方式比黑底白字易读性更强。越是界限分明的色彩，提示警示效果越强烈，更易于感知。特殊的色彩搭配方案便于残障群体浏览政府门户网站，精准获得信息，减少浏览阻力。

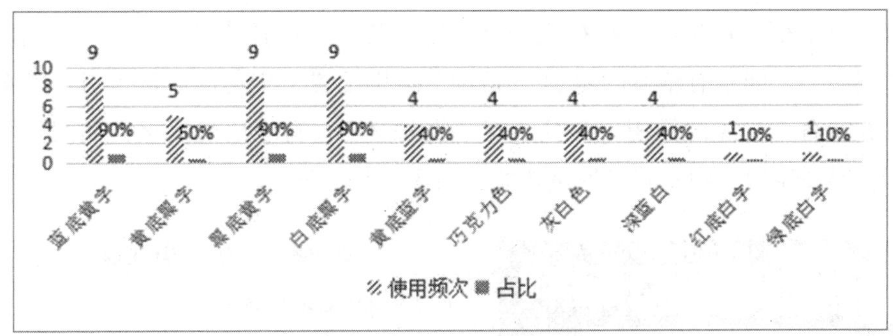


**图 2　大湾区政府门户网站无障碍配色方案使用统计图**

## （三）文字字号

大字号利于弱视或患有视力障碍的群体阅读文字信息。调查发现，无障碍浏览信息的字号本身不能直接调节，只能借助其他方式间接实现字号变换。这种调节方式分为两种。第一种是网页缩放，字体跟随网页页面的缩放而缩小或变大。第二种是大字幕，即独立大字号字幕放映，是一种固定模式。它可以单独地、有针对性地、位置固定地放大字体，但只能放大字体。这两种方式都被纳入配置范围，有助于残障群体阅读网页信息，设置之后的样式如图 3 所示。

上图为大字幕。下图为网页放大 20% 的结果，具体变化为图片目录超出了电脑屏幕大小，如“长者浏览”被遮掩了“览”字。

**图 3　大湾区政府门户网站无障碍字号变化示例图**

### （四）帮助或说明

网站无障碍帮助和说明主要用于向浏览者集中介绍网站信息浏览无障碍设置的操作及功能，对于残障群体来说，全键盘模式和普通键盘模式设置是否一致，关系到他们能否有效区分和记忆快捷键，也关系到他们能否更加直接地体会到无障碍浏览的特殊性和便利性。调查发现，帮助和说明均未给全键盘模式与普通键盘模式做出区分解释或提醒，这不利于浏览者的选择。同时，“帮助”和“说明”之间也有细微的差别，“帮助”特别配置了全功能导盲指引，用文字逐一介绍各个功能的作用，并且实现了当前全网页自动语音播报，如图 4 左图所示；而“说明”则没有提供该功能，如图 4 右图所示。

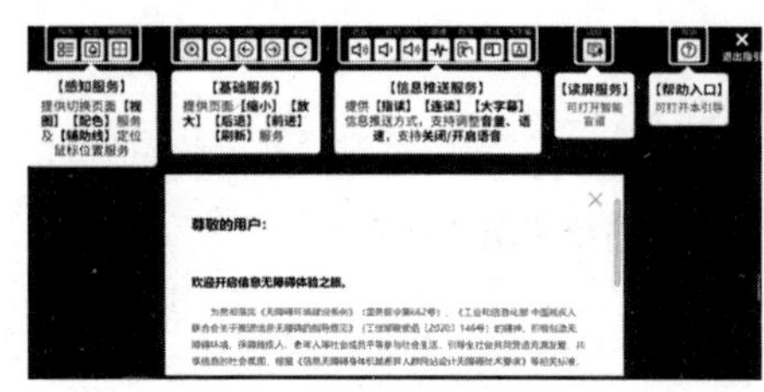


智能盲道区域指引操作指南

第一部分：信息无障碍服务声明

为贯彻落实《无障碍环境建设条例》（国务院令第662号）的精神，积极创造无障碍环境，保障残疾人等社会成员平等参与社会生活，引导全社会共同营造充满友爱，共享信息的社会氛围，根据《信息无障碍身体机能差异人群网站设计无障碍技术要求》等相关标准，本网站实现了支持残疾人及特殊环境条件下的健全人的无障碍通道功能。

为充分满足信息无障碍重点服务人群盲人用户的需求，本网站所有网页均提供网页文本信息影音化、特大文字网页、色彩变化、大小设置、视图切换等推送方式，所有网页提供智能盲道和操作提示服务，为盲人用户提供更加便捷高效、更加智能友好的服务。

图 4 大湾区政府门户网站无障碍帮助和说明示例图

## 三 可听语言生活状况

### （一）语音播报

语音播报的构成要素包括了语种、音色、音量调节、语速切换、播报内容等。音量大小关系到语音信息传递的能量损耗，以及听话人对信息接收的准确度；语速快慢则与听话人能否精准接收并理解语音信息有紧密联系；播报内容是语言传递的根本，是最为重要的部分。

表 3 大湾区政府门户网站无障碍浏览播报语音方式

| 语音播报 | 语种 | 音色 | 音量 | 语速 | 内容格式 |
|---|---|---|---|---|---|
| 广东省人民政府 | 普通话 | 电子女声 | √ | √ | 介绍 + 快捷键 |
| 广州市人民政府 | 普通话 | 电子女声 | √ | √ | 介绍 + 快捷键 |
| 深圳市人民政府 | 普通话 | 电子女声 | √ | √ | 介绍 + 快捷键 |
| 珠海市人民政府 | 普通话 | 电子女声 | √ | √ | 介绍 + 快捷键 |
| 东莞市人民政府 | 普通话 | 电子女声 | √ | √ | 介绍 + 快捷键 |

（续表）

| 语音播报 | 语种 | 音色 | 音量 | 语速 | 内容格式 |
|---|---|---|---|---|---|
| 惠州市人民政府 | 普通话 | 电子女声 | √ | √ | 介绍 + 快捷键 |
| 中山市人民政府 | 普通话 | 电子女声 | √ | √ | 介绍 + 快捷键 |
| 佛山市人民政府 | 普通话 | 电子女声 | √ | √ | 介绍 + 快捷键 |
| 江门市人民政府 | 普通话 | 电子女声 | √ | √ | 介绍 + 快捷键 |

调查发现，政府门户网站无障碍浏览都配置了语音播报，如表 3 所示。所有样本，语音播报均采用普通话，音色选用电子女声，其播报的内容格式也相当一致，均以“介绍当前文字内容（介绍超文本 + 快捷键操作）”为主，例如：“盲人用户使用操作智能引导，请按快捷键 Ctrl+Alt+R。”在设计上，模板统一方便记忆和操作。但各个城市实际情况不相同，标准应当因地制宜，依据实际情况来设定，如语种上考虑是否增加方言等。

各政府门户网站语音播报设置有细微的差别。在语速切换方面，各个网站都各有特设的模式，主要分为“快中慢”和“倍数调节”两种模式，如图 5 所示。其中，“快中慢”模式又分为“快中慢”和“数字 123”两种；“倍数调节”模式则分为“倍数 1.0、1.5、2.0、2.5、3.0”和“倍数 0.8、0.9、1.0、1.5、2.0、2.5、3.0”两种。在“快中慢”模式设置的网站中，“中速（语速为 2）”为普通人说话的正常语速，“快速（语速为 3）”“慢速（语速为 1）”分别是加快正常语速和减缓正常语速。“倍数调节”模式中，“倍数 1.0”为正常语速，1.0 以上则为加快语速。另一种格式在前者基础上增设“倍数 0.8、0.9”作为放慢语速调节范围，这是东莞市政府门户网站语音播报的特色。

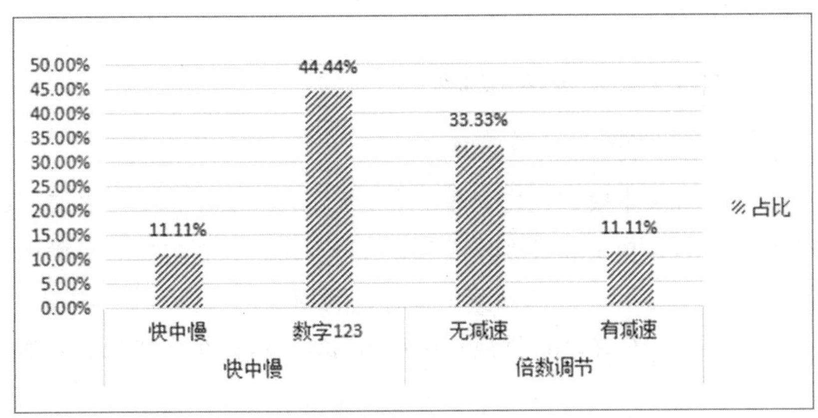


**图 5　大湾区政府门户网站无障碍语速设置统计图**

### （二）读屏服务

读屏服务，也被称为“读屏专用”“盲人指引”或“智能盲人通道”，是网站无障碍信息浏览建设的一个特色。

读屏专用一定程度上可以精简全键盘的操作步骤，使盲人可以更快更便捷地浏览网页。如图 6 所示。读屏专用栏目左边，“导航区、视窗区、交互区、服务区”为基础，除了位置有所不同，基本功能高度相似。也有少数政府门户网站增设“列表区、正文区”作为补充，但并未投入使用。读屏专用具有独立开关，盲人如想使用读屏专用，必须在打开无障碍语音开关后，再次打开读屏专用的语音开关。这恰好与无障碍做了区分，不至于使语音在多网页共存时发生串音，扰乱指令。调查发现，有 4 个政府门户网站设置了基础读屏，分别是广东省、广州市、惠州市、中山市；4 个政府门户网站采用了 6 区读屏，分别是深圳市、珠海市、东莞市、江门市；只有佛山市政府门户网站未配置读屏专用服务。

图 6　大湾区政府门户网站无障碍读屏专用示例图

## 四　建议

### （一）增加视觉感知多样化服务

#### 1. 增加纯文本模式和读屏字体调节

第一，设置纯文本模式。纯文本模式是无图片超文本，它可以使网页视图变得简洁明了，各个模块和链接分工明确，可以使残疾群体更容易操作。在超文本的基础之上，多元化政府网页的设计，利用颜色替换、字体变化、加粗、增加下划线等方法为使用者提供视觉提示和引导，以此提高残障群体浏览网页的效率。

第二，设置读屏字号调节，为残障群体提供“看听”结合的服务。在读屏服务中增设:(1)读屏网页文字字号调节;(2)读屏网页缩放调节，使文字随网页缩放而发生形体大小变化;(3)将“老人模式”或“长者模式”的“大字号”服务覆盖网站无障碍全部。这也适用于老年人群体，读屏字号调节能够满足多类群体的需要。9个政府门户网站都不能调节字号，只能在指读模式下提供大字幕功能；再者，字号调节放置在“老人模式”或“长者模式”里，但并非所有政府门户网站都有适老版。因此我们建议将读屏字体改设为“字号可调节大小”格式。

**2. 合理规划网页配色**

建议多使用高对比度或高跳跃性的配色组合，减少低对比度的配色。以13种配色为例，具有高对比度和高跳跃性的多种组合配色至多有5种，如蓝底黄字。其余的如灰白色、深蓝白、浅蓝白中“灰色”“白色”是色彩活跃度适中的颜色，于浏览者而言并不会产生巨大的冲击感。相对而言，残障群体更需要特殊的色彩组合，我们建议政府网站合理规划配色，利用三原色及其颜色组合构建具有较大区分作用的搭配组合，建立好网站的功能色。

### (二)优化语音播报

**1. 增加多语种或方言播报模式**

9个城市均为地级市，且分别处在不同的方言区，所使用的语言极具地域色彩。广东还是人口流动和对外开放的大省，除去本地人，还有来自外方言区的人及外籍人士。因此，我们建议网站应在实际调查的基础之上增添多语音播报服务，尤其是当地使用频率最高的方言，如粤方言、潮汕方言等。这样可以满足不同母方言者的不同需求，优化信息无障碍浏览。

**2. 统一语速调节机制，增加语音搜索功能**

第一，建议采用语音调速基本模式。9个政府门户网站信息无障碍设置均有语速调节功能。但不同网站的语速调节范围不同，可以减缓语速的有5个，不能减速的有3个。基于听障群体数量最多、视障群体第二的现实，我们建议在语速调整方面统一使用前文《无障碍声明》所提供的参考意见，以“正常、加快、减缓”为基本调节模式。尤其建议增设语速减缓功能，利于听话人完成信息接收。

第二，建议增加语音导航、屏幕阅读器，同时增设语音检索选项。残障群体利用语音检索，包括语音输入、语音识别、语音提示等功能，实现信息检索、关键信息提取，是完善信息无障碍获取的重要一步。

**3. 完善网站无障碍使用说明**

第一，在使用说明基础上，提供指引性的视觉语言服务。视觉指引，是指在“帮助”功能基础上附加一张说明图，图中以图文形式解释无障碍的各项功能。随之出现的，还有网站无障碍快捷键操作的功能说明表。

第二，在内容上，完善使用说明的提示信息。使用说明的内容中没有针对无障碍操作与普通操作（全键盘模式和普通键盘模式）是否有所区分的解释与提醒，即存在计算机默认快捷键不同于网站无障碍快捷键的情况，或是计算机被修改后的快捷键不同于网站无障碍的快捷操作等情况。例如，计算机“放大音量”的默认快捷键是键盘的“F3”或者是“Fn+F3”和“Fn+F8”等，而网站无障碍是“ctrl+数字”。因此，我们建议网站无障碍需先完善说明的内容，所有快捷键的创建都应以《无障碍声明》公布的内容为参照，建立于残疾群体的使用经验之上。另外，以指示符号等多种形式完善对使用说明的引导（参照广东省省政府门户网站），便于残疾人群体更快掌握无障碍服务操作系统，满足他们对获得政府信息的需求。

（黄华洁、侯仁魁）

# 惠州市政务部门工作语言状况调查

《粤港澳大湾区发展规划纲要》指出，要创新“互联网＋政务服务”模式，加快清理整合分散、独立的政务信息系统，打破“信息孤岛”，提高行政服务效率。在政务服务中，政务部门工作语言是政府工作内容的重要组成部分，政务工作语言水平包括使用何种语言、针对不同人群能使用不同语言、礼貌语言使用情况等。为了了解粤港澳大湾区相关政务部门工作语言使用状况，我们于2022年8月，分别对惠州市惠城区、惠东县平山街道和大岭街道三处地方，各选取1个公安单位和1个社区党群服务中心进行了相关调查，以窥一斑而知全豹。

## 一　惠城区政务部门工作语言情况

我们分别到惠城区马庄派出所、河南岸街道学府社区党群服务中心各进行了一天实地调查。在马庄派出所，我们采用了非参与式观察法、隐蔽观察法，在被观察者不知情的情况下进行了录音和文本记录（表1）。

**表1　马庄派出所工作语言使用情况**

| 人员编号 | 普通话接待 | 普—客接待 | 总次数 |
| --- | --- | --- | --- |
| 1 | 12 | 1 | 13 |
| 2 | 6 | 1 | 7 |
| 总计 | 18（90.00%） | 2（10.00%） | 20 |

马庄派出所情况记录如下：

【观察对象】一共两位工作人员，均为女性，年龄35—45岁，均会说普通话和客家话。

【工作内容】办理或更新身份证。

【具体情况】工作人员1接待来访者13次，其中12次双方均用普通话，1次（来访者为一对老年夫妇，60—70岁）由普通话转为客家话。发生语码转换是因为工作人员先开口，用普通话接待，而老人不习惯说普通话，用客家话回答；于是工作人员改用客家话交流。这体现了对老人的体谅和尊重，是成功的语码转换。

工作人员 2 共接待 7 次，其中 6 次全程普通话，1 次（来访者为 40 岁左右中年女性）发生了普通话—客家话—普通话的语码转换。语码转换的过程是：工作人员用普通话询问，来访者试图用普通话回答，但答了两个字就感觉不顺畅而改用客家话回答“身份证过期了”，工作人员于是改用客家话交流；但最后来访人员却用普通话对工作人员说了“谢谢”，反而是来访者主动转换成普通话语码了。

马庄派出所工作交流语言可以总结如下：

1. 工作人员优先使用普通话接待，当来访者用客家话回答时，工作人员会自然转用客家话进行后面的交流。当天两位工作人员接待 20 次来访，其中 18 次为普通话交流（90%），1 次为普—客语码转换，1 次为普—客—普语码转换。

2. 本次调查出现来访者为外省人员的情况，双方用普通话正常交流。工作人员在与湖南来访者交流过程中，口音差异明显。工作人员普通话把翘舌音多发为平舌音，如“回执（zí）单”“缴费四十（sí）”“左手（sǒu）”等；而来访人员话语尾音带儿化。

在河南岸街道学府社区党群服务中心调查时，我们采用了非参与式观察法、公开观察法。公开观察前先跟工作人员做了沟通，观察者用手机、笔和记录本在现场进行了录音和记录。

该服务中心有 4 位工作人员，当天现场接待来访 3 次，电话接待来访 2 次。其工作语言可以总结如下：

1. 工作人员接待来访使用的都是普通话（频率 100%），未曾发生语码转换情况。

2. 从采访以及工作人员口音可知，之前出现过客家话接待；但从当日观察可知，客家话接待情况不多。

3. 本次观察到的来访者大多数为惠城区本地人（75%），少数为省外人员（25%）。

就我们的观察来看，惠城区无论是派出所还是居委会均以说普通话为主。马庄派出所工作人员优先使用普通话接待，当出现来访者用客家话回答时，工作人员会自然转用客家话进行后面的交流。河南岸街道学府社区党群服务中心因当天来访不多，只现场接待来访 3 次，电话接待 2 次，全部使用普通话交流，没有发生语码转换的情况。

## 二　惠东县政务部门工作语言情况

我们到惠东县公安局和大岭派出所各进行了一天的实地调查，均采用了非参与式观察法、隐蔽观察法。

县公安局观察对象：一共 8 位工作人员，5 女 3 男，年龄 30—45 岁，均会说普通话和客家话。工作人员 4 为前台接待员，没有统计他的接待次数；其余 7 位工作人员具体语言使用情况见表 2。

**表 2　县公安局 7 个窗口工作语言使用情况**

| 人员编号 | 普通话接待 | 客—普接待 | 客家话接待 | 普—客接待 | 总次数 |
|---|---|---|---|---|---|
| 1 | 2 | — | 2 | — | 4 |
| 2 | 3 | — | 1 | — | 4 |
| 3 | 4 | — | — | 2 | 6 |
| 5 | 3 | — | 5 | 3 | 11 |
| 6 | 2 | — | — | 1 | 3 |
| 7 | 3 | 3 | 6 | — | 12 |
| 8 | 1 | — | — | — | 1 |
| 总计 | 18（43.90%） | 3（7.32%） | 14（34.15%） | 6（14.63%） | 41 |

县公安局工作交流语言可以总结如下：

1. 工作人员接待来访者时使用何种语言，取决于来访者使用何种语言发起对话，或者来访者使用何种语言应答工作人员。41 次接待交流中，最终说普通话和客家话的分别为 21 次（18+3，51.22%）和 20 次（14+6，48.78%），基本各占一半。

2. 本次观察到外省来访者 2 位，掌握粤方言的来访者 3 位，掌握学佬话的来访者 3 位。工作人员使用普通话接待了 2 位外省来访者；使用普通话接待了 2 位掌握普通话和粤方言的来访者，使用客家话接待了 1 位掌握普通话、客家话和粤方言的来访者；分别使用普通话和客家话接待了 2 位掌握普通话、客家话和学佬话的来访者。还有 1 位来访者也是普通话、客家话、学佬话三言掌握者，工作人员先后使用普通话和客家话接待了他，之所以发生语码转换，是因为他第一次交流时主动使用普通话，第二次交流时主动使用客家话。

3. 本次观察是从来访者在等候区或者业务窗口的交谈中了解到其掌握语言的情况。

大岭派出所有 3 位工作人员。工作人员 1（男，25—30 岁），掌握语言为普通话、客家话、粤方言，共接待来访 10 次。其中 6 次双方全程说普通话；2 次双方全程说客家话；1 次普通话转客家话，是因为工作人员先用普通话说“下一个”，来访者用客家话回答并咨询，工作人员于是用客家话回答；1 次普通话转粤方言，也是工作人员先用普通话开口，来访者用粤方言咨询，工作人员于是用粤方言来回答。语码转换体现出了工作人员较强的语言能力。

工作人员 2（女，25 岁左右），掌握语言为普通话、客家话，共接待来访 4 次。其中 3 次均用普通话交流；1 次为普通话转客家话，工作人员用普通话问对方办理什么业务，来访者用客家话回答，工作人员于是用客家话回应“先识别指纹”。

工作人员 3（男，35—40 岁），掌握语言为普通话、客家话。工作人员 3 不在窗口，主要是维持秩序，维持秩序时均用客家话。接受了 1 次咨询，咨询双方均采用普通话交流。

具体语言使用情况见表 3（不含工作人员 3）。

**表 3　大岭派出所窗口工作语言使用情况**

| 人员编号 | 普通话 | 客家话 | 普—客转换 | 普—粤转换 | 总次数 |
|---|---|---|---|---|---|
| 1 | 6 | 2 | 1 | 1 | 10 |
| 2 | 3 | — | 1 | — | 4 |
| 总计 | 9（64.28%） | 2（14.29%） | 2（14.29%） | 1（7.14%） | 14 |

大岭派出所工作交流语言可以总结如下：

1. 本地居民在办理业务时会主动说普通话，偶有一些居民由于语言习惯顺口说了客家话，工作人员会以客家话回应，这时一些后来的居民也会顺势说客家话。母方言为潮汕话的居民在与工作人员交流时使用普通话。

2. 工作人员 1 会说粤方言，遇到讲粤方言的居民时，则会以粤方言回复。观察到普—粤语码转换 1 次，占总次数的 7.14%。

我们到惠东县平山街道华侨城社区居委会、大岭街道新源社区党群服务中心分别进行了一天的实地调查，采用了非参与式观察法、公开观察法。

平山街道华侨城社区居委会有工作人员6位，4女2男。1位女工作人员掌握普通话、客家话、学佬话三言，其余5位工作人员均会说普通话和客家话。现场接待居民来访12次，工作人员主动拨打电话14次，接听电话1次，总计对话27次。

具体语言使用情况见表4。

**表4 平山街道华侨城居委会工作类别及语言使用情况**

| 工作类别 | 普通话 | 客家话 | 普—客转换 | 总次数 |
|---|---|---|---|---|
| 接待居民 | 1（8.33%） | 11（91.67%） | — | 12 |
| 致电居民 | 12（85.72%） | 1（7.14%） | 1（7.14%） | 14 |
| 居民来电 | — | 1（100.00%） | — | 1 |
| 总计 | 13 | 13 | 1 | 27 |

平山街道华侨城社区居委会交流语言可以总结如下：

1. 工作人员接待来访者时使用何种语言，取决于来访者使用何种语言发起对话。

2. 工作人员致电群众时主要使用普通话，其间极少发生语码转换的情况；接听群众来电时使用何种语言，则取决于群众使用何种语言发起对话。

3. 本次调查的来访者均为惠东县本地人，无外省人。

惠东县大岭街道新源社区党群服务中心有2位工作人员，均为25—35岁女性，掌握普通话和客家话。工作人员1现场接待来访4次，电话接待1次，共5次。其中使用客家话3次，普通话1次，客家话转普通话1次。客—普转换是工作人员用客家话询问，来访者用普通话回答，随后工作人员转用普通话接待。电话接待工作人员是用客家话回答来电者。

工作人员2现场接待来访3次，2次使用客家话，1次使用普通话。使用普通话那次是来访者用普通话询问，工作人员就用普通话回答。

具体语言使用情况见表5。

**表5 大岭街道新源社区党群服务中心工作语言使用情况**

| 人员编号 | 普通话 | 客—普转换 | 客家话 | 总次数 |
|---|---|---|---|---|
| 1 | 1 | 1 | 3 | 5 |
| 2 | 1 | — | 2 | 3 |
| 总计 | 2（25.00%） | 1（12.50%） | 5（62.50%） | 8 |

大岭街道新源社区党群服务中心的工作语言可以总结如下：

1. 工作人员对前来办理业务的居民均以客家话开始交流，如果遇到讲普通话的居民，则转用普通话与之交流。

2. 据工作人员介绍，新源社区居民以本地人居多，服务语言多为客家话。

## 三 惠城区和惠东县政务部门工作语言对比

表 6 惠城区政务部门工作语言使用情况

| 部门 | 普通话 | 客—普转换 | 普—客转换 |
|---|---|---|---|
| 马庄派出所 | 18（90.00%） | 1（5.00%） | 1（5.00%） |
| 河南岸街道学府社区党群服务中心 | 5（100.00%） | — | — |

表 7 惠东县政务部门工作语言使用情况

| 部门 | 普通话 | 客—普转换 | 客家话 | 普—客转换 | 普—粤转换 |
|---|---|---|---|---|---|
| 县公安局 | 18（43.90%） | 3（7.32%） | 14（34.15%） | 6（14.63%） | — |
| 大岭派出所 | 9（64.28%） | — | 2（14.29%） | 2（14.29%） | 1（7.14%） |
| 平山街道华侨城社居委会 | 13（48.15%） | — | 13（48.15%） | 1（3.70%） | — |
| 大岭街道新源社区党群服务中心 | 2（25.00%） | 1（12.50%） | 5（62.50%） | — | — |

我们以最终使用语言为准，即客—普转换看成普通话交流，普—客转换看成客家话交流。从表 6 和表 7 对比可以看出，惠城区政务部门工作语言基本使用普通话，公安部门达到了 95%，社区达到了 100%。我们在采访过程中了解到，附近居民的普通话普及程度较高，很少出现需要客家话服务的情况。

惠东县政务部门语言则普通话和客家话使用频率大致相当。公安部门的普通话使用率比社区略高，分别为 51.22% 和 64.28%，社区为 48.15% 和 37.5%。在平山街道华侨城社区居委会，普通话和客家话使用概率基本一样，实际上是现场接待和拨打电话形成了鲜明的对比，也就是谁先发起话轮在使用语言上完全不同。工作人员接待来访居民 12 次，均是来访者先开口。11 位居民用客家话发起话轮，因此这 11 次接待工作人员都是使用客家话；只有 1 位来访者用普通话发起话轮，工作人员才使用了普通话。而工作人员因为疫情主动拨打电话给居民 14 次中，12 次都主动使用了普通话，因此这 12 次话轮都使用了普通话；有 1 次是工作人员主动说客家话，还有 1 次是工作人员主动由普通话转码为客家话。

在惠城区政务部门，普通话使用频率达到 95% 以上。在惠东县政务部门，只要是工作人员先开口，一般都是普通话。只有来访者主动用客家话或粤方言询问工作人员，工作人员才会用相应的方言进行回应。国家机关的工作人员执行公务时对方只会说方言，可以跟来访者使用方言。

受调查的派出所和社区政务两类部门比起来，派出所相对较少使用礼貌用语。工作人员多使用指令性语言，如“办什么”“报身份证号”“填表”，语气较为着急，也出现过“快点，下一个”等催促性话语。因为派出所环境嘈杂，人员众多而且来访者大多对程序不熟悉，工作人员整体显得比较严肃。

社区政务工作人员则使用“你好”“请坐”“没关系”“谢谢”“不客气”等礼貌用语多一些，一般用在交谈开始与交谈结束时，交谈过程中没有刻意去注意礼貌用语，但全程态度友好，语气温和。

## 四　思考与建议

第一，鼓励政务工作人员掌握多语多言，更好地服务各类人群。惠州方言以客家话为主，还有人群说学佬话、粤方言等。《中华人民共和国国家通用语言文字法》规定，国家机关以普通话和规范汉字为公务用语用字。第二章第十六条补充：国家机关的工作人员执行公务时确需使用的，可以使用方言。根据相关规定，公务员普通话应当达到三级甲等。根据调查，惠城区和惠东县政务工作人员都有三甲及以上的普通话水平，都能说客家话，还有少数能说粤方言。

我们应当鼓励政务工作人员进一步培养沟通能力和表达能力，学会说群众语言，根据群众的语言来选择自己的沟通语言，这样有利于提升服务效率。作为粤港澳大湾区的组成部分，惠州将更多地融入整个湾区建设，对工作人员的英语水平也会逐步有要求。地方政府可以未雨绸缪，提前对工作人员招聘提出英语口语要求，对在职工作人员进行相关的英语口语培训。

第二，进行岗前语言规范服务培训，开展政务服务质量评估工作。《政务服务系统窗口工作人员行为规范试行》第十条指出要“您”“请”当头，“谢”不离口，禁止无称呼。第三十四条禁止行为（十）列举了“禁止用语”，如“我不知道，你去问 ××”“都说过几遍了，怎么还不明白？”等不文明用语。政务服务工作人员应重视其工作中语言使用的规范化、标准化。规范的政务服务语言是政务服务工作人员服务态度好、服务水平高的表现，进行岗前语言规范服务培训是政务培训重要内容之一。可定期组织政务服务工作人员进行业务培训，让工作人员熟悉掌握业务知识和办事流程，培养过硬的业务素质。定期开展换位体验活动，让工作人员设身处地为群众着想，培养工作人员的群众意识、服务意识和礼貌意识，让服务有质量更有温度。要求工作人员主动问候，采用得体的语言与群众进行沟通。接待群众询问时主动热情、言语清晰、耐心细致，坚持使用文明语言，让群众感觉到工作人员热情、礼貌、文明。

还可以在政务服务大厅面向来访群众开展民意调查，或者采用电话回访等方式掌握群众对政务服务的满意度。根据群众意见，整改和提升政务服务质量。

第三，运用海报、短视频等多种形式做好业务宣传工作。政务服务工作人员既要做到文明服务，还要运用图文并茂的海报宣传栏、短视频等大家喜闻乐见的形式做好业务宣传，回答公民提出的相关问题。

海报主要针对老年群体，公布在社区或办事现场；短视频主要针对中青年群体，放在相关网站。公安工作人员与社区工作人员可通过各类媒体宣传服务的主要业务与范围，让群众对业务部门“知其然且知其所以然”，让群众在进行业务申请时能够提前备好相关材料，加快业务办理速度。

（邓永红、陈　琳、胡益慧、薛尔恒）

# 广佛地区医疗机构语言标识设置状况*

本报告调查了广佛地区16家医疗机构的语言标识设置情况。其中广州6家，佛山10家；涵盖了一级（5家）、二级（1家）、三级（9家）医院和未定级（1家）门诊部，综合性（11家）和专科性（5家）医院，以及省、市、区级医院和社区卫生服务中心，涉及西医、中医和中西医结合医院等。调查于2022年1—4月进行，通过实地走访、收集医疗机构内部的语言标识、观察记录就诊者的相关情况并随机访谈，共拍摄照片331张，收集各类语言标识739个，非介入式观察75人，访谈12人。

## 一　语言标识的功能类型

医疗机构的语言标识可按功能类型分为基本信息、导向服务、提示劝导、科普宣传、紧急指引、设施保护等6类。调查发现，导向服务和基本信息类标识最多，其次是提示劝导、科普宣传类，紧急指引和设施保护类最少。其中，前三类为本调查的所有16家医疗机构均有的标识。统计结果见表1。

**表1　语言标识各功能类型数量及占比**

| 功能类型 | 基本信息 | 导向服务 | 提示劝导 | 科普宣传 | 紧急指引 | 设施保护 | 总计 |
|---|---|---|---|---|---|---|---|
| 数量/个 | 225 | 233 | 146 | 107 | 14 | 14 | 739 |
| 占比/% | 30.45 | 31.53 | 19.76 | 14.48 | 1.89 | 1.89 | 100.00 |

### （一）基本信息

为就诊者提示就诊所需的基本信息，如场室名称、开诊时间、医生姓名等，是医院标识的最基本功能。场所、区域、科室等名称通常以较大号的加粗

* 广东省普通高校创新研究团队“语言服务与汉语传承”（2019WCXTD002）。

字体显示，如有医院以加粗的深绿色字体标示“缴费处”“自费、公费医疗医保”“非当天退费补打清单、结算单”等窗口。

就诊、取药、治疗等，通常均需要轮候，大部分医院设置电子屏幕实时更新轮候情况，免去就诊者排队之劳。同时会辅以相应的语音播报，多数医院采用普通话和粤方言双言播报，普通话在先，粤方言随后。

电子屏幕通过字体的粗细和颜色差异来区分不同信息，如一家医院“综合诊室”四字居中，显示为红色大字宋体，患者排队号、姓名、轮候状态等则为绿色小字加粗黑体，最下方“温馨提示：请先将病历和挂号凭证交至前台报到”为红色小字楷体。患者姓名信息，一般将姓名其中一字以星号代替，语音播报时也相应省略，以保护患者隐私。

### （二）导向服务

指引科室方向、就诊流程等导向服务，也是医院标识的重点。多数医院在大门内、电梯前方、走道中央的地面或柱子上标示场所方向导向信息，文字与箭头相配合。如有医院在走道中央地面每隔两米张贴长度超过一米的大箭头，箭头内标注“抢救室；急救绿色通道”，一直延伸至抢救室门前，样式醒目，指引突出。楼层导向标识通常设置在各层电梯或楼梯旁边，列举相应楼层的所有科室。

挂号、就诊、缴费、检查和取药等就医程序也有相应的指引。16 家医院均有线上挂号、缴费等功能，有医院用截图和文字说明相结合的方式，现场展示医院公众号挂号、就诊流程。受新冠疫情影响，医院多增加了预检分诊环节，有的医院以流程图形式展示预检分诊流程，方便患者分类就诊。

### （三）提示劝导

广佛地区各医院门诊就诊量都较大，有效维持秩序很重要。16 家医院都设有明确就诊要求、给予就诊提示的劝导性标识。如一家医院的内科门诊每个诊室门口都设置了“温馨提示”，提醒就诊者在诊室外有序候诊，保证“一医一患一诊室”。受疫情影响，多数医院对患者保持间距也提出了明确要求，如在地面上按距离张贴“排队请保持一米距离”标示，并用脚印图标标示“保持距离”（图 1）。

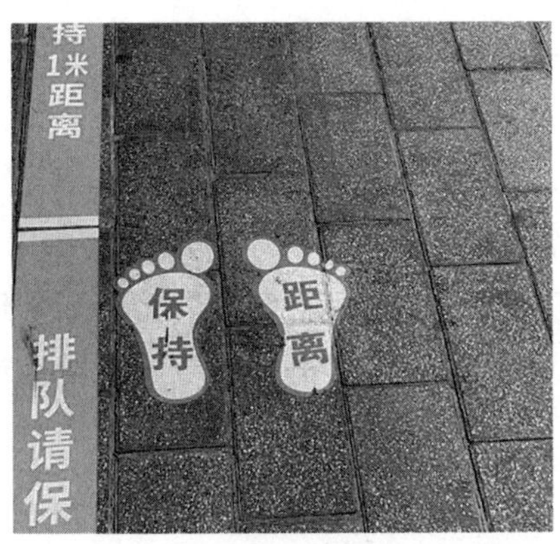


图1　提示保持距离的脚印标识

## （四）科普宣传

医院既是健康检查、疾病诊治的专门场所，也兼有医学知识科普、医疗政策宣传等功能，有14家医院设置了科普宣传标识。一家口腔医院门诊大堂设置了多个立柱式科普宣传牌，如“吸烟与口腔健康”专题用不同颜色字体图文并茂地展示了吸烟可能导致的口腔癌、口腔白斑、牙周病等口腔疾病及其症状、危害。一个妇儿医疗中心贴有“儿童肺炎知多少”“热性惊厥健康宣教”等科普资料，详细介绍疾病定义、护理与预防和就诊注意事项等。一个社区卫生中心在中医药服务区悬挂多幅中医知识宣传牌，包括对“望闻问切”的介绍、古代著名中医的介绍等。

这类标识也包括医德医风展示或医院文化宣传。如有的医院展示了医院核心价值观和院训、医院的使命与愿景、医院的文化品性等标识，有的医院则展示当代著名医者，如钟南山院士等的介绍，弘扬大医精诚精神。

## （五）紧急指引

部分医院设置了紧急指引标识。如有医院在每一层的拐角处，都贴有消防疏散平面图，图文结合标明消防设备、安全通道的位置，同时标明应急电话和应急注意事项。另有医院设置了“紧急事件应急预案”标识，列举多类紧急事件及其处置方案。

## （六）设施保护

设施保护类标识主要是医疗设备和器械维护、消防安全设施使用的指引提醒，如对精密度较高的诊疗器械的使用规范指引，对消防设施的使用提醒等。

## 二　语言标识的设置情况

### （一）设置形式

调查所见医疗机构标识的设置方式可分为粘贴式、标牌式、立牌式、电子显示式、地面式、悬挂式等 6 种，以粘贴式最多，悬挂式最少。粘贴式和标牌式为 16 家医院所共有。统计结果见表 2。

**表 2　标识各设置类型的数量及占比**

| 设置方式 | 粘贴式 | 标牌式 | 立牌式 | 电子显示式 | 地面式 | 悬挂式 | 总计 |
|---|---|---|---|---|---|---|---|
| 数量 | 298 | 179 | 96 | 64 | 58 | 44 | 739 |
| 占比 /% | 40.33 | 24.22 | 12.99 | 8.66 | 7.85 | 5.95 | 100.00 |

粘贴式标识是指粘贴于墙面、立柱面、柜台及桌子侧面的标识，此类标识的内容包括流程指引、方向指引、医学科普、文化宣传等，制作和设置较为简便，成本较低，数量也最多。

标牌式标识设置相对固定，主要是标示基本信息和导向服务内容，如设置在电梯旁列举各科室分布楼栋和楼层的标识，或设置在各诊室、治疗室门口标注场室名称、编号及出诊医生的标识等（图 2）。

图 2　标牌式标识

图 3　立牌式标识

立牌式标识包括地面立牌和桌面立牌，材质多样，移动方便，设置灵活。其用途也较多，如用于科普疾病知识、介绍线上平台操作流程、介绍最新医疗政策、发布最新告示等（图 3）。

电子显示式标识通过电子显示屏呈现各诊室、窗口的实时轮候情况，也用于介绍最新医疗政策、药品价格，或展示文明标语。无论是信息内容，还是字体大小、颜色等形式均设置灵活，越来越被医院普遍使用。

地面式标识也采取粘贴方式，只是水平依附于地面。一般设置在人流量较大且需要明确目的地方向指引的场所。地面式标识内容和形式相对较为简洁（图 4）。

悬挂式标识通常以室内顶面为载体，采用悬挂的方式固定安装。一般用于提示导向信息，有较强的标示性和导向性。悬挂式标识置于高处，在人流量较大的空间如医院大堂、重要通道等，能避免受到遮挡；设置上也要注意视线高度、视线范围以及随着距离变化导向信息的可见程度等（图 5）。

图 4　地面式标识

图 5　悬挂式标识

### （二）设置时长

根据标识的设置时长，可分为固定性和临时性两类。

固定性标识长期设置，内容长期有效。通常使用坚固耐用的材质，如亚克力标牌、喷绘尼龙塑料混合光面展示板、电子显示屏等。多用于展示基本信息、科普宣传、设施保护、紧急指引和提示劝导等。调查共见 638 个，占 86.33%。

临时性标识主要展示即时性信息指引，多数以通过打印或手写纸张张贴，大部分为导向服务。部分临时性标识用于提供就诊时某一程序（如候诊、缴费、取药等）所需的基本信息，如有医院前台护士站立牌上张贴了一张 A4 纸的临时标识，用红笔手写“护士在五号室治疗，请稍候”（图 6）。也有的临时标识是对最新政策规定的即时说明，如一家医院缴费窗口张贴了“关于广州医保业务调整通知”，为最近的政策变动，通过临时标识的方式及时告知就诊者。

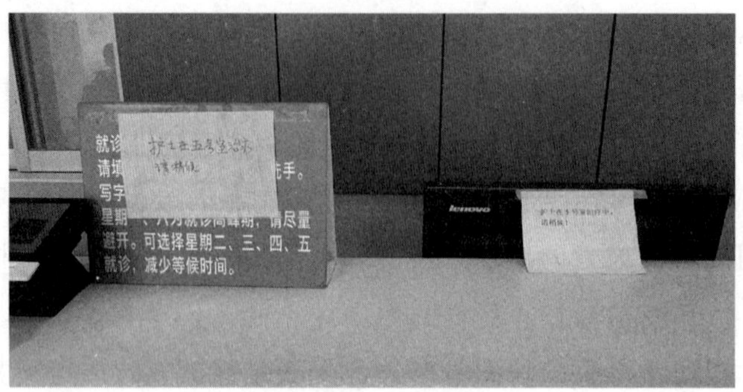


图 6　临时性标识

**（三）语种使用**

调查的 16 家医院，除唯一一家民营医疗门诊部外，其他 15 家医院均有一定数量的中英文双语标识。但大部分医院双语标识所占比例不高。双语标识绝大多数只出现在固定性的承担基本信息功能的科室、窗口标识，如“抢救室 First Aid Room”“母婴室 BABY CARE ROOM”“雾化区 ATOMIZATION ZONE”等等。

## 三　语言标识的视觉效果

**（一）色彩对比度**

调查所见，医院的标牌式、立牌式标识多采用亚克力板、高清喷绘的尼龙塑料混合光面展示板等制作，颜色比较鲜艳，字体也比较清晰。调查发现，广佛地区医疗机构的语言标识最多采用白底与彩色文字，其次是深色背景（如墨绿色）搭配白色文字，色彩对比度高，方便查看。个别医院则对此有所忽视，如粘贴式标识采取透明背景和黑色字体，但由于墙面瓷砖为黄棕色，与黑色字体的对比不够鲜明，瓷砖缝隙处的文字更是受黑色瓷砖缝背景影响，难以辨明，影响阅读。

部分纸质打印或手写的临时性标识存在打印不清或陈旧褪色的现象，如有医院缴费处粘贴有多张热敏打印的纸质标识，文字颜色浅，阅读效果不佳。即使是临时性标识，也要注意视觉效果，尽量为就诊者提供方便。

**（二）大小与位置**

大部分医院的语言标识设置都考虑到了字体大小、笔画粗细以及设立位置等因素，为就诊者提供必要的便利。但也有部分标识设置上存在不足，如一家医院综合急诊室外的电子屏幕，轮候的就诊者姓名用绿色字体显示，且排列紧密。一名候诊的长者表示，屏幕上的字无法看清，只能听语音播报获取叫号信息。一家医院把楼层科室导向标识粘贴在楼层顶部，文字多且密，字体又小，就诊者需要很费力才能看清文字内容，设置明显不合理（图 7）。也有医院业务办理窗口前设置了不同材质、不同大小、不同内容的不下 10 个标识标牌，虽均有提示提醒作用，但布局凌乱，让人无所适从（图 8）。

图 7　位置和字体大小设置不合理的标识

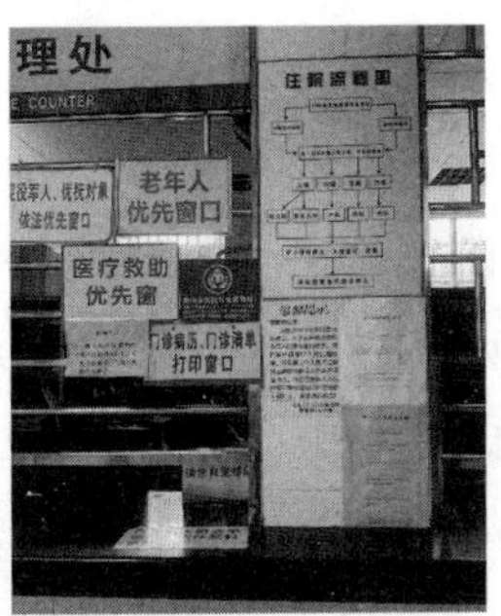

图 8　设置凌乱的标识

## （三）规范与美观

大部分的医院标识都能做到分类明确、层级清晰。同一功能、内容和层级的语言标识使用同样的载体、颜色搭配和排版设计，整齐划一，方便就诊者分辨和筛选所需信息。个别临时类标识存在排版不当的问题，如一家医院妇科门诊护士站的纸质打印临时标识，文字采用横向排列，但字间距设置容易造成竖排的错觉，阅读体验非常不好（图 9）。个别标识用直接遮盖的方式修改，导致文字背景、字体不统一，破坏美观（图 10）。

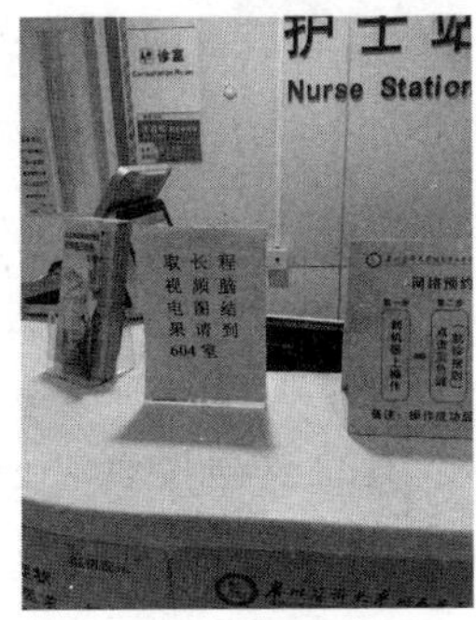

图 9　排版不当的标识

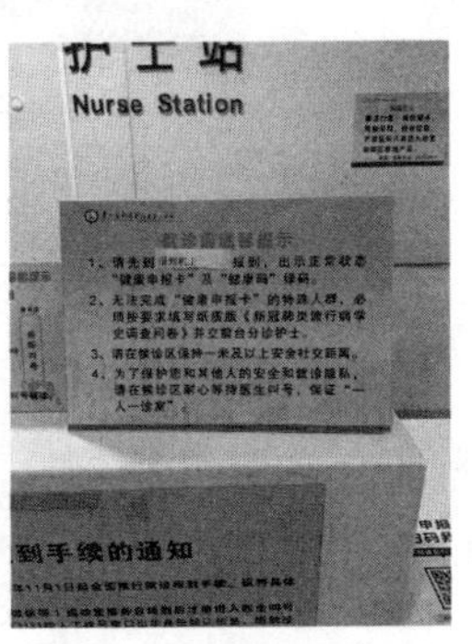

图 10　遮盖修改的标识

## （四）个性化设置

有的医院根据就诊群体的特点或医院的医疗特色，在标识设置上具有一定的个性化特色。

**1. 儿童视角**

儿童医院就诊患者主要为儿童，其语言标识使用大量红色和蓝色搭配，色彩鲜艳，缓和了医疗机构的严肃气氛；部分语言标识中呈现卡通形象，拉近与幼儿的距离，一定程度上能分散幼儿对病痛的注意力，缓解就诊时的紧张情绪。儿童医院还较多地设置了高度为一米左右的墙体粘贴式标识，较好地照顾到了儿童就诊者的需求。

**2. 医院文化**

如中西医结合医院，注重中医和西医结合的宣传，其标识充分展现了中华传统文化和中医药的特点，设置了大量中医药文化宣传标牌，其边框采用中国结元素，背景配有浅色的水墨画，字体也采用楷书、隶书等，颇富传统文化气息（图 11）。

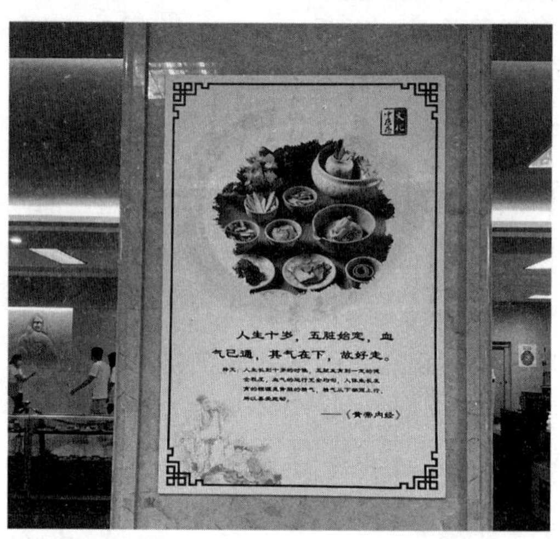


**图 11　中医文化宣传标识**

## 四　建议

总体而言，调查的广佛地区医疗机构在语言标识的设立位置、设置形式、版式内容等方面都比较好地考虑到了就诊者的需求，发挥了各项信息提供、导向、宣传等功能。同时，部分环节也存在一些问题或不足，需要加以改善。

第一，完善语言标识设置规范。设置不规范的情况主要出现在部分临时性标识。一方面，虽然是临时性标识，也应该充分考虑到字体、颜色、行距、行款等方面的规范，可设置医院内部模板，以与固定性标识的版式风格保持一致，方便套用；另一方面，及时替换更新过时或残旧的标识，内容要设专人审核，最大限度方便就诊者，提升语言文字规范性。

第二，扩大语言标识的覆盖面。随着社会进步和科技发展，医疗机构自助设备日增，带来便利的同时，也在一定程度上造成困惑，部分就诊者尤其是年长就诊者要在自助设备上完成挂号、报到、缴费、取报告等操作存在一定困难。有的医院的自助设备旁配备了医务人员和志愿者协助操作，有的医院自助设备上贴有标识介绍设备使用流程。但调查也发现部分医院自助设备缺少指引。为便于就诊者操作，此类设备均应张贴操作指引，详尽列举各操作的流程，方便患者用较快速度便捷地完成操作，更好发挥自助的作用。

第三，适当增加双语标识指引。广佛地区地处粤港澳大湾区腹地，对外开放和国际化程度较高，医疗服务水平也居于区域领先地位，医疗机构的语言标识也应有与之相匹配的国际化水平，双语标识的覆盖率就是其中一个指标。目前有关医院的双语标识占比不高，主要承担基本信息功能和少量的导向服务功能。未来应做到基本信息、导向服务、紧急指引、提示劝导等标识的双语全覆盖。

第四，优化语言标识实际效果。医院标识数量多，各类标识功能各有侧重，摆放、设置上应以就诊指引为核心，突出重点，有所区隔，避免因信息杂乱影响指引效果。访谈发现，部分就诊者面对各种标识指引，还是需要询问医护人员寻求帮助。一方面是标识过多，就诊本来就比较急躁，未能迅速捕捉到有效信息；另一方面，有些标识在语言表述上也不够清晰，需要费时阅读理解。这些都可以进一步优化。此外，部分标识设置还应考虑适老化设置或儿童视角，兼顾不同群体的需求。

（禤健聪、原靖彤）

# 佛山市银行系统的语言使用状况*

银行是粤港澳大湾区金融体系的重要组成部分，其语言使用状况与语言服务质量不仅直接关系到金融业的对外服务水平，也在很大程度上影响到大湾区优质生活圈的建设。鉴于此，本报告拟以佛山市银行系统为切入点，通过实地调研，考察其智慧系统、标识与设施系统、现场人工服务系统的语言使用情况，并在此基础上提出相应的建议。

## 一　调查设计

### （一）调查对象

佛山市现有银行 42 家，综合考虑银行的属性特征、区域分布、网点数量，我们选取了其中的 15 家作为调查对象（见表 1）。所选类型及数量如下：国有商业银行 5 家、股份制商业银行 2 家、城市商业银行 2 家、农村商业银行 4 家、外资银行 2 家。

**表 1　调查对象的基本情况**

| 序号 | 银行名称 | 银行性质 | 所处区域 |
|---|---|---|---|
| 1 | 中国工商银行 | 国有商业银行 | 顺德区 |
| 2 | 中国农业银行 | | 顺德区 |
| 3 | 中国银行 | | 禅城区 |
| 4 | 中国建设银行 | | 禅城区 |
| 5 | 中国邮政储蓄银行 | | 三水区 |

* 广州市高等教育教学改革项目“立德树人背景下语言学类专业本科生科研素质培养模式的探索与实践”，广州市教育科学规划课题“粤港澳大湾区中小学生书面语能力发展研究与数据库建设”（202113640），广东省社科规划项目“粤港澳大湾区语言资源库建设研究”（GD22XZY03），国家语委“十四五”科研规划重点项目“粤港澳大湾区特色商圈语言服务研究”（ZDI145-57）。

（续表）

| 序号 | 银行名称 | 银行性质 | 所处区域 |
| --- | --- | --- | --- |
| 6 | 广发银行 | 股份制商业银行 | 禅城区 |
| 7 | 招商银行 | | 禅城区 |
| 8 | 广东南粤银行 | 城市商业银行 | 南海区 |
| 9 | 广州银行 | | 禅城区 |
| 10 | 顺德农商银行 | 农村商业银行 | 顺德区 |
| 11 | 南海农商银行 | | 南海区 |
| 12 | 三水珠江村镇银行 | | 三水区 |
| 13 | 广东省农村信用社联合社 | | 三水区 |
| 14 | 汇丰银行 | 外资银行 | 南海区 |
| 15 | 东亚银行 | | 南海区 |

### （二）调查内容与方法

调查内容主要包括银行门户网站、手机银行系统、银行内部标识与设施、工作人员的语言使用情况。调查过程中，我们综合使用非介入式观察、问卷调查、个体访谈等方式来收集研究所需的数据。

## 二　银行智慧系统的语言使用状况

### （一）门户网站的语言使用状况

表2　门户网站的语言使用状况

| 序号 | 银行名称 | 网页语言 | |
| --- | --- | --- | --- |
| | | 单语 | 双语 |
| 1 | 中国工商银行 | — | 中（简 \| 繁）/ 英 |
| 2 | 中国农业银行 | — | 中（简 \| 繁）/ 英 |
| 3 | 中国银行 | — | 中（简 \| 繁）/ 英 |
| 4 | 中国建设银行 | — | 中（简 \| 繁）/ 英 |
| 5 | 中国邮政储蓄银行 | — | 中（简 \| 繁）/ 英 |
| 6 | 广发银行 | — | 中（简 \| 繁）/ 英 |

（续表）

| 序号 | 银行名称 | 网页语言 | |
|---|---|---|---|
| | | 单语 | 双语 |
| 7 | 招商银行 | — | 中（简\|繁）/英 |
| 8 | 广东南粤银行 | 中（简） | — |
| 9 | 广州银行 | 中（简\|繁） | — |
| 10 | 顺德农商银行 | — | 中（简）/英 |
| 11 | 南海农商银行 | 中（简） | — |
| 12 | 三水珠江村镇银行 | 中（简\|繁） | — |
| 13 | 广东省农村信用社联合社 | 中（简） | — |
| 14 | 汇丰银行 | — | 中（简）/英 |
| 15 | 东亚银行 | — | 中（简）/英 |

注：为了行文简练，表格中的“中文简体”“中文简体 + 中文繁体”“英文”分别简称为“中（简）”“中（简|繁）”“英”，下文同。

表 2 中 15 家银行网站的语言使用可分为单语和双语两种类型。单语分为“中文简体”“中文简体 + 中文繁体”两种，双语分为“中文简体 + 英文”“中文简体 + 中文繁体 + 英文”两种。数量上，双语型占 66.67%，单语型占 33.33%，前者多于后者。分布上，双语型主要集中于国有商业银行、股份制商业银行、外资银行，单语型全部为城商、农商类银行。这种状况可能与银行的属性存在密切关系——城商、农商类银行主要服务于区域城市建设与“三农”发展，服务范围与对象上的局限性，使其多语服务需求低于其他类型的银行。

### （二）手机银行的语言使用状况

**表 3 手机银行的语言 / 方言使用状况**

| 序号 | 银行名称 | 手机银行界面 | 便捷语音服务 | AI 客服 | | 电话客服 |
|---|---|---|---|---|---|---|
| | | | | 语音输入 | 文字输入 | |
| 1 | 中国工商银行 | 中（简）/英 | 普通话 / 粤方言 | 普通话 | 中（简） | 普通话 / 英语 |
| 2 | 中国农业银行 | 中（简） | 普通话 | 普通话 | 中（简） | 普通话 / 英语 |
| 3 | 中国银行 | 中（简）/英 / 维吾尔族文 | 普通话 | 普通话 | 中（简） | 普通话 / 粤方言 / 英语 |
| 4 | 中国建设银行 | 中（简）/英 | 普通话 | 普通话 | 中（简） | 普通话 / 粤方言 / 英语 |

（续表）

| 序号 | 银行名称 | 手机银行界面 | 便捷语音服务 | AI 客服 | | 电话客服 |
|---|---|---|---|---|---|---|
| | | | | 语音输入 | 文字输入 | |
| 5 | 中国邮政储蓄银行 | 中（简） | 普通话 | 普通话 | 中（简） | 普通话 / 英语 |
| 6 | 广发银行 | 中（简） | 普通话 | 普通话 | 中（简） | 普通话 / 英语 |
| 7 | 招商银行 | 中（简） | — | 普通话 | 中（简） | 普通话 / 英语 |
| 8 | 广东南粤银行 | 中（简） | — | — | — | 普通话 / 英语 |
| 9 | 广州银行 | 中（简） | — | — | — | 普通话 / 粤方言（可远程视频） |
| 10 | 顺德农商银行 | 中（简） | — | — | 中（简 \| 繁） | 普通话 / 粤方言 / 英语 |
| 11 | 南海农商银行 | 中（简） | — | — | — | 普通话 / 粤方言 / 英语 |
| 12 | 三水珠江村镇银行 | 中（简） | — | — | — | 普通话 / 粤方言 |
| 13 | 广东省农村信用社联合社 | 中（简） | — | 普通话 | 中（简 \| 繁） | 普通话 / 粤方言 / 英语 |
| 14 | 汇丰银行 | 中（简 \| 繁）/ 英 | — | — | 中（简 \| 繁） | 普通话 / 粤方言 / 英语 |
| 15 | 东亚银行 | 中（简 \| 繁）/ 英 | — | — | 中（简 \| 繁） | 普通话 / 粤方言 / 英语 |

表 3 显示的是手机银行的语言 / 方言使用状况。交互界面共有单语、双语和三语三种类型，其中单语 66.67%，占比最高；其次是双语，占 26.67%；仅有一家银行为三语。从类型上看，股份制商业银行、城商及农商银行全部为单语，多语服务水平有待提升。设置中文繁体版的仅有 2 家，均为外资银行。15 家银行中，只有 6 家设置了便捷语音服务，皆为单语，而且除 1 家可输入普通话与粤方言外，其余均只能输入普通话，可选语言 / 方言欠丰富。设置 AI 客服的共有 11 家，占 73.33%，覆盖了绝大多数调查对象；未设置此功能的全部为城商和农商两类银行，占 26.67%。11 家 AI 客服中，可提供语音、文字双通道输入的 8 家，仅可文字输入的 3 家，可输入的语言均为普通话，可输入的文字皆为中文，多语服务有进一步提升的空间。电话客服共有单语、双语两种类型，前者仅占 13.33%，后者占 86.67%，双语服务能力较强。两家使用单语的银行，可选择语言 / 方言均为普通话与粤方言；使用双语的又分为“普通话 + 英语”“普通话 + 粤方言 + 英语”两类，前者占 40.00%，后者占 46.67%。

## 三　银行内部标识与设施的语言使用状况

### （一）各类服务性标识的语言使用状况

表 4　银行内部各类服务性标识的语言使用状况

| 序号 | 银行名称 | 各类标识的语言使用状况 | | |
|---|---|---|---|---|
| | | 银行招牌 | 指引标识 | 警示标识 |
| 1 | 中国工商银行 | 中（简）+ 英（缩） | 中（简）+ 英 | 中（简）+ 英 |
| 2 | 中国农业银行 | 中（简）+ 英（缩） | 中（简）+ 英 | 中（简）+ 英 |
| 3 | 中国银行 | 中（简）+ 英（全） | 中（简） | 中（简） |
| 4 | 中国建设银行 | 中（简）+ 英（全） | 中（简） | 中（简） |
| 5 | 中国邮政储蓄银行 | 中（简）+ 英（全） | 中（简） | 中（简）+ 英 |
| 6 | 广发银行 | 中（简）+ 英（缩） | 中（简）+ 英 | 中（简）+ 英 |
| 7 | 招商银行 | 中（简）+ 英（全） | 中（简）+ 英 | 中（简）+ 英 |
| 8 | 广东南粤银行 | 中（简）+ 英（全） | 中（简）+ 英 | 中（简）+ 英 |
| 9 | 广州银行 | 中（简）+ 英（全） | 中（简）+ 英 | 中（简）+ 英 |
| 10 | 顺德农商银行 | 中（简）+ 英（缩） | 中（简） | 中（简） |
| 11 | 南海农商银行 | 中（简）+ 英（缩） | 中（简）+ 英 | 中（简）+ 英 |
| 12 | 三水珠江村镇银行 | 中（简） | 中（简） | 中（简）+ 英 |
| 13 | 广东省农村信用社联合社 | 中（简）+ 英（缩） | 中（简） | 中（简）+ 英 |
| 14 | 汇丰银行 | 中（简）+ 英（缩） | 中（简）+ 英 | 中（简）+ 英 |
| 15 | 东亚银行 | 中（简）+ 英（缩） | 中（简） | 中（简）+ 英 |

注：表格中的“英（缩）”指“英文缩写”，“英（全）”指“英文全称”。

根据表 4，银行招牌共有两种类型，单语为“中文简体”，仅 1 家；双语皆为“中文简体 + 英文”，14 家，占 93.33%，处于绝对优势。指引标识也分为单双语两种类型，单语为“中文简体”，占 46.67%，双语为“中文简体 + 英文”，占 53.33%。警示标识同样分为“中文简体”“中文简体 + 英文”两类，前者仅占 20.00%，后者占 80.00%。总的来看，双语服务方面，招牌、警示标识的水平相对较高，指引标识则有待提升。

## （二）各类内部设施的语言 / 方言使用状况

表 5　银行内部设施的语言 / 方言使用状况

| 序号 | 银行名称 | 内部设施的语言 / 方言使用状况 | | | |
|---|---|---|---|---|---|
| | | 取号机 | 智能电子排队系统 | 语音叫号系统 | 自动取款机 |
| 1 | 中国工商银行 | 中（简）+ 英 | 中（简） | 普通话 > 粤方言 | 中（简）+ 英 |
| 2 | 中国农业银行 | 中（简）+ 英 | 中（简） | 普通话 > 粤方言 > 英语 | 中（简）+ 英 |
| 3 | 中国银行 | 中（简）+ 英 | 中（简）+ 英 | 普通话 > 粤方言 > 英语 | 中（简）+ 英 |
| 4 | 中国建设银行 | 中（简）+ 英 | 中（简） | 普通话 > 粤方言 > 英语 | 中（简）+ 英 |
| 5 | 中国邮政储蓄银行 | 中（简） | 中（简） | 普通话 > 粤方言 | 中（简）+ 英 |
| 6 | 广发银行 | 中（简）+ 英 | 中（简） | 普通话 > 粤方言 | 中（简）+ 英 |
| 7 | 招商银行 | 中（简）+ 英 | 字母 + 数字 | 普通话 > 粤方言 > 英语 | 中（简）+ 英 |
| 8 | 广东南粤银行 | 中（简） | 中（简） | 普通话 | 中（简） |
| 9 | 广州银行 | 中（简）+ 英 | 字母 + 数字 | 普通话 > 粤方言 | 中（简）+ 英 |
| 10 | 顺德农商银行 | 中（简）+ 英 | 中（简）+ 英 | 普通话 > 粤方言 | 中（简）+ 英 |
| 11 | 南海农商银行 | 中（简） | 中（简） | 普通话 > 粤方言 | 中（简） |
| 12 | 三水珠江村镇银行 | 中（简） | 中（简） | 粤方言 > 普通话 | 中（简）+ 英 |
| 13 | 广东省农村信用社联合社 | 中（简） | 中（简） | 普通话 > 粤方言 | 中（简）+ 英 |
| 14 | 汇丰银行 | 中（简） | 中（简）+ 英 | 普通话 > 粤方言 | 中（简）+ 英 |
| 15 | 东亚银行 | — | — | 粤方言 > 普通话 | — |

表 5 中共有 14 家银行设有取号机与电子排队系统。取号机，6 家为“中文简体”单语型，占 42.86%；8 家为“中文简体 + 英文”双语型，占 57.14%。智能电子排队系统以“中文简体”单语型为主，占 64.29%；“中文简体 + 英文”双语型次之，占 21.43%；“字母 + 数字”型最少，占 14.28%。语音叫号系统，单语型是主体，占 73.33%，其下又分为“普通话”“普通话 + 粤方言”两个小类，其中前者 1 家，后者 10 家；“普通话 + 粤方言 + 英语”双语型仅有 4 家银行，占 26.67%。播放顺序上，优势顺序为“普通话 > 粤方言 > 英语”，仅有两家银行采用的顺序为“粤方言 > 普通话”。自动取款机，14 家设有该设备的银行中，12 家为“中文简体 + 英文”双语型，占 85.71%，仅 2 家为“中文简体”单语型。

### （三）针对特殊人群的语言配置与服务

表 6　银行内部设施盲文与手语的配置情况

| 序号 | 银行名称 | 盲文 | | 手语 | |
|---|---|---|---|---|---|
| | | 是否配置 | 配置设施 / 设备 | 是否配置 | 配置方式 |
| 1 | 中国工商银行 | √ | 柜台、取款机密码输入设备 | — | — |
| 2 | 中国农业银行 | √ | 柜台、取款机密码输入设备 | √ | 人工服务 |
| 3 | 中国银行 | √ | 自动取款机密码输入设备 | — | — |
| 4 | 中国建设银行 | √ | 柜台、取款机密码输入设备 | — | — |
| 5 | 中国邮政储蓄银行 | √ | 柜台、取款机密码输入设备 | — | — |
| 6 | 广发银行 | — | — | — | — |
| 7 | 招商银行 | √ | 柜台、取款机密码输入设备 | — | — |
| 8 | 广东南粤银行 | √ | 柜台密码输入设备 | — | — |
| 9 | 广州银行 | — | — | — | — |
| 10 | 顺德农商银行 | — | — | — | — |
| 11 | 南海农商银行 | √ | 柜台密码输入设备 | — | — |
| 12 | 三水珠江村镇银行 | √ | 电子银行体验机 | — | — |
| 13 | 广东省农村信用社联合社 | — | — | — | — |
| 14 | 汇丰银行 | √ | 柜台密码输入器 | — | — |
| 15 | 东亚银行 | — | — | — | — |

根据表 6，15 家银行中，共有 10 家配置了盲文服务，占比为 66.67%，覆盖率较高；从配置范围上，盲文主要集中于柜台、取款机的密码输入设备上，但银行其他重要的服务标识、设施，比如取号机、指引标牌、风险提示、业务服务指南、业务办理凭条等，既未配置盲文也未设置语音提示，这不仅增加了视障人群自助完成业务办理的难度，也降低了服务体验。手语服务方面，调查中仅中国农业银行一家明确表示可为听障客户提供人工手语服务，占比仅为 6.67%，覆盖率极低。对相关工作人员的访谈显示，因为听障客户比例较少，多数银行不会配置专门的手语服务人员，如遇听力障碍者往往会通过书面交流的方式了解客户需求并完成业务办理。总的来说，佛山银行系统针对特殊人群的盲文、手语服务有很大的提升改进空间。

## 四　银行工作人员的语言使用状况

本部分重点分析佛山市线下银行工作人员的语言使用状况，内容包括银行工作人员的语言 / 方言使用、语言选择方式与优先等级等。

### （一）工作人员的语言 / 方言使用状况

调查小组采用非介入观察的方法对 15 家银行大堂经理以及业务办理窗口工作人员的语言 / 方言使用状况进行了记录，具体见表 7。

表 7　银行工作人员的语言 / 方言使用状况

| 人员类别 | 语言 / 方言 | 使用人数 | 占比 /% |
| --- | --- | --- | --- |
| 大堂经理 | 普通话 | 34 | 48.57 |
| | 粤方言 | 36 | 51.43 |
| | 英语及其他语言 | 0 | 0.00 |
| 窗口柜员 | 普通话 | 31 | 47.69 |
| | 粤方言 | 34 | 52.31 |
| | 英语及其他语言 | 0 | 0.00 |

表 7 中，大堂经理接待的 70 名客户中，34 人的接待语言为普通话，占 48.57%；36 人为粤方言，占 51.43%；二者的使用率基本持平。所有客户中，无一人的接待语言为英语或其他语言 / 方言。业务办理窗口，调查小组共对 65 名顾客进行了观察，结果显示，工作人员对 31 名使用了普通话，占 47.69%；对 34 名使用了粤方言，占 52.31%；后者的使用比例略高于前者，但差异不大。对不同类型银行 7 名工作人员的访谈与调查显示：所有受访对象均在接待、咨询或业务办理过程中使用过普通话，其中 6 人使用过粤方言，仅有 1 人使用过英语。访谈中，受访人员提到“佛山地区银行的客户多是本地人，使用粤方言和普通话基本可完成各种咨询、业务办理，极少情况下会使用到英语或其他语言、方言”。这些情况与我们非介入性观察得到的结果基本一致，即受服务区域与对象的影响，普通话和粤方言是银行职员的主要工作语言 / 方言，英语则是辅助性语言。

### （二）工作人员的语言 / 方言优选等级

表 8 工作人员面对客户时的语言 / 方言选择

| 序号 | 银行名称 | 优选的语言 / 方言 | | 次选语言 / 方言 | |
|---|---|---|---|---|---|
| | | 普通话 | 粤方言 | 普通话 | 粤方言 |
| 1 | 中国工商银行 | | √ | √ | |
| 2 | 中国农业银行 | | √ | √ | |
| 3 | 中国银行 | √ | | | √ |
| 4 | 中国建设银行 | √ | | | √ |
| 5 | 中国邮政储蓄银行 | √ | | | √ |
| 6 | 广发银行 | √ | | | √ |
| 7 | 招商银行 | | √ | √ | |
| 8 | 广东南粤银厅 | √ | | | √ |
| 9 | 广州银行 | √ | | | √ |
| 10 | 顺德农商银行 | | √ | √ | |
| 11 | 南海农商银行 | √ | | | √ |
| 12 | 三水珠江村镇银行 | | √ | √ | |
| 13 | 广东省农村信用社联合社 | | √ | √ | |
| 14 | 汇丰银行 | √ | | | √ |
| 15 | 东亚银行 | √ | | | √ |

表 8 的调查结果显示，在不了解客户语言使用状态的情况下，15 家银行中，9 家工作人员表示其首选语言 / 方言是普通话，占 60.00%；6 家是粤方言，占 40.00%。从银行类型看，11 家国有商业银行、股份制以及外资银行中仅有 3 家首选粤方言，占 27.27%；而 4 家农商银行中，3 家首选的是粤方言，占 75.00%。也就是说，受到银行属性与服务对象的影响，非农商类银行倾向于首选普通话，而农商类银行偏好将粤方言作为首选。各银行的次选语言 / 方言主要是普通话和粤方言。同时，调查小组在访谈中也发现，银行工作人员往往会通过预判客户身份或根据客户使用的语言 / 方言来选择自己的交流语言 / 方言。如果是本地客户，首选普通话或粤方言；如果是外籍客户，首选英语；如果客户无法使用首选语言 / 方言，则会切换至其他语言 / 方言。佛山地区的银行客户多为本地人，这在很大程度上影响到工作人员的语言 / 方言首选。

## 五　建议

第一，城商与农商类银行要不断提升自身的语言服务水平。随着广佛一体化、粤港澳三地间融通融合、产业结构与模式的升级，城商与农商类银行的服务范围、对象、方式等可能会出现诸多新变化。两类银行要放眼未来，提前布局，渐次提升银行网站、服务性标识与设施的双语、多语服务能力，通过增设手机银行的语言文字智能识别、输入、回复等功能，提高智慧服务水平。

第二，优化银行智慧系统的语言文字配置。手机银行的交互界面，尤其是国有、股份制商业银行和外资银行，不仅要配置简繁体中文，还要配置适用范围较广的其他语言，比如英文等，以实现交互界面的双语化、多语化，满足不同客户群体的使用需求。便捷语音与 AI 客服系统，要在普通话之外，增设更多可识别的语言/方言，改变目前手机智慧系统可输入语言/方言种类单一的状况。

第三，关注并满足特殊人群的语言服务需求。针对视障客户，除在各类服务设施的密码输入设备上标注盲文之外，核心服务设施、重要指引标牌、业务服务指南、业务凭条等，也应设计盲文版或配置相应的语音播报服务。对于听障客户，可在大堂、柜台配置专门的书写交流设备，同时可聘请专业手语教师定期对工作人员进行手语培训，帮助其掌握与业务工作密切相关的手语表达。

（张迎宝、胡梓欣、曾雨鑫）

# 广州市国家一级博物馆服务残障人语言文字环境建设考察

2020 年 1 月实行的《中华人民共和国残疾人保障法》中明确规定：公共服务机构和公共场所应当创造条件，为残疾人提供语音和文字提示、手语、盲文等信息交流服务。根据 2006 年我国进行的第二次全国残疾人抽样调查，全国共有残疾人 8296 万，占总人口的 6.34%。根据广州市残疾人联合会相关报道数据显示，广州共有残疾人 521 200，占广州人口的 5.26%。目前，尚未进行第三次全国残疾人抽样调查，但随着人口老龄化的发展，我国视力残疾、听力残疾、言语残疾、肢体残疾人口数量会有所增加，推动残疾人的各种关爱和保障举措，既有现实意义，也是迫切需要解决的问题。

## 一　广州市国家一级博物馆语言文字服务现状和存在的问题

2021 年 12 月 21 日，全国博物馆定级评估结果公布，广东省博物馆、西汉南越王博物馆、广州博物馆、广东民间工艺博物馆、广州艺术博物院获评国家一级博物馆。本报告对上述博物馆的告示指示牌、展品文字、讲解、多媒体语言文字环境建设进行调查分析，旨在彰显语言文字在博物馆领域服务残疾人的意义和价值，为广州市政府拟制定的《广州市博物馆服务质量提升计划》提供参考。

### （一）告示牌与指示牌

告示牌与指示牌是博物馆标识系统极其重要的一部分。近年各博物馆正在逐渐完善语言文字信息服务，具有警示作用的告示牌明确摆放在相应的位置，标识图对于该地点的危险性有直观的表现，能警示相关参观者提高警惕，让博物馆内充满人文关怀。例如广东民间工艺博物馆（陈家祠）告示牌面向特殊人群的设施与通道不仅有醒目的提醒，还使用中文与英文展示参观须知及相应服务；西汉南越王博物馆指示牌有地图与文字说明，直观清晰。但也存在一些不足，例如缺少语音导览系统，而对老年人、视力障碍者、听力障碍者辅以麦克风、接收耳机等辅助工具是非常必要的。另外还有些告示牌与指示牌位置不理想，处于展区入口，且在游客检查通道的墙边，不仅不利于观看，还容易阻塞人流，对于特殊群体来说就更显得不够友好（图 1）。

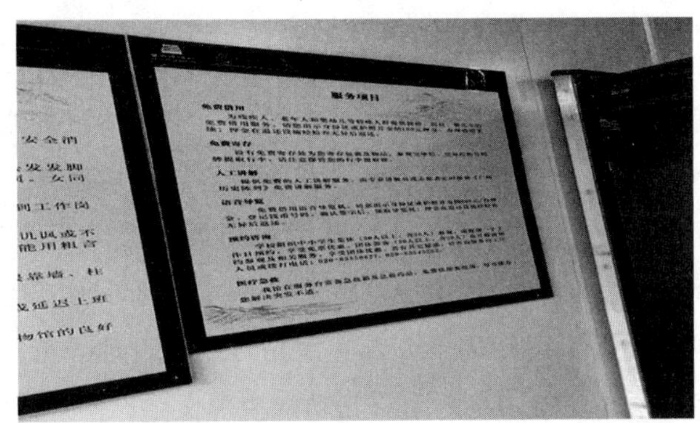

**图 1　广州博物馆（镇海楼）“服务项目”告示牌**

### （二）展品文字解说

各馆内都有展品专属文字解说、参观指南、博物馆专报等材料，方便游客了解展览信息。陈家祠共有 22 类馆藏展品，各类展品柜内都摆放着展品文字说明，介绍展品的基本情况。广东省博物馆内有许多不同主题的展厅，不同的展厅有不同的设计，且文字与背景色有较高的对比度，能让游客清楚地观看，这对于老人以及视障人士是友好的语言服务。广州博物馆在展品的附近配有解说文字，并配有一定的图片对展品进一步介绍。但个别博物馆部分信息板块使用字体较小，有些还出现了褪色、图片失真、字体模糊的问题，不利于特殊人群观看；有些针对独立展品的文字解说牌规格较小，且内容较少，对老年人和视障人士不够友好。

### （三）讲解服务

博物馆内的讲解服务主要有两种：人工讲解与基于多媒体技术的录音讲解，覆盖整个展览区。人工讲解能通过各种服务、设施来满足老人、儿童、视障人士、听障人士等弱势群体的讲解需求，引导他们更好地观览，讲解服务主要使用粤方言、普通话，也有英语。录音讲解语音清晰，内容丰富，广州博物馆（镇海楼）还设计了微信公众号录音讲解，通过手机操作切换不同地点、展品。讲解服务中的不足是：人工讲解中眼神等肢体语言及语调、语气等不够完善，没有面向听障人士的手语讲解；录音讲解和微信公众号录音讲解服务的步骤较烦琐，二维码较小，导致残疾人不易操作，如西汉南越王博物馆里智能机上的操作以及按钮对于特殊人群来说较为烦琐且精细，不易于点击。

### （四）多媒体服务

几个博物馆都有多媒体服务，馆内设置的线下多媒体服务能提供较好的观览体验，多媒体显示屏不间断播放视频，音质较好，画质清晰，位于展览的显眼位置，提供了很好的信息服务。广东省博物馆展厅提供了显示屏、投影仪、互动屏等多媒体设备，具有视频播放、投影画作、互动小游戏等功能。广州艺术博物院提供了多种虚拟展厅场景，具有视角转换、自动导览路线、放大、普通话解说、汉字解说等功能；有的配有互动触摸屏文字，图片清晰，便利度高，具有多种导览功能。但有些馆功能单一，仅提供展品介绍；数字展厅响应较慢，场景较粗糙，且手机操作不便。如广东省博物馆多媒体画质不够清晰，不利于特殊人群观看，仍需改进。

## 二　国内外博物馆语言文字服务残障人的做法和经验

国内外许多博物馆的优质语言文字服务值得我们借鉴，如引入盲文、手语等面向特殊人群的语言服务，加入视频解说、多语语音解说等辅助特殊人群的观览活动。

### （一）国内博物馆语言文字信息无障碍服务方式

国内博物馆大多数通过专题活动等形式探索语言文字信息无障碍服务方式，定期组织面向残障观众的讲解活动。一是开展“无障碍美育课程”，南京博物馆为听障人士安排手语志愿者用手语讲解课程内容，帮助听障人士参与学习。二是开展无障碍导览专题活动。上海博物馆特展“浮槎于海”提供5件复制作品供参观者碰触，在导视牌上设置盲文解说，提供手语导览，便于视障和听障人士了解展品内容（图 2）。三是满足残障人士通过触觉、听觉等感官活动“感知”展品的游览需求。苏州六悦博物馆中的所有古物件都能触摸，博物馆有 4 万多件展品，30 多个不同种类的展廊。展品种类繁多，囊括衣柜、门匾、版画等古物件。上海世博会博物馆在 2019 年“5·18 国际博物馆日”推出了一款“智慧世博馆”小程序，为视障人群定制了“视觉辅助导览模式”。四是开展与残疾人组织的合作。宝鸡青铜器博物院与宝鸡市盲人协会合作，在 2018 年首次引入盲文，邀请盲文专家对所展出的文物名称、术语等进行专业翻译，并将原有展板上的说明文字增大字符且更换为白底黑字，方便视觉障碍者参观学习。同时，博物院还以 1∶1 的比例复制铜镜仿品，镶嵌在铜板上，便于视觉障碍者触摸分辨，近距离感受指尖上的宝鸡历史文化。

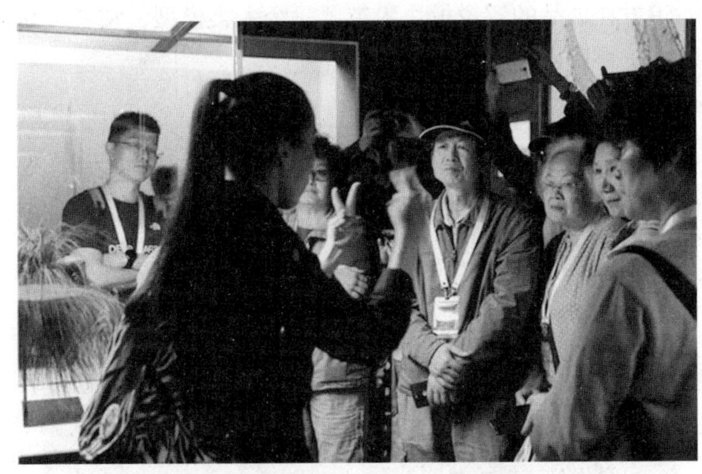

**图 2 “浮槎于海”展厅手语导览**

### （二）国外博物馆语言文字信息无障碍服务方式

国外博物馆的语言文字信息无障碍建设较早、较完善，也出现了许多值得借鉴学习的地方。一是设计仿真品帮助有需要的残疾人。例如在专为视力残障人士开设的希腊雅典触觉博物馆内，馆方设置有许多艺术仿真品，视障人士、失明人士都能通过触摸这些仿真品勾勒出艺术作品的模样，提高观览效果。为了保护文物并保证残障人士的观览活动不会失真，触觉博物馆按照特定的比例仿造出制作精良、传神且具有触感的石膏复制品（图 3）。二是提供定期的专题信息语言文字无障碍活动。例如荷兰国立博物馆专门为视障人士设置“我的声音、你的眼睛”主题导览活动，不仅有专业的讲解员引导视障人士观览，还为每个展品设置了语音讲解，两者两相结合，力求为视障人士还原展品的细节。而在一些特定的展品前，视障人士能在讲解员和相关工作人员的指引下，戴上手套，亲手触摸真实的文物展品，通过多感官的刺激，为视障人士还原文物细节。三是多语服务。希腊雅典触觉博物馆内除可触摸展品外，馆方为视障人士提供了英语、法语、德语三种语言的语音解说，并在展品文字解说牌上设置了希腊文字解说以及盲文解说，视障观众可以通过触摸这些简介信息来了解更多关于艺术品的历史和知识。四是语言文字环境建设覆盖多角度。法国巴黎的罗浮宫博物馆大量应用无障碍基础设施，诸如盲道、扶手，更值得注意的是盲文解说和可触摸模型的大量应用和日常应用。在展品的文字解说板、导览手册上不仅有清晰工整的法语文字解说，同时附有盲文解说，并嵌入了实物模型可供触摸。不仅如此，为了凸显展品与人的比例区别，馆方在展品的解说板块附带了一个人类模型，观者可通过触摸这个模型与展品模型进行对比，发现更多展品细节。

图 3　希腊雅典触觉博物馆，视障人士有秩序地触摸展品

## 三　借鉴国内外案例，完善博物馆语言文字环境建设

现阶段广州市各国家一级博物馆的语言文字建设环境仍需努力，争取早日实现语言文字信息无障碍。针对现阶段语言文字服务的不足之处，借鉴国内外

优秀案例的服务经验，我们提出以下建议。

第一，建设高质量的语音导览系统。语音导览可使视力障碍者对博物馆的空间状态、展览信息有全方位的了解。根据调查，许多导览视频、导览语音讲解存在着失真与模糊的问题，已经滞后于现代科技水平。博物馆需努力建设高质量的语音导览系统。一是应重写说明牌解说文本、重新录制讲解音频。二是通过电脑与智能手机等工具为弱势群体提供语音、小程序互动、听觉辅助等智能导览服务，配以相应的语音播报服务，如“电梯门即将打开，请注意安全”等语音提示，为残疾人提供服务。三是探索信息无障碍服务能力提升新模式，为视障人士定制“视听辅助导览模式”，方便盲人及听力不佳的游客参观使用，为听障人士推出手语导览视频。

第二，完善服务视障人士的文字信息设计。一是增强服务残疾人意识。以视障人士为例，博物馆应提供字体较大的导览手册、放大镜等一系列工具，助其克服观览障碍，减少观览不适。二是博物馆发布专供残疾人了解馆内活动的信息，保障残疾人平等参与社会生活。三是配备盲文凸字说明牌，完善博物馆文字服务。

第三，提升讲解艺术和多媒体服务水平。一是对某些特殊群体讲解时注意避免出现歧视或引发不快的话语，如在对视障人士进行讲解时，要避免“瞎”“盲”等禁忌用语和“看不见”等不当词语，可专门编写适合于残疾人的讲解词。二是讲解中注意眼神等肢体语言及语调、语气等，面向听障人士可配备手语讲解屏幕。三是做好多媒体服务。多媒体可以将文字、图像、视频图像、动画、盲文点字、声音等信息综合演示给观众。同时增加盲文显示器、光学字符辨识软件、点字打印机、放大器、盲文扫描仪等。

第四，全方位为残疾人提供语言文字信息服务。一是让语言文字全面覆盖残疾人服务区、展览厅、电梯、洗手间等，标志要明显并配以相应的语音播报服务，在需要的地方配备盲文凸字。二是语言文字提示和标识要做到简单明了、易于识别，使得反应速度慢、听力视觉以及身体机动性有缺陷的弱势群体参观者能够快速准确地做出辨别。三是发挥语言文字作用，营造有利于弱势人群的环境建设，为残疾人提供语音和文字提示、手语、盲文等信息交流服务，满足残疾人的参观需求，消除特殊人群的心理隔阂，激发他们的参观热情，鼓励他们走进各类文化场馆，帮助他们更好地融入社会生活。

（徐朝晖、郑展昊）

# 珠三角城际轨道交通站点命名状况*

珠三角城际轨道交通是粤港澳大湾区交通建设的重要方向，主要包括广珠城际铁路、广珠城际铁路江门支线、广佛肇城际铁路、广惠城际铁路、穗深城际铁路、珠机城际铁路、广清城际铁路、广佛环线等已建或在建的多条线路。轨道交通的站点命名与乘客出行的便利度紧密相关。我们以珠三角城际为调查对象，收集了197个轨道交通站点名称，其中广州59个、深圳14个、珠海19个、佛山43个、东莞31个、中山7个、惠州9个、肇庆6个、江门9个。

## 一 命名类型

根据国铁集团发布的《铁路线路、车站、桥渡隧名称管理办法》，铁路车站的命名需要遵循以下原则:（1）一般以所在地行政地名为站名，某些地域主要车站尽量以地级市命名。（2）如果某地存在多个车站，有时会以方位区分。这种情况一般出现于大中城市或者铁路枢纽城市。部分大型铁路枢纽城市靠东南西北的方位已经不能完全区分主要车站，则可在后面附加二级地名。（3）依据历史或其他原因命名。（4）以风景名胜区命名。

本报告对珠三角城际轨道交通站点进行统计后发现，命名方式主要分为五种。

第一，以城市名称命名。指以车站所在城市（包括地级市和县级市）的名称为车站命名，如肇庆站、四会站、中山站、东莞站、广州站等。该类站名有18个，占9.1%。这种命名方式简洁而实用，因城市知名度高，便于旅客大致定位与识记。

第二，以行政区域或功能片区名称命名。指以车站所在行政区、政府设置

* 广东省社科规划2022年度学科共建项目“粤港澳大湾区语言资源库建设研究”（GD22XZY03），广州高教改革项目“立德树人背景下语言学类专业本科生科研素质培养模式的探索与实践”。

的功能区等的名称为车站命名，如南海站、顺德站、宝安站、望牛墩站、樟木头站、陈村站、天河智慧城站、金融岛站、增城开发区站等。该类站名最多，有 76 个，占 38.6%。以较小的行政区或比较出名的功能区名称为站点命名，方便旅客精准定位。

第三，以自然地貌或风景区名称命名。指以车站所在地的典型自然地貌或风景名胜的名称等为车站命名，如鼎湖山站、沙涌站、汉溪长隆站、珠海长隆站、海上田园站等。该类站名有 22 个，占 11.2%。珠三角地区主要为丘陵地形，水系多且发达，以自然地貌命名可以帮助旅客了解当地的地理特征，能够丰富城市形象，增强城市的地域特色。以景点名称命名有利于提高城市景点的知名度，带动旅游业的发展，为外来旅客提供指向服务，提升其旅游体验。

第四，以交通枢纽或站点所处道路名称命名。指以车站所在地邻近的交通枢纽、道路的名称命名，如花都港站、皇岗口岸站、深圳机场站、东莞港站、珠海机场站、天贵路站、南桂路站等。该类站名有 42 个，占 21.3%。

第五，以“地名 + 方位”的方式命名。这种命名方式在九大城市的铁路站点命名中具有普遍性，因为铁路运输的特点是一个较大的行政区域内可能拥有若干站点，常在地名后加上方位词加以区分，比如“城市名 + 方位”“街道名 + 方位”“城镇村庄名 + 方位”等，这样的站名如：珠海北站、湾仔北站、广州南站、广州东站、樟木头东站、东莞西站、长安西站、横琴北站、狮山北站等。该类站名有 39 个，占 19.8%。

## 二　命名的语言特征

### （一）音节角度

从站名的音节来看（见表 1），除去“站”字，站名涵盖了双音节、三音节、四音节和五音节等多种类型。双音节最多，共 110 个，占 55.8%；其次为三音节，共 64 个，占 32.5%；两者合计占比高达 88.3%，可见绝大部分站名较为简短。双音节、三音节读起来朗朗上口，合乎语言习惯，并且符合语言使用的经济性，是信息长度与信息容量的最佳组合，所以使用频率最高。此外，四音节 15 个，占 7.6%；五音节 6 个，占 3.1%。

表 1 珠三角城际轨道交通站名音节统计

| 音节类型 | 站名数量 | 占比 /% |
|---|---|---|
| 2 音节 | 112 | 56.9 |
| 3 音节 | 64 | 32.5 |
| 4 音节 | 15 | 7.6 |
| 5 音节 | 6 | 3.0 |
| 总计 | 197 | 100.0 |

## （二）字词角度

### 1. 专名用字

珠三角城际轨道交通站点中共有 182 个车站使用专名，占 92.4%；仅有 15 个车站未使用专名，占 7.6%。专名用字的字频统计结果见表 2。

表 2 珠三角城际轨道交通站名专名字频统计

| 使用次数 | 专名用字 |
|---|---|
| 10 | 海 |
| 9 | 山、江 |
| 7 | 东、南、龙、平、门 |
| 6 | 沙、花、州 |
| 5 | 西、新、大、云、珠、湾、滘 |
| 4 | 长、桂、狮、广、石、安、溪、都 |
| 3 | 城、北、湖、金、中、洪、虎、常、鹤、三、佛、顺、和、沥、白、莞、步、村、德、头、洲 |

“海”使用次数最多，共 10 次，涵盖站名有南海、滨海、前海、福海西等。与水有关的“江”“溪”“湖”使用次数也较多，共计 16 次，如龙江、碧江、陈江南、滨江、龙溪、千灯湖等。“山”的使用次数多达 9 次，涵盖站名有鼎湖山、松山湖北、狮山、花山、鹤山等。珠三角为临海地区，水源丰富，河网密布，多江河湖海，多山地丘陵，所以该地地名中多有“海”“江”“山”等字，因而多以区域地名命名的交通站名，也多与此类字词相关。

高频字的使用也凸显了珠三角独特的地形地貌，比如“沙”“湾”“滘”“洲”。“沙”表示水边的沙地，如金沙、沙涌；“湾”表示水流弯曲的地方，海岸向陆地凹入的地方，船可以停泊的地方，如唐家湾、金湾、井湾、湾仔；“滘”表示河道分支或汇合的地方，如道滘、北滘、沥滘；“洲”表示河流中由泥沙淤积而成的陆地，如南洲、琶洲、鹤洲南。在交通站名选择中，使用此类与当地自然风貌密切相关的地名，有助于旅客通过站名联想地名，进一步引起旅客对珠三角地区自然地理环境的兴趣。

此外，使用次数达到 5 次以上的字，除了方位字，还有“新”“龙”“平”“门”“大”“花”“州”“云”“珠”。包含“新”的站名有北滘新城、金融高新区、新城东，反映了近年来珠三角经济处于高速发展阶段，不断开发新的片区，走在创新前列，并完善铁路基础设施，促进新城发展；此外，新塘、新南、新龙、新会为城镇名用作车站名，体现了中华传统文化中喜新求新的文化心理，彰显了中华民族的朝气蓬勃和创新追求。“龙”在中华传统文化中象征着尊贵、吉祥，并且珠三角客家文化氛围浓厚，客家民居众多，围龙屋也是客家最为出名的建筑，因此不少车站专名包含“龙”字，如龙丰、镇龙、龙洞、化龙、龙江等。“平”在中华传统文化中具有安定、平安顺遂之义，如西平西、常平、东平、平湖、和平。“大”彰显大气磅礴、宽阔、包容之义，如大旺、大石、大榄、大源、大朗镇等。“安”与“和”分别使用了 4 次与 3 次，“安”体现平安、满足、安定，如宝安、朝安，“和”蕴含和谐和睦之义，如和桂、太和。国人自古以来偏向在名称中融入对美好生活的期待，因此站名也较多选用含有上述吉祥字的专名。

**2. 通名用字用词**

通名指通用的名称，是专有名词中反映类别属性的部分。调查显示，珠三角城际轨道交通站名中，43 个使用了通名，占 21.8%；154 个车站未使用通名，占 78.2%。通名用字用词的字频词频统计结果见表 3。

**表 3　珠三角城际轨道交通站名通名字频词频统计**

| 使用次数 | 通名用字用词 |
|---|---|
| 7 | 城 |
| 6 | 机场 |
| 5 | 路 |
| 4 | 湖 |
| 3 | 山、镇 |
| 2 | 园、港、街、区 |
| 1 | 岗、田园、庙、学院、中心、岛、总部、口岸 |

使用频率最高的为“城”，共出现 7 次，涵盖站名有商贸城、金融城、智慧城、大学城等，站名前多有类化修饰语暗示该地域功能，反映了珠三角作为我国经济繁荣地区，区域内集聚效应明显，且集聚区域多为教育、购物、科创等专门用途。其次为“机场”与“路”，使用次数均超过 5 次，如白云机场东、珠海机

场、深圳机场、天贵路、同济路、南桂路、普君北路。珠三角作为交通发达的地域，人口密度大，出行需求旺盛，对外交流频繁，因此铁路多在机场设有站点，满足人们的出行需求。但“路”的特征为一条条线，具有延伸性，不像机场、园、镇、中心等为具体明确的点，会造成地理位置上的指向过于宽泛，不够明确。蕴含地理要素的字，如“湖”“山”“岗”，无论作为通名还是专名，均有使用。

**3. 方位词**

珠三角城际轨道交通站以“地名 + 方位”方式命名的，占 19.8%。方位词“东”“西”“南”“北”是车站命名的常见要素。在地名后增加方位词，一方面是由于普通、高速铁路各司其职，铁路运输多线路并行、多站点并存；另一方面是由于不同车站功能不同，不同城市存在功能各异的多个站点。因此，一地多站，在地名后根据方位加相应的方位词，是站点命名的重要方式。城际轨道交通站名中，主要有鼎湖东、虎门北、长安西、常平东、樟木头东、白云机场东、北滘西、西湖东、西平西、东城南等。该类站名合计出现 39 次，方位词因此成为站名中的高频用字。这也反映了珠三角城际轨道交通在考虑站点命名时，遵照基础设施的服务属性，将实用性作为第一要素，在名称中体现出方位，便于市民出行时进行精准的定位。

**4. 生僻字音与方言字**

城际轨道交通站名中，存在部分生僻字或者常见但读音较为生僻的字。例如麻涌站、沙涌站中的“涌”，常见读音为 yǒng，但在站名中读 chōng，义为河汊。又如道滘站、北滘新城站、北滘西站、沥滘站中的“滘”，读 jiào，为方言字，义为分支的河道，多用于珠三角的地名。蟠岗站中的“蟠”为生僻字，读 léi，字义是珠江三角洲一带的一种双壳类河鲜，类似于蛤蜊；其站名的由来为附近的蟠岗山。西塱站、佛塱站的“塱”，读 lǎng，义为江湖边上的低洼地。生僻的方言字词出现在了城际轨道交通站名中，本地人尚可理解，但外地乘客可能不方便指称。

## 三 思考与建议

珠三角城际轨道交通站点多数以车站所处行政区域命名，包括城市、县区、镇街、功能区等，命名用字特征多与地名用字特征重合。当地名被借用为交通站点名，相当于是为地名增加了交通属性，本报告为此提出相关建议。

第一，站名应尽量具体化，提高定位的精确度。珠三角城市中，比如广州、深圳、东莞等，一个行政区内拥有多个城际轨道交通站点，例如深圳宝安区位于城市郊外，行政区面积较大，除宝安站外，还设有西乡站、和平站、沙井站和福海站。宝安站的站名较为宽泛，取自整个行政区名，不利于乘客了解其位于宝安区具体哪个方位，从而影响选择最佳的点对点交通路线。而后者命名较为具体化，取自宝安区的西乡街道、和平村、沙田村、福海街道，便于乘客通过站名定位到具体的方位。城际轨道后续线路城市内设站点较多，站点命名应坚持具体化的方向，可适当结合方位词，细化定位，取用较小的行政区划名称来命名（如街道、镇、乡等），便于乘客选择最佳出行路线。

第二，站名应尽量避免误导。部分车站名具有误导性，容易使乘客误判定位。例如，广州的花城街站位于花都区花城街道，但是因与广州著名地标性市民广场“花城汇”重合度高，易使乘客误判该站是位于天河区的花城广场。建议该站用所处道路名称命名，可以叫凤凰北路站，与广花城际的凤凰南路站相对应。再如东莞的长安站、长安西站，取自长安镇的名称，但长安同时为陕西省西安市的古称，西安市现有长安区。因城际铁路须录入国家铁路系统，可能会导致站名重复问题且容易误导旅客买票失误，也建议利用所处道路或者街区附近的标志性功能区命名。

第三，妥善处理生僻字与方言字。很多站名是利用地名来命名，一些包含珠三角方言字、生僻字或者生僻字音的地名因而进入了站名，给外地乘客造成了不便。建议交通部门协同文化部门、研究机构等，挖掘方言字和生僻字的含义以及文化内涵等，借助城际公众号、站台宣传栏、列车广告栏或列车广播等，适当宣传方言字和生僻字的含义、读音及其代表的珠三角地域文化。

第四，城际轨道交通站点命名要与城市轨道交通站点命名相适应。珠三角城际轨道交通，与各个城市自身的轨道交通相连接，换乘站点命名要互相适应。以广佛环线城际为例，环线与广州地铁 2 号线、7 号线、22 号线和佛山地铁 2 号线相交于广州南站，却将该站定名为“番禺站”。“广州南站”既是高铁站名，又是广州地铁站名，具有较强的指示性。广佛环线采用“番禺站”站名，不利于乘客城际轨道与城市轨道的换乘，会对乘客产生一定的误导。类似的站名还有“广州北站—花都站”“机场北—白云机场北”等，建议采用原城市轨道站名。

（王文豪、庄婉宜）

# 粤港澳大湾区港口企业官网语言使用调查

《粤港澳大湾区发展规划纲要》指出，要构建现代化的综合交通运输体系，提升珠三角港口国际影响力。随着大湾区环珠江口100千米“黄金内湾”概念的提出，“十四五”时期大湾区港口群将迎来大发展的新机遇。如何从语言文字方面助力港口群建设是值得思考的问题。本报告调查研究大湾区港口企业官网的语言文字使用情况，旨在为多方位开展语言文字服务助力港口群全面发展提供参考。

## 一 港口企业及其官网语言使用状况分析

### （一）港口企业基本情况

粤港澳大湾区包括香港特别行政区、澳门特别行政区和珠三角九市，共11个港口，即香港港、澳门港、广州港、深圳港、珠海港、佛山港、惠州港、江门港、东莞港、中山港和肇庆港。本报告调查了314家港口企业，其在11个城市的数量分布依次为：广州77家、江门42家、东莞36家、佛山31家、深圳27家、肇庆26家、惠州19家、香港18家、珠海17家、澳门11家、中山10家。314家企业中，仅92家建有官网，因此，我们仅对这92个网站进行语言使用情况的调查研究。

### （二）港口企业官网名称

港口企业官网一般是直接以企业名称命名。企业名称通常由地名、属名、业名、通名四要素构成。业名是说明行业经营特征的词，因此企业官网名称中有许多港口行业词，如“集装箱”“码头”“物流”“港务”“货运”等与港口经营业务有关的词语。通名是企业的通用称呼，企业官网名称的通名有“有限公司”“股份有限公司”等，这些通名标识不同的企业类型。“航”“港”“运”“船”“贸”等显示了港口业务相关事宜，与业名共同构成了网站名称中的企业经营特点和行业特征，如“航”“运”指向航运等其他运输业务、“船”指向船舶服务、“贸”指向港口对外贸易服务等。除此之外，网站名称中还有“国际”“环球”等标识企业经营规模和业务范围的字词。从四要素看，网站名称的构成方式有：“地名＋属名＋业名＋通名”“地名＋属名＋通名”“地名＋业名＋通名”“地名＋属名＋业名”“业名＋属名＋通名”“属名＋通名”“业名＋通名”“业名＋属名”“地名＋业名”和“属名”，共10种。

### （三）港口企业官网的服务语言

网站的服务语言体现了其国际化程度。当前大湾区港口企业官网按提供服务的语种数量可分为单语、双语和多语三种类型。单语网站仅提供中文或英文一种语言的服务，其中中文网站34个，占总数的37.0%；英文网站5个，占总数的5.4%。双语网站提供中文和英文两种语言的服务，共有49个，占总数的53.3%；多语网站提供包括中英文在内的三种以上语言的服务，仅有4个，占总数的4.3%（见表1）。多语网站提供服务的语种除中英文外，还有韩文、日文、西班牙文、法文、俄文、德文、意大利文、葡萄牙文、土耳其文等9种语言，东莞马士基集装箱工业有限公司的网站就提供了11种语言的服务。总体而言，超过57%的港口企业官网提供双语或多语服务，具有较好的多语服务意识。外语在港口业务中发挥着重要的作用，港口的语言研究也应从双语和多语服务入手，在这一方面网站有较大的显示空间与研究价值。大湾区致力于建设世界级城市群，意味着国际最通用的语言——英语在粤港澳大湾区各行各业中都发挥着重要的作用。根据调查，粤港澳大湾区港口企业中内容更新最快的是“新闻中心”板块，有近40个“新闻中心”板块提供英语服务。

**表1　粤港澳大湾区港口企业官网语码类型**

| 语码类型 | 网站数量 | 比例/% |
| --- | --- | --- |
| 单语 | 39 | 42.4 |
| 双语 | 49 | 53.3 |
| 多语 | 4 | 4.3 |
| 总计 | 92 | 100.0 |

### （四）港口企业官网语码取向

语码取向是指双语或多语选项中不同语言的优先关系。92 个网站中，75 个首页语言为中文，占 81.5%，其中 72 个使用中文简体，3 个使用中文繁体；16 个网站首页语言为英文；1 个网站首页语言为中英结合。优势语码为中文的，首页文字选用中文简体的多在珠三角九市，其中，广州、佛山、东莞、珠海、肇庆和中山的港口企业官网首页均使用中文简体；首页使用中文繁体的 3 个网站都是香港的。优势语码为英文的 16 个网站，有 15 个是港澳地区的，且其语码取向大多为：英文 > 中文繁体 > 中文简体。如表 2 所示：

**表 2　粤港澳大湾区港口企业官网首页语言使用情况**

| 语言 | 网站数量 | | | | | | | | | | | 合计 |
|---|---|---|---|---|---|---|---|---|---|---|---|---|
| | 香港 | 澳门 | 广州 | 深圳 | 佛山 | 惠州 | 东莞 | 珠海 | 肇庆 | 江门 | 中山 | |
| 中（简） | 2 | 2 | 22 | 11 | 6 | 2 | 8 | 5 | 2 | 7 | 5 | 72 |
| 中（繁） | 3 | 0 | 0 | 0 | 0 | 0 | 0 | 0 | 0 | 0 | 0 | 3 |
| 英 | 9 | 5 | 0 | 1 | 0 | 0 | 0 | 0 | 0 | 1 | 0 | 16 |
| 中 + 英 | 0 | 0 | 0 | 0 | 0 | 1 | 0 | 0 | 0 | 0 | 0 | 1 |

在使用双语或多语的 53 个网站中，有 41 个以中文为优势语码，占 77.4%，中文占据绝对优势，英文往往是备用语言；以英文为优势语码的网站仅有 12 个，占 22.6%，且主要集中在港澳地区。如表 3 所示：

**表 3　粤港澳大湾区港口企业双语和多语网站语码取向情况**

| 语言 | 网站数量 | | | | | | | | | | | 合计 |
|---|---|---|---|---|---|---|---|---|---|---|---|---|
| | 香港 | 澳门 | 广州 | 深圳 | 佛山 | 惠州 | 东莞 | 珠海 | 肇庆 | 江门 | 中山 | |
| 中文 | 6 | 1 | 11 | 5 | 5 | 1 | 5 | 2 | 1 | 2 | 2 | 41 |
| 英文 | 7 | 4 | 0 | 1 | 0 | 0 | 0 | 0 | 0 | 0 | 0 | 12 |

### （五）港口企业官网名称英译

企业名称是一个企业的重要标志，在如今贸易全球化的时代，企业想要真正“走出去”，就需要一个恰当准确的英译名。调查显示，中文页面中有中英双语名称的网站共 54 个，占 58.7%。对于属名的英译，涉及的英译方法有拼音法、音译法、意译法、缩略法，如“一路通航运有限公司——one port”“狮子洋飞航——Sea’s young”“巨龙集团——Grand Dragon”等。92.6% 的网站都使用了意译法，其中有 33.3% 是通过意译和其他方式组合在一起翻译的，如“广州番禺莲花山港客运有限公司——Guangzhou Panyu Lianhua Shan Port Passenger Transports Co., Ltd”，“莲花山”采用拼音，“客运”采用意译，以组合方式英译。对于地名的英译，这些企业均按照地名翻译的原则，采用拼音法处理行政区划名称，如“广州南沙港务有限公司——Guangzhou Nansha Port Co., Ltd”“深圳市航运集团有限公司——Shenzhen Ocean Group”。对于业名的翻译，按照行业在英语中对应的表达进行翻译即可，本次调查的企业也是如此，如“港口——port”“码头——terminal”“集装箱——container”“航运——shipping”等。对于通名的英译，主要是“有限责任公司”和“股份有限公司”这两者的英译，在调查中，通名的英译一般都为“Co., Ltd”“Limited”“Ltd”。

### （六）港口企业官网多模态语篇

多模态话语是指运用听觉、视觉、触觉等多种感官，通过语言、图像、声音、动作等多种手段和符号资源进行交际的现象。网站中的语言、文字、颜色搭配、图片、视频等构成了网站多模态语言使用。从图片模态看，网站里的图片有静态和动态之分。图片具有强大的表意功能，合理搭配动静图片可以扩大意义表达的范围，提高表达效果。港口企业官网的图片都与港口有关，文字与图片相得益彰，互为补充，使有限的文字表达出更深远的意义。从色彩模态看，色彩指的是背景色彩和文字色彩。每个港口企业官网的色彩丰富度也各有不同，77.2% 的网站以浅色系为主，符合大众的审美，也不易造成视觉疲劳。具体情况如表 4 所示：

**表 4　粤港澳大湾区港口企业官网多模态展示情况**

| 多模态类型 | 网站数量 | 比例 /% |
| --- | --- | --- |
| 视频 + 图片 + 色彩（丰富）+ 文字 | 4 | 4.3 |
| 视频 + 图片 + 色彩（非丰富）+ 文字 | 3 | 3.3 |
| 图片 + 色彩（丰富）+ 文字 | 17 | 18.5 |
| 图片 + 色彩（非丰富）+ 文字 | 68 | 73.9 |
| 总计 | 92 | 100.0 |

由上表可知，港口企业官网的页面语言图文并茂，色彩斑斓，颇具吸引力。这四种模态互为补充，向浏览者传递了企业多方面的信息，同时体现了企业与浏览者在不同时空下的交际功能。形式多样的页面能给浏览者一个好印象，也能更好地起到宣传的作用。其中，我们可以发现图片、文字和色彩是最基本的符号形式，这是多媒体时代发展的必然结果。

### （七）港口企业官网宣传用语

港口企业官网的宣传用语根据内容大致可分为三大类，分别是：港口业务类、企业文化类和时政类。如“我们为您提供轻松无忧的在线货运和物流管理体验；从查询价格、订舱、提交单据到跟踪货物，一切流程均简单便捷”是业务类，能让浏览者对企业的核心业务有一个直观的了解；“诚信天下，合作共赢”是文化类，体现了企业的经营理念；“奋斗百年路，启航新征程，热烈庆祝中国共产党成立100周年”是时政类。在语言选用上，绝大多数宣传语以单语为主；极少数有双语的，仅有3个。在双语宣传语中，中文皆位于英文上方，字号比英文要大，更容易吸引目光，是优势语码。在单语宣传语中，中文简体占优势，其次是英文，最后是中文繁体。

宣传语中有较多的名词性短语，如“国家煤炭应急储备基地、华南最大煤外贸中转基地、华南最大的块煤筛分基地、华南最大的混配煤基地”“世界一流的综合港口服务商”等，多用来介绍企业的重要性和地位以及企业想要达成的目标。宣传语使用了较多的行业用语和缩略语。如“集装箱”“码头”“大港”“航运”等港口行业用语，体现了港口行业的特殊性。还有许多联合短语，绝大多数表并列关系，如“安全、节能、高效”“更快捷、更舒适、更豪华、更安全”“方便、快捷、高质”“集装箱堆存、吊卸、集装箱维修、冷冻柜PTI、清洁等服务”等，主要有名词并列结构和形容词并列结构。名词并列结构大多数用来描述多样的业务，形容词并列结构则用来表示企业业务的作用与效果，提升客户对企业的信心。

## 二 进一步完善港口企业官网语言使用的建议

第一，全面加强网站语言文字使用水平的建设。2022年12月13日《广东省人民政府办公厅关于印发广东省全面加强新时代语言文字工作若干措施的通知》指出：加强语言文字广播电视、网站、报纸、期刊和其他出版物等宣传阵地建设，营造有利于国家通用语言文字推广和规范使用的社会环境。港口企业官网应进一步开展语言文字规范化建设工作，加强网站语言文字信息化、准确率建设，丰富语言文字的表现形式，提供在线客服支持，更好地为港口经济提供语言文字规范标准和语言文字使用服务。在硬件层面，港口企业网站作为提供语言服务的载体，需要进一步优化网站结构，使用简单、易用、易导航的设计，重视网站地图建设，以便客户更容易找到他们所需要的信息，同时要确保网站加载快速，并且适配不同设备，提升客户使用体验。

第二，完善网站多语服务和翻译规范。调查显示，仅有 57.6% 的港口企业官网提供双语或者多语服务，其中能提供多语服务的仅有 4 个。港口是对外交流的重要门户，提供多语服务是港口企业发展的必然要求。要确保网站的每个板块都能用多语呈现，并能顺利切换。同时，多语内容并不是中文的简单翻译，要切实提升多语服务的质量，其中一个重要方面就是改进企业名称的英译问题。一是港口企业的英译名称专指性不强，在语用上一定程度违反了相关原则，离开了语境，可能导致交际双方无法顺利进行。二是通名翻译不规范。港口企业的通名主要有“有限公司”和“股份有限公司”，这两种通名分属不同类型公司，具有不同法律地位。但这两种通名均用“有限公司”的翻译，混淆了有限责任公司和股份有限公司的区别，没有统一的规范。建议某些网站以国家英译标准作为规范进行完善，从而进一步完善网站的多语服务建设，提供全方位的多语服务。

第三，丰富宣传用语的表达方式和多模态语篇设计。通过调查，主要有下面几点值得讨论。一是港口企业官网宣传用语。部分宣传语仅对企业服务做了简单罗列，没有体现产品服务特点和企业独特性，宣传效果较低。为突出企业服务特征和企业文化，宣传语要详细精确，可考虑运用语言艺术修辞手法，使宣传语保持整齐美观，协调匀称。宣传语还应结合网络宣传的特点。二是多模态语篇设计。网站多模态语篇可采用多种展示方法，充分发挥图片、色彩、声音、视频的作用，共同构建宣传语文本意义，提高传播效果。

第四，提升网站命名的简洁性和艺术性。港口企业官网名称要包含港口领域的行业特征和企业的特性，又要简洁、精确。调查显示，网站名称音节具有多样性，共有 16 个不同的字数，以偶数音节为主，其中最短的是 2 个字，如“中集”，最长的是 17 字，如“伯恩哈德舒尔特船舶管理（香港）有限公司”。网站名称因为页面限制和美观的需要，其字数是有限的。所以，在企业命名的选择上，可考虑具有良好的韵律感、结构精短、有传播记忆点的名称，从而起到良好的宣传效果。

大湾区港口企业官网建设对推进港口发展有一定作用，期待网站语言文字建设取得新成效、迈上新台阶。

（徐朝晖、蓝盈盈）

# 粤港澳大湾区高校建筑名称考察*

高校建筑名称是识别校园建筑物的专门称呼，是校园文化的构成要素之一，也是师生校园生活中的高频词。高校作为高等教育的办学场所，其教育功能和文化氛围是区别于其他场所的重要标志。因此，高校建筑的命名除了要考虑实用性之外，还要彰显其教育和文化特征，在潜移默化中实现对学生的思想熏陶。本报告立足粤港澳大湾区，选取 81 所本科院校（广东 66 所，香港 11 所，澳门 4 所）作为调查对象，考察这些校园中的教学楼、宿舍楼、食堂、体育馆等建筑物，一共采集了 2377 个建筑名称。样本采集途径以各学校官网地图为主，百度地图和实地调研为辅。本报告旨在考察高校建筑名称呈现出的语符组合特征、指示与文化功能、名称的受众接受度等，总结命名经验，为今后高校建筑命名提供参考。

## 一　高校建筑名称语符组合与长度

### （一）语符组合

从名称的语符组合情况来看，大湾区高校建筑名称中既有中文，也有英文和数字，具体情况见表 1。

**表 1　大湾区高校建筑名称语符组合情况**

| 序号 | 语符类型 | 数量 | 占比 /% |
|---|---|---|---|
| 1 | 中文 | 1938 | 81.53 |
| 2 | 中文 + 英文字母 | 199 | 8.37 |
| 3 | 中文 + 阿拉伯数字 | 133 | 5.60 |
| 4 | 中文 + 英文字母 + 阿拉伯数字 | 54 | 2.27 |
| 5 | 英文字母 | 41 | 1.73 |

* 广州大学第十八届挑战杯学术科技作品竞赛校级项目“粤港澳大湾区高校建筑物命名特征及文化理据探析”（2022TZBPHC1428），国家语委“十四五”科研规划 2022 年度省部级重点项目“高校语言文字工作理论与实践研究”（ZDI145-36）。

（续表）

| 序号 | 语符类型 | 数量 | 占比 /% |
|---|---|---|---|
| 6 | 英文字母 + 阿拉伯数字 | 6 | 0.25 |
| 7 | 阿拉伯数字 | 6 | 0.25 |
| 总计 | | 2377 | 100.00 |

2377 个建筑名称中，全部由中文组成的有 1938 个，占 81.53%，处于绝对优势，如“笃行楼”“青年之家”“文科楼”等。阿拉伯数字和英文字母可以为同类建筑排序和定位，因此在高校建筑名称中也被广泛使用，可以单独出现，也可以与中文以多种形式组合在一起。其中，中文与英文字母组合而成的名称位列第二，有 199 个，占 8.37%，如“A 栋”“BC 翼”“教师公寓 A 座”等；中文与阿拉伯数字组合而成的有 133 个，占 5.60%，如“兰苑 1”“桂园 6 号楼”“医学 1 号楼”等；中文、英文字母和阿拉伯数字混合而成的有 54 个，占 2.27%，如“行政楼 A1”“金陵苑学生宿舍 10A”“兰园 1 号 A 座”；纯英文字母的有 41 个，占 1.73%，如“A”“B”“C”[①]；纯阿拉伯数字以及英文字母与阿拉伯数字组合而成的均仅有 6 个，如“A1”“A2”“B1”“B2”和“1”“2”“3”等。

## （二）名称长度

大湾区高校建筑名称的长度参差不齐，以包含的字数[②]为统计标准，从 1 个字到 25 个字均有发现，详见图 1。

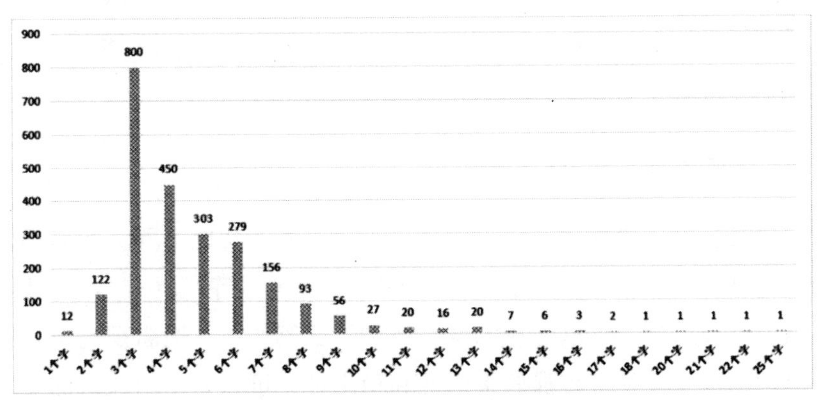


**图 1　大湾区高校建筑名称长度**

① 纯英文的建筑名称中，除排序的英文字母外，还发现两例含有实意的英文建筑名称：“ACADEMIC HOUSE”和“Montery Plaza”。

② “字数”指包含汉字、英文字母和阿拉伯数字的数量，在统计名称长度时，1 个汉字、1 个英文字母、1 个阿拉伯数字均为 1 个字。

最长的名称包含25个字，只有1例，是香港浸会大学的“赛马会师生活动中心陈瑞槐夫人胡尹桂女士持续教育大楼”，该名称事无巨细地将建筑物性质、用途、捐助者身份和姓名等信息全部呈现出来，非常有特色。最短的名称只有1个字，一般用单一的阿拉伯数字或单一的英文字母命名，这样的名称共12个，占0.50%。3字名称最多，共800个，占33.66%，如“善思堂”“图书馆”“中文堂”等，这类名称短小精干，又能传递必要信息，因此数量最多；4字名称次之，450个，占18.93%，如“蒲园餐厅”“杏苑宿舍”“测试中心”等。3字和4字名称合计1250个，占52.59%。这两种长度符合人们日常生活交际的语言习惯，读起来朗朗上口，又言简意赅，是记忆长度与信息容量的最优组合，因此最为常见。

总体上看，香港、澳门和珠三角九市高校建筑名称平均长度分别为5.97字、5.07字和4.47字，香港最长，珠三角最短。香港高校7字以上的建筑名称占比高达14.75%，澳门为7.04%，都明显高于珠三角九市的4.73%。香港高校建筑之所以长名偏多，是因为其多为公益捐建，命名时偏好融入捐建人名与组织名，比如“黄焯书科研中心”“李运强教学大楼”。而珠三角九市高校更注重建筑命名的实用性，多用简短的类化修饰语体现建筑功能，较少使用专名，因此名称长度总体偏短。比如3字和4字名称合计占比，珠三角九市、澳门和香港分别为55.65%、52.11%、38.64%，珠三角九市明显高于香港。

## 二 高校建筑通名与专名使用状况

### （一）总体情况

高校建筑名称一般由“专名+通名”构成，两者功能不同。专名是建筑名称反映个体属性的部分，如“文清”“厚德”“海琴”等，具有凸显校园特色、文化底蕴、精神风貌，昭示地理方位、环境特征等作用；通名是建筑名称中反映类别属性的部分，具有较强的组构性和稳定性，可以显示出建筑的类别、规模、特征，如“楼”“院”“馆”“堂”“所”等。

调查显示，共有1947个建筑名称使用了通名，占比高达81.91%，常见的为“××楼”“××馆”“××院”“××中心”。可见通名的使用具有普遍性，是高频率出现的建筑名称构成要素。而使用专名的建筑名称仅有1017

个，占42.79%，可见专名的使用频率远低于通名，超过半数的建筑名称没有使用。这表明校方在命名建筑时，更注重大众化的类化属性命名，而对于个性化表达的专名要素重视程度较低。那些缺乏专名的建筑名称多将大众化的修饰语置于通名之前，如“实验”“教学”“行政”“艺术”等功能修饰词，“第一”“第二”“第三”等序数词，“光学”“理科”“文科”“计算机”等学科类别词。

另外，珠三角九市、香港和澳门高校均重视通名的使用，包含通名的建筑名称分别占81.41%、86.65%和78.57%，没有显著的差异。但在专名使用方面呈现出明显的不同，含有专名的建筑名称分别占32.51%、79.16%和100%，港澳地区明显高于珠三角九市。这说明港澳地区高校建筑的命名更注重呈现个性化特征，比如人名和组织名高频使用（“霍英东遥感科学馆”“曾肇添体育中心”“赛马会楼”等），这使得港澳地区高校建筑的名称更为丰富和多样。

### （二）通名使用情况

从1947个包含通名的建筑名称中一共提取到61个通名，使用频率最高的前10个见表2。运用这10个通名构成的高校建筑名称共1818个，占比高达93.37%。其中“楼”与“馆”高居第一、二位，二者做通名的建筑名称合计占比高达49.98%，接近一半。

表2　大湾区高校建筑通名高频字

| 通名 | 楼 | 馆 | 院 | 堂 | 中心 | 大楼 | 苑 | 园 | 寓 | 翼 |
|---|---|---|---|---|---|---|---|---|---|---|
| 数量 | 769 | 204 | 193 | 190 | 167 | 101 | 73 | 60 | 42 | 19 |
| 占比/% | 39.50 | 10.48 | 9.91 | 9.76 | 8.58 | 5.19 | 3.75 | 3.08 | 2.16 | 0.98 |

每个通名的使用都可以呈现出不同的建筑特征，比如用“楼”做通名的建筑，一般规模较大，设施较完备，楼层较多，是校园中最常见的建筑类型，如“教学楼”“科研楼”“办公楼”等；使用“苑”做通名的建筑，通常占地面积大，多为作为宿舍公寓用楼的建筑群，如“兰苑”“紫金苑”“北苑”；用“馆”做通名的建筑，往往规模比“苑”与“楼”小，楼层也较少，通常是“图书馆”“展览馆”“校史馆”“功勋馆”等文化性或纪念性建筑；用“堂”做通名的建筑，一般具有开阔、宽敞的特征，多为文体用楼、公共配套设施等，如“礼堂”“博学大讲堂”“会堂”；使用“中心”做通名的建筑，通常具有特定的主

导功能，多与表示主导用途的词语搭配，如“学生活动中心”“学生就业指导中心”“化学与化工教学实验中心”等。可见，凭借通名，师生大体上可以判断出建筑的特征与功能，从而顺利地在校园建筑群中找出目标建筑。

### （三）专名使用情况

在 1017 个包含专名的建筑名称中使用频率最高的 10 个汉字见表 3，其中有一半与中国传统文化息息相关（海、德、文、华、明），由此可见大湾区高校建筑命名的传统和文化取向。

**表 3　大湾区高校建筑专名高频字**

| 字种 | 海 | 德 | 会 | 园 | 文 | 马 | 华 | 李 | 明 | 赛 |
|---|---|---|---|---|---|---|---|---|---|---|
| 次数 | 38 | 37 | 36 | 35 | 35 | 34 | 32 | 29 | 28 | 27 |

“海”代表海纳百川，彰显了中华民族博大包容的胸襟，也含有“知识如同海洋广博”之意，鼓舞莘莘学子在学海中遨游，孜孜不倦汲取博大无边的学识，如“海思楼”“海意楼”“海棠阁”“海华苑”等；“德”意在教导学子遵守共同的行为准则、规范，讲究德行，为人正直，培育美好道德品质，凸显了我国教育体制以德育为先的教育理念，如“厚德楼”“进德苑”“淑德书院”“德馨书院”等；在五千年的历史长河中，中华大地素来有“礼仪之邦”的雅称，“文”作为建筑名称的高频用字，彰显了中华民族自古以来对文明礼仪的追求，意在潜移默化中培育学子文质彬彬、温文尔雅的品质，如“文汇礼堂”“弘文楼”“文清楼”“文山园”等；“华”蕴含中华、才华、物华、繁华等意义，体现了对物阜民丰、丰富学识、美好岁月的追求，同时也含有为中华之崛起而读书的家国情怀之意，如“振华楼”“博华苑”“芳华餐饮”“文华苑图书馆”等；“明”义为“光明、贤明、明智”，体现了对美好未来与品质的追求，如“明德楼”“昌明苑”“崇明苑”“明智书院”等。

## 三　高校建筑的命名理据

我们对大湾区高校全部建筑名称的命名理据进行了分析，总体上划分出 8 种类型，详见表 4。其中，依据前 4 种理据命名的名称最多，合计占 87.59%，下面主要对这 4 种命名理据进行分析。

表 4　大湾区高校建筑名称命名理据分类

| 序号 | 命名理据类型 | 数量 | 占比 /% |
|---|---|---|---|
| 1 | 建筑功能 | 921 | 38.75 |
| 2 | 建筑排序 | 437 | 18.38 |
| 3 | 道德文化 | 398 | 16.74 |
| 4 | 人物或组织 | 326 | 13.72 |
| 5 | 学院名称 | 187 | 7.87 |
| 6 | 地理环境 / 方位 | 95 | 4.00 |
| 7 | 时代政治背景 | 7 | 0.29 |
| 8 | 其他 | 6 | 0.25 |
| 总计 | | 2377 | 100.00 |

### （一）建筑功能命名

从建筑物功能的角度命名的名称有 921 个，占 38.75%。这是最常见的命名方式，也是校方在命名时需要考虑的重要因素。这种命名方式主要是在通名前加上具有功能指向的类化修饰语，如“教学”“实验”“信息”“电子”“理科”“行政”“文科”“工程”等，或直接采用凸显功能的通名来实现，如“宿舍”“公寓”“餐厅”“食堂”“图书馆”等。例如“电子信息楼”“理科教学楼”“生化实验楼”“理学实验楼”等，其中的“理科”“信息”“理学”“实验”“电子”等功能性修饰语表明该建筑主要用于理工科教学与研究，内部设施多具备实验室、实验器材等，满足学生科研需要。再如“人文楼”“文科楼”“文学园”“中国语言文化中心”等，其中的“人文”“文科”“文学”“文化”等功能性修饰语表明该建筑主要用于人文社科类教学与研究。师生通过关键词便能确认高校建筑的功能与特色，从而加深对校园建筑的认知，为校园生活增加便利性。

从另一个角度来看，有些建筑名称中没有指向功能的成分，会导致师生难以通过名称得知相关建筑的功用，需要额外的信息来补足。比如“山楂树”“胡杨林”“风信子”“三角梅”等建筑名称，虽然具有文化底蕴，体现了美好愿望，但是单看名称无法得知该建筑的功用。再如只体现顺序的“B 座”“1 栋”之类名称，虽然便于称呼记忆，但也无法通过建筑名称获得更多的信息。

### （二）建筑排序命名

从建筑群排序角度命名的名称有 437 个，占 18.38%。起到排序功能的主要是英文字母和阿拉伯数字，组合方式多样，如“榕园1号”“教学楼A座”“D1学生宿舍”“A1”“B”“3”等。该命名方式非常便捷与实用，易于称呼记忆，一般用于数量多、分布广、用途统一的建筑群，比如宿舍公寓楼与教学科研楼等。这种命名方式虽然简洁实用，但在名称个性与文化内涵方面较为欠缺，雷同率高，无法体现建筑名称在其他方面的诉求。而高校建筑名称除实用之外，还应该承担一定的教化功用，所以这类命名方式不宜大量使用。在大湾区，珠三角九市采用该方式命名的高校建筑名称最多，高于港澳地区。

### （三）道德文化命名

从传统道德和文化角度命名的名称有398个，占16.74%。首先，建筑名称中蕴含的博学、笃行、善思、文雅、仁义等信息对学子品德行为方面寄托了期望。比如“善思堂”“博雅园”“修齐堂”等，其中的“善思”“博雅”“修齐”体现了校方劝勉学子善于思考、端正品行、广泛学习、提高自身修为以报答社会之意；其次，高校建筑命名对中华传统文化的青睐非常明显。如前所述，在排名前十的专名用字中，体现传统文化的占50%。此外，浸润了传统文化的植物名称在高校建筑命名中也十分常见。比如“梅苑”“兰苑”“竹苑”“菊苑”，借用四君子表达中华民族自古推崇的高尚人格：坚忍不拔、与世无争、刚直谦逊、淡泊名利，同时也暗喻了对学生气质的培养目标。再如“丹桂苑”“银杏苑”“松涛园”“黄槐楼”“荷园食堂”等，运用代表优秀品质的植物意象“桂”“杏”“松”“槐”“荷”来命名，极具高雅品位。运用自然植物做名称展现了中华民族从古至今对人与自然和谐共生的美好愿望，对清新自然的不懈追求，又如“海棠阁”“紫藤轩”“红榴斋”“芸香阁”“丁香阁”“紫檀轩”等，为建筑名称增添了诗意美、意境美、自然美，令人浮想联翩，阅名如赏画。

### （四）人物或组织命名

以相关人物或组织来命名的名称有326个，占13.72%。粤港澳大湾区众多高校培育出了大批成功人士，他们时常以校友捐建楼盘的方式感恩母校。同时，校方也积极与知名社会组织或杰出社会人士保持友好公益往来，获取办学物质资助，因此大湾区不少建筑名称中含有与捐助者相关的信息，特别是人名或组织名，目的是为纪念友好人士或组织的捐建善举。如“邵逸夫体育馆”“曾宪梓科学馆”“田家炳楼”“英东体育馆”等，均为社会慈善家出资捐建并以其名命名。

在高校建筑名称中体现捐助者方面，香港、澳门和珠三角九市存在不小差异，各自占比分别为41.29%、20.93%和12.81%。港澳明显高于珠三角九市，特别是香港，在上述8类命名理据中，这一角度的命名方式位列第一。其中，慈善资助机构“赛马会”是出现频率最高的社会组织名，在香港大学、香港中文大学、岭南大学和香港科技大学等多所高校均有以“赛马会”命名的建筑，如“赛马会教学楼”“赛马会研究生宿舍”“赛马会第三学生村”“赛马会博雅堂”等。

高校建筑以人名命名，除了标志公益善举外，还用于纪念做出杰出成就的知名人士。如北京理工大学珠海学院的“天佑楼”，是为了纪念我国铁路工程师詹天佑；中山大学的“荣光堂”，是为了纪念岭南大学第一位华人校长钟荣光博士；北京师范大学–香港浸会大学联合国际学院的“雪芹楼”“东坡楼”“阳明楼”“容闳楼”，分别纪念曹雪芹、苏轼、王阳明和容闳。

## 四　思考与建议

第一，凸显建筑名称的文化内涵。在命名教学科研与宿舍公寓建筑群时，部分学校采取了英文字母或阿拉伯数字排序命名，如“1号楼”“A座”“1栋”“行政楼A1”等，造成了建筑名称文化内涵的缺失，无法发挥建筑名称在校园中的文化育人功效。因此，校方应积极凸显具有文化内涵的专名在建筑名称中的作用，使建筑名称与历史和文化建立关联，以展示学校的文化底蕴和历史背景，最终实现建筑名称的教化功能。

第二，加强建筑名称的功能性指示。学生对校园建筑功能的辨识与其校园生活息息相关，因此名称体现出建筑功能是学生较为看重的命名理据之一。因此，校方在命名时应充分考虑“宿舍”“公寓”“教学”“实验”“科研”等代表功能的关键词，让学生及校外访客通过建筑名称便能迅速了解其功能类型，从而提升穿梭于不同建筑之间的效率。

第三，增强校园公益事迹的宣传。多数高校在以人名或公益组织命名校园建筑时，往往对相关人物、事迹或背景信息宣传不够到位，以致学生（特别是新生）对名称由来缺乏充分了解，造成记忆或辨识困难。因此，校方应加强相关公益事业、杰出人士背景信息的介绍与宣传，帮助学生了解建筑名称的由来，进而提高校园语言服务效能。

（郭　杰、庄婉宜、陈　烨、邱子荷）

# 潮汕话学习资源及其在粤港澳大湾区的利用情况调查*

潮汕文化是岭南文化下的一种亚文化，其主要特征就是使用潮汕话（又称“潮州话”）。《国务院办公厅关于全面加强新时代语言文字工作的意见》（国办发〔2020〕30号）中提出，要“大力推进语言资源的保护、开发和利用。科学保护方言和少数民族语言文字”。粤港澳大湾区潮汕人分布广泛，探讨潮汕话在粤港澳大湾区的传承与传播对保护潮汕方言、传承潮汕文化等具有重要意义。

## 一　潮汕话的学习资源

潮汕话的传承主要是代际口耳传授。潮汕话代际传承的现状见黄晓雪等（2021）。[①] 为便于潮汕话的学习，这里主要介绍潮汕话的学习工具书和文献。字典辞典以及俗语类工具书等见表1。

**表1　潮州话字典辞典收集表（实体书籍）**

| 字词典名称 | 主编或编著者 | 出版社 | 出版年 |
|---|---|---|---|
| 普通话潮汕方言常用字典 | 李新魁 | 广东人民出版社 | 1979 |
| 潮汕辞典 | 蔡英豪 | 上海辞书出版社 | 2007 |
| 潮州音字典 | 达甫 | 广东旅游出版社 | 1996 |
| 实用新潮汕字典 | 陆留 | 大朋出版社有限公司 | 1980 |
| 潮州正音字典：普通话对照 | 吴华重 | 广东人民出版社 | 1983 |
| 新潮汕字典：普通话潮州话对照 | 张晓山 | 广东人民出版社 | 2015 |
| 新编潮州音字典（修订本） | 林伦伦 | 汕头大学出版社 | 1997 |
| 潮汕百科辞典 | 薛汕、蔡俊举 | 当代文艺出版社 | 1996 |

* 2022年度国际中文教育项目“新形势下粤港澳大湾区中外语言文化交流的机遇、挑战及展望研究”（22YH12D）。

① 参见黄晓雪等《潮汕话及其在粤港澳大湾区的使用》，《粤港澳大湾区语言生活状况报告（2020）》，商务印书馆，2021年。

（续表）

| 字词典名称 | 主编或编著者 | 出版社 | 出版年 |
|---|---|---|---|
| 新潮汕方言十八音 | 李新魁 | 广东人民出版社 | 1979 |
| 潮汕方言俗语 | 王永鑫 | 公元出版有限公司 | 2005 |
| 潮汕方言熟语辞典 | 林伦伦 | 海天出版社 | 1993 |
| 潮汕方言歇后语集释 | 吴芳 | 暨南大学出版社 | 2012 |

潮州方言歌曲、歌谣等数量多，内容丰富，很多老歌都反映了潮州的民俗文化。现有潮州方言歌谣图书见表 2。

**表 2　潮汕方言歌曲歌谣图书收集表**

| 书名 | 主编或编著者 | 出版社 | 出版年 |
|---|---|---|---|
| 潮汕方言与童谣 | 姚祥辉 | 揭阳民俗博物馆 | 2015 |
| 潮汕方言歌谣曲集 | 蔡炫琴（谱曲） | 花城出版社 | 2015 |
| 精选潮汕方言童谣 | 林朝虹、林伦伦 | 花城出版社 | 2013 |
| 全本潮汕方言歌谣评注 | 林朝虹、林伦伦 | 花城出版社 | 2012 |
| 潮汕民歌 | 陈纤、余亦文、王培榆 | 中国戏剧出版社 | 2010 |
| 潮汕歌谣选注 | 王云昌、孙淑彦 | 揭阳县民间文学研究会 | 1987 |
| 潮汕俗谚集联 | 余流、洪潮 | 汕头大学出版社 | 1996 |

除纸质文献外，还有专门学习潮汕话的网站、微博、移动互联网应用（APP）、公众号等。潮汕话网站提供了丰富的潮汕话学习资料，如线上字典、教材、视频教程等（表 3）。

**表 3　潮汕方言网站收集表**

| 网站名称 | 网站地址 | 详情 |
|---|---|---|
| 潮州・母语 | https://www.mogher.com | 收集潮州音字典和习语的网站，创建于 2005 年，是最早成立且目前做得较好的潮州话网站之一 |
| 潮汕话学习网 | http://www.fyan8.com/csh.htm | 提供潮汕话的学习图书，如《潮州话口语入门》《潮州话一月通》《潮州话拼音方案》《潮汕话词汇》《潮汕话会话教程（文字 + 拼音）》《潮汕话同普通话对照解释》等，并配有音频学习教程、视频教程和学习软件，还有潮汕话歌曲、潮汕话字典、教材、研究资料等 |
| 潮州音字典 | www.chaozhouyin.com | 可查找潮汕话的发音 |
| 潮州圈 | http://www.my0768.com | 有很多本地人对于潮州话的看法，以及一些潮汕话方言俗语的解释 |

与潮汕话有关的微博账号涉及正音、俗语、姓氏等内容，但数量不多，粉丝数和阅读量也不太可观，甚至出现个别账号停更现象（表 4）。

**表 4　潮汕话微博账号**

| 用户名 | 内容 |
|---|---|
| 潮州话正音正字促进会 | 致力于学习、研究、分享潮州话正音正字 |
| 呾潮州话 | 发布有关潮州话俗语、姓氏等相关内容 |

APP 内容主要是潮汕话学习和教学软件，有在线汉语、潮语字典，情景对话，成语、俗语、谚语学习、跟读，发音纠正等（表 5）。

**表 5　潮汕话 APP**

| APP 名字 | 开发者 | APP 性质 | APP 主要内容 / 功能 |
|---|---|---|---|
| 牛牛潮州话 | 曾润东 | 学习类 | 具备整句翻译功能，兼有情景对话、俗语谚语和学习跟读、纠正发音等功能 |
| 潮汉字典 | 汕头市云海网络科技有限公司 | 工具类 | 在线汉语、潮语字典，潮语的新潮汕字典、十五音查询 |
| 红桃粿 | 潮州市广播电视台 | 资讯类 | 整合潮州电视台等本地主流媒体以及中央、省各大门户网站资讯资源，为市民提供权威的新闻资讯和专业实用的生活服务 |

公众号内容包罗万象，涵盖面广，涉及潮汕新闻、实时视频、本土配音、街头采访、美食、旅游、生活资讯、风土人情等（表 6）。

**表 6　潮汕话公众号**

| 公众号名称 | 详情 |
|---|---|
| 潮州电视台 | 潮州电视台节目信息发布、观众互动平台 |
| 长光里 | 直播时事、关注潮州，专注原创、独家视频 |
| 红桃粿 | 新闻资讯 APP，主要用户是潮州人 |
| 潮州角落 | 主要介绍潮州民俗文化和各农村特色人文风景 |
| 潮州市旅游局 | 潮州旅游资讯、风景、美食等宣传平台，旅游问题咨询解答、旅游推荐 |
| 大话潮汕 | 主要是潮汕本土配音、搞笑视频、潮汕人街头采访的记录 |
| 潮州日报 | 报道潮州每日新闻资讯，与本地人的生活密切相关 |
| 潮玩家 | 推送与潮州本地人生活相关的资讯 |
| 海陆物语 | 文学、新闻及社会科学、自然科学信息共享 |
| 潮州戏曲广播 FM1031 | 用于梨园动态，明星资讯票友活动和戏曲广播信息发布，是目前粤东地区影响力较大的戏曲资讯发布媒体 |
| 潮州八邑人文 | 弘扬潮州人文历史文化 |

（续表）

| 公众号名称 | 详情 |
| --- | --- |
| 汕头味道 | 分享汕头美食、生活资讯 |
| 水无涯 | 闲话潮州，闲话街市 |
| 行走潮汕 | 主要介绍潮汕美食和风土人情 |
| 潮州人潮州事 | 潮州最新时事动态，包括时事新闻、社会热点、旅游交友、汽车、房产、招聘等生活资讯 |
| 今日潮州 | 每日发布潮州最新资讯，积极宣扬潮州民俗文化 |
| 潮人书屋 | 传承潮汕传统文化，关注潮人时代生活，展示潮人文艺才华，见证潮人商业智慧 |
| 潮州白粥 | 潮汕美食新媒体 |
| 韩水之家 | 推广潮州文化、介绍潮州美食；集交友、招聘、休闲、娱乐、购物、互动、服务于一体；让您不出门便知天下事，快乐便捷地获取当下潮州的热点事件 |

## 二　潮汕话学习资源在大湾区的利用情况调查

传播潮汕话的网络、微博、APP 和公众号等使用情况如何？有哪些受众？受众比例怎样？对此，我们制作了问卷星进行调查。

此次调查采用了问卷星系统，问卷共 12 题，大致分为“基本信息”“与潮汕话的接触”两个方面。共收到问卷 285 份，其中有效卷 265 份，有效率为 92.98%。基本情况见表 7。

表 7　问卷基本信息

| 基本情况 | 类别 | 人数 | 占比 /% |
| --- | --- | --- | --- |
| 性别构成 | 男 | 111 | 41.89 |
| | 女 | 154 | 58.11 |
| 年龄构成 | 少年组（18 岁及以下） | 3 | 1.13 |
| | 青年组（19—40 岁） | 181 | 68.30 |
| | 中年组（36—59 岁） | 61 | 23.02 |
| | 老年组（60 岁及以上） | 20 | 7.55 |
| 受教育程度构成 | 小学及以下 | 3 | 1.13 |
| | 初中 | 3 | 1.13 |
| | 高中 / 中专 | 4 | 1.51 |
| | 大专 / 本科 / 本科以上 | 255 | 96.23 |

（续表）

| 基本情况 | 类别 | 人数 | 占比 /% |
|---|---|---|---|
| 现居住地构成 | 广州 | 63 | 23.77 |
| | 深圳 | 37 | 13.96 |
| | 珠海 | 8 | 3.02 |
| | 佛山 | 13 | 4.91 |
| | 惠州 | 127 | 47.92 |
| | 东莞 | 5 | 1.89 |
| | 中山 | 0 | 0.00 |
| | 江门 | 0 | 0.00 |
| | 肇庆 | 2 | 0.76 |
| | 香港 | 7 | 2.64 |
| | 澳门 | 3 | 1.13 |

### （一）潮汕话字典、词典利用情况

调查中发现，使用潮汕话字典或词典的只有 4 人，占比不到 2%；常用字词典为《海丰话常用词词典》《潮汕话词典》。说明如今潮汕话字典、词典使用人群较少。另外，潮汕话字典、词典种类较多，无广泛受众认可的字典、词典。

### （二）潮汕话歌曲、剧作的收听、收看情况

#### 1. 潮汕话歌曲收听情况

约 27% 的调查对象表示平时会收听潮汕话歌曲，经常收听甚至每天收听的约占 18%，有时收听的约占 30%，极少收听的约占 31%。收看、收听潮汕话歌曲的多为 18—40 岁的青年人，这表明有一部分青年人对潮汕话有兴趣。

被问及喜欢听的曲目时，选择《爱拼才会赢（潮汕话版）》的占比最高，共有约 50% 的人填写了这个选项。另外，《天黑黑》《QQ 爱（潮汕话版）》《年轻不懂爱》《红头船》也是经常收听的曲目。这些曲目中，有全曲都是潮汕话演唱的，如《爱拼才会赢（潮汕话版）》《红头船》；也有只包含一两句潮汕话的，如《天黑黑》《QQ 爱（潮汕话版）》。这些曲目在各大平台也经常播放，受众较广，受到各年龄段人群的欢迎。

#### 2. 潮剧收看情况

约 10% 的调查对象表示平时会收看潮剧，多为 30 岁以上的中年和老年人。

常看的剧目有《十八相送》《八仙庆寿》《荔镜记》《狸猫换太子》《井边会》。相比流行曲目，潮剧多为传统剧目，受欢迎程度较低。在青年人中，收看潮剧的人仅有一个，且表示是小时候跟随家里长辈观看的，具体剧目已不记得。这说明如今潮剧日渐式微。

### （三）潮汕话文学作品的阅读情况

被问及是否读过潮汕话文学作品时，仅有约 2% 的调查对象表示读过，其余均表示没接触过。但读过的人都表示忘记了书名，没什么印象。这说明潮汕话文学作品传播范围不广，影响不大，受众较少。

### （四）利用新媒体接触或学习潮汕话的情况

#### 1. 接触潮汕话的途径

新媒体已经成为接触潮汕话的主要途径之一，调查对象接触潮汕话最多的新媒体形式是短视频平台，其后依次是网站、公众号、微博（表 8）。在其他选择中，有 4 人选择电视，2 人表示从来不接触，其余 114 人表示日常生活有接触，如：自己的母方言为潮汕话，身边有亲朋好友或同学同事也讲潮汕话。可见口耳相传仍然是潮汕话的一个主要传播途径。

表 8　接触潮汕话的途径

| 类别 | 人数 | 占比 /% |
|---|---|---|
| 网站 | 59 | 22.26 |
| 公众号 | 44 | 16.60 |
| 微博 | 27 | 10.19 |
| 短视频平台 | 110 | 41.51 |
| 其他 | 120 | 45.28 |

#### 2. 收看、收听潮汕话的内容

在收看、收听潮汕话的内容方面（表 9），生活服务类的收看、收听人数最多，说明样本人群对此类信息有一定的需求；新闻、时事则较少受到关注。在娱乐方面，歌曲和电视剧、电影较受欢迎；曲艺、朗诵的收看、收听人数最少，说明传统娱乐形式在内容上还需创新，以增加吸引力。收看、收听潮汕话学习的多为 18—40 岁的青年人，表明有很多青年人对潮汕话的学习有兴趣。其他选择多为听别人讲潮汕话；有 11 人表示从不收看、收听与潮汕话相关的内容，其中 10 人为在校大学生，1 人为中年人。

**表 9　收看、收听潮汕话的内容**

| 内容 | 人数 | 占比 /% |
|---|---|---|
| 新闻、时事 | 40 | 15.09 |
| 生活服务 | 98 | 36.98 |
| 潮汕话学习 | 50 | 18.88 |
| 电视剧、电影 | 56 | 21.13 |
| 歌曲 | 69 | 26.04 |
| 曲艺、朗诵 | 24 | 9.06 |
| 其他 | 55 | 20.75 |

**3. 收看、收听的频率**

在收看、收听潮汕话内容的频率方面（表 10），大部分人收看、收听的频率较低，几乎不收看、收听，说明潮汕话在传播方面仍存在较大的问题。

**表 10　收看、收听潮汕话的频率选项**

| | 人数 | 占比 /% |
|---|---|---|
| 每天 | 20 | 8.10 |
| 隔三岔五、经常 | 24 | 9.72 |
| 有时 | 70 | 28.34 |
| 极少 | 89 | 36.03 |
| 完全不看 | 39 | 15.79 |
| 其他 | 5 | 2.02 |

## 三　几点建议

根据上述的问卷调查，我们对潮汕话的传播与传承提出如下几点建议。

第一，发挥潮汕方言与文化的社会价值。方言是一种独特的地域文化，是特定族群文化的重要组成部分，是一个地区的标志性元素之一，是族群中身份认同的联结者。使用是方言传承的最有效手段，粤港澳大湾区的潮汕人应注重家庭教育的作用，在家庭中长辈要注重使用潮汕话交流，培养下一辈的语言归属感和身份认同感，让他们对潮汕方言和文化产生共鸣，帮助下一代建立起文化自信，自觉保护、传播和传承潮汕方言与文化。同时，也可在高校开设与潮汕方言和文化相关的选修课，增加新一代年轻人学习多样化文化的机会，拓展文化新视野。

第二，提升潮汕方言与文化的艺术价值。方言是传统艺术的支撑者，是传媒艺术的表达者。潮汕话是潮州戏曲、曲艺、民歌艺术的语言载体。要充分利用潮汕话的艺术价值，以“艺”为媒，提升潮汕话的传播能力，提高其传承价值。组织潮汕话语言竞技类节目，如潮汕话正音答题比赛、潮汕话歌唱比赛等，增加潮汕话活动的趣味性。在粤港澳大湾区积极开展潮汕话朗诵、讲古等活动，鼓励和引导潮汕话的文艺创作。还可以将潮汕民俗如游神、英歌舞等与潮汕话结合推广，开展与潮汕话相关的文艺活动。在网络媒体方面，提高网站、公众号、微博使用潮汕话运营的数量和质量，特别是在作为潮汕话传播主阵地的短视频平台，努力打造潮汕话方言文化 IP，借鉴粤方言文化传播账号“粤知一二”等优秀新媒体的创作内容和模式，将知识性与娱乐性相结合，用人们喜闻乐见的方式传播潮汕方言与文化。

第三，挖掘潮汕方言与文化的经济价值。大力发挥文创营销的助力作用，结合潮汕地区特产，如红桃粿、工夫茶等设计创意文化形象，在潮汕旅游景区和文化园区应用，线上宣传与线下推广相结合，借助广播电视和互联网等多媒体宣传，多途径营销，吸引旅游；推出方言文旅创意产品，刺激文化消费；在景点还可以推出潮汕戏曲表演、潮汕流行歌曲学唱等项目，在亲身活动体验中了解和学习潮汕方言与文化，激发人们对潮汕方言与文化的兴趣，以“语”为媒介来传播和分享体验乐趣，吸引游客，提升潮汕方言与文化的经济价值。

（黄晓雪、黄昭岚、薛尔恒）

# 第三部分

# 教　育　篇

# 导 语

对大湾区来说，无论是宜居宜业宜游优质生活圈的打造，还是未来人才高地的建设，教育皆在其中扮演着重要的角色。自 2019 年《粤港澳大湾区发展规划纲要》发布以来，大湾区各级政府、教育部门、高等院校，在大力提升基础教育、高等教育办学水平的同时，积极推动粤港澳三地间的教育交流合作。大湾区国际教育示范区的建设目标在区域融合中得以稳步推进。鉴于以上，教育篇选择了七篇报告，从不同角度展示大湾区建设过程中教育领域的语言生活状况。

《广州市中小学生写作能力现状调查》《广州市增城区乡镇小学生语言状况调查》两篇报告关注的是广州市中小学生的语言能力与语言使用状况。前者以 463 篇中小学生作文为样本，分析了其汉字与词语使用情况、作文题材偏好以及书面语言运用能力特点；后者以 53 名乡镇小学生为调查对象，考察了该群体的语言使用现状与需求、地域文化传承状况等。《香港小学语文课程及教学语言状况》《澳门中小学生语言使用状况调查》着力考察港澳地区基础教育的语言使用情况。于香港，调查了 468 所小学的语文课程设置与教学语言使用状况；于澳门，以 27 所中小学为观测点，考察了其学生的语言使用状况、特点以及普通话教学中存在的问题。与高等教育相关的报告有两篇:《粤港澳大湾区汉语语言学的教研状况》综述了大湾区高校汉语语言学教学、研究的现状，指出未来的教研趋势与方向;《大湾区高校国际中文教育现状》调查后疫情时代大湾区高校国际中文教育的现状、问题，提出应对未来挑战的对策。《穗港澳姊妹学校（园）的语言文化交流工作与语言文字使用状况》关注穗港澳姊妹学校（园），考察其语言文化工作交流活动以及语言文字使用状况。

粤港澳大湾区是国内语言文字、地域文化、政治制度、社会环境等最为复杂的地区之一。大湾区教育发展中的很多问题往往与语言、文字、文化等存在着千丝万缕的联系。在粤港澳三地教育融合发展的态势之下，如何恰当地处理涉及其中的语言文字问题，对湾区的语言文字工作者来说，这是一种挑战，更是一种责任。

（张迎宝）

# 广州市中小学生写作能力现状调查*

《义务教育语文课程标准（2022年版）》提出的核心素养包括文化自信、语言运用、思维能力、审美创作。写作是语言运用、表达与交流的重要手段，是语言运用的主要途径之一，对中小学生写作能力培养的重要性不言而喻。本调查于2022年3—11月间收集广州市中小学生作文共463篇，涵盖从化、番禺、天河、海珠等4区共5所学校，合计共192 709字。调查使用“语料库在线”“汉语助研”等工具，采用量化分析的方法，重点对字词使用、题材偏好等问题展开讨论。

## 一 广州中小学生汉字使用情况

调查显示，广州中小学生大都能使用规范汉字，使用的字种数基本达到课标的要求。从小学到中学所使用的字种数逐年递增，用字正确率较高，变化性基本持平。

### （一）字种数呈递增态势

四、六、八年级使用的字种数分别为2023、2241、2377。六年级比四年级增加218字，增幅为10.78%；八年级比六年级则只增加136字，增幅为6.07%，增速明显减缓。可见小学是识写汉字的重要阶段，初中则为巩固并拓展的阶段。详见表1。

**表1 中小学生写作字种数基本情况**

| 年级 | 课标要求 | | 字种数 | | 与《现代汉语常用字表》（3500字）对比 | | | 与《汉字应用水平等级及测试大纲》（甲表，4000字）对比 | | |
|---|---|---|---|---|---|---|---|---|---|---|
| | 认识 | 会写 | 总字种数 | 单频字种数 | 共用 | 独用 | 未使用 | 共用 | 独用 | 未使用 |
| 四 | 2500 | 1600 | 2023 | 342 | 1914 | 109 | 1586 | 1975 | 48 | 2025 |
| | | | | 16.91% | 94.61% | 5.39% | 45.31% | 97.63% | 2.37% | 50.63% |

* 国家语委“十四五”科研规划2021年度研究基地项目“粤港澳大湾区语言教育现状及规划研究”（ZDI145-15）。

（续表）

| 年级 | 课标要求 | | 字种数 | | 与《现代汉语常用字表》（3500字）对比 | | | 与《汉字应用水平等级及测试大纲》（甲表，4000字）对比 | | |
|---|---|---|---|---|---|---|---|---|---|---|
| | 认识 | 会写 | 总字种数 | 单频字种数 | 共用 | 独用 | 未使用 | 共用 | 独用 | 未使用 |
| 六 | 3500 | 2500 | 2241 | 485 | 2102 | 139 | 1398 | 2169 | 72 | 1831 |
| | | | | 21.64% | 93.80% | 6.20% | 39.94% | 96.79% | 3.21% | 45.78% |
| 八 | 3500 | — | 2377 | 497 | 2244 | 133 | 1256 | 2322 | 55 | 1678 |
| | | | | 20.91% | 94.40% | 5.60% | 35.89% | 97.69% | 2.31% | 41.95% |

注：字种数是调查语料中的不重复汉字数；单频字种数指语料中使用频次为1的汉字数，其百分数是其在语料总字种数中的比例。“共用”指语料和对比字表中都出现的不重复汉字数，“独用”指只在语料中出现、未在对比字表中出现的不重复汉字数，其百分数是其在语料总字种数中的比例；“未使用”指语料中未出现的对比字表中的汉字数，其百分数是其在字表总字数中的比例。

### （二）基本能够使用常用汉字

经与《现代汉语常用字表》对比，四、六、八年级学生使用的汉字来自《现代汉语常用字表》的均超过93%，分别为94.61%、93.80%、94.40%。但值得注意的是，常用汉字的未使用率虽呈递减趋势，但减幅不大，六年级仍有39.94%，八年级仍达35.89%。与《汉字应用水平等级及测试大纲》（甲表）相比，三个年级共用字的比例均超过96%，分别为97.63%、96.79%、97.69%，未使用率分别为50.63%、45.78%、41.95%。以上对比说明，中小学生基本能够使用常用汉字，但汉字使用范围还可进一步拓宽。

### （三）用字变化性基本持平

我们采用三个观测点观察用字的变化性①：一个是单频字占总字种数的比例，一个是表外字（非常用汉字）所占比例，一个是总字种数占总字次的比例。三个观测点的结果相对一致，从四年级到六年级用字变化性基本持平，但从六年级到八年级稍有下降（图1）。这表明，八年级使用的总字种数虽多于四、六年级，但并未有显著发展趋势。另一方面也说明，小学阶段是汉字应用能力培养的重要阶段，中学阶段应在拓展和提升上再下功夫。

① 用字变化性借鉴词汇变化性（参见第二节），指字种数与总字次之间的关联。变化性越大，用字的丰富度越高。

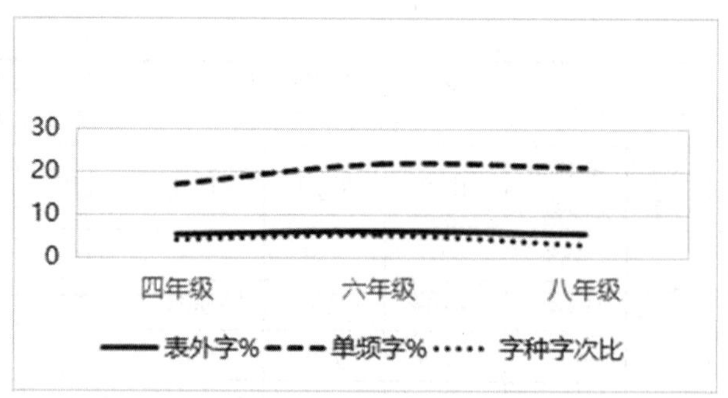


图 1　中小学生用字变化性

### （四）用字正确率较高

整体来看，学生用字的正确率非常高，平均为 99.92%。这说明，学生在写字学习方面取得了突出的成效。但随着年级递增，正确率并未增长，反而略微减低（四年级 99.96%、六年级 99.91%、八年级 99.88%），且三个年级的别字比例呈 U 型结构（四年级 71.9%、六年级 42.4%、八年级 74.7%）。可能是六年级学生由于备考，相关知识不断得以巩固，因此别字率相对较低。八年级学生存在新学汉字掌握不牢固、对于旧知记忆模糊的问题，因而别字比例较高，对此，教师应多加注意引导。图 2 和图 3 是错别字示例。

图 2　错字"烈"　　图 3　别字"己"和"已"

## 二　中小学生词语使用情况

### （一）词汇总量不断递增

据统计，三个年级总词种数分别为 4100、4775、5959。其中成语的使用，四年级 121 种（2.95%）、六年级 137 种（2.87%）、八年级 187 种（3.14%），可见年级与学生词汇量呈正相关。就词种与频次的关系而言，单频词从四年级到八年级也呈递增态势。频次超过 10 的高频词的情况，却呈现 V 字上升的局面。也就是说，六年级是词汇拓展的重要阶段，八年级则既有总词种数的增加，又有高频词频率的增加。详见表 2。

**表 2　词种与频次的关系表**

| 频次 | | | 1 | 2 | 3 | 4 | 5 | 6—10 | 11—20 | 21—100 | >100 | 总词次 | 总词种数 |
|---|---|---|---|---|---|---|---|---|---|---|---|---|---|
| 年级 | 四 | 词种数 | 1458 | 879 | 358 | 298 | 157 | 401 | 253 | 247 | 49 | 35 649 | 4100 |
| | | 比例 /% | 35.56 | 21.44 | 8.73 | 7.27 | 3.83 | 9.78 | 6.17 | 6.02 | 1.20 | | |
| | 六 | 词种数 | 2103 | 912 | 424 | 292 | 161 | 407 | 260 | 184 | 32 | 30 080 | 4775 |
| | | 比例 /% | 44.04 | 19.10 | 8.88 | 6.12 | 3.37 | 8.52 | 5.45 | 3.85 | 0.67 | | |
| | 八 | 词种数 | 2576 | 1002 | 554 | 311 | 233 | 549 | 344 | 310 | 80 | 56 322 | 5959 |
| | | 比例 /% | 43.23 | 16.81 | 9.30 | 5.22 | 3.91 | 9.21 | 5.77 | 5.20 | 1.34 | | |

### （二）词汇变化性递增后回落

本报告采用两个测量工具观察词汇变化性[①]。一是总词种数与总词次之间的比例，三个年级分别是：11.50%、15.87%、10.58%；二是 Uber index（词汇变化性指数），三个年级分别为 22.06、25.19、23.14。以上测量结果均表明，词汇变化性从四年级到六年级呈增强趋势，但从六年级到八年级却有所回落。虽然八年级学生总词种数、总词次在增加，但相比而言更倾向于集中使用部分高频词。

### （三）高频词以双音节为主

纵向对比来看，三个年级学生作文中双音节词占比均为最高，这与汉语词汇音节特点紧密相关，排序为“双音节 > 单音节 > 三音节 > 四音节”。横向对比来看，呈现双音节和三音节词比例逐渐增加、单音节词比例逐渐减少的情况。单音节高频词减少，是因为学生语言能力逐步增强，表达更为精细，使用更多的双音节或多音节词。但四音节词呈先上升后下降的趋势。以成语为例，四年级高频成语词种 22（1.34%），频次 138（0.43%）；六年级高频成语词种 32（1.44%），频次 123（0.45%）；八年级高频成语词种 14（0.69%），频次 86

① 词汇变化性（lexical variation）是衡量词汇丰富性的重要维度之一。英语词汇复杂性测量多采用 D 和 Uber index。曹贤文、邓素娟《汉语母语和二语书面表现的对比分析——以小学高年级中国学生和大学高年级越南学生的同题汉语作文为例》（《华文教学研究》2012 年第 2 期），井茁《从中介语发展分析到高级汉语课程设置——内容依托型教学研究的启示》（《世界汉语教学》2013 年第 1 期），陈默《汉语作为第二语言的朗读流利度和准确度的实验研究》（《语言教学与研究》2015 年第 3 期）采用词型数与词例数之比考查词汇多样性，吴继峰《英语母语者汉语书面语句法复杂性研究》（《语言教学与研究》2016 年第 4 期）采用 Uber index 考查英语母语者汉语写作的词汇变化性。

（0.17%）。六年级与四年级相比，在高频成语使用上，不仅词种数更多，使用频次也相对更高；八年级成语使用的个人差异性更大，导致高频成语的词种数量和频次均较低。[①] 详见表 3。

**表 3　高频词词长统计**

| 词长 / 音节 | 四年级 | | 六年级 | | 八年级 | |
|---|---|---|---|---|---|---|
| | 数量 / 个 | 比例 /% | 数量 / 个 | 比例 /% | 数量 / 个 | 比例 /% |
| 1 | 724 | 43.99 | 893 | 40.24 | 757 | 37.29 |
| 2 | 860 | 52.25 | 1236 | 55.70 | 1198 | 59.01 |
| 3 | 36 | 2.19 | 50 | 2.25 | 54 | 2.66 |
| 4 | 25 | 1.52 | 39 | 1.76 | 21 | 1.03 |

## 三　中小学生作文的题材偏好

我们将通过对高频词及其搭配的分析，考察中小学生写作的题材偏好，以此观察中小学生的认知特点。

### （一）对自我的普遍关注

儿童认识世界总是从自我开始，小学生作文自我意识显著。从词频来看，与自我相关的“我、我们、自己”频次明显高于“你 / 他 / 她 / 它”。从自我出发，作文关注与“我”相关的身体部位、亲属、朋友、同学、宠物等等。四年级作文中，学生关注人物的顺序为：我（1121[②]）> 它（370）> 你（150）> 我们（123）> 他（98）> 她（90），该年龄段的孩子最关注“我”以及与之相关的事物（宠物、玩具）等，然后才是第二人称；六年级作文中，学生关注人物的顺序为：我（856）> 您（414）> 我们（273）> 你（174）> 他（51）> 她（50），第二人称的频次明显增加，缩小了与第一人称间的差距，学生也开始区分“你”和“您”，表示协同的“我们”排序也有提升；八年级作文中，关注的顺序为：我（2653）> 你（512）> 他（422）> 我们（323）> 她（284）> 它（125），第

① 各年级使用频次超过 5 次的成语有：万里长城、力所能及、好吃懒做、讨价还价、理所当然、不屑一顾（四年级）；拿手好戏、日复一日、稀奇古怪、不可开交、名副其实（六年级）；微不足道、日复一日、不知不觉、所向披靡、迫不及待、不知所措（八年级）。

② 括号中的数字为出现频次，下同。

一人称仍居首，第三人称的排序明显提升。

### （二）家庭主题的阶段性特点

四年级作文中家庭概念凸显，主要体现为“妈妈（14，223①）、父母（66，84）、爸爸（73，75）、家（77，69）”等高频词的使用。“妈妈”比“爸爸”出现得更多。“妈妈”往往是受益者：“帮妈妈”“为妈妈”，也是模仿的对象：“学妈妈”，或者是致使对象：“让妈妈”；“妈妈”往往被“想起 / 想到”；“妈妈”发出最多的动作是“说”，其次是“洗”“做”“想”。爸爸往往是对象，如“对爸爸”；爸爸发出最多的动作也是“说”，其次是“教”和“看”。这个时期，学生最爱写的还有“狗（32，134）、漫画（33，131）、猫（58，89）、自行车（60，87）”以及厨房用品“碗（37，126）、锅（96，59）”和食物“鸡蛋（54，95）”。

六年级学生的关注视野发生了重要的改变，作文中家庭词语频次降低，但在八年级出现了回归，“妈妈、爸爸、父母”的出现频率都显著提高，妈妈常发出的动作是“说、扶、买、看”等，出现了“为了不让爸爸妈妈担心”的表述，这与学生成长阶段密切相关。爸爸的形象比较模糊，往往和妈妈共同出现，占总用例的41.38%。对父母往往是“依赖、感谢、感恩、喜欢”。家是很多事情发生的场所，也会出现家人、家庭以及家里的其他角色，甚至会暴露家里的矛盾，比如：“我几乎算没有朋友，家里人更看重弟弟。”详见表4。

**表4　三个年级家庭主题核心词语的频次对比表**

| 年级 | 妈妈 | | 爸爸 | | 父母 | | 家 | |
|---|---|---|---|---|---|---|---|---|
| | 排名 | 数量 / 次 | 排名 | 数量 / 次 | 排名 | 数量 / 次 | 排名 | 数量 / 次 |
| 四 | 14 | 223 | 73 | 75 | 66 | 84 | 77 | 69 |
| 六 | 203 | 22 | 359 | 14 | 1663 | 3 | 90 | 45 |
| 八 | 62 | 136 | 285 | 29 | 164 | 48 | 141 | 56 |

### （三）校园主题的阶段性特点

四年级作文校园主题不明显，与六年级和八年级形成对比。六年级学生最关注校园生活，频次较高的词语是“老师（20，128）、同学（28，114）、学校（124，31）、学生（104，40）”。在同学们的笔触下，老师“善良、无私、热情、

① 前一个数字为频次排名，后一个为频次。

耐心”，甚至“神奇”，学生对老师充满“感谢、感激、敬佩、感恩、爱”。“亲爱”“敬爱”与“老师”的共现频率较高，老师发出的动作有“说、回答、宣布、教、笑（微笑）”等。同学们往往是“兴高采烈、兴奋、高高兴兴、精神饱满”，有时“问问题”，但也会“争吵、打架”等，“同学”的群像（“同学们”频次为 67）也很凸显。

八年级作文对校园生活的关注度略有降低，但描述更为精细、真实。如“老师”更为具象，会谈到语文老师、数学老师、体育老师、钢琴老师等；老师与学生的互动主要是言语“说、谈话”等；老师也是致使动作的发出者，比如“叫我去办公室”“让我们到跑道做准备”；老师也“讲题、批改、布置、指导、投诉”等。学生很少直接评价老师，但会用“严格、温柔、耐心、智慧”等修饰“老师”；学生们也开始观察揣测，比如谈到老师“平复情绪”“控制情绪”等。八年级作文较少脸谱式的表达，也更展现出老师、校园真实的一面，体现出了这个年龄阶段对他者认知的深入。详见表 5。

**表 5　三个年级校园主题核心词语频次对比表**

| 年级 | 老师 | | 同学 | | 学校 | | 学生 | |
|---|---|---|---|---|---|---|---|---|
| | 排名 | 数量 | 排名 | 数量 | 排名 | 数量 | 排名 | 数量 |
| 四 | 2264 | 2 | 468 | 12 | — | — | 1929 | 2 |
| 六 | 20 | 128 | 28 | 114 | 124 | 31 | 104 | 40 |
| 八 | 73 | 112 | 71 | 112 | 161 | 48 | 325 | 25 |

## （四）国家与社会主题的阶段性特点

各年级同学都表现出对国家和社会的关切，四年级作文高频词有“长城（19，174）、中国（72，75）、世界（76，69）、文化（90，61）”。同学们关注长城的修建过程（“修复”“修筑”“修建”与“长城”共现）以及孟姜女哭长城的历史传说，长城还常与“资源”“遗址”共现，说明四年级学生对文物遗产已有初步认识，关注中华文化的优秀代表。在谈到“中国”时，同学们主要关注中国历史、中国文化和统一中国。“世界”与“文化”共现的频次最高为 32 次，与“中国”的共现占总用例的 18.84%。说明学生注意将中国文化放在世界文化的背景中去思考，具有国际视野和文化自信。

六年级作文高频词有“历史（66，58）、中国（71，54）、人口（143，28）”。“历史”与“姓”“名人”共现较多，说明六年级学生多关注与姓氏相关的家族历史，也从名人为切入点入手了解历史。“中国”与“第一”“航天”的共现较多，体现了六年级学生对中国航空航天事业的关注，也展现了学生强烈的认同感和自豪感。学生也关注人口问题，包括户籍人口、人口数量和排名。与四年级相较而言，六年级对国家与社会的认识更加具象化。

八年级作文相对高频的词有“疫情（28，289）、世界（27，303）、中国（23，339）、国家（23，334）”。学生们关注疫情、关心世界，关注中国政治制度、中国共产党、中国速度、中国节日、中国历史等，“国家”常与“为/为了、给”等组合，这是小学阶段所没有的，体现了八年级学生对建设国家的责任感。

中小学生是成长的重要阶段，他们对外界充满了好奇，也不断形成自己的认知。应当引导中小学生观察、体验和思考，不仅关注家庭，也关注校园与社会，更加全面真实地书写自己感受和认知的世界。

## 四　中小学生书面语言运用能力的特点

“语言运用”是中小学生语文核心素养的重要构成部分，主要包括：良好的语感，个体语言经验，正确规范运用语言文字的意识和能力，对国家通用语言文字的深厚感情。语言运用是思维能力、审美创造、文化自信的重要基础。经调查，我们认为广州中小学生语言运用具有如下特点。

### （一）形成个体语言经验，表达感受与观点

小学生通过“开心、羡慕、舒服、紧张、惭愧”等形容词表达自己对人或事物的观点，以积极的方面为多，如“可爱、辛苦、活泼、调皮”，也有消极的，如“好吃懒做”等。初中学生可以使用更精准的词来表达自己的感受，如“懊悔、崩溃、敬佩、忧虑、诧异、感动”等，也是积极为多，如“慈爱、朴实、富强、公平”，也有消极的，如“顽劣、自私”等。初中学生在表达感受与观点时会更富思辨性，多引用名言、诗词。

### （二）展开丰富的想象，进行审美创造

在作文中学生展现了较强的想象力，如变成一棵苹果树“双脚陷入土壤中”，变成一缕风“带着深秋的气息与热情云游四方”，被老师批评后感觉“好似整个人像抽了气的气球般”，参加夏令营刚离开父母时感觉“像一粒刚离开

蒲公英的种子，只随着风毫无目的地乱转”，夜晚沉思时“月光映在床边，像一把锁打开了我的心境”。一些作品构思巧妙，又以现实为依托，符合情理，心理和细节描写都细致到位。

### （三）掌握多种文体，实现有效沟通

三个年级的作文中，记叙文占了绝大部分，非记叙文中包括倡议书 8 篇、书信 28 篇、研究报告 19 篇、新闻采访 5 篇、传记 5 篇。倡议书大都格式规范，主题涉及环保和文明停车等公共议题，大部分都能做到条理清晰，有理有据地阐述自己的观点。书信大部分都是写给老师或同学的，都能符合书信的格式要求。研究报告大都先提出问题，再介绍研究方法，分析收集到的资料，最后提出结论，内容详细充实。新闻采访大都符合格式要求，采访时间、采访对象、采访目的、采访实录、采访心得一一排开。传记大多概括性强，用短短几百字将一个人物的一生娓娓道来，部分在文末还带有简要评议，展现了学生的语言概括力、信息收集能力以及对历史人物的认识和评价。

### （四）规范使用语言文字的能力还需增强

整体来看学生语言使用的规范性较好，但也存在一些问题。

第一，逻辑关联有误。从四年级开始，学生们都能够使用因果关系、目的关系、条件关系、转折关系、递进关系的关联词语，通过关联词语构建事物间的逻辑关系，但在具体使用中，容易出现瞻前不顾后的情况。例如：

（1）我喜欢画画但我不会画画但我很喜欢。

（2）可是陌生人可没那么幸运了。

（3）我们只好寻热水源，我们走到了尼罗河畔，虽然水源浑浊，于是，小李做了一个简易过滤器，获得水源。

第二，组合搭配不当。动宾搭配不当是常见的错误，如“受到了老大叔的指路”“收起了不开心的脸”“减轻了我们的功劳”“为我提供准确的时间”等。此外还有其他类型的问题，如主语缺失、语义重复等。例如：

（4）通过父母的劝导，好像一下子点通了我。（主语缺失）

（5）我遇到了我初中第一位所遇见的语文老师。（语义重复）

第三，标点符号欠规范。中小学生在使用标点符号时出现的高频率错误有：格式错误、逗号与分号混用、逗号与顿号混用、漏用标点等。尤其是过度使用逗号，且不注意分段，常常有大段文字一逗到底的情况。

### （五）创新个性的书面表达能力还需提升

学生在作文中基本都能表达自己独特的体验与观点，但四、六年级作文存在开头结尾语言风格高度相似，叙述内容雷同的现象。相较于小学生作文，八年级记叙文个性化倾向会更强，不同学生在选材及遣词造句上更显多样性。如何能够激发学生的写作热情，从被动转向主观自觉，从接受到审美创造，这也是教师未来努力的方向。

## 五　建议

针对中小学生写作中存在的问题，我们提出如下建议。

第一，引导学生进行个性化写作。教师应基于“实用性阅读与交流”“文学阅读与创意表达”“思辨性阅读与表达”等学习任务群，引导学生加强阅读，并且观察自然、生活与社会，积累个性化素材，鼓励学生更好地表达自身的感受与观点。对范文的学习模仿应适度，避免出现生搬硬套的情况。

第二，提高语言文字运用能力。教师应结合学生写作的实际，引导学生做好语言文字积累，针对问题开展有针对性的讲解和训练。在以 ChatGPT 为代表的智能写作助力的背景下，中小学生的写作训练应更强调逻辑思维能力、分析解决问题的能力及真情实感的书写。

第三，营造良好的写作氛围。教师应多创设真实情景，让学生直观感受写作的对象和目的。除写作常规训练外，还应充分利用写作竞赛、新媒体、家校沟通等多种形式，营造全方位的写作氛围。

第四，定期评估学生写作能力。定期对学生写作进行科学评估，包括对学生个体的评估，也包括宏观层面对某学段学生写作的整体评估，总结写作教学得与失，及时调整教学的策略和方法，有针对性地制定教学计划。

（马　喆、叶格言、林春秀、王柳晴、龙祎洋、饶　乐）

# 广州市增城区乡镇小学生语言状况调查*

本报告通过调查探寻乡镇语言教育的创新方式，以期提高乡镇优质教育资源共享使用效益，助力乡镇推普与文化建设。由于调查期间新冠疫情严峻，校园管理严格，在综合考虑对象的典型性及研究的可操作性后，调查选在广州市增城区正果中心小学进行。正果中心小学归属正果镇，学生以本地人为主，也有不少外来务工人员子女，语言以广州话、客家话、普通话为主。

## 一　调查样本基本信息

调查采用问卷的方式，对象为正果中心小学五年级某班的全体学生。调查内容包括学生的基本情况、语言使用以及语言文化传承情况等。共收集到 53 名学生的数据，其中男生 23 人（43.40%），女生 30 人（56.60%）。有 39 人的家乡话为广州话，占 73.58%；11 人为客家话，占 20.75%；家乡话为普通话、四川话、湖南话的各 1 人，各占 1.89%。选择该班为样本的依据是：五年级学生处于普通话基础水平基本稳定、初步向语言表达能力方面开拓的阶段，样本班级人数较多且涵盖信息较全面。

## 二　增城区乡镇小学的语言文化现状与需求

### （一）语言能力及使用情况

被调查学生普通话及家乡话的掌握状况良好。对家乡话能力的自我评价，听说能力掌握程度相差不大，听的能力稍高于说的能力；仅 1 人自评家乡话基

* 2022 年度国际中文教育项目“新形势下粤港澳大湾区中外语言文化交流的机遇、挑战及展望研究”（22YH12D），国家语委“十四五”科研规划 2022 年度研究一般项目“大型国际活动语言服务体系构建研究”（YB145-19），国家语委“十四五”科研规划 2021 年度研究基地项目“粤港澳大湾区语言教育现状及规划研究”（ZDI145-15）。

本听不懂，2 人基本不会说。普通话自评情况优于家乡话，听说能力较强，阅读能力偏弱；84.90% 的学生自评“听说能力优秀，基本能掌握，偶有一些失误”，仅 1 人表示自己听说能力中等，方言语调明显；近一半的学生认为自己的中文阅读能力没有达到“认读能力和理解能力强，阅读十分流畅”的水平（见表 1）。

**表 1　学生语言能力的自我评价**

| 评价项目 | | 掌握程度 | 人数 | 占比 /% |
|---|---|---|---|---|
| 家乡话 | 听 | 完全能听懂 | 35 | 66.04 |
| | | 基本能听懂 | 17 | 32.07 |
| | | 基本听不懂 | 1 | 1.89 |
| | 说 | 能熟练交谈 | 33 | 62.27 |
| | | 基本能交谈 | 18 | 33.96 |
| | | 基本不会说 | 2 | 3.77 |
| 普通话 | 听说能力 | 听说能力优秀，基本能掌握，偶有一些失误 | 45 | 84.90 |
| | | 听说能力较好，有使用方言的情况 | 7 | 13.21 |
| | | 听说能力中等，自身的普通话能力较差，方言语调明显 | 1 | 1.89 |
| | 中文阅读能力 | 认读能力和理解能力强，阅读十分流畅 | 28 | 52.83 |
| | | 认读能力和理解能力较好，极小部分需借助字典 | 22 | 41.51 |
| | | 认读能力和理解能力一般，一部分需要借助字典 | 3 | 5.66 |

男生语言能力高于女生，家乡话能力的差别较为明显。女生仅在普通话的听说能力方面略高于男生（见表 2）。

**表 2　不同性别学生的语言能力情况**

| 评价项目 | | 语言能力 | 男 | | 女 | |
|---|---|---|---|---|---|---|
| | | | 人数 | 占比 /% | 人数 | 占比 /% |
| 家乡话 | 听 | 完全能听懂 | 17 | 73.91 | 18 | 60.00 |
| | | 基本能听懂 | 5 | 21.74 | 12 | 40.00 |
| | | 基本听不懂 | 1 | 4.35 | 0 | 0.00 |
| | 说 | 能熟练交谈 | 16 | 69.56 | 17 | 56.67 |
| | | 基本能交谈 | 6 | 26.09 | 12 | 40.00 |
| | | 基本不会说 | 1 | 4.35 | 1 | 3.33 |

（续表）

| 评价项目 | | 语言能力 | 男 | | 女 | |
|---|---|---|---|---|---|---|
| | | | 人数 | 占比/% | 人数 | 占比/% |
| 普通话 | 听说能力 | 听说能力优秀，基本能掌握，偶有一些失误 | 19 | 82.61 | 26 | 86.67 |
| | | 听说能力较好，部分方言词语以及特殊语调听不懂，有使用方言的情况 | 4 | 17.39 | 3 | 10.00 |
| | | 听说能力中等，自身的普通话能力较差，方言语调明显 | 0 | 0.00 | 1 | 3.33 |
| | 中文阅读能力 | 认读能力和理解能力强，阅读十分流畅 | 14 | 60.87 | 14 | 46.67 |
| | | 认读能力和理解能力较好，极小部分需要借助字典 | 9 | 39.13 | 13 | 43.33 |
| | | 认读能力和理解能力一般，一部分需要借助字典 | 0 | 0.00 | 3 | 10.00 |

绝大部分学生在学校以普通话交流为主。在家庭中交流以家乡话为主，但仍有 43.40% 的学生最常使用普通话（见图 1）。

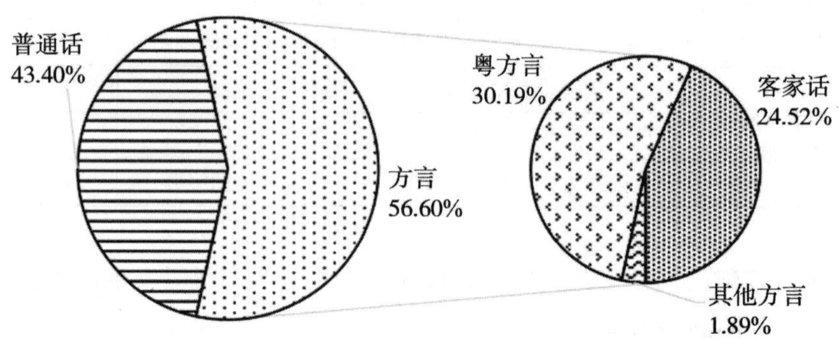


**图 1　学生在家庭环境中使用语言 / 方言的情况**

可见，普通话作为主要的交流语言，在家庭内部地位逐渐提高，越来越多的小学生正在减少方言的使用。推广普通话是为了实现无障碍交流，并非为了挤压方言的生存空间。一旦家庭里都不再继续使用方言，孩子就不会再学习和使用方言，方言失去后继人群，其前途将岌岌可危。

### （二）影响普通话水平的因素

在调查影响学生现阶段普通话水平的因素时，发现学生受上学前普通话基础较差的影响最大，占 45.28%。缺乏自信、家庭语言环境不佳对学生普通话水平也有一定的影响。约三成的学生提到教育环境不佳也是遇到的困难之一，如学校语言环境不佳、没有合适学习资源等（见图 2）。

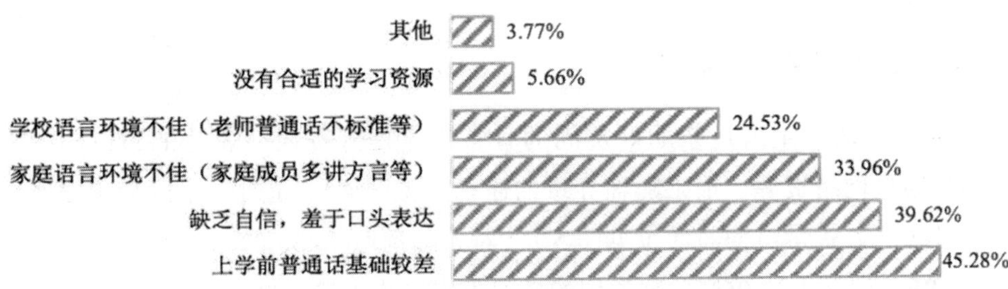


图 2　学习普通话的过程中遇到的困难

学校是开展推普工作的主阵地，我们进一步调查了当地学校的语言环境。正果中心小学主要是通过宣传标语、网络媒体推广普通话。开展的普通话相关活动主要有学生发表国旗下演讲、举办集体朗诵比赛和文化节。值得注意的是，问卷中 30.19% 的学生选择了有“开展主持人培训”这一项活动，但在对该校老师的访谈中却了解到学校并没有此类活动，因此，可能有学生自行在校外上培训班，或学生对学校了解有偏差。

学校推广普通话的硬性条件良好，主要体现在有朗读角、多媒体设备、多功能课室等。但在对学生的调查中，仅 18 人认为学校具备“可以自由讨论、排练的多功能课室”，可见，学校的大部分硬性条件并没有充分发挥其作用。

### （三）对普通话的态度

学生重视普通话的实用价值。92.45% 的学生学习普通话是出于交流需要，超过 50% 的学生是为了更好地学习、开阔视野。值得注意的是，没有学生选择“学校硬性要求”这一项，这说明学生学习普通话具有一定的内驱力（见图 3）。

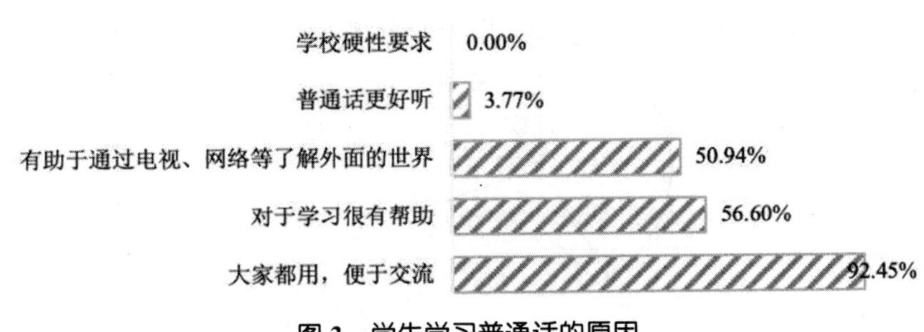


图 3　学生学习普通话的原因

84.91% 的学生会留意自己讲普通话是否标准，62.26% 的学生认为自己普通话水平较高，26.42% 的学生持无所谓的态度，仅 11.32% 的学生会因为讲不好普通话而不自信。

### （四）普通话学习需求

60.38% 的学生通过亲朋好友间的日常交流提升普通话表达能力，约 15% 的学生通过网络资源、报兴趣辅导班的途径（见图 4）。超过一半的学生更倾向于通过线下方式学习普通话（见图 5），对人际沟通（43.40%）、普通话应用程序（APP）训练（33.96%）这类型的学习内容更感兴趣（见图 6）。

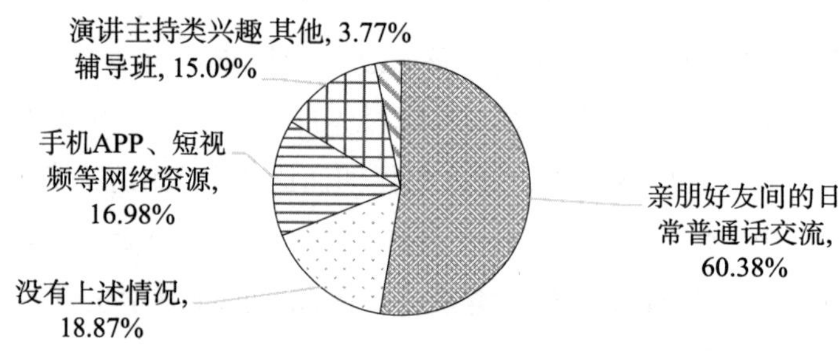


**图 4　学生接触过的提升普通话表达能力的途径**

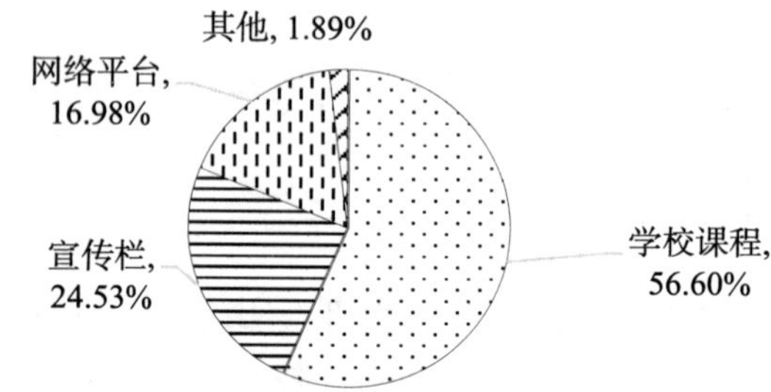


**图 5　学生感兴趣的普通话学习方式**

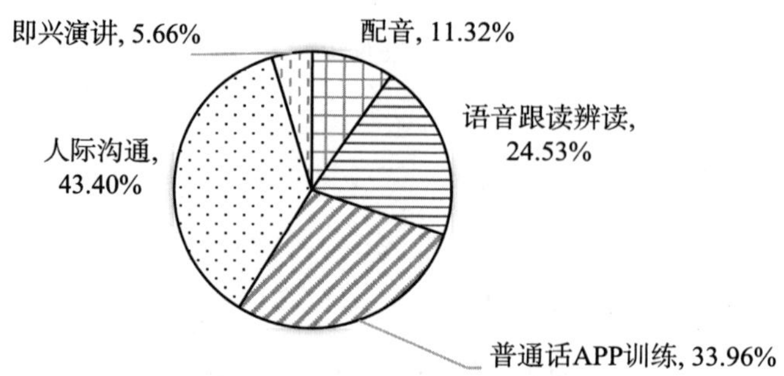


**图 6　学生感兴趣的普通话学习内容**

## （五）地域语言文化传承情况

### 1. 对地域语言文化的了解程度及态度

92.45% 的学生认识到方言是地域文化得以传承的重要载体。在方言文化方面，77.36% 的学生对粤剧、客家山歌等民俗活动有所了解，接触过俗语谚语与说唱文化的学生分别占 43.40%、35.85%，随后依次是学生日常生活中较少接触的民间文艺创作（28.30%）、独特文字（18.87%）和交际文化（16.98%）。

学生对不同类型方言文化的了解程度与其了解渠道紧密相关。学生对粤剧、客家山歌等民俗活动了解度最高，这与此类文化历史底蕴较深，且学生受长辈熏陶较多有关，79.25% 的学生曾通过长辈讲述了解方言文化。俗语谚语和说唱文化在学生中受众广，分别是受日常对话接触较多和新时代多媒体发展的影响。口头文化更易传播和运用，加之在娱乐时代，这两类文化节目层出不穷，引起了学生极大的兴趣。民间的文艺创作与新时代文化宣传和文化场所的开发有较大关系，学生对此类文化认知不多，通过博物馆、展览馆和政府宣传方式习得方言文化的学生较少，这说明社会的文化推广还较欠缺，社会文化建设和宣传有待加强，可进一步思考多媒体环境下如何让学生通过博物馆等感受文化（见图 7）。

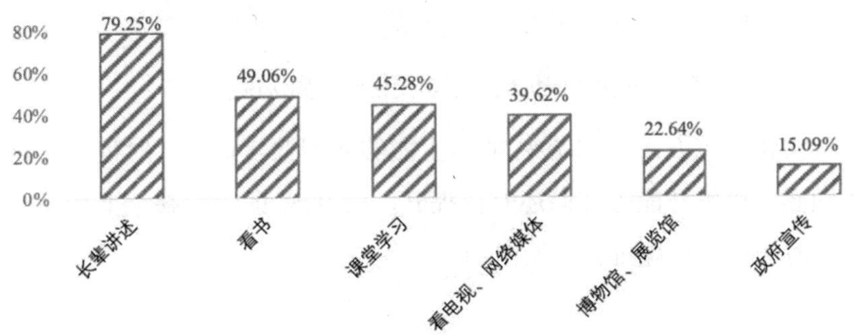


图 7　学生了解方言文化的方式

学校教育在文化传播中具有不可替代性，近一半的学生通过课堂学习和读书方式了解语言文化。随着课堂的创新发展，课堂教学有望成为最有效的语言文化教育方式。家庭伴随着学生成长的每个阶段，但有不少家庭缺少文化传播的意识和环境（见图 8），因此要关注家庭成员对学生方言文化的影响。

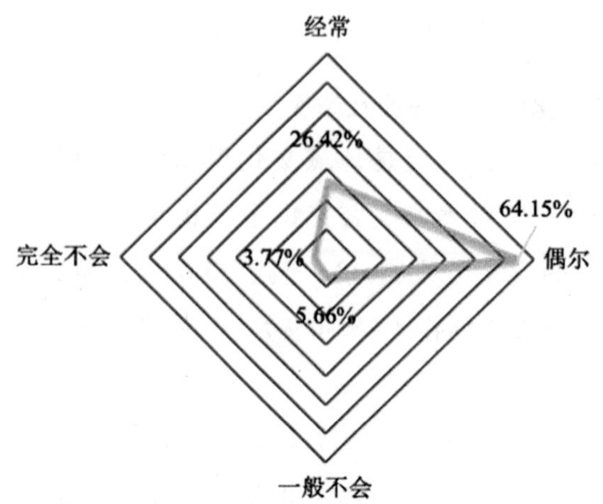


图 8 家人向学生讲授和普及方言文化的情况

学生对方言文化意义的关注更多在发展方面，大部分学生认识到方言是中国语言文化极重要的一环，具备经济和国际意义，但在精神建设方面的认识还存在欠缺（见图 9）。

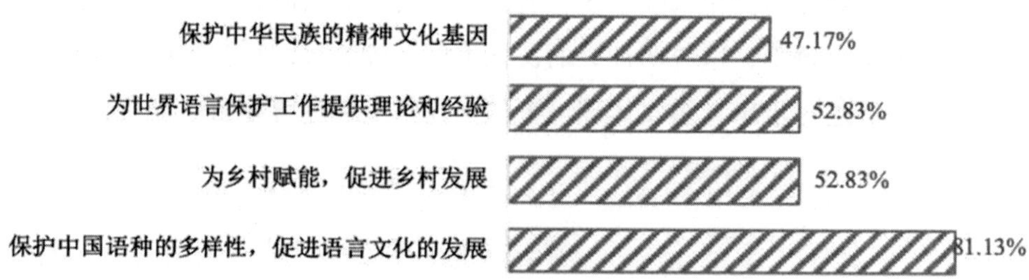


图 9 学生对保护地域语言文化作用的认识情况

在语言文化宣传方面，86.79% 的学生能够使用双言讲解。对地域文化的了解度及认同感、讲解技能等方面还有待提升。67.92% 的学生缺乏上场经验和心理素质，平时较少有锻炼机会（见图 10）。

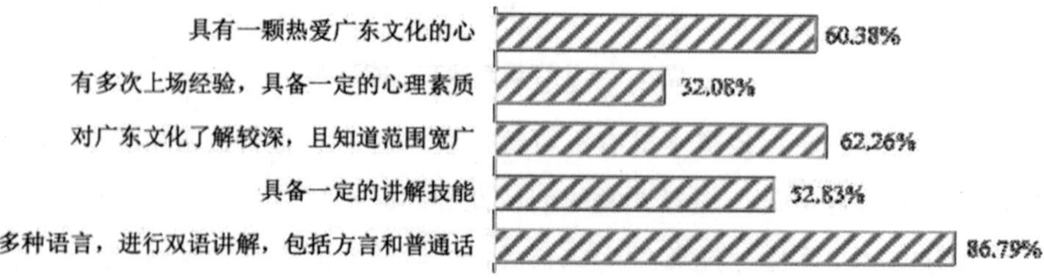


图 10 学生自身充当语言宣传志愿者具备的条件

2. 对地域语言文化传承的态度

超过半数的学生希望能够通过具体实践的形式来开展地域文化相关活动，62.26% 的学生倾向于地域文化主题游园会；50.94% 倾向于地区独特的艺术形式，如客家山歌会、粤剧粤曲会等。倾向于专门开设文化特色课和在课程中融入文化元素的比例分别为 41.51%、33.96%（见图 11）。而在专门回答“你希望学校或校外组织有专门的广东文化课程吗”这一问题时，有 84.91% 的学生表示希望开设，可见，方言文化的宣传应打破单一形式，创新传播的多元途径。

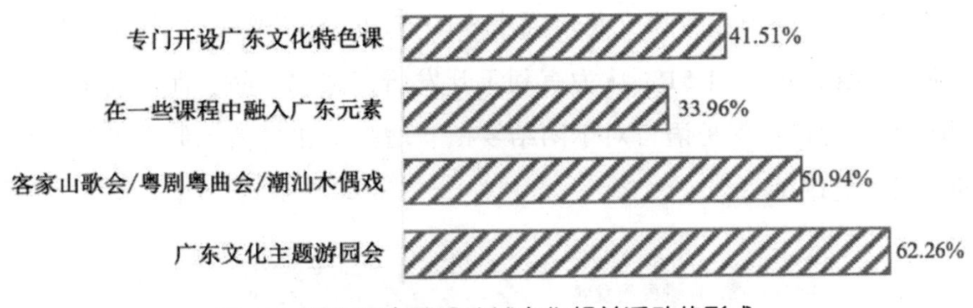


**图 11　学生倾向开设地域文化相关活动的形式**

学生对于保护方言的措施和政策都有所了解，大部分学生对方言文化艺术作品的保护方言措施比较了解，而对研发方言科技产品的了解较弱，大部分学生认为方言与科技关系不大（见图 12）。

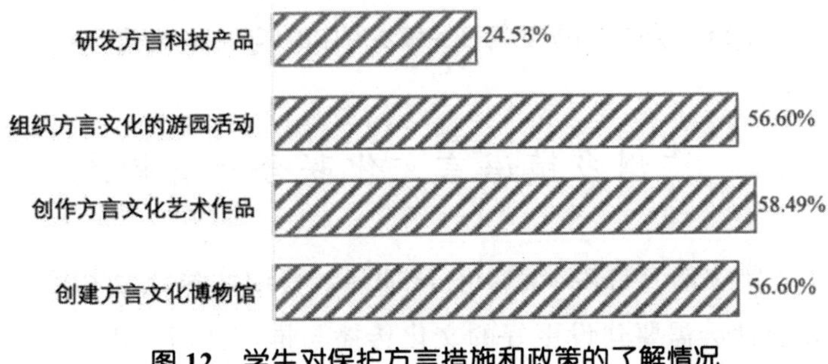


**图 12　学生对保护方言措施和政策的了解情况**

学生对于传承地域文化具有一定的责任感，并有意识地借助语言推动文化传播。50.94% 的学生愿意主动学习地域文化，进而传授给身边的人；56.60% 表示希望通过演讲和朗诵等形式宣传文化；近一半的学生希望借助短视频宣传文化（见图 13）。

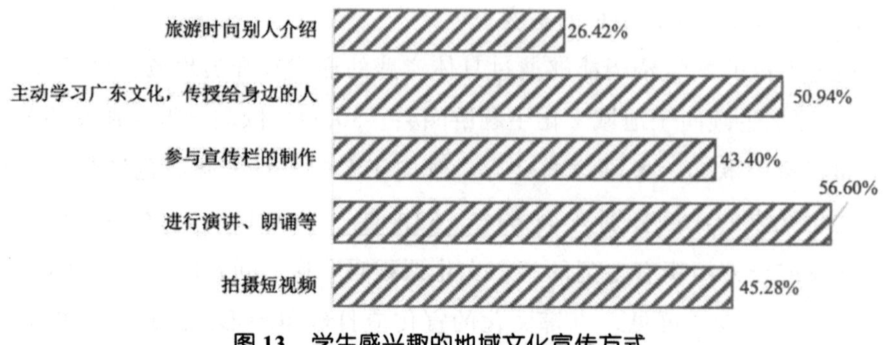


图 13　学生感兴趣的地域文化宣传方式

大部分学生认可保护语言对乡镇发展的价值与意义。相对于经济效益，学生明显倾向于认可其给乡镇文化层面带来的作用。86.79% 的学生认为保护语言能够促进文化发展，41.51% 认为有利于开发语言文化产品、促进经济发展。超过 50% 的学生认可保护语言对于团结乡镇、增强文化自信、促进民族及社会发展的作用（见图 14）。

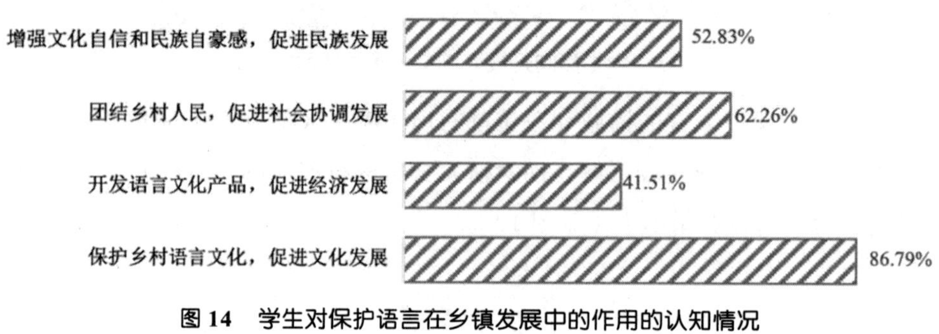


图 14　学生对保护语言在乡镇发展中的作用的认知情况

## 三　广州乡镇语言文化联合教育模式

调查显示，学生的方言传承意识有待加强，普通话综合运用能力仍需提升，学校、家庭以及社会需要建设更好的文化传播与推广环境。学生对方言文化意义的认识在精神建设方面存在欠缺，在地域文化的了解程度及认同感、讲解技能等方面有待提升，缺乏平台积累经验。基于调研发现的问题，我们探索归纳出“广州乡镇语言文化联合教育模式”，有助于方言保护与普通话提升并行，学校的硬件条件和学生的内驱力结合，推动语言教育促进语言与文化发展共赢；打破语言文化发展的单一形式，创新传播的多元途径，培养学生的文化传承自觉意识，将学生的语言优势化为资源，助力语言文化的传播。不同主体发挥其优势，多方合力，共同以语言赋能乡镇进步。

## （一）模式介绍

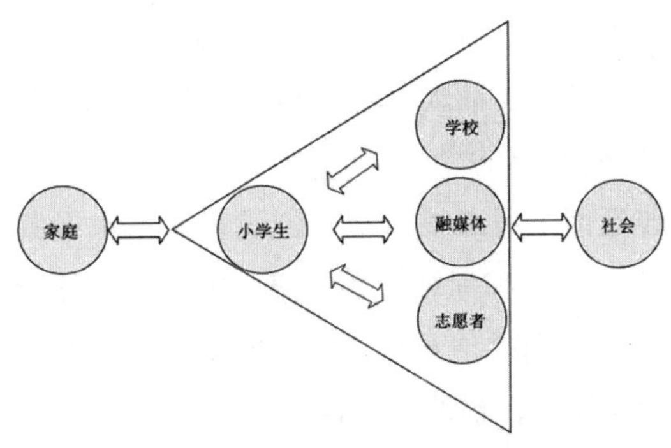


图 15　乡镇语言文化联合教育模式架构图

新模式架构图（图 15）涉及 5 个主体，家庭为源头，社会为着力点。家庭是为学生提供语言文化能力的基石，学生通过各平台资源将理论知识融入具体实践中。学校为志愿者提供场地，志愿者对小学生进行语言文化教育；小学生给志愿者提供了“以教促学”的机会，志愿者为学校普通话与方言及文化教育注入新鲜活力；学校、小学生、志愿者分别通过融媒体加大宣传、检验成果、储存资源。各主体之间双向受益，多方联动构建语言与文化融合共进的桥梁。

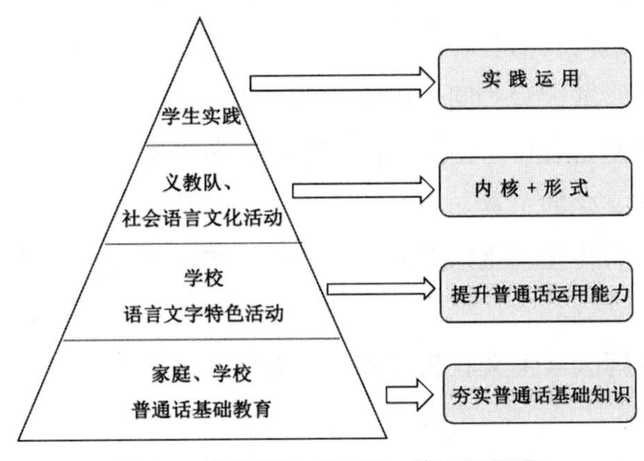


图 16　多方联动“四维一体”模型图

多方联动中，可建立一套“四维一体”模型（图 16）。“四维”指普通话基础教育、学校语言文字特色活动、语言文化活动、学生实践；“一体”则指“四维”的最终指向——学生以继承者和弘扬者的主体身份使用双言宣传地域文化，实现语言文化助力乡镇教育进步。

### （二）“四维一体”模型实施建议

维度一，以普通话基础教育为主，从学生成长环境着手。

在学校语文教学过程中，应夯实学生普通话发音、语法等基础知识，形成整体的体系，为更丰富的语言活动奠定基础。语文教师也可根据学生实际情况，结合教育部、国家语委发布的《中小学生普通话水平测试等级标准及测试大纲》，设定多元化普通话学习考核方式，创设普通话水平测试环境，使学生从根本上重视普通话表达学习和训练。学校应当关注多媒体的导向作用，引进更完善的硬件设施，建设专门的语言培养活动室和语言训练场所，创设与语言文化类职业相类似的教学情境，辅助教师教学。

家庭作为学生语言习得的第一环境，对学生语言的影响极为重要。家长需注重自身普通话水平的提高，将普通话教育融入子女的日常学习生活中。家长还应重视方言教育对地方文化传承的关键作用。家中长辈可通过自身经验和实践，积极向子女传授家乡话，传播当地文化知识，以方言能力的提升促进家庭对地方文化的认同感。

维度二，以学校为主体，以语言文字特色活动助力普通话运用能力提升。

以班级为单位举办经常性的语言文字特色活动，如演讲比赛、主持体验、朗诵节、模拟新闻播报等，适当融入地域文化内容，在此基础上，举行同年级、校级，甚至是跨校的各种语言活动比赛，锻炼学生面向大众的胆量。举办书影会，组织续写或改写等阅读衍生活动，为学生创建表达思想的平台，积极主动与校外教育平台合作，出版校园杂志或特色书籍，引导学生将国家通用语言文字作为深究文化的工具。举办校园文创活动，引导学生在产品设计中探寻新时代网络语言与传统文化语言的相互作用。多学科融合，将语言文化融入艺术与体育中。

维度三，发挥大学生义教队优势，促进地方文化内核与语言艺术形式的有机结合。

大学生义教队在推普和宣传地方文化方面具有明显的优势。义教队内部可设置普通话及地域语言文化课程资料，诸如微课、教案与反思等，定期更新宣传内容，为学生体验语言文化艺术提供便捷途径。课程模式融合创新，形成一套以地域语言文化为内核、以各种语言艺术形式为外壳的普通话教育模式。在提升学生普通话能力的同时，激发学生自主弘扬家乡文化积极性，培养爱国情怀。

维度四，引领学生切身实践。

学生掌握较好语言表达能力和拥有一定文化储备后，各方可协同为学生的实践创建平台，对语言文化进行保护、传承和发展，使其和现代文化相融合，以更好地延续语言文化血脉，最终形成一个完整体系，使学生以继承者和弘扬者的主体身份使用双言宣传地域文化，塑造体现社会主义先进文化的乡镇思想文化体系，打造语言文化乡镇，培育文明乡风，让村民精神富裕起来，实现语言文化助力乡镇教育发展，促进乡村人才培养和引进，进而实现乡村振兴。

四个维度，层层递进，主体客体指向鲜明，为学生提升普通话运用能力、借助语言弘扬地域文化奠定坚实基础，输入绵绵长力。

## 四　结语

广州乡镇的普通话教育程度相对较高，未来发展方向可定位于在学生普通话水平基础上提高综合语言表达能力，引导学生主动关注文化知识并将其作为基点，采用多种语言表达形式宣传家乡文化，增强文化认同感与归属感。各方应为学生主动承担推普实践主体责任修建平台与道路，结合“四维一体”模型图，创新以“地域语言文化”为内核、以各种“语言艺术形式”为外壳的普通话教育模式，提高学生普通话运用能力，树立文化自信，推进乡镇语言文化教育建设。

（王　苗、詹小璇、陈恺瑶、江丽慧）

# 香港小学语文课程及教学语言状况*

香港回归后，中国政府在香港特别行政区实行“一国两制”，与之相应的语文政策是“两文三语”①。该政策符合香港多元语言生活的实际状况，要求“所有中学毕业生都能够书写流畅的中文和英文，并有信心用广东话、英语和普通话与人沟通”（香港行政长官董建华，1997）。《粤港澳大湾区发展规划纲要》指出，要在粤港澳三地“加强基础教育交流合作”，而小学是香港基础教育的主要场所，也是贯彻实施“两文三语”政策的重要领域，具有积极的示范引领作用。本报告采集香港小学的语言文字课程和教学语言相关信息，考察香港小学能够提供的语言文字学习课程的多样性程度、能力要求、电子学习资源和教学语言的实施情况，并提出相关建议。

## 一　语文课程基本情况

受新冠疫情影响，主要通过各校官网采集相关信息。根据香港教育局官网提供的新界西、新界东、港岛和九龙四区 18 个行政分区共 511 所小学的基本学校资料和官网网址信息②，除去无法打开网址的学校，共调查了其中的 468 所。为避免网站信息出现遗漏与偏差，同时咨询了香港教育界专家。

### （一）课程设置

香港教育局 2014 年颁行的《基础教育课程指引——聚焦・深化・持续（小一至小六）》（以下简称《课程指引》）设定，香港基础教育的学校课程架构由

* 国家语委“十四五”科研规划 2021 年度研究基地项目“粤港澳大湾区语言教育现状及规划研究”（ZDI145-15），2021 年度国家语委项目“港澳地区国家通用语言文字学习资源平台建设及应用研究”（YB145-13）。

① “两文”指书面语的中文和英文，“三语”指口语的粤方言、普通话和英语。“两文三语”语言文字政策指能阅读及写作标准书面中文及英文和能操流利的粤方言、普通话和英语。

② 《小学概览 2022》，https://www.chsc.hk/psp2022/index.php?lang_id=3。

三部分组成：八大学习领域、九种共通能力、价值观和态度。在八大学习领域中的“中国语文教育”和“英国语文教育”下，教育局建议设置中国语文、普通话和英国语文三个科目（以下分别简称为“中文科”“普通话科”和“英文科”），但香港各小学会根据自身情况加以调整，所以其课程设置并不完全一致。在调查的468所小学中，所有学校都设置了英文科，458所设置了中文科，392所设置了普通话科（见表1）。

**表1　香港小学三个科目设置数量及占比**[①]

| 课程类型 | 学校数量 / 所 | 占比 /% |
|---|---|---|
| 中文科 | 458 | 97.86 |
| 普通话科 | 392 | 83.76 |
| 英文科 | 468 | 100.00 |

从网站采集的信息来看，设置普通话科的小学只占83.76%，这与香港社会实际情况不符，应该是部分学校在其官网上呈现的信息有所遗漏。实际上，香港特区政府1998年便将普通话科列入中小学核心课程，所有学生必须修读。2001年，香港考试局进一步推出普通话科教师语文能力评核考试，保证了该科目师资的良好教学素质。[②]据香港特区政府统计处《主题性住户统计调查第76号报告书》(2022)数据显示，85.70%的受访学生认为自己的普通话能力属“完全足够、足够或能一般应付日常生活”，这个比例在过去10年稳步上升。可见，香港小学基本落实了香港教育局对基础教育的课程设置指引，三个科目都得到普遍重视。

从课程组合设置的情况来看，香港有382所小学同时设置了中文科、英文科和普通话科，64所只设置了中文科和英文科。除此之外，有12所设置了除汉语和英语外的第三门语文课程作为必修或选修课程，语种主要包括西班牙语、德语、法语、日语和韩语等。详见表2。

① 统计发现，有10所小学将课程设置为“中文及普通话科”和“中普科”，从门户网站提供的信息来看，这里的“中文及普通话科”和“中普科”是单属于中文科还是普通话科无法分辨，因此不纳入统计。本报告只统计458所小学中文科和392所小学普通话科的课程信息情况。

② 该评核考试俗称“基准试”，分为四卷，主要考核教师的四项语文能力：聆听与认辨，汉语拼音的拼写和译写，朗读与说话，课堂语言与运用。所有新入职或新调派任教普通话科的常额教师，都必须通过四卷考试之后才能上岗。

表 2　香港小学语文课程组合设置情况

| 课程组合类型 | 小学数量 / 所 | 占比 /% |
| --- | --- | --- |
| 中 + 英 | 64 | 13.97 |
| 中 + 英 + 普 | 382 | 83.41 |
| 中 + 英 + 其他语文课程 | 10 | 2.18 |
| 中 + 英 + 普 + 其他语文课程 | 2 | 0.44 |

第三门语文课程的设置一方面拓展了学校语文课程的多样性，例如香港道教联合会云泉学校开设了法语课，世界龙冈学校黄耀南小学开设了西班牙语课；另一方面，香港教育局规定香港学校“由 2022/23 学年可于中四级起开办五种其他语言课程，包括法语、德语、日语、韩语及西班牙语，作为高中选修科目”。[①] 因此，在小学设置第三门语文课程也有利于衔接中学课程，帮助学生打下第三门语文课程的语言基础。但总体而言，设置第三门语文课程的小学目前仍较少。

此外，个别学校在中文教育领域下设的科目命名上有特殊之处，例如基督教圣约教会坚乐第二小学、香港浸信会联会小学等设置的科目名称为“中普科”，九龙塘天主教华德学校、中华基督教会基慧小学等设置的科目名称为“中文及普通话科”。这些科目在课程目标和课程特色上都未严格区分中文科和普通话科。类似的学校共有 10 所，这体现出部分香港小学将中文科和普通话科两门科目相互结合的趋势。《课程指引》也明确指出二者在学习内容和材料上有共通之处：“两科都会选用文学作品作为朗读或阅读的学习材料，在教学过程中，均须让学生对作品的内容、思想感情、组织和表达技巧，有一定的理解和分析。”所以两门科目的结合加强了中文科与普通话科之间的衔接，也一定程度上避免了学习内容和材料的重复。

### （二）课程目标

香港学校语文课程的培养目标是“两文三语”政策在基础教育领域具体落实的表现之一，对此香港教育局针对各学习领域的课程都发布了相关指引，为香港各学校规划课程和制定目标提供了建议，以顺利推进“两文三语”政策的实施。

① 香港教育局《八个学习领域下的科目》，https://www.edb.gov.hk/sc/curriculum-development/8-key-area/index.html。

香港教育局发布的《中国语文教育学习领域中国语文课程指引（小一至小六）》（2004）中提到："中国语文教育的学习内容，可概括为阅读、写作、聆听、说话、文学、中华文化、品德情意、思维和语文自学九个学习范畴。……中国语文的学习，应以读写听说为主导，带动其他学习范畴。"《中国语文教育学习领域课程指引（小一至中六）》（2017）又对该领域下设的中文科和普通话科两个科目学习目标的侧重做了细致说明：中文科"以读写听说为主导，有机地结合其他学习范畴，全面提升学生的语文素养"；普通话科则"以培养学生听、说普通话的能力为主，注重语言的实际应用"。《英国语文课程指引（小一至小六）》（2004）中指明了小学阶段英文科"包括听、说、读、写的技能，它们使学习者能够有效地沟通，以达到学习目标中所述的各种目的"。

值得关注的是，香港教育局十分重视对学生沟通能力的培养，除了上述各学习领域的课程指引中明确提到的之外，《课程指引》也列出希望学生完成小学教育后能够做到的"七个学习宗旨"，其中包括"积极主动地以两文三语与人沟通"。同时，"沟通能力"属于"九种共通能力"中的基础能力，也被视作香港小学课程改革优先发展的学生三种共通能力之一。

**1. 中文科情况**

在458所设置了中文科的香港小学中，课程目标信息涉及相关学习范畴的具体情况见表3。

**表3　中文科课程目标情况**

| 学习范畴 | 小学数量 / 所 | 占比 /% |
| --- | --- | --- |
| 阅读 | 387 | 84.50 |
| 写作 | 379 | 82.75 |
| 聆听 | 326 | 71.18 |
| 说话 | 339 | 74.02 |
| 综合 | 322 | 70.31 |
| 沟通 | 55 | 12.01 |
| 无提及① | 63 | 13.76 |

"阅读""写作""聆听""说话"四个范畴都提到的小学为322所，占70.31%，基本贯彻落实了香港教育局对中文科"以读写听说为主导"的目标建

① 部分"无提及"上述范畴的学校，有可能只是未将信息呈现在门户网站上，本报告不再进一步实地调研。

议。具体来说，分别提到“阅读”“写作”“说话”“聆听”的小学由多至少依次为 387、379、339、326 所，各占 84.50%、82.75%、74.02%、71.18%。可见，香港小学在中文科内更为侧重阅读和写作能力的培养，强调阅读理解训练、写作训练、文章内容、作法之分析。

此外，在培养学生沟通能力方面，仅 55 所小学明确提及，占 12.01%。另有 63 所对上述学习范畴均未提及，占 13.76%。香港教育局早在 2004 年公布的《中国语文课程指引（小一至小六）》在介绍中文科课程发展基本理念时就已提到：“必须加强听说能力的培养。”但随着时代的发展，现代社会中人际交往变得愈加频繁，要求人们善于聆听、能说会道，更高层面的沟通能力越来越受到重视。因此，人际之间的有效沟通能力应该在语文素养中得到凸显，中文科对基础听说能力的培养也应进一步转变为更高层级的沟通能力。

**2. 普通话科情况**

香港教育局发布的《中国语文教育学习领域普通话科课程指引（小一至中三）》（2017）中指出，普通话科包括“聆听”“说话”“朗读”和“拼写”四个学习范畴，总学习目标为：“以培养学生听、说普通话的能力为主，培养朗读能力、拼写能力及增进与本科有关的语言文化知识为辅。”在 392 所设置普通话科的小学中，课程目标信息涉及相关学习范畴的具体情况见表 4。

表 4 普通话科课程目标情况

| 学习范畴 | 小学数量 / 所 | 占比 /% |
|---|---|---|
| 聆听 | 315 | 80.36 |
| 说话 | 319 | 81.38 |
| 朗读 | 253 | 64.54 |
| 拼写 | 135 | 34.44 |
| 综合 | 127 | 32.40 |
| 沟通 | 96 | 24.49 |
| 无提及 | 59 | 15.05 |

培养目标涉及“聆听”和“说话”的小学最多，分别有 315 所（80.36%）和 319 所（81.38%）；其次是“朗读”，共 253 所（64.54%）；“拼写”最少，仅有 135 所（34.44%）；四个学习范畴都提到的则有 127 所（32.40%）。统计结果与香港教育局对普通话科课程规划发展的方向一致，以培养学生听、说普通话的能力为主，注重语言的实际应用。

据香港特区政府统计处 2021 年数据显示，香港社会已有 54.2% 的人口（5 岁及以上）能说普通话，相比 2011 年的 47.8% 上升了 6.4 个百分点。但是作为惯用交谈语言，普通话只占 2.3%，不及英语的 4.6% 和粤方言的 88.2%，相比 2011 年的 1.4% 也只上升了 0.9 个百分点。[①] 可见，普通话虽然在香港中小学已经成为一门核心课程，并有着明确的教学目标，但在社会生活中最为香港居民所习惯的一直是粤方言。

**3. 英文科情况**

英文科“听说读写”四项语言技能中，“读”与“写”是香港小学最为重视的，具体情况见表 5。

**表 5　英文科课程目标统计情况**

| 语言技能 | 小学数量 / 所 | 占比 /% |
| --- | --- | --- |
| 听 | 182 | 38.89 |
| 说 | 217 | 46.37 |
| 读 | 312 | 66.67 |
| 写 | 256 | 54.70 |
| 综合 | 180 | 38.46 |
| 沟通 | 178 | 38.03 |
| 无提及 | 96 | 20.51 |

468 所小学中，英文科课程目标分别提及“读”“写”“说”“听”技能的由多至少依次为 312 所（66.67%）、256 所（54.70%）、217 所（46.37%）、182 所（38.89%），四项技能均提及的则有 180 所（38.46%）。与中文科和普通话科相比，英文科较为重视培养学生的沟通能力，有 178 所（38.03%）小学的课程目标信息明确提到该能力。四项语言技能和沟通能力均未提及的学校共有 96 所（20.51%）。

香港作为国际金融中心和世界贸易中心之一，依赖人力资源的知识型经济是其经济发展的主要推动力，英语被视作香港人才的必备技能之一，经济价值和实用价值较高，因此英语教育的加强和完善成为香港特区政府培养人才的重要工作。在小学教育阶段，英文科被纳入核心课程，也是升学考试与各项能力测试的核心科目，这对提高香港居民的英语水平起着积极作用，也促进了香港

① 数据来自《2021 人口普查》，https://www.census2021.gov.hk/sc/main_tables.html。

国际化人才的培养。但是，在以粤方言为主要沟通语言的香港，英语不常运用于日常沟通。苏金智曾提出“香港言语社区是一个多层的双言体系”，英语在书面语中占优势，而粤方言则在口语中占优势。① 这与我们调查的结果相吻合，即相较于英语的“听”和“说”，香港小学更重视培养学生英文的“读”与“写”这两种书面语技能，同时也落实了“两文三语”政策中“能阅读及写作标准书面中文及英文”的要求。

### （三）电子学习资源

21 世纪科学技术的快速发展对教育领域产生了重要影响，最显著的表现就是人们的学习方式产生了变革，通过计算机、网络等数字化方法进行学习和教学活动的电子化学习变得日益普遍。电子化学习除了可以使学习变得更加高效之外，还能增加学习的趣味性，有效照顾学生的不同学习需要及风格。香港教育局早已意识到电子化学习的重要性，在《课程指引》中提出要“利用电子学习资源促进学生独立学习的能力”，建议香港各学校提供多元的电子学习资源模式，包括各种形式的电子素材（如电子文本或电子书、图片、录音）、网上专题教材套和网上课程等，让学生通过老师的适当指导，在课堂以外按自己的能力、进度及兴趣学习，有效提高独立学习的能力。本报告统计了香港 468 所小学官网上的中、普、英三科电子学习资源，详见表 6。

**表 6　各语文课程电子学习资源数量及占比**

| 语文课程 | 分类 | 小学数量 / 所 | 占比 /% |
|---|---|---|---|
| 中文科 | 有 | 389 | 83.12 |
| | 无 | 79 | 16.88 |
| 英文科 | 有 | 379 | 80.98 |
| | 无 | 89 | 19.02 |
| 普通话科 | 有 | 332 | 70.94 |
| | 无 | 136 | 29.06 |

拥有中文科电子学习资源的小学最多，共 389 所（83.12%）；其次是英文科，有 379 所（80.98%）；普通话科最少，有 332 所（70.94%）。目前虽然大部分小学都提供了各课程的电子学习资源，但各校之间在资源数量和内容上有着

① 苏金智《香港言语社区两文三语的格局及其变化》，《云南师范大学学报（哲学社会科学版）》2010 年第 3 期。

不小差异，以中文科为例，长洲圣心学校提供了多达30种学习资源，而圣公会圣米迦勒小学仅提供了4种。同时，一些学校会对提供的学习资源按年级或学习范畴分类，例如九龙妇女福利会李炳纪念学校和中华基督教会基全小学，方便学生更有针对性和更有效率地自学。

## 二　教学语言基本情况

### （一）总体格局

香港历史和地理环境的特殊性使其语言生态格局呈现出复杂多样的特点，普通话、粤方言、英语彼此共存又相互竞争，因此对香港小学的课程而言，教学语言的选择也具有多样性。从468所小学教学语言的情况来看，285所（60.90%）的主要教学语言为“中文”，24所（5.13%）为“英文”，“中文及英文”的则有29所（6.20%）。详见表7。

表7　各学校主要教学语言的数量及占比

| 教学语言 | 小学数量 / 所 | 占比 /% |
|---|---|---|
| 中文 | 285 | 60.90 |
| 中文（包括普通话）及英文 | 110 | 23.50 |
| 中文及英文 | 29 | 6.20 |
| 英文 | 24 | 5.13 |
| 中文（包括普通话） | 20 | 4.27 |

值得注意的是，部分小学特别说明了其教学语言中的“中文”包括普通话：110所（23.50%）表述为“中文（包括普通话）及英文”，20所（4.27%）表述为“中文（包括普通话）”。香港回归后，《中华人民共和国香港特别行政区基本法》确定了中文在香港的正式语文地位，但没有明确说明“中文”究竟指向粤方言、普通话还是其他汉语方言。香港特区政府统计处在《主题性住户统计调查第76号报告书》（2022）中指出：“在统计时，估计全港有5 442 200名6—65岁人士。按在家中最常使用的语言分析，92.3%为广州话，2.1%为英语，2.1%为普通话，1.9%为其他中国方言及余下的1.5%为其他语言。”可见，在香港居民的语言生活中，“中文”更倾向于指向粤方言。

### （二）中文科教学语言

在中文科、普通话科和英文科三门语文课程中，中文科教学语言的使用情况最为复杂。因为粤方言在香港实际语言生活中占据绝对优势，所以用粤方言教授中文科（以下简称“粤教中”）在香港学校中最为常见。随着香港回归和国家推普工作的开展，普通话的地位也随之上升。《香港学校课程的整体检视——改革建议》（1999）指出：“在整体的中国语文课程中加入普通话的学习元素，并以‘用普通话教中文’为远程目标。”2008 年，香港语文教育及研究常务委员会（以下简称“语常会”）对香港 20 所使用普通话教授中文科（以下简称“普教中”）的中小学进行了调研，归纳了学校推行普教中的六个有利条件，发布了《在香港中、小学以普通话教授中文科所需之条件》的研究报告，受到香港社会的普遍关注。2015 年，语常会又发布了《协助香港中、小学推行“以普通话教授中文科”计划》供学校参考。《中国语文教育学习领域课程指引（小一至中六）》（2017）又进一步指出，学校可按自身的需要及条件，考虑是否用普通话教中文，但未就“用普通话教中文”作为远程目标制定具体实施计划和时间表。可见，普教中自 1999 年被设立为远程目标以来，各界人士积极行动，但始终未获得香港特区政府方面全面推动。

截至 2022 年 12 月，468 所小学中共有 276 所（58.97%）在其官方网站或学校年度报告中明确公布了本校中文科教学语言的使用情况，192 所（41.03%）未公布。在已公布的 276 所学校中，有 22 所（7.97%）明确说明只使用粤方言教授中文科，有 254 所（92.03%）实施普教中。另据香港有线新闻 2022 年 9 月 12 日报道，截至 2022 年 9 月，普教中小学占全港小学的 44.20%，比 2015、2016 年分别减少了约 27% 和 20%。[①] 可见，实施普教中的学校已达上百所，积累了丰富的教学经验，但基本上各自为政，总体上呈现逐年下降的趋势。据香港教育界专家反馈，教育局在普教中问题上虽然主张“校本自决”，但也从三个方面为学校推行普教中积极创造有利条件：加强教师的专业发展；提升学生普通话听说能力；进一步优化普通话课程，提升普通话教学的效能。此外，不管是粤教中还是普教中，提升学生中国语文素养和语文能力的课程精神始终不变。

值得一提的是，在已实施普教中的 254 所小学中，实施模式各异，大致可

① 国媒网：http://www.cclzgc.com/index.php?p=news_show&id=3167&lanmu=5。

归纳为三种：全级全班实施、分级或分班实施、分级和分班实施。“全级全班实施”是指学校一至六年级各班中文科都实行普教中，如西贡崇真天主教学校（小学部）。“分级或分班实施”中“分级”指学校部分年级推行普教中，如天水围循道卫理小学一至三年级全面推行普教中。而“分班”则包括两种情况：第一种是学校在某一年级开设普教中班，比如圣公会基恩小学四至六年级设普教中班；第二种是学校全级各设普教中班，比如保良局庄启程小学一至六年级各设一个普教中班。“分级和分班实施”则指学校将“分级”和“分班”两种情况结合起来，如香港嘉诺撒学校一至三年级中有三个班推行普教中。

## 三　建议

第一，融合相近课程。香港小学多数具备中文科、普通话科和英文科，但也出现了“中普科”“中文及普通话科”这样的类别，说明已出现将中文科和普通话科融合起来的趋势。这种融合虽然减轻了普通话科的比重，但进一步凸显了普教中的重要性。所以，长期来看，两科的融合无疑是积极的，相关部门应予以关注和引导支持。

第二，增添培养目标。目前香港小学中、普、英三科对沟通能力目标较少提及，因此为更好地贯彻“两文三语”基本政策，满足《课程指引》提出的“积极主动地以两文三语与人沟通”的要求，建议学校相关部门在各语言课程目标等信息中增加“沟通”条目，并充分分析和阐述。

第三，明确教学语言。香港小学的主要教学语言为“中文”和“英文”，但大部分学校对“中文”没有明确说明，既可以理解为普通话，也可以理解为粤方言。因此，建议各校提供更为详细的教学语言信息，并对其做出明确的规定与说明，建立相应的调节机制，以供家长和社会各界人士查阅与选择。

第四，进一步推动普教中。香港学校将普教中作为远程目标已逾20年，目前有上百所学校在积极尝试，教学效果互有参差。香港教育部门或可及时总结普教中教学经验，结合学校实际情况加强应对引导，可以考虑适时制定普教中的具体实施方案和相关工作的时间计划表。

（郭　杰、邱文豪、李菲菲、麦　彤、郑思奥、揭慧怡）

# 澳门中小学生语言使用状况调查*

澳门由于特殊的政治制度、社会环境、教育政策以及复杂的语言文字使用环境，其中小学生的语言使用状况与内地存在着比较大的差异。调查该群体的语言使用状况，对我们全面把握粤港澳大湾区不同社群的语言生活，了解澳门中小学的语言教学与使用，进而制定正确的语言政策，进行合理的语言规划，具有积极的意义。

## 一 调查设计

### （一）调查内容与方法

调查内容包括澳门中小学生的语言使用能力、在不同环境下的语言使用状况、语言需求和普通话教学情况等。调查采用问卷和访谈相结合的方式，在请调查对象填写调查问卷的同时，对其家长和老师进行访谈。

### （二）调查对象

本次调查共在27所中小学发放问卷196份，回收196份，有效问卷187份。有效样本的具体情况如下。

**1. 基本信息**

**表1 样本基本信息**

| 样本信息 | 类型 | 人数 | 占比 /% |
|---|---|---|---|
| 性别 | 男性 | 60 | 32.09 |
| | 女性 | 127 | 67.91 |

* 广州市教育科学规划课题“粤港澳大湾区中小学生书面语能力发展研究与数据库建设”（202113640），广州市高等教育教学改革项目“立德树人背景下语言学类专业本科生科研素质培养模式的探索与实践”，国家语委“十四五”科研规划2021年度研究基地项目“粤港澳大湾区语言教育现状及规划研究”（ZDI145-15），广东省社科规划项目“粤港澳大湾区语言资源库建设研究”（GD22XZY03）。

（续表）

| 样本信息 | 类型 | 人数 | 占比 /% |
| --- | --- | --- | --- |
| 年龄 | 6—11 岁 | 28 | 14.97 |
| | 12—15 岁 | 56 | 29.95 |
| | 16—19 岁 | 103 | 55.08 |
| 就读学段 | 小学 | 28 | 14.97 |
| | 初中 | 39 | 20.86 |
| | 高中 | 120 | 64.17 |

表 1 显示，187 份样本中，男生占 32.09%，女生占 67.91%，女生多于男生；年龄上，16—19 岁的超过半数；就读学段上，中学生是主体，159 名，占总数的 85.03%。

**2. 家庭背景**

**表 2　样本家庭背景**

| 家庭背景 | 人数 | 占比 /% |
| --- | --- | --- |
| 祖父母及父母一直都在澳门生活 | 76 | 40.64 |
| 与父母辈已经在澳门生活很长时间了 | 82 | 43.85 |
| 近五年才来到澳门生活 | 22 | 11.77 |
| 不在澳门居住，仅在澳门就读 | 7 | 3.74 |

根据表 2，样本中，跟随祖父辈、父辈定居或近五年到澳门定居的本地学生，共 180 名，占 96.26%；不居住在澳门，仅在澳门中小学就读的外地生，占 3.74%。

**3. 第一语言 / 方言**

**表 3　调查对象的第一语言 / 方言分布**

| 语言 / 方言 | 人数 | 占比 /% |
| --- | --- | --- |
| 粤方言 | 146 | 78.07 |
| 普通话 | 25 | 13.37 |
| 其他汉语方言（闽、客家等） | 10 | 5.35 |
| 其他语种（英语、菲律宾语等） | 6 | 3.21 |

根据表 3，样本中第一方言为粤方言的 146 人，占 78.07%；普通话次之，占 13.37%；其他汉语方言占 5.35%，其中 8 人为闽方言；选择“其他语种”的 6 人，其中包括日语、菲律宾语、英语等。

## 二 结果分析

### （一）语言使用能力

#### 1. 语言能力自我评估

表 4 调查对象的语言能力自我评估

| 语言 / 方言 | 不同自我评估者的比例 /% | | | | |
|---|---|---|---|---|---|
| | 能准确流利地使用 | 能熟练使用，但某些表达需借助其他语言 | 能比较准确地使用，少量表达需借助其他语言 | 只会说一些日常用语，部分表达需借助其他语言 | 基本不会说 |
| 粤方言 | 80.21 | 17.11 | 0.54 | 1.60 | 0.54 |
| 普通话 | 56.16 | 24.06 | 11.23 | 6.95 | 1.60 |
| 英语 | 15.51 | 35.83 | 24.06 | 20.32 | 4.28 |
| 其他汉语方言（闽、吴、客家等） | 3.74 | 6.42 | 13.90 | 17.11 | 58.83 |
| 其他语种（葡萄牙语、马来语等） | 3.21 | 3.74 | 16.04 | 23.00 | 54.01 |

根据表 4，澳门中小学生的粤方言能力普遍较高；普通话，56.16% 的调查对象能准确流利地使用，但尚有 43.84% 未达准确流利的程度；英语，仅有 15.51% 能准确流利地使用，总体水平不高；葡萄牙语、马来语等语种的能力自评最低。总的来看，调查对象的语言能力从强到弱呈以下梯级：粤方言 > 普通话 > 英语 > 其他汉语方言 > 其他语种。

#### 2. 语言能力自我预期

表 5 调查对象的语言能力自我预期

| 语言 / 方言 | 不同自我预期者的比例 /% | | | | |
|---|---|---|---|---|---|
| | 非常准确流利 | 比较熟练和准确 | 不准确，但可以进行一般交际 | 听得懂并可以进行简单交际 | 听懂即可 |
| 粤方言 | 83.42 | 13.90 | 2.14 | 0.00 | 0.54 |
| 普通话 | 61.51 | 24.06 | 6.95 | 3.74 | 3.74 |
| 英语 | 48.67 | 34.22 | 10.16 | 5.35 | 1.60 |
| 其他汉语方言（闽、吴、客家等） | 12.83 | 9.63 | 28.88 | 14.44 | 34.22 |
| 其他语种（葡萄牙语、马来语等） | 11.76 | 16.04 | 28.88 | 12.30 | 31.02 |

根据表 5，澳门中小学生对粤方言的自我预期最高；其次是普通话，期望“非常准确流利”的比例占 61.51%；再次是英语，近半数期望自己的英语“非常准确流利”；其他汉语方言和其他语种的自我期望值均较低。访谈也显示，澳门中小学生对其他汉语方言、其他语种虽持包容态度，但学习意愿并不强烈。

### （二）语言使用状况

表 6　调查对象在家庭内部的语言使用状况

| 场景 | 使用语言或方言者的比例 /% | | | | |
|---|---|---|---|---|---|
| | 粤方言 | 普通话 | 英语 | 其他汉语方言 | 其他语种 |
| 同父母交谈时使用 | 91.98 | 28.34 | 11.23 | 11.23 | 3.74 |
| 同兄弟姐妹交谈时使用 | 89.30 | 35.29 | 12.30 | 7.49 | 3.74 |
| 在家庭成员聚会时使用 | 89.30 | 26.74 | 8.02 | 14.44 | 2.14 |

从表 6 可以看出，粤方言是澳门中小学生在家庭内部交际时的首选，其次是普通话，其他汉语方言和其他语种的使用率均较低。访谈也印证了这一点：大多数受访者表示在家庭交流中使用粤方言，但也有部分家长为给子女营造学习普通话的氛围，会在家中主动使用普通话。

表 7　调查对象在校语言使用状况

| 场景 | 使用语言或方言者的比例 /% | | | | |
|---|---|---|---|---|---|
| | 粤方言 | 普通话 | 英语 | 其他汉语方言 | 其他语种 |
| 在课堂上与老师交谈时使用 | 92.51 | 34.76 | 37.43 | 1.60 | 3.21 |
| 在课堂上与同学交谈时使用 | 96.79 | 37.43 | 21.92 | 1.07 | 1.60 |
| 在课后与老师交谈时使用 | 93.58 | 31.02 | 21.93 | 0.00 | 2.14 |
| 在课后与同学交谈时使用 | 95.19 | 45.45 | 18.72 | 1.07 | 2.14 |

根据表 7，澳门中小学生在校期间主要使用粤方言，普通话和英语则是重要的辅助性交际语言，其他汉语方言、其他语种的使用率较低。访谈中，学生表示选择何种语言 / 方言进行交流，会受到交流对象所用语言 / 方言、交际语境、自身普通话水平等因素的影响。

表 8 调查对象在公共场合的语言使用状况

| 场景 | 使用语言或方言者的比例 /% | | | | |
|---|---|---|---|---|---|
| | 粤方言 | 普通话 | 英语 | 其他汉语方言 | 其他语种 |
| 与朋友在商城、餐厅等公共场合交谈 | 93.58 | 37.43 | 20.32 | 2.14 | 2.67 |
| 在公交、地铁、商场、餐厅等与陌生人交谈 | 95.19 | 29.95 | 20.86 | 0.00 | 2.67 |
| 在商城、餐厅与售货员、服务员交谈 | 95.19 | 27.81 | 21.92 | 0.54 | 1.07 |
| 在政府部门办事，与工作人员等交谈 | 95.19 | 24.06 | 18.72 | 1.07 | 2.14 |

根据表 8，澳门中小学生在各个公共场合使用粤方言的比例均超过 93%。在对不同人群的交流中，粤方言是首选，普通话次之，英语居于第三位，其他汉语方言和其他语种的使用率较低。也即粤方言是公共场合的交际首选，普通话和英语是重要的辅助性交际语言。

### （三）语言需求

表 9 澳门中小学生的普通话学习需求

| 调查项目 | 选项 | 选择人数 | 比例 /% |
|---|---|---|---|
| 普通话学习意愿（单选） | 非常愿意 | 107 | 57.22 |
| | 愿意 | 45 | 24.06 |
| | 无所谓 | 23 | 12.30 |
| | 不愿意 | 4 | 2.14 |
| | 非常不愿意 | 8 | 4.28 |
| 普通话学习动机（可多选） | 学校学业要求 | 119 | 63.64 |
| | 日常交际需要 | 122 | 65.24 |
| | 为了未来工作发展 | 82 | 43.85 |
| | 个人兴趣 | 77 | 41.18 |
| | 从小就会 | 9 | 4.81 |
| 普通话水平自我期望（单选） | 非常准确流利 | 115 | 61.51 |
| | 比较熟练和准确 | 45 | 24.06 |
| | 不准确，但可以进行一般交际 | 13 | 6.95 |
| | 听得懂并可以进行简单交际 | 7 | 3.74 |
| | 听懂即可 | 7 | 3.74 |
| 普通话学习途径（可多选） | 学校安排的课程、活动等 | 111 | 59.36 |
| | 培训机构、家庭教师 | 18 | 9.63 |
| | 通过网络自己学习 | 96 | 51.34 |
| | 跟自己的内地朋友学习 | 76 | 40.64 |
| | 家庭影响 | 30 | 16.04 |

根据表 9，展示出强烈的普通话学习意愿的调查对象占 57.22%，持中立或消极态度的占 18.72%。学习动机方面，“日常交际需要”“学校学业要求”是主要目的，占比分别为 65.24% 和 63.64%。普通话水平自我期望方面，61.51% 的调查对象希望能够准确流利地使用普通话，表现出较高的自我期望值。学习途径方面，学校安排的课程、活动是最主要的学习方式，其次是网络自学以及跟内地朋友学习。访谈发现，前者多是年龄尚小的学生采取的学习方式，后两者则是年龄较大的学生选用的学习途径。

### （四）普通话教学情况

**表 10　澳门中小学生的普通话课程频次**

| 选项 | 人数 | 所占比例 /% |
|---|---|---|
| 无普通话课程 | 86 | 45.99 |
| 每周 1—2 节 | 52 | 27.81 |
| 每周 3—4 节 | 17 | 9.09 |
| 每周 5 节以上 | 32 | 17.11 |

根据表 10，45.99% 的调查对象所在学校或年级未开设普通话课程；开设普通话课程的调查对象中，每周 1—2 节的人数最多，占 27.81%；每周 3—4 节或 5 节以上的，占比均较低，分别为 9.09% 和 17.11%。访谈中，受访学生普遍表示，相较于其他课程，普通话课程受重视度偏低。具体来说，一是周课时数较少，二是缺少系统性与延续性。比如，有的学校开设普通话课程，有的则不开设；小学学段开设普通话课程，进入中学学段后多数学校则不再开设。这些都在一定程度上影响了中小学生普通话能力的持续发展与提升。

**表 11　澳门中小学生对普通话课程的评价**

| 选项 | 人数 | 所占比例 /% |
|---|---|---|
| 课程课时设置太少 | 34 | 33.66 |
| 教师普通话水平低 | 24 | 23.76 |
| 内容针对性差，教学效果不好 | 15 | 14.85 |
| 没有提供普通话使用的环境 | 27 | 26.73 |
| 课外普通话学习资源太少 | 20 | 19.80 |
| 没有不满意的 | 31 | 30.69 |
| 其他 | 7 | 6.93 |

表11显示的是101位开设普通话课程调查对象对课程的评价。从数据来看，除31人表示“没有不满意”之外，不满意之处，选择较多的是“课程课时设置太少”“没有提供普通话使用的环境”“教师普通话水平低”“课外普通话学习资源太少”这四个选项。访谈也验证了这一点：很多受访者都提到了课时少、内容浅、学习资源不足、教师水平不一、运用环境缺乏等普通话教学中的问题，并认为这些因素在一定程度上影响到了他们普通话水平的提升。

## 三 澳门中小学生语言使用的特点

语言使用与语言能力层面：家庭、校园与社会生活中，粤方言是主导，普通话与英语是重要辅助，其他汉语方言和语言是补充；具体交际中，中小学生往往会结合交流对象的语言使用状况、交际语境、自身语言能力等，选用某种语言/方言来完成话语交际。语言能力上，粤方言的自评水平最高，其次是普通话，再次是英语、葡萄牙语以及其他汉语方言和语言。虽然相当一批中小学生的普通话、英语未达准确流利水平，但他们对二者有着较强的学习意愿与自我期待。

普通话学习层面：与内地交往较多的家庭态度较为积极，部分澳门本土家庭对粤方言未来的传承发展与生存空间感到担忧，持保留态度；学业考核、交际与工作需要等工具性目的是学生普通话学习的主要动机，学校课程与网络自学是主要途径。受到多种要素的影响，目前澳门不同中小学的普通话教学水平、效果参差不齐，并在师资水平、学段衔接、学习资源等方面存在诸多可进一步提升之处。

## 四 澳门中小学普通话教学建议

第一，优化普通话推广策略。澳门中小学的类别多样，办学要求不尽一致，学生及其家长对推普的态度也不完全相同。推普过程中，相关部门与各级学校要充分考虑到这些现实要素，妥善处理好不同语言之间、国家通用语言与方言之间的关系，依据实际情况，针对具体对象，选择合适的途径与策略。

第二，提升普通话师资水平。教育主管部门与各级学校要结合澳门中小学的实际情况，制定科学、规范、统一的普通话教师任教与上岗条件，逐步建立较为完备、系统的普通话教师培训体系。在条件允许的情况下，也可考虑引入内地普通话教学师资或与内地相关机构、高校联合培养普通话教学人才。

第三，增加普通话教学课时。小学阶段是学生语言能力形成与发展的关键时期，各学校可根据实际情况，统筹协调现有语言课程，在目前每周 1—2 节普通话课的基础之上，适当增加课时，以保证学习效果。中学阶段，普通话课程宜保留，并给予一定课时，以利形成学段衔接，保持语言能力。

第四，创设普通话使用场景。在课堂教学之外，通过组织各类课外活动、开设第二课堂、进行社会实践等方式，为中小学生创造良好的课外普通话使用环境，提供尽可能多的运用普通话交流的机会，弥补课堂学习之外，部分澳门中小学生运用普通话的场景匮乏、无法有效提升自身普通话水平的短板。

第五，构建普通话资源平台。整合现有可用的普通话资源，构建线上普通话学习资源服务平台。一方面，为不同年级、学段的澳门中小学生提供各类可用的听说读写资源、各类普通话活动与考试资讯；另一方面，为中小学生提供可以超时空交流学习的渠道，不同学校、学段甚至地域的中小学生可以在平台内交流学习方法、心得，共享资源，甚至可以建立“普通话角”进行线上普通话练习等。

（张迎宝、黄　瀚、戴　博、邓馨韵）

# 粤港澳大湾区汉语语言学的教研状况*

在粤港澳大湾区内部融合日趋增强的背景下，大湾区高校的交流合作已迫在眉睫。通过交流合作，改善课程设计，分享教学经验，设定语文教学发展方向，提升教学素质，促进教和学的多元化，既能提高湾区内高校的语文教育水平，也能为湾区的发展奠定稳固的基础。

## 一　大湾区的汉语语言学

以汉语语言学为例，大湾区目前有不少高校设立了中文系，香港的院校对推动汉语语言学研究起了重要作用。此外，已有多所香港高校在深圳建设产学研基地或研究院，对促进大湾区的科研建设也做出了重要贡献。如果湾区内高校中文系的汉语语言学学者、学子能够定期交流，对该地区的学术长远发展一定大有裨益。

以往大湾区高校汉语语言学的教研和中文教研的讨论，往往偏向介绍香港的大学，较为零碎，也不够全面。鉴于此，香港中文大学深圳研究院语言学研究中心（后改称为“中国语文研究中心”）牵头，连同香港中文大学中国语言及文学系、中山大学中国语言文学系、澳门大学中国语言文学系，于 2019 年 3 月 23 日在香港中文大学深圳研究院举行了名为“大湾区中文论坛”的学术活动，这是大湾区高校相关院系代表和相关语文课程负责人的首次聚会。论坛结束后，经香港中文大学中国语言及文学系倡议，三校中文系正式向粤港澳高校联盟申请，组建中文联盟。2019 年 7 月 19 日在澳门大学举行的粤港澳高校联盟年会上，三系代表签署协议书，正式成立“粤港澳高校中文联盟”，作为湾区内高等教育的交流平台，以提升粤港澳大湾区中文专业的合作层次和水平为宗旨，致力汇集湾区内高校的教研力量，促进交流协作与资源共建共享。

* 国家语委“十三五”科研规划 2018 年度重点项目“大湾区高校中文研究与教学”（ZDI135-81）。

考虑到大湾区的语言独特性，湾区内高校提倡深入研究汉语语言学、汉语方言，提升中文教学水平等；利用学科优势，大力推进高校语文学科建设，提升语文水平和文化赏析能力；加强对湾区内方言的保护，增进对汉语语言学和湾区内方言的认识；增强文化自信，加深对大湾区的认识和认同感。

## 二　大湾区高校汉语语言学教学的情况

大湾区的高校机构设置各不相同，也并非每所高校都有独立的中文系，汉语语言学课程或是开设在人文、文学与传媒、法律、教育等联合学院之下的汉语言文学专业，或是分散在汉语国际教育、新闻传媒等专业之中，或是设置在独立的研究中心下面，还有的则是作为面向全校本科生的基础中文课程或通识课程。

在设有汉语言文学专业的高校中，也有学位点设置的差别（表 1）。

**表 1　粤港澳大湾高校区汉语言文学专业学位设置情况表**

| 学位点 | | 高校 |
|---|---|---|
| 本＋硕＋博 | | 澳门大学、北京师范大学珠海校区、广东外语外贸大学、华南师范大学、暨南大学（广州）、岭南大学、深圳大学、香港城市大学、香港大学、香港教育大学、香港浸会大学、香港科技大学、香港理工大学、香港中文大学、中山大学（广州、珠海）等 |
| 本＋硕 | | 广州大学 |
| 本科 | 非师范 | 东莞理工学院、佛山科学技术学院、广东财经大学、广东技术师范大学、华南农业大学、暨南大学（珠海）、五邑大学、珠海科技学院等 |
| | 师范 | 广东第二师范大学、广东技术师范大学、华南师范大学、惠州学院、肇庆学院等 |

从课程设置来看，大部分院校都设有基础且常规的语言学科目，例如现代汉语、古代汉语、语言学概论等；部分高校则会根据自身资源配置，在不同的语言学次范畴开设更为进阶的语言学课程，例如文字学、音韵学、语音学、词汇学、语法学、方言学、训诂学、语义学、语用学等。因为地处大湾区，方言资源丰富，大湾区高校相关院系还在方言课程之中纳入了相应的文化内容，例如：方言与中国文化（香港大学），中国语言及文化与语言学习（香港中文大学），方言与普通话专题研究（香港教育大学），方言与地域文化、方言与文化（广东外语外贸大学），汉语方言与文化（中山大学），汉语方言与文化（惠州学院），方言与文化（五邑大学），广东方言与文化（深圳大学），方言与文化调查（肇庆学院），等等。此外，不少高校也开设了方言田野调查课程，例如

汉语方言调查（中山大学）、语言实地考察（香港中文大学）等。

大湾区最通行的方言是粤方言。因此，在常规方言类课程之外，不少高校还开设了与粤方言相关的课程。相关课程大致分为三类：粤方言本体研究、粤方言技能课程、粤方言与文化类课程。粤方言本体研究的课程最多，涵盖语法、音韵和语言学理论等。大湾区的大学生来自全国乃至世界各地，开设粤方言技能课程，可以帮助他们更好地融入当地的学习和生活，例如广州话初／中级课程（香港大学）、国际学生广东话应用学习（香港中文大学）、广州话入门（中山大学）、广州话教学（暨南大学）等。除此之外，澳门的高校，在粤方言本体研究和粤方言技能之外，还根据澳门的地域文化特殊性，加入了相应的文化内容，开设了澳门语言与社会（澳门理工学院）等科目。

## 三　大湾区高校汉语语言学研究的情况

大湾区的语言研究以粤方言研究最具代表性。据《中国分省区汉语方言文献目录（稿）》的不完全统计，粤方言的研究文献约 3000 条，其中关于大湾区粤方言广府片方言的研究就有 1200 多条。“国际粤方言研讨会”是湾区内重要的学术研讨会，该研讨会于 1987 年在香港中文大学举行了第一届。经暨南大学詹伯慧教授多年推动，研讨会茁壮成长，已成为方言学界和汉语语言学界的一大盛事。研讨会最初以“香港—广州—澳门”隔年举行的模式进行，自 2015 年的第二十届开始，改为每年举行。而 2021 年的第二十五届，首次以粤港澳高校中文联盟的名义举办，并且以全线上的方式举行，构建了大湾区“超地域”的合作模式，不仅延续了粤方言研究的传统，更有新的突破。

除粤方言研究外，大湾区高校语言学研究还对跨方言研究非常重视，提倡跨院校、跨地域的交流合作，近年举办的“方言语法博学论坛”就是一个好例子。方言语法博学论坛由香港中文大学和中山大学于 2015 年发起，自 2017 年开始复旦大学加入，作为促进方言语法比较研究的平台，尤其关注粤方言、吴语等东南方言的比较研究，并轮流由香港中文大学、中山大学、复旦大学承办。论坛每一届都设有特定的研究专题，既拓展了研究深度，也促进了研究视角的多元化。

此外，另一个跨地域合作的学术活动“中国语言学岭南书院”，也逐渐成为大湾区语言学活动的品牌项目。举办跨地域语言学书院的构思，最早在 2019 年 3 月举行的大湾区中文论坛上，由澳门大学徐杰教授提出。首届中国语言学岭南书院由粤港澳高校中文联盟主办，中山大学中国语言文学系承办，香港中文大学中国语言及文学系、中国文化研究所吴多泰中国语文研究中心联合协办，从2020年到2022年，连续三届的“中国语言学岭南书院”吸引了来自多个国家和地区的千余名师生报名参加。书院以粤港澳高校中文联盟的名义筹办，依托互联网平台开展跨地域的学术活动，提升了大湾区中文专业的合作层次和水平，促进了交流协作和资源共建共享。中国语言学岭南书院不仅服务湾区内师生，也吸引了不少湾区外甚至国外的师生，对普及和提升中国语言学学术水平起到了积极的推动作用。

在语言服务及其研究方面，广州大学在2020年11月设立的国家语委科研机构“国家语言服务与粤港澳大湾区语言研究中心”，对推动湾区内高校语言研究交流合作，起了积极作用。该中心发挥广东省语言资源优势，以服务国家发展战略、服务国家语言文字事业发展需求为目标。中心成立后，充分发挥平台整合作用，加强湾区内高校专家协同，尤其是跟港澳地区高校的学术合作。例如，中心于2020年召开第五届语言服务高级论坛，来自粤港澳三地的专家围绕湾区内语言研究、语言服务、语言资源等论题，深入研讨。翌年中心成功承办第六届语言服务高级论坛，论坛主题为“粤港澳大湾区语言服务研究”，重点讨论《粤港澳大湾区语言服务发展报告（2022）》初稿，与会专家学者就报告初稿以及大湾区语言服务相关问题各抒己见，共同探讨大湾区语言研究、语言服务的未来发展方向。

大湾区跨地域的学术研究，对“一带一路”倡议也非常重视。香港中文大学中国文化研究所吴多泰中国语文研究中心和中国语言及文学系于2017年3月27日—4月30日联合举办了“海上丝绸之路组曲”学术活动。通过系列学术活动，湾区内外师生共同探讨21世纪海上丝绸之路国家和地区华语和汉语方言的语言特点。“海上丝绸之路的汉语研究国际论坛”是首个在“一带一路”的视角下研究21世纪海上丝绸之路的国际语言学活动，汇聚超过一百位中外专家学者，分享海外华语和汉语语言学各领域的研究心得。2020年出版的《中国语文通讯》专号，收录了部分会议论文，这对引发学界对21世纪海上丝绸之路的兴趣和重视，探索语言学研究的新方向，大有裨益。

2018年12月7—8日，以“一带一路”为主题的“第十一届海峡两岸现代汉语问题学术研讨会”在香港中文大学召开。这次研讨会由香港中文大学、南开大学、中国社会科学院语言研究所联合主办；香港中文大学中国语言及文学系、中国文化研究所吴多泰中国语文研究中心联合承办。研讨会主题为"'一带一路'视角下的汉语研究"，内容既涉及微观层面不同方言点的对比分析，也涉及宏观层面粤港澳大湾区的语言政策问题，为湾区语言学研究与应用注入了新的内容。

大湾区的独特语言优势，再加上湾区内语言学教研的雄厚基础，以跨校跨地域的合作模式，通过知识转移，把语言学理论应用于社会，有助于配合国家建设所需，为"一带一路"做出贡献。从语言的社会属性来看，港澳地区所使用的粤方言，还可以凝聚海外华侨的力量。大湾区不少高校中文系开设的课程，如方言（粤方言、客家话等）研究、地方文学文化研究等，对内可增进大湾区的族群认同，对外可联系海外华侨，尤其是21世纪海上丝绸之路国家的侨胞。

## 四　大湾区汉语语言学研究的发展

大湾区有多所著名高校，多年来研究活跃，学术蓬勃，课程多元，培养出不少人才。无论是大中华区的汉语语言学，还是全球范围内的语言学，大湾区都已成为研究队伍的重要一员。

就过往所举办的两届中国语言学岭南书院而言，两年所积累的讲座，题材广泛，内容丰富，所采用的理论和观点也前沿多元，既有本体课题，也有应用研究，既看重学科知识，又关注研究方法。相关研究代表了大湾区高校汉语语言学的研究兴趣和水平，反映了当前湾区内关心的前沿课题。线上报告和互动讨论，呈现了开放、包容、活泼的一面，展示出了"各美其美，美人之美，美美与共，天下大同"的研究风格和追求。

在第二届中国语言学岭南书院闭幕礼上，与会学者都谈及汉语语言学的应用、跟社会的关系，以及新文科的重要性。汉语语言学怎样迎接新文科的来临，凸显汉语语言学在社会生活中的应用价值，将是极具挑战的问题。

新文科之所谓"新"，就是能突破传统文科固有的藩篱，跟不同学科做交叉研究，既要吸收其他学科的优点，借此开发新课题，开拓新领域，又要提高自身的影响力，让从事其他学科研究的人，能了解文科的重要性，甚至借用文科研究的方法和成果。"交叉"是新文科的一个重要关键词，正如屈哨兵教授所言，"如何才能'新'，路径有很多种，这里想强调其中的一种，就是交叉。学科与学科之间如果不走交叉融合的道路，很多'科'也都'新'不起来"。强调交叉学科研究，是汉语语言学研究的新方向，也是新文科的未来。

从学科建设的角度来看，假如一个学科不跟社会接轨，就不能把成果转化到社会应用上，无论对学界还是对社会，长远而言，恐怕都会欠缺话语权。在面对百年未有之大变局之时，汉语语言学该如何应对？如何发展？以联合国所提出的17项“可持续发展目标”（Sustainable Development Goals）为例，汉语语言学可以做出多少贡献？我们不妨选录以下四项，思考一下汉语语言学可以怎样回应。

> 第四项“优质教育”（quality education）：确保包容和公平的优质教育，让全民终身享有学习机会
>
> 第九项“产业、创新和基础设施”（industry, innovation and infrastructure）：建设具有适应力的基础设施，促进包容性和可持续的工业化，推动创新
>
> 第十一项“可持续城市和社区”（sustainable cities and communities）：建设包容、安全、有抵御灾害能力和可持续的城市和人类居住区
>
> 第十七项“促进目标实现的伙伴关系”（partnership for the goals）：加强执行手段，重振可持续发展全球伙伴关系

上述几项范畴，项项离不开语言的因素。我们不妨思考一下，什么是优质的语言教育？怎样通过语言的学习、使用等方面，体现包容和公平的优质教育？怎样通过语言，协助建设具有适应力的基础设施，从而有效推动创新？怎样利用语言，适当营造一个包容、安全、可持续的城市和人类居住区？怎样用创新的手法，打破语言的隔阂，加强可持续发展的全球伙伴关系？简单来讲，通过语言，我们可以怎样增进全球人类的彼此了解，互助互爱，建设更美好的社会？对这些问题的思考与回答，在某种程度上指明了新文科背景下汉语语言学研究的方向。

学科的发展，应密切关注社会的动向，思考怎样利用学科来解决当前人类的问题。后疫情时代，教育、科技、居住环境、全球合作等范畴，都产生了新的现象。对此，汉语语言学应有灵活变通、解决难题的能力。除了做好已有的本体研究之外，还要有前瞻性，敢于跳出“舒适圈”，迎接种种新变化。大湾区高校的同人，应以新文科的新思路推进汉语语言学研究改革，充分利用大湾区各高校区位毗邻、文化趋同的优势，协作共建，敢为人先，开拓跨学科研究的空间。可以先从湾区内做起，解决好湾区内的语言研究问题，继而筹划怎样更好地跳出大湾区，引领全国，树立新风。

## 五　大湾区汉语语言学教学的发展

明晰汉语语言学的新时代定位，善用湾区内高校的优长，开拓跨学科研究的空间——如果这是大湾区汉语语言学研究今后的发展方向，那么，汉语语言学的教学，也要配合时代需求，在高校体制内创造良好的条件，引入新元素，培养人才。

大湾区部分高校的中文系本科教学，除开设常规的基础科目外，也有不少供本科生选修的专业科目。以香港中文大学、澳门大学、中山大学三校的本科语言学课程为例，包括"基本课程"和"专业课程"两大类[①]，前者属必修，旨在提供语言文学基本知识；后者属选修，是专业进阶知识。详见表 2。[②]

**表 2　香港中文大学、澳门大学、中山大学本科语言学课程设置情况表**

| 香港中文大学 | 澳门大学 | 中山大学 |
|---|---|---|
| 1. 中国语言学概论 | 1. 现代汉语 | 1. 现代汉语（上） |
| 2. 文字学导论 | 2. 汉语语言学概论 | 2. 现代汉语（下） |
| 3. 音韵学导论 | 3. 粤方言与粤文化 | 3. 古代汉语（上） |
| 4. 现代汉语语法 | 4. 古代汉语 I | 4. 古代汉语（下） |
| 5. 汉英比较语法 | 5. 古代汉语 II | 5. 语言学概论 |
| 6. 汉语构词法 | 6. 现代汉语语法语用学 | 6. 汉语词汇学 |
| 7. 文字学研究 | 7. 汉语词汇学专题 | 7. 现代汉语语法 |
| 8. 音韵学研究 | 8. 语言比较 | 8. 中国语言学史 |
| 9. 汉语韵律音系学 | 9. 语言学名著选读 | 9. 汉语发展史 |
| 10. 修辞学 | 10. 汉语社会语言学 | 10. 音韵学专题 |
| 11. 粤方言研究 | 11. 语言分析与研究 | 11. 训诂学 |
| 12. 汉语历史语法 | 12. 汉语语言学专题 I | 12. 汉语方言调查 |
| 13. 汉语方言学 | 13. 汉语语言学专题 II | 13. 语言学方法论 |
| 14. 应用语言学 | 14. 实用中文 | 14. 汉语修辞学 |
| 15. 普通话研究与教学 | 15. 港澳语言研究 | 15. 实验语音学 |
| 16. 训诂学 | 16. 汉语方言学 | 16. 当代语言学 |
| 17. 古文字学与古籍研究 | 17. 汉语语音学 | 17. 民族语通论 |
| 18. 中国语言学专题（一） | 18. 传统语文学 | 18. 汉语方言语法研究 |
| 19. 中国语言学专题（二） | 19. 汉语训诂学与语义学 | 19. 语言学理论和方法 |
| …… | …… | 20. 汉语方言与文化 |
| | | 21. 广州话入门 |
| | | …… |

① 表 1 中"基本课程"以下划线标识。

② 科目资料源自香港中文大学中国语言及文学系 2021 年 10 月编印的简介、澳门大学中国语言文学系 2019—2020 课程计划，以及中山大学中国语言文学系 2018 级课程地图。

除此之外，通过三校中文系的课程架构，我们可总结出三个值得注意的现象：

第一，语言与文学并行。典型的中文系课程配置，对语言学和文学的教学都非常重视。对于中文系毕业的学生而言，这两方面的知识都非常重要。通过优秀精练的文学语言，学生可清晰中文典雅活泼的面貌，领悟汉语灵活多变、气象万千的气魄，感受中华文化千年积淀的优良传统。有了文学知识作为基础，融会汉语语言学研究，视野将更为广阔，研究也会得心应手。

第二，传统与当代结合。教学内容上，从古代汉语、现代汉语到“大华语”和全球华语变体的关系等，贯通古今；学科的理论和方法上，从传统的“小学”到当代语言学理论，均有涉及。汉语语言学既要重视弘扬传统，也不能忽略跟当代学术接轨。在新文科精神的指导下，推动交叉学科研究，尤其是跟当前尖端领域的结合，甚至融合，至关重要。在有限的课程框架里，怎样增强古今兼顾的元素？怎样加入交叉学科的教学？这些都是难题。

第三，研究与应用接轨。上文提到，学科必须跟社会接轨，实现成果转化。以香港中文大学中国语言及文学系的课程设置为例，既有偏于实用的应用语言学，也有理论结合实践的大学语文，更有与大湾区的粤方言使用环境密切相关的粤方言研究、普通话研究与教学等课程。当然，跟社会接轨的科目还可以增加，丰富已有的课程。除了针对当地社会的问题外，学科知识能否覆盖大湾区的问题？能否适用于全国？能否延伸到“一带一路”国家，尤其是华人众多的国家和地区，甚至全球范围？能否实现真正意义上的可持续发展？而将研究与应用紧密结合的课程，肯定能帮助学生把汉语语言学知识运用到实际生活中，把认识层次提升到更高的水平、更广阔的天地，这是我们非常期待的。

总的来说，在中文系的汉语语言学教学里，维系传统、传承文化，确实责无旁贷。不过，在面对百年未有之大变局之时，增加新元素，适应新需求，与时俱进，尤其是把学生引导到交叉学科的学习，跟社会接轨，学以致用，解决实际问题，也是大势所趋。院系内部的课程设计，往往受学制框架所限，科目和学分不能无限膨胀，院系的人力资源也有局限。怎样平衡制度、资源等现实考虑和灵活多元的理想追求，无论对院系主管者还是对全体师生来说，都是值得思考的问题。

有效回应上述问题，通过跨院系、跨校进行交流合作，相互取长补短，是一个可行的策略，起码可以回避资源重叠、重复劳动的问题，是个值得探索的方向。当然，这种通过跨院系、跨校方式以达成跨学科教学的协作，也需克服重重困难。

日后在规划课程时，要以大格局的视角，从大湾区宏观层次思考问题，善用大湾区高校地理便捷、语言文化相近等优势，鼓励湾区内高校协作，提供更多便利条件，提升制度弹性，妥善处理资源分配问题，加快推动和落实跨校协作计划，对汉语语言学教学的长远发展，功在当代，利在千秋。善用汉语语言学教研已有优势，加强跟湾区内高校的交流，更好地融入国家发展大局，把握发展机遇，为贡献祖国出力，势在必行。

提倡交叉学科教研的目标，不可能一蹴而就，必须有充裕的资源、合理的制度、适当的配套等，才能事半功倍。汉语语言学等文科教学，必须得到高校的认同和社会的重视，意识到汉语语言学跟其他学科融合的重要性。欠缺资源、制度、配套等条件，仅强调跨学科教学，便是一纸空谈。因此，无论是行政层面，还是学术层面，都要积极为跨学科教学设计具体方案，从新文科长远发展来考虑，营造良好的条件，提供一切便利。只有这样，才谈得上教学内容多元化、教学模式多样化，推陈出新，与时并进，造福学子，惠及社会。

## 六　结语

随着《粤港澳大湾区发展规划纲要》出台，大湾区的战略定位与发展目标愈加清晰，这给湾区内高校长远发展的计划带来了新的启示。积极在湾区内做好语文学科建设，提升学生语文水平和文化赏析的能力，肯定是值得努力奋斗的大方向。在新文科精神的指引下，善用大湾区内的优势，加强大湾区内跨校协作，改进汉语语言学教研，积极思考跟尖端领域的结合和融合，兼善古今；跟社会接轨，解决当前社会问题，学以致用。大湾区高校地理便捷、语言文化相近等优势，应该会对湾区内高校汉语语言学的教研交流合作起到更加积极的推动作用。

大湾区具地理之便，既背靠祖国内地，又面向国际，尤其是面向21世纪海上丝绸之路的“一带一路”国家，正好为大湾区和“一带一路”国家搭建了语文教研的桥梁，扮演了“引进来，走出去”的角色。港澳地区应利用这个契机，抓住共建大湾区和“一带一路”的重大机遇，发挥自身优势，深化跟祖国内地的互利合作，尤其是在汉语语言学研究和语文教学的版图上，提笔着墨，配合新时代社会所需，开拓语文教研的新天地，为中华民族伟大复兴谱写新的乐章。

（邓思颖、黄新骏蓉）

# 大湾区高校国际中文教育现状*

《粤港澳大湾区发展规划纲要》提出，大湾区需深化全方位战略合作，打造世界级教育高地，支持大湾区建设国际教育示范区。本报告调查后疫情时代大湾区高校国际中文教育现状，分析和讨论遇到的挑战，并提出相应的对策。

## 一　组织机构

### （一）实施主体

调查对象为大湾区广州、深圳、香港、澳门四大中心城市开设国际中文教育课程的13所高校（见表1），数据信息大部分来自各高校官网（2021年11月—2022年12月），部分为访谈所得。

**表1　大湾区开展国际中文教育的高校**

| 序号 | 城市 | 高校 |
| --- | --- | --- |
| 1 | 广州 | 中山大学 |
| 2 | | 暨南大学 |
| 3 | | 华南师范大学 |
| 4 | | 华南理工大学 |
| 5 | | 广东外语外贸大学 |
| 6 | | 广州大学 |
| 7 | 深圳 | 深圳大学 |
| 8 | 香港 | 香港中文大学 |
| 9 | | 香港理工大学 |
| 10 | | 香港大学 |
| 11 | | 香港科技大学 |
| 12 | | 香港浸会大学 |
| 13 | 澳门 | 澳门大学 |

* 国家语委“十四五”科研规划2022年度省部级重点项目“高校语言文字工作理论与实践研究”（ZDI145-36），2022年度国际中文教育项目“新形势下粤港澳大湾区中外语言文化交流的机遇、挑战及展望研究”（22YH12D）。

从机构设置和课程设置来看，粤港澳三地国际中文教育呈现出不同的特色。

广东高校大多设立独立学院为国际学生开设中文课程，主要教授普通话，部分高校开设了粤方言选修课。课程内容丰富多样，既包括常规语言教学课程，也包括具有时代和地域特色的课程，如深圳大学开设的“生活汉语”系列课程，其中的“在深圳租房”“深圳的交通”“吃在深圳”“在深圳看病”等主题具有地域特色，贴近现实生活，实用价值较高。

香港高校一般设立语文中心或语言中心，为全校学生提供语言学习课程，其中包括面向国际学生的普通话及粤方言课程。课程设置上既注重语言学习，也重视中国文化的实践，如香港中文大学雅礼语文研习所开设中国语言文化实践课程，主题包括历史、宗教、商业、风俗文化、教育、现代生活等。除了语文或语言中心外，香港理工大学还建有香港孔子学院，致力于在香港独特的历史背景和社会状况下，为本地居民和国际人士提供学习汉语及中国历史和传统文化的机会。

澳门高校中，澳门大学建有澳门孔子学院，目前致力于将澳门建设成为面向世界各国尤其是葡萄牙语国家的中国语言文化教育国际平台，为澳门各界从业人士开设普通话课程。

访谈调查发现，大湾区高校国际学生数量自新冠疫情暴发后持续走低。广东高校国际学生招生数量严重下降，教学以线上为主；香港澳门高校线下课程基本开放，某些高校如香港中文大学为海外汉语学习者提供线上中文课程，但总体来看，国际学生数量也明显减少，个别高校 2022 年年底之前国际中文教学活动已基本停滞。

### （二）粤港澳大湾区国际中文教育联盟

为推动大湾区国际中文教育事业的发展，大湾区高校积极组建联盟，增进合作。

2021 年 11 月 5 日，“粤港澳大湾区孔子学院合作大学联盟”成立，广东外语外贸大学为联盟理事长单位，香港理工大学和澳门大学为联盟副理事长单位，中山大学、华南理工大学、暨南大学、华南师范大学、广州大学和岭南师范学院为联盟理事单位。联盟以“互通互鉴、合力共赢”为宗旨，依托粤港澳大湾区战略地位，旨在构建以粤港澳大湾区孔子学院中方合作院校为主体、其他单位为支撑的区域孔子学院联盟。

2022年8月22日，“国际中文教育南方联盟”成立，联盟由华南师范大学倡议，并联合广州大学、暨南大学、深圳大学、中山大学、澳门科技大学、广东外语外贸大学、香港教育大学、澳门大学、广州城建职业学院等共同成立。联盟旨在更好地推动国际中文教育事业高质量可持续发展，促进相关单位和机构在国际中文教育学科建设、师资培养培训、交流合作等方面资源共享和协同发展，打造“国际中文教育共同体”，发挥中国南方地区在国际中文教育领域的示范和引领作用。

此外，2022年12月28日，“粤港澳大湾区语言生活与语言服务建设联盟”在广州成立。该联盟由粤港澳大湾区33家语言学领域教育科研机构、地市语言文字工作部门、行业组织和企业共同发起。联盟的建设，拟依托由教育部语言文字信息管理司、广东省教育厅、广州大学三方共建的国家语委科研机构“国家语言服务与粤港澳大湾区语言研究中心”，作为联盟的筹备机构及联盟成立后的秘书处，与成员单位共同承担起联盟的组织和建设任务。① 国际中文教育是语言生活与语言服务的重要领域，该联盟的成立将有效助推大湾区国际中文教育的发展。

多个联盟的成立，标志着大湾区国际中文教育合作意识的成熟与合作机制探索的开始。如何在尊重大湾区各地国际中文教育差异的基础上，在理论和实践层面创新合作机制，打造湾区国际中文教育品牌，是大湾区高校进一步努力的方向。

## 二　师资培养

大湾区高校重视本土化师资培养，成立“东南亚国际中文教师教育学院”，多次举办线上海外中文教师和管理人员培训，有效提升了海外本土师资中文教学水平和管理能力。

### （一）东南亚国际中文教师教育学院

东南亚国际中文教师教育学院于2021年11月13日签约成立，是全球首家国际中文教师学院。学院由教育部中外语言交流合作中心（以下简称“语合中

① 《粤港澳大湾区语言生活与语言服务建设联盟成立》，中青在线网，2022年12月29日，http://news.cyol.com/gb/articles/2022-12/29/content_xaeLWJSVmA.html。

心”）和华南师范大学合作共建，聚力培养高层次国际中文师资，通过“中文＋专业”“中文＋行业”以及学校正在推进的“东南亚学”交叉学科培养国际中文人才和东盟人才，开展国际中文教师教育理论及相关研究，研发中文教材和教学资源，发挥智库作用，提供咨询服务。

该学院聚焦东南亚中文教育本土师资培养，能有效提升东南亚本土化师资水平，也能为海外其他区域国际中文师资培养提供经验。

### （二）本土化师资线上培训

大湾区高校充分利用网络和新媒体平台，举办线上海外中文教师培训活动，充分满足海外本土中文教师职业能力提升的需求。在线培训内涵丰富，学员来源国广泛，数量众多，反响强烈。

2022 年 7 月 23 日—8 月 28 日，华南师范大学承办语合中心主办的“东南亚本土中文教师职业技能提升研修班”，共有来自泰国和印度尼西亚的 69 名学员报名参加。2021 年 10 月—2022 年 11 月，暨南大学华文学院先后 5 次承办国务院侨务办公室主办的“华文教师线上研修班”，主题分别为“小儿童华文学习”“华文教材编写及应用”“多元要素辅助华文教学”“中文教学教法微技能”“家庭华文教育及小儿童华文学习”，参加研习的华文教师学员来自 50 多个国家，各次研修班学员人数 300—900 名不等。线上培训有效推进了海外华文师资队伍建设和发展。

### （三）管理人员研修班

2022 年 10 月 19 日，暨南大学与全美中文学校协会联合举办 2022 年“海外华校管理人员研修班·美国专题”，来自海外 30 多个国家的 300 多名华校管理者参加。此次研修班任课教师以美国中文学校知名校长、资深教师为主体，旨在提升华文教育管理水平。

## 三 项目活动

大湾区高校为海外学生举办线上语言文化交流项目，为在校国际学生组织实地文化考察活动，举办中文赛事，让学生感受中华文化魅力，体验当代中国和大湾区发展风貌，促进中外文化互动和交融。

### （一）系列语合中心线上团组交流项目

大湾区高校积极承办语合中心“汉语桥”线上交流项目，以语言教学为基础，以岭南文化特色和大湾区发展为主题，让学生全面深入理解当代中国文化，感受大湾区动感活力。

2022 年 2 月 21 日，华南师范大学承办“魅力湾区，动感岭南”冬令营，共有来自日本、法国、拉脱维亚、越南、印度尼西亚、泰国、埃及、巴基斯坦、孟加拉国等 9 国的 207 名营员参营。3 月 1 日，暨南大学华文学院承办“汉语桥”线上春令营项目，吸引 400 余位来自日本、印尼、越南等国的学生报名参加。3 月 11 日—11 月 1 日，华南理工大学成功举办 3 期以粤港澳大湾区发展为特色的汉语桥系列线上交流项目，课程设计新颖独特，丰富多元，参与学员多达 160 余名。

### （二）实地文化考察

大湾区高校组织丰富多样的文化考察活动，让国际学生亲身体验本土文化，充分了解新兴科技发展趋势，深度感知大湾区创新力量。

2021 年 11 月 4 日，深圳大学带领国际学生参观具有 1730 余年悠久历史、被誉为“深港历史文化之根”的南头古城，让学生们更好地“学在深圳，体验深圳”。2022 年 9 月 24 日，华南理工大学组织国际学生新生参加“感知中国——岭南文化一日行”活动，学生们走进越秀公园、陈家祠和岭南印象园等标志性景点，近距离体验独具特色的岭南文化。

大湾区作为中国经济、科技发展的前沿，为国际学生充分感受当代中国发展新貌提供了契机。2022 年 9 月 22 日，暨南大学带领国际学生前往科大讯飞股份有限公司开展考察实践活动；2022 年 5 月 31 日—6 月 2 日，15 位来自深圳大学的国际学生参加上海合作组织青年交流营活动，参观访问腾讯、华强方特、比亚迪等优秀科技企业；广东外语外贸大学分别于 2022 年 6 月 30 日、9 月 9 日组织国际学生前往佛山市美的集团总部、欧一电子制造有限公司参观交流，并将其设立为国际学生创新实践实习基地。

### （三）中文赛事

2021 年 11 月 12 日—2022 年 1 月 14 日，深圳大学国际学生先后参加第二届深圳大学“中华经典诵读”视频比赛、第十二届深圳外国人中文演讲暨中华才艺大赛、"唱歌学中文"音乐视频全球征集活动。2021年12月14—15日，为鼓励学生全面系统地学习汉字，澳门大学孔子学院举办第二届汉字大赛，修读初级汉语班的82名国际学生参加了比赛。

丰富多样的中文活动不仅能激发学生的中文学习兴趣，巩固其中文学习效果，还能加深其对中华文化的了解和认知，促进中外文化交流传播、互鉴。

### （四）孔子学院活动

2022年9月24日，香港孔子学院、澳门孔子学院均举办"孔子学院日"活动。香港孔子学院与当地文艺团体合作，举办古琴表演、汉服表演、汉服体验、点茶表演等文化艺术活动；澳门孔子学院教学团队以孔子和儒家文化作为线索，向到场的30余名孔院学生生动形象地展示中华文化的丰富内涵和魅力。

除孔子学院日外，香港孔子学院还举办了香港的中国文化遗产考察、中国书法展览、外国大学参访交流、西藏历史文化考察团等丰富多彩的文化活动。

## 四 学术交流

大湾区高校以多个联盟为平台，开办学术讲座和研讨会，深入探讨后疫情时代湾区国际中文教育发展特点和优势，国际中文师资培养、资源开发、孔子学院发展、华文教育发展等成为讨论焦点。

### （一）大湾区联盟系列论坛

大湾区联盟组织系列论坛，以线上线下相结合的方式，就大湾区国际中文教育发展重要议题展开充分讨论。各高校充分发挥主观能动性，通过联盟加强学术合作交流，推动国际中文教育高质量可持续发展。

2021年11月5日，"粤港澳大湾区孔子学院合作大学联盟成立大会暨大湾区国际中文教育高端论坛"在广东外语外贸大学举行。九所联盟学校分别围绕"发挥大湾区优势，打造特色孔子学院""依托学科建设，推动南粤文化和港澳文化走出去""推动孔子学院合作高校人文往来"和"加强国际中文教育师资队伍建设"四个论坛主题展开了研讨。

2022年6月17日，香港教育大学中国语言学系及中国语言与中文教育研究中心举办"粤港澳大湾区国际中文教学论坛"。研讨会以"大湾区国际中文师资培训”为主题，探索汉语教师培训和课程开发的新方向，12 位来自大湾区的特邀专家学者与 200 多名与会者就国际汉语学习与教学的广泛主题分享了他们的见解。

2022 年 6 月 23 日，“粤港澳大湾区孔子学院合作大学联盟建设与发展主题沙龙”在广东外语外贸大学北校区召开。学者围绕师资培养、教材开发、国际传播、实践案例及理论研究等 10 个主题，提出针对大湾区孔院建设的富有创意的真知灼见。

2022 年 8 月 22 日，“国际中文教育南方联盟成立大会暨首届国际中文教育南方论坛”在华南师范大学召开，论坛围绕“全球发展倡议下国际中文教育可持续发展”的主题进行了广泛深入的讨论。

### （二）华文教育国际学术研讨会

暨南大学华文学院和华侨大学华文学院于 2021 年 12 月 18 日联合举办第五届“华文教育国际学术研讨会暨《华文教学与研究》创刊 20 周年学术研讨会”。共有 137 位学者做学术报告，其中，来自美国、菲律宾、英国、印尼、日本、蒙古、意大利、新加坡等多个国家和港澳台地区的专家学者有 20 余人。此次研讨会特设 6 场特邀学术报告和 6 组分组报告，共同探讨新技术条件下和后疫情时代华文教育的理论与方法，拓宽并深化华文教育研究领域，促进新形势下华文教育的发展与海内外专家学者、华文教师的交流与合作。

### （三）各高校系列讲座

大湾区高校为促进国际中文教育学科和事业发展，积极举办系列学术讲座，开展学术交流活动。2022 年 4 月 7 日—6 月 8 日，暨南大学学术文化节共开展专家学术讲座 8 场，讲座内容涵盖汉语二语习得与认知研究、国际中文教育、语体学和修辞学等方向。此外，中山大学、华南师范大学、广州大学等高校也举办了国际汉语系列讲座、国际汉语论坛等，为国际中文教育发展提供学术支撑和保障。

## 五　建议

大湾区高校后疫情时代国际中文教育面临着值得进一步思考和解决的问题，对此，我们提出以下几点建议。

第一，明确粤港澳三地国际中文教育特色，扩大和深化实质性合作。粤港澳三地高校应在发挥各自优势的基础上，充分发挥联盟的作用，建立长效合作机制。加强师资培养和学生文化实践交流合作，促成大湾区教学、师资、学生联动机制，建立大湾区国际中文教育资源体系，逐渐形成大湾区国际中文教育特色，努力将大湾区建设成国际中文教育示范区。

第二，加强大湾区国际中文教育调研，支撑大湾区国际中文教育提质增效。重视大湾区国际中文教育政策研究，开展大湾区学习者中文学习需求及学习心理调查，探讨大湾区国际中文教育市场潜力和挖掘机制；进一步深入研究后疫情时代中文教学模式、教学方法的变革，探讨多元文化背景下中文教育的新理念和新模式，积极开展数字化教学平台实验研究。

第三，强化大湾区国际中文智慧教育，驱动国际中文教育创新发展。建立数字化教学理念，在大湾区国际中文教育领域中充分发展互联网思维、区块链思维、元宇宙思维，发挥科技优势，大胆创新，为学习者创设娱乐化、游戏化的语言学习体验环境；与国际知名出版机构、高校、科技公司合作开发数字化教学资源，建设数字化国际中文教材编写平台，通过多方参与，优势互补，实现教学资源和成果共享，以满足中文学习者的需求。

（周清艳）

# 穗港澳姊妹学校（园）的语言文化交流工作与语言文字使用状况*

《粤港澳大湾区发展规划纲要》提出，要积极拓展粤港澳大湾区在教育等领域的合作，共同打造公共服务优质、宜居宜业宜游的优质生活圈。其中，在基础教育方面，鼓励粤港澳三地中小学校结为"姊妹学校"，在广东建设港澳子弟学校或设立港澳儿童班并提供寄宿服务；研究探索三地幼儿园缔结"姊妹园"。本报告以穗港澳姊妹学校（园）为考察对象，对其语言文化工作交流活动及语言文字的使用状况进行研究。

## 一 语言文化交流工作概况

21 世纪初，广东省在泛珠三角联席会议上提出粤港澳姊妹学校缔结计划。2005 年，广东省教育厅正式与香港教育局、澳门教育暨青年局签署协议，在全国范围内率先启动缔结计划。广州市充分发挥毗邻港澳、同根同声同源的地缘优势，深度参与缔结计划，成为该计划实施的重要支撑与核心力量。截至目前，广州市与港澳地区已缔结 317 对穗港澳姊妹学校（园），缔结范围涵盖中小学（含外籍人员子女学校）、幼儿园和中等职业教育学校。

近年来，广州市在穗港澳姊妹学校（园）的建设过程中充分发挥粤港澳姊妹学校缔结计划、穗港澳 STEM 教育联盟[①] 等平台的作用，深度打造穗港澳青少年交流活动，推动青少年之间多层次交流和融合发展。穗港澳青少年交流和姊妹学

* 2022 年度国际中文教育项目"新形势下粤港澳大湾区中外语言文化交流的机遇、挑战及展望研究"（22YH12D）。

① STEM 是科学（Science）、技术（Technology）、工程（Engineering）、数学（Mathematics）四门学科英文首字母的组合。该联盟成立于 2017 年，由广州市青少年科技教育协会、香港行政长官卓越教学奖教师协会、香港科技教育学会、澳门科技教育协会发起组建，旨在紧抓粤港澳大湾区重大战略机遇，整合穗港澳 STEM 教育资源，推行以 STEM 教育理念融入基础教育，发挥培养创新创业人才功能，并逐步打造成为 STEM 教育区域特色品牌。

校缔结工作成效显著，交往主体不断扩大，交往领域多元发展，交往活力持续释放。[①]据统计，每年全市各级各类学校师生开展穗港澳教育交流近4万人次。目前，穗港澳姊妹学校（园）日常交流丰富多彩，打造了一批在素质教育各方面展示成效、特色引领的品牌项目，例如参与、举办“粤港澳姊妹学校中华经典美文诵读比赛”，举办“穗港澳青少年科技夏令营”“穗港澳台四地技能节”。下面从语言文化的角度入手，介绍一下穗港澳姊妹学校（园）的交流工作概况。

### （一）参与、举办粤港澳姊妹学校中华经典美文诵读比赛

诵读比赛于2016年首次举办，目前已成为粤港澳姊妹学校缔结计划的品牌活动。诵读比赛创新表现形式，姊妹学校学生共同组队，展示双方教育交流融合的成果以及同根同心的紧密联系。七年来，粤港姊妹学校累计有3000余人参加广州赛区的活动。2019年“粤港姊妹学校经典美文诵读比赛（香港）· 庆祝中华人民共和国成立七十周年”举办（图1），粤港两地姊妹学校通过诵读中华经典美文作品，共同传承弘扬中华优秀文化传统，在作品处理、诵读技巧等方面追求创新，节目具有丰富的表现力和感染力，呈现了粤港姊妹学校之间良好的互动和合作，为大家展现了一个个精彩纷呈的艺术作品。[②]

**图1　2019粤港姊妹学校经典美文诵读比赛（香港）**

① 穗港澳姊妹学校（园）的交往工作虽然取得了较大进展，但依然存在不均衡现象。这种不均衡主要体现在两个方面。首先，穗港/穗澳姊妹学校（园）的数量不均衡。在317对穗港澳姊妹学校（园）中，穗港姊妹学校（园）占大多数，共计268对，穗澳姊妹学校（园）仅49对。其次，穗港澳姊妹学校（园）的缔结范围虽然涵盖面广，但基本上是以中小学为主，幼儿园和中等职业教育类学校较少，特殊教育学校尚未实现零突破，未来要不断创新多种类型学校的积极参与。

② 《2019年粤港姊妹学校经典美文诵读比赛（香港）成功举行》，广东省教育厅官网，2019-04-01，http://edu.gd.gov.cn/jyzxnew/gdjyxw/content/post_3372195.html。

2020 年受全球疫情影响，比赛创新采用云参赛形式开展，穗港澳姊妹学校（园）以录制视频的形式提交参赛作品。由于活动形式新颖，且增设网络投票环节，大大提升了师生的参与度和活动的关注度，凸显了参与的互动性，在更大规模、更深层次上展示粤港澳姊妹学校对经典美文诵读的独特演绎。各参赛队伍围绕“中华诵　湾区情”主题，抒发心中感情：有诵读古典诗词类的《云游唐诗里的中华》，有表达爱国情怀的《祖国啊　我亲爱的祖国》，有颂扬民族情操的《继往开来　少年接力》，有抒发穗港澳情谊的《千里共赏月　两地寄亲思》。来自穗港澳三地的师生在诵读表演中不仅打破地域限制，拉近心理距离，更加深了他们对祖国悠久历史和灿烂文化的理解，增强同根同心的民族认同感，促进了穗港澳姊妹学校提升中华儿女的民族自信心和自豪感。

### （二）开展书法活动

2019 年 3 月，澳门濠江中学师生及校友会 40 余人在濠江中学校友会会长和校长的带领下，到广州市南海中学参观访问，开展联谊共建活动。濠江中学十分注重中华优秀传统文化的传承和发展，特别带领了书法社的同学前来交流（图 2）。而南海中学同样也有着优良的传统，培养了一大批书画界校友，成立了“致远书画坊”，并定期开展书画活动。在共建活动中，广州书法协会理事、广州佗城篆刻家协会秘书长张靖邦等校友回母校同濠江中学师生一同泼墨挥毫。

图 2　澳门濠江中学书法社成员展示书法

双方表示此次交流共建活动后，互通将更加频繁，双方将抓住粤港澳大湾区建设的历史机遇，开展更有深度、有广度、有温度的交流活动，将爱国教育事业发扬光大。

### （三）组织丰富的地域文化交流活动

2019 年 12 月，澳门妇联学校与南沙实验幼儿园联合举行“立足大湾区，共建穗澳情——南沙区实验幼儿园首届传统文化节暨穗澳两地幼儿园文化交流活动”。活动以“穗澳一家亲，共饮一江水，同根同源同发展”为主要线索，将极具南沙地域特色的非物质文化遗产“香云纱”和“麒麟舞”与传统书法、国画和陶艺等传统文化元素相融合，用贴近幼儿生活的粤方言童谣、生肖儿童剧和传统美食制作拉近彼此距离。活动充分挖掘传统文化和地域文化的教育价值，运用幼儿喜闻乐见和能够理解的方式让他们充分感知“大美南沙”，同时也为两地幼儿成长的“拔节孕穗期”播下文化同根、命运与共的种子，不断增强幼儿对中华民族传统文化的认同感和归属感。

荔湾区青少年宫作为结对校之一，秉承“着眼未来，多元融合发展”的教育理念，加大与粤港澳大湾区教育交流，连续四年承办由荔湾区文化广电旅游体育局、荔湾区教育局主办的“红豆生辉——青少年粤剧粤曲比赛”。随着比赛影响力的不断扩大，香港的学校也报送参赛节目（图3）。多地区通过粤剧艺术的交流，共同传承中华优秀传统文化。

**图3　香港嘉诺撒圣家（九龙塘）学校表演《打金枝》**

### （四）开展语文教学研讨活动

2019年，执信中学在粤港澳大湾区背景下，以教学研讨、国学课程、STEM课程、课题研讨等为载体，与香港拔萃女书院实现了优质教育资源共享。特别是语文科组与姊妹学校开展同课异构的教学研讨活动，两地的语文老师给香港学生上了两节精彩的语文课，获得了师生的一致好评，促进了两地传统文化的传承和国家意识的培养。

总的来讲，穗港澳姊妹学校（园）已经形成了较为稳定的交流机制，开展了一系列交流活动。但这些活动更多聚焦于科学技术、人工智能等方面，例如穗港澳STEM教育联盟多年来举办穗港澳青少年科技教师广州交流参访活动、穗港澳青少年科技交流夏令营、海峡两岸暨港澳地区无线电测向精英赛。以语言文化为主题的交流活动数量不多且形式单一，特别是近三年，由于疫情导致线下交流基本中断，部分姊妹学校只能通过线上开展交流。由此看来，语言文化交流活动的形式有待丰富，质量也需提升。

## 二　语言文字使用状况

穗港澳的学校、幼儿园在语言文字使用方面遵守了不同的法律条款。广州市主要遵守《中华人民共和国宪法》《中华人民共和国国家通用语言文字法》规定，“国家推广全国通用的普通话”“学校及其他教育机构以普通话和规范汉字为基本的教育教学用语用字”。香港特别行政区遵守《中华人民共和国香港特别行政区基本法》规定，“香港特别行政区的行政机关、立法机关和司法机关，除使用中文外，还可使用英文，英文也是正式语言”。澳门特别行政区遵守《中华人民共和国澳门特别行政区基本法》规定，“澳门特别行政区的行政机关、立法机关和司法机关，除使用中文外，还可使用葡文，葡文也是正式语文”。当姊妹学校（园）交流互访时，无论是港澳方走进来，还是广州方走出去，双方通常使用普通话和规范汉字，有时也会使用粤方言和繁体字。

### （一）语言使用状况

#### 1. 广东省、广州市层面组织的交流

广东省、广州市层面组织的活动、会议，无论是主持人、致辞的领导和专家，还是其他与会人员，基本使用普通话。

在2020年粤港澳姊妹学校中华经典美文诵读比赛（广州）颁奖典礼上，两位来自广州市广播电视台的主持人全程使用普通话：

> 朱暮迟：来自广州、香港、澳门的36所姊妹学校组成18支参赛队伍线上共同参与演出，围绕“中华诵　湾区情”主题，用诵读来尽情表达对祖国崇高敬意。
>
> 贺梓函：本次比赛不仅加强粤港澳青少年交流，而且还大力弘扬了中华优秀传统文化，积极增强学生文化自信，进一步深化粤港澳姊妹学校缔结计划……

广州市教育局党组书记、局长樊群在内地与香港姊妹学校经验交流活动暨2018粤港姊妹学校缔结活动上的致辞，使用普通话：

> 推进粤港澳大湾区建设是习近平总书记亲自谋划、亲自部署、亲自推动的重大国家战略。让我们以粤港澳大湾区建设为契机，进一步加强交流、深化合作，不断丰富形式、深化内涵、激发活力、提升成效，努力打造粤港澳大湾区教育新高地，共同开创教育事业发展新篇章。

当然，也有使用粤方言的情况。在2020年粤港澳姊妹学校中华经典美文诵读比赛（广州）颁奖典礼的致辞环节，共有四位领导致辞。广州市教育局的谷忠鹏副局长和澳门特别行政区教育暨青年局教育厅黄嘉祺厅长现场致辞，使用普通话；香港特别行政区教育局首席教育主任陈展桓女士通过视频致辞，也使用了普通话；香港教育工作者联会主席黄锦良先生通过视频致辞，则使用了粤方言。

**2. 姊妹学校（园）层面的交流**

港澳的师生前往广州的姊妹学校（园）进行交流互访时，多使用普通话；部分来访的港澳教师甚至可以讲非常标准、流利的普通话；广州的师生前往港澳交流互访时，则存在普通话和粤方言共用的现象。

### （二）文字使用状况

一般来讲，在香港特别行政区和澳门特别行政区举办的活动、会议等，大多使用繁体字（图1）；在广州举办的活动、会议，大多使用简体字。以下为2021年4月15日，澳门特别行政区教育暨青年局前往广州市教育局交流座谈时的会议议程。

> 澳门特别行政区教育暨青年局来访会议议程（部分）
>
> （一）第一项安排。
>
> 广州市教育局与澳门特别行政区教育暨青年局（以下简称“澳门教青局”）就智慧教育工作进行交流座谈。
>
> 1. 广州市教育局介绍广州开展智慧教育情况；
> 2. 越秀、白云区教育局，广州市铁一中学、广州市回民小学分享智慧教育和智慧体育的经验做法；
> 3. 澳门教青局介绍澳门开展智慧教育情况；
> 4. 交流座谈。

有时也会使用繁体字，例如2020年穗港澳姊妹学校签约仪式上，签约书——《粤港/澳姊妹学校计划教育交流合作意愿书》就使用了繁体字。

## 三　建议

自参与“粤港澳姊妹学校缔结计划”以来，广州市中小学、幼儿园和中等职业学校依托地域和文化特点，利用自身办学优势，与结对的港澳学校开展了教研、文化、体育、艺术、科技等各方面的交流。交流过程中注重传统文化传承和爱国主义教育，增进了彼此的认同和了解，提高了穗港澳三地的语言文字发展水平，取得了良好的效益和社会反响。总的来说，穗港澳姊妹学校（园）交流工作取得了令人瞩目的成绩，但也存在进步的空间。

第一，确保语言文字工作的交流质量。由于因公出访名额和经费受限，加之疫情因素，部分缔结“粤港姊妹学校计划”的学校至今尚未实现互访，影响了语言文字工作合作交流的质量。在粤港澳大湾区的建设背景下，有关部门应为穗港澳师生互访、交流提供更便利的条件。除了师生交流之外，还可以推动学生家长参与交流。鼓励作为孩子第一任老师的家长，参与学生的交流和文化体验活动，增强家长对教育和语言文化交流的认识和支持。

第二，加强中华优秀文化的传承弘扬。在现有传统文化样态交流的基础上，加大与港澳地区青少年语言文化的交流力度，引导穗港澳姊妹校（园）更加充分、更加多样地传承弘扬以语言文字为载体的中华优秀文化。组织开展中华经典诵写讲、语言文化研修等活动。实施中华经典诵读工程，加强穗港澳姊妹校（园）的经典诗文教育、规范汉字书写教育，实施经典润乡土计划。通过中华经典诵读港澳展演活动等形式，推广中华优秀传统文化，打造粤港澳大湾区大学生中华经典诵读品牌活动。

第三，开辟语言文化交流合作新路径。以穗港澳姊妹学校（园）为主要依托，面向港澳中小学师生推广普通话，推行规范汉字，支持并服务港澳地区开展普通话教育。此外，广州市以在穗港澳生的培养为抓手，通过课堂交流和穗港澳学生的日常交往，在潜移默化中加强港澳学生对宪法和基本法的教育宣传，传承发展中华优秀传统文化，将国家认同、民族自豪、文化自信的种子从小播种在港澳青少年的心中。

（和丹丹、黄　卉、陈惠华、廖愿茹）

# 第四部分

# 广　州　篇

# 导 语

《粤港澳大湾区发展规划纲要》中，对广州的城市定位是“国家中心城市、综合性门户城市、国际商贸城市、综合性交通枢纽、科技教育文化中心、国际大都市”。广州市“十四五”规划纲要也明确提出加强国际化环境建设，“培育国际化人文素养，建设国际语言环境，完善国际标识系统，营造具有国际化水准的生活氛围。”因此，广州市要加快语言环境的建设，要科学保护岭南语言资源，传承弘扬语言文化，同时也要不断优化国际交往语言环境建设，服务国家发展大局，营造开放包容的城市氛围。

广州篇共五篇报告。《广州市佛山市同城化建设合作协议》签署，标志着“广佛同城”开始启动建设。《广佛同城示范区语言景观调查》调查了广佛同城示范区的语言景观200多处，对广佛两市语言环境的融合发展提出相应建议。《广州市北京路商圈餐饮店名称调查》调查了北京路商圈466个餐饮店名称，归纳商店名称的特征，针对餐饮店的命名提出建议。《广州市天河路商圈购物中心语言景观调查》调查了天河城等地的672张语言景观图片，分析该商圈购物中心语言景观的特点，针对购物中心语言景观的建设提出建议。《广州市西关老街标牌语言使用状况调查》调查分析广州西关老街的1664个语言标牌，提出西关老街语言环境建设的相关建议。《广州市地名专名用字现状调查》分析广州市11个行政区内12 578个地名中的用字状况，从地名专名资源保护的角度提出建议。

（王毅力）

# 广佛同城示范区语言景观调查*

广州和佛山在地理上紧密连接，接壤边界长约200千米；在文化上同属广府文化的发源地，有着深厚的历史渊源。两市还在经济和政治上一直保持着良好的互动关系。2009年，两市就同城化构想达成合作共识，签署《广州市佛山市同城化建设合作协议》及两市城市规划、交通基础设施、产业协作、环境保护等四个对接协议，标志着“广佛同城”建设概念正式成形。2019年5月，两市政府签署《共建广佛高质量发展融合试验区备忘录》，标志着“广佛同城”迈向新的发展阶段。经过十几年融合发展，“广佛同城”初显成果。本报告调查广佛同城示范区的语言景观，分析其特点，探讨目前两市的融合程度，从语言规划角度为两市进一步融合发展提出建议。

## 一　研究对象与方法

本报告主要研究广佛同城示范区的语言景观，划定的调查区域主要包括：（1）“广佛湾”规划范围内广州辖区内的核心区，包括白鹅潭商务区、岭南V谷、海龙科创产业区；（2）广州荔湾芳村与佛山大沥黄岐的边界路段，即广佛路段区域。为了进行两市的对比分析，对广佛路段区域的调查分为广州芳村段和佛山黄岐段。在具体语言景观的选择标准上，选取能体现两市融合发展关系的标牌，包括宣传海报、横幅、店铺招牌、路牌、门牌等。

调查采用线下与线上结合的方式。线上调查选择市面流行的两款电子地图数据软件“高德地图”和“百度地图”作为数据源；线下调查主要是实地走访拍照，采集语言景观。

* 广东省社科规划2022年度学科共建项目“粤港澳大湾区语言资源库建设研究”（GD22XZY03），广州高教改革项目“立德树人背景下语言学类专业本科生科研素质培养模式的探索与实践”。

## 二　语言景观调查情况

### （一）“广佛湾”规划核心区

#### 1. 白鹅潭商务区

白鹅潭商务区位于珠江隧道口以东，芳村大道中以北，珠江以南，明心路以西，未来将作为“广佛湾”规划中广州辖区内的核心区与佛山千灯湖高新区对望，具有重要的发展地位。笔者到当地考察时，白鹅潭金融中心区等建设项目仍处于施工阶段。围绕中心区走访，采集到相关语言标牌 5 个，如房地产店铺门前的 LED 宣传牌显示：广佛一手好盘。

#### 2. 岭南 V 谷

岭南 V 谷是广州市政府重点项目，位于广州市荔湾区花地大道南珠江河畔，与佛山市南海区桂城平洲仅一河之隔。项目园区建设已初具规模。此处采集到多个语言景观，均为岭南 V 谷园区的房地产宣传海报。

#### 3. 海龙科创产业区

海龙科创产业区位于广州市荔湾区龙溪大道与江北路交叉路口一带，地处“广佛湾”重点规划区的南侧，是荔湾“一带两区”发展格局中的“一区”。海龙科创产业园整体仍处于施工建设阶段，未采集到与“广佛同城”概念相关的语言标牌。

### （二）广佛路

广佛路位于广州荔湾芳村与佛山大沥盐步的交界处，是两市接壤的核心地带，也是两市交流的“黄金通道”，被作为未来广佛新城的核心建设区。整条路可以分为广州路段和佛山路段（见图 1）。我们沿广佛路走访（滘口地铁站至广佛江珠高速交接路段），共采集到 36 个语言标牌。

图 1　广佛路相关语言景观

**1. 广州荔湾芳村路段**

广州路段只采集到1个标牌（见图2），为网约出租车运营店铺的宣传招牌。

图2 广佛路广州段语言景观

**2. 佛山大沥盐步路段**

佛山路段共采集到35个语言标牌，远多于广州路段。主要是政府机构设置的路牌、其他公共机构设立的标牌，以及企业和个体户设立的标牌。

（1）路牌、路标：指示方位和地名的标牌，分别是广佛公路、广佛路、广佛放射线、广佛新干线。

（2）公共设施宣传标牌：公共设施尤其公共交通的宣传标识，内容分别是“广佛同城，南海先行”“佛广交通”。

（3）商业店铺招牌：沿街店铺门前用于标识店名和经营内容的牌子，如广佛大型新旧货市场、广佛物流中心、广佛门窗装饰、广佛片皮店、广佛兄弟米业有限公司等。

（4）企业机构招牌：相对于小型店铺的规模较大的企业机构的标牌，如广佛兴盛汇、广佛城际大厦、广佛新地（图3）、广佛·智城。

图3 广佛路佛山段企业机构招牌

### （三）线上语言景观调查数据分析

截至2022年11月29日，我们在“高德地图”和“百度地图”平台上共收集到147条包含“广佛”语码的地名语言景观和67张显示“广佛”语码组合的标牌语言景观图像。

我们根据线上地图平台收集到的语言景观数据，分别对上述147个地名语言景观和67个标牌语言景观进行分析，结果见表1和表2。

**表1　地名语言景观统计表**　　单位：个

| 区域 | 官方地名 | 非官方地名 | 总计 |
| --- | --- | --- | --- |
| 广州 | 21 | 32 | 53（36.05%） |
| 佛山 | 30 | 64 | 94（63.95%） |
| 总计 | 51（34.69%） | 96（65.31%） | 147（100.00%） |

**表2　标牌语言景观统计表**　　单位：个

| 区域 | 官方标牌 | 非官方标牌 | 总计 |
| --- | --- | --- | --- |
| 广州 | 4 | 16 | 20（29.85%） |
| 佛山 | 8 | 39 | 47（70.15%） |
| 总计 | 12（17.91%） | 55（82.09%） | 67（100.00%） |

表1、表2显示，不管是地名还是标牌，广州区域的相关语言景观都比佛山区域少。以地名语言景观为例，广州仅占36.05%，而佛山高达63.95%。另外，官方的相关语言景观明显少于非官方的，特别是标牌语言景观，非官方的占比高达82.09%，而官方的仅占17.91%。

## 三　结果分析

结合线下调查分析广佛同城示范区内的语言景观，可以从三个角度总结如下。

### （一）地域分布差异

与表1呈现结果一致，我们在线下采集的数据也显示，佛山辖区的相关语言景观明显多于广州辖区。广州区域采集到78个语言景观，而佛山辖区采集到

135个。此外，就线上地图平台的搜索结果观察，大部分广佛新城范围内的地址单位名称都有额外加括号注明“广佛新城店”等突出地理位置的信息，“广佛新城”作为地理概念已经得到广泛认可。

### （二）标牌类型

线下采集到官方标牌语言景观共计23个，占15.03%；个体户、商业机构、企业单位设置的标牌语言景观共计130个，占84.97%。与表2呈现的结果一致，官方景观明显少于非官方景观。其中，官方设置的语言景观主要涉及交通领域，而民间语言景观涉及领域十分广泛，包括物流运输、零售批发、生活服务、房地产、写字楼、工业园等。本次收集到的官方交通语言景观主要来自公路、地铁设施运营及建设单位，一方面可以反映目前两市在交通互联上已经取得一定成果，且仍处于加紧建设状态；另一方面，结合线下调查的反馈，也反映两市政府在语言景观建设上的重点仍限于公共交通领域，针对文化领域的语言景观建设较少。

### （三）语码使用

本次线下调查对语言标牌的采集主要以能否体现“广佛同城”概念、能否体现广佛两市的融合发展为标准，并且主要依据语言标牌的直观意义进行筛选。在线下采集的所有语言标牌中，根据语码的出现频率，可以梳理出“广佛”“广佛同城”“佛广”“城际”“同城”“联城”等6类语码组合（见表3），其中“广佛”出现27次，占65.85%；“广佛同城”出现7次，占17.07%；“佛广”出现2次，占4.88%；“城际”出现3次，占7.32%；“同城”和“联城”均出现1次，各占2.44%。从数据可见，出现次数最多的是“广佛”和“广佛同城”。结合线上调查的观察，目前以“广佛”命名的地址名称在数量上也占绝大多数。

“佛广”也会出现在某类往返于佛山与广州边界的大沥公交车及其线路公告牌上，其全称为“佛广公交”，“佛广”的表义应为地域方位意义上的“从佛山到广州”，相对较少，属于特殊个例。而“城际”“同城”“联城”这3个语码组合主要分布于广佛路的大沥路段，大多作为店铺名称出现在商业店铺招牌上。“城际”更多表明了地理方位，而“同城”和“联城”则带有广佛两市联结融合的态度倾向，在某种程度上与“广佛同城”的概念更为贴切，反映了人们对“广佛同城”概念的认同。

表 3　线下语言标牌的语码类型情况

| 语码类型 | 出现次数 | 占比 /% |
|---|---|---|
| 广佛 | 27 | 65.85 |
| 广佛同城 | 7 | 17.07 |
| 佛广 | 2 | 4.88 |
| 城际 | 3 | 7.32 |
| 同城 | 1 | 2.44 |
| 联城 | 1 | 2.44 |
| 总计 | 41 | 100.00 |

## 四　建议

对于广佛两市如何在同城发展区域协调进行语言规划，我们提出如下建议。

第一，两市的融合发展，要重视城市语言景观的建设，善用语言景观促进民心融合。一是两市政府可以借助语言景观加大对“广佛同城”概念的宣传，比如树立更多带有“广佛同城”语码的标牌等。二是可以在同城建设区域的公共宣传栏，设置专门介绍“广佛同城”概念、规划的语言景观。三是可以利用街心公园、口袋公园或者市民广场等场所，尝试设置专门的介绍广佛同城发展的语言景观展示栏、展示区。

第二，两市政府可以依靠交通线路设置相关语言景观。广佛同城过程中，交通融合发展起步早，取得了较大成绩。两市语言景观设置可以借助地铁广佛线、城轨广佛环线等公共交通线路的广告宣传展板、车厢投屏等宣传介质，投放关于“广佛同城”的语言景观。线路中，部分车站是两市城市轨道共用车站，比如西朗站、广州南站等，两市政府有关部门可以协同设计这类车站的语言景观，既要体现两市的各自特色，又要突出两市的融合。

第三，两市的相关科研机构和院校应加强两市语言文化的研究。要挖掘可以引起两市市民共鸣的语言文化故事，开发相关语言文化产品，助力政府部门更恰当地设置语言景观。比如两市都有祠堂文化，都有“陈家祠”，可以借助这类历史文化联系，设计相关文宣语言景观。

（王文豪、潘浚铖）

# 广州市北京路商圈餐饮店名称调查*

广州市北京路商圈北起省财政厅，南至大南路、文明路一线，东至文德路，西至教育路。该商圈是广州市最悠久、最繁华的商业区之一。商圈内的各类商店中，餐饮店数量最多。2022 年 1—5 月间，我们对北京路商圈餐饮店的名称进行调查，录得店名 466 个。基于本次调查，总结归纳北京路商圈餐饮店名称的一些特征，并针对商圈中餐饮店的命名提出一些建议。

## 一　语种、语符及组合类型

语种指语言的种类。语符指标写商店名称的符号，包括语种符号，也包括其他标写形式。我们对 466 个餐饮店名称语种语符组合类型做了统计，见表 1。

**表 1　北京路商圈餐饮店名称语种语符组合类型分布统计**

| 名称类型 | 名称数 | 占比 /% |
| --- | --- | --- |
| 汉字 | 349 | 74.89 |
| 汉字＋汉语拼音 | 1 | 0.22 |
| 汉字＋阿拉伯数字 | 4 | 0.86 |
| 英文 | 29 | 6.22 |
| 汉字＋英文 | 67 | 14.38 |
| 汉字＋英文＋汉语拼音 | 3 | 0.64 |
| 英文＋阿拉伯数字 | 3 | 0.64 |
| 汉字＋英文＋阿拉伯数字 | 3 | 0.64 |
| 法文＋汉字 | 2 | 0.43 |
| 日文＋汉字 | 2 | 0.43 |
| 韩文＋汉字 | 2 | 0.43 |
| 韩文＋阿拉伯数字＋汉字 | 1 | 0.22 |
| 总计 | 466 | 100.00 |

* 2022 年度国家语委中青班项目“70 年来粤港澳大湾区语言景观的历史变迁研究”。

（一）语种语符的选择。所使用的语种有汉语（汉字、汉语拼音）、英语、法语、日语和韩语5种；语符有汉字、汉语拼音、阿拉伯数字、英文、法文、日文和韩文7种。可以看出，餐饮店名称包含的语种和语符的类型多样，这种语言文字状况与广州作为国家中心城市、国际商贸中心的地位相吻合。

（二）语种语符的组合。从语种语符组合类型来看，共有12种。出现最多的是“汉字”组合，349个，占74.89%；其次是“汉字+英文”组合，67个，占14.38%；再次是“英文”组合，29个，占6.22%。英文出现多，体现了广州作为国际商贸中心对国际通用语言的理性选择。

（三）阿拉伯数字的选择。从语种语符组合类型来观察，我们还发现一个现象，即存在不少包含阿拉伯数字的店名，多达11个。含有阿拉伯数字的店名具有新意，可以吸引消费者的关注。但是，2004年公布施行的《企业名称登记管理实施办法》第八条规定，“企业名称应当使用符合国家规范的汉字，不得使用汉语拼音字母、阿拉伯数字”。

## 二　名称结构

下面从字数和组合方式两个方面，对北京路商圈餐饮店的名称结构进行观察统计。

### （一）字数

对466个餐饮店名字数的统计分析结果见表2。

**表2　北京路商圈餐饮店铺名称字数类型统计**

| 名称类型 | 1字 | 2字 | 3字 | 4字 | 5字 | 6字 | 7字 | 8字 |
|---|---|---|---|---|---|---|---|---|
| 名称数 | 2 | 12 | 42 | 88 | 66 | 55 | 50 | 49 |
| 占比/% | 0.43 | 2.58 | 9.01 | 18.88 | 14.16 | 11.80 | 10.73 | 10.51 |
| 名称类型 | 9字 | 10字 | 11字 | 12字 | 13字 | 14字 | 15字以上 | |
| 名称数 | 45 | 21 | 12 | 13 | 4 | 4 | 3 | |
| 占比/% | 9.66 | 4.51 | 2.58 | 2.79 | 0.86 | 0.86 | 0.63 | |

这些店名较为集中地分布在三字至九字类型上，四字店名最多，88个，占18.88%。这种店名结构对称，易说易记。其次是五字店名，66个，占14.16%；再次是六字店名，55个，占11.80%。极少字和极多字店名较少，单字和双字店名总占比仅为3.01%，单字店名尤为罕见，仅有2个；从十字往上，店名数

开始明显减少，十字以上店名的总占比不到13%，十三字以上店名加起来不到3%。字数过少或过多，都不利于称说和记忆，上述情况表明多数店家的命名还是遵循了这一规律，趋向选择结构对称、字数适中的店名。

### （二）组合方式

从语义结构的角度，店名可以分为专名、通名、食物品类名三类结构成分。北京路商圈餐饮店铺名称从语义结构角度的分类见表3。

表3　北京路商圈餐饮店铺名称的组合方式统计

| 类型 | 专名 | 专名+通名 | 专名+品类名 | 专名+品类名+通名 | 总计 |
|---|---|---|---|---|---|
| 数量 | 129 | 44 | 237 | 56 | 466 |
| 占比/% | 27.68 | 9.44 | 50.86 | 12.02 | 100.00 |

表3显示，北京路商圈餐饮店铺名称的语义结构分为“专名”“专名+通名”“专名+品类名”“专名+品类名+通名”四种类型。其中数量最多的类型是“专名+品类名”，237个，占50.86%；其次是只有“专名”，129个，占27.68%；再次是“专名+品类名+通名”，56个，占12.02%；最少的是“专名+通名”，44个，占9.44%。从中可以看出，餐饮店在命名时更倾向于突显本店的食物品类，以便让消费者更直观地感知餐饮店所提供食品的特色。

## 三　用字情况

### （一）通名用字

通名是对事物的一般称谓。466个名称中，共有54个通名，见表4。

表4　北京路商圈餐饮店铺通名统计

| 排名 | 通名 | 举例 | 数量 | 占比/% |
|---|---|---|---|---|
| 1 | 店 | Stamp Caffe 咖啡体验店、百花甜品店 | 26 | 18.57 |
| 2 | 餐厅 | VINO 维罗纳·珠江夜游·邮轮餐厅、阪尚皇·烤牛排·火锅自助餐厅 | 12 | 8.57 |
| 3 | cafe | 6号 cafe | 7 | 5.00 |
|  | 食堂 | 999泰国大众食堂、大眾食堂·대중식당 | 7 | 5.00 |
|  | 屋 | Lia Cafe 松山咖啡屋、柴满屋·柴犬主题咖啡屋 | 7 | 5.00 |
|  | 馆 | 刺客·日料小馆、黑天鹅魅力极限·东北菜馆 | 7 | 5.00 |

（续表）

| 排名 | 通名 | 举例 | 数量 | 占比 /% |
|---|---|---|---|---|
| 4 | 酒家 | 翅叔港式酒家、鸽常来酒家 | 6 | 4.29 |
| 5 | 厨 | 21FoodStudio 贰拾一匠思厨、拣 JAN · 西厨 | 5 | 3.57 |
| 6 | 冰室 | 华星冰室、旺角冰室 | 4 | 2.86 |
|  | 家 | 去华哥家 · 鲜品川味、私家例外 | 4 | 2.86 |
| 7 | 居酒屋 | 大喜居酒屋、酱居酒屋 | 3 | 2.14 |
|  | 咖 | 猫主题豹猫猫咖 · MacyBabyCat | 3 | 2.14 |
|  | 茶档 | 伙记茶档 | 3 | 2.14 |
| 8 | 茶餐厅 | 公仔堂港式茶餐厅 | 2 | 1.43 |
|  | 西餐厅 | 太平馆西餐厅 | 2 | 1.43 |
|  | 饭堂 | 大团结饭堂 | 2 | 1.43 |
|  | 府 | 富临食府 | 2 | 1.43 |
|  | 居 | 合力居 · 生记路边鸡、雍凉居传统私房面 | 2 | 1.43 |
|  | 轩 | 金越轩、又一间茶点轩 | 2 | 1.43 |
|  | 所 | 虾椰椰 · 手工虾滑研究所、椰子里 · 椰子研究所 | 2 | 1.43 |
|  | 楼 | 莲香楼、幸运楼 | 2 | 1.43 |
|  | 堂 | 莲籽堂 · 现煲糖水小吃店、益禾堂 | 2 | 1.43 |
|  | 坊 | 嫲嫲牛坊 | 2 | 1.43 |
|  | 铺 | 民强茶铺 | 2 | 1.43 |
|  | 房 | 木可花房 | 2 | 1.43 |
|  | BAR | 1928 音乐餐厅 BAR | 2 | 1.43 |
|  | 吧 | DARLING CAFE 餐吧 | 2 | 1.43 |
|  | Studio | 21FoodStudio 贰拾一匠思厨 | 2 | 1.43 |
| 9 | 园 | PAGODA 百果园 | 1 | 0.71 |
|  | LAB | PINTEA LAB | 1 | 0.71 |
|  | 舍 | 明堂舍 · 潮食火锅烧烤料理 | 1 | 0.71 |
|  | Loft | Surprise Loft | 1 | 0.71 |
|  | 俱乐部 | THE RED DEVILS 曼联足球球迷俱乐部 | 1 | 0.71 |
|  | 士多 | 阿婆士多 | 1 | 0.71 |
|  | RESTAURANT | 布鲁斯西餐厅 BLUES RESTAURANT | 1 | 0.71 |
|  | 村 | 老湘村 · 湖南土菜 | 1 | 0.71 |
|  | 场 | king 大志 · 烤肉酒场 | 1 | 0.71 |
|  | 室 | La Joie 烘焙实验室 | 1 | 0.71 |
|  | 社 | 肥糕调茶社 | 1 | 0.71 |
|  | 殿 | 广州大厦 · 龙威殿 | 1 | 0.71 |

（续表）

| 排名 | 通名 | 举例 | 数量 | 占比 /% |
|---|---|---|---|---|
| | 宫 | 韩俊宫·韩式烤肉 | 1 | 0.71 |
| | 商行 | 火鳯祥鲜貨火锅商行 | 1 | 0.71 |
| | 城 | 蜜雪冰城 | 1 | 0.71 |
| | 亭 | 暮雪亭 | 1 | 0.71 |
| | 档 | 实在面档 | 1 | 0.71 |
| | 窝 | 探窝·竹笙椰子鸡 | 1 | 0.71 |
| | 院 | 藤训治饮·冰茶达摩院 | 1 | 0.71 |
| | 饭店 | 星苑饭店 | 1 | 0.71 |
| | 公司 | 妖都咖啡公司 | 1 | 0.71 |
| | 苑 | 裕苑 | 1 | 0.71 |
| | 门 | 在前门·烤鸭北京菜 | 1 | 0.71 |
| | 厅 | 招柴猫·满屋·柴犬猫咪主题咖啡厅 | 1 | 0.71 |
| | 廊 | 猪廊·萌宠乐园·羊驼·萌兔·小黄鸭·猫咖·宠咖 | 1 | 0.71 |
| | 乐园 | 猪廊·萌宠乐园·羊驼·萌兔·小黄鸭·猫咖·宠咖 | 1 | 0.71 |

从统计情况来看，餐饮店通名运用排名前二的依次是“店”“餐厅”，其次是“cafe”“食堂”“屋”“馆”并列第三。通名中使用数量最多的“店”字，共有26个店铺使用，占比18.57%，表明“店”字来表示店铺的性质在经营者中最受欢迎。“店”的词义明晰，用来标明该场所的功能。其次是“餐厅”，占比8.57%，相对于“店”字，“餐厅”这个词语出现较晚，它标明该场所专门售卖饮食，词义透明度高，因此其使用频率仅次于“店”。值得注意的一个通名是“cafe”，虽然是英文通名，但它的占比排名第三。英语中“cafe”包括室外饮食店、小餐馆、饮食摊、咖啡厅，经营范围也不限于咖啡，使用这个英文通名，一方面能表明店铺的类型，另一方面又能营造出国际化的氛围。

### （二）专名用字

表5是对北京路商圈466个餐饮店名称的专名用字频次（3次以上）的统计，按频次的多少排列。

**表5 北京路商圈餐饮店铺名称专名汉字字次统计**

| 专名单字 | 出现次数 | 专名单字 | 出现次数 | 专名单字 | 出现次数 | 专名单字 | 出现次数 |
|---|---|---|---|---|---|---|---|
| 茶 | 50 | 居 | 9 | 思 | 4 | 比 | 3 |

（续表）

| 专名单字 | 出现次数 | 专名单字 | 出现次数 | 专名单字 | 出现次数 | 专名单字 | 出现次数 |
|---|---|---|---|---|---|---|---|
| 牛 | 35 | 港 | 9 | 私 | 4 | 妈 | 3 |
| 咖 | 34 | 子 | 9 | 现 | 4 | 原 | 3 |
| 啡 | 34 | 广 | 9 | 螺 | 4 | 卤 | 3 |
| 锅 | 30 | 天 | 8 | 派 | 4 | 旺 | 3 |
| 火 | 28 | 皇 | 8 | 田 | 4 | 角 | 3 |
| 小 | 26 | 厨 | 8 | 雪 | 4 | 满 | 3 |
| 餐 | 25 | 馆 | 8 | 创 | 4 | 萌 | 3 |
| 肉 | 24 | 粤 | 8 | 萨 | 4 | 线 | 3 |
| 手 | 23 | 国 | 8 | 心 | 4 | 越 | 3 |
| 大 | 23 | 果 | 8 | 辣 | 4 | 和 | 3 |
| 记 | 22 | 司 | 8 | 高 | 4 | 友 | 3 |
| 品 | 22 | 肥 | 8 | 自 | 4 | 都 | 3 |
| 菜 | 21 | 山 | 8 | 儿 | 4 | 可 | 3 |
| 食 | 21 | 主 | 8 | 头 | 4 | 无 | 3 |
| 鸡 | 21 | 工 | 8 | 的 | 4 | 夫 | 3 |
| 西 | 20 | 花 | 8 | 精 | 4 | 得 | 3 |
| 厅 | 19 | 酸 | 7 | 汕 | 4 | 德 | 3 |
| 式 | 19 | 潮 | 7 | 毛 | 4 | 林 | 3 |
| 家 | 19 | 蛋 | 7 | 东 | 4 | 神 | 3 |
| 味 | 18 | 星 | 7 | 沙 | 4 | 点 | 3 |
| 海 | 17 | 打 | 7 | 炸 | 4 | 简 | 3 |
| 烤 | 17 | 金 | 7 | 椒 | 4 | 姐 | 3 |
| 鲜 | 16 | 汤 | 7 | 叔 | 4 | 关 | 3 |
| 堂 | 16 | 奶 | 7 | 夜 | 4 | 顶 | 3 |
| 椰 | 16 | 饮 | 7 | 人 | 4 | 斯 | 3 |
| 粉 | 15 | 作 | 7 | 凉 | 4 | 岛 | 3 |
| 酒 | 15 | 包 | 7 | 蟹 | 4 | 油 | 3 |
| 柠 | 14 | 生 | 7 | 黄 | 4 | 盏 | 3 |
| 面 | 14 | 新 | 7 | 只 | 4 | 宴 | 3 |
| 猫 | 14 | 传 | 6 | 统 | 4 | 钵 | 3 |
| 老 | 14 | 客 | 6 | 府 | 4 | 滑 | 3 |
| 门 | 14 | 麻 | 6 | 南 | 4 | 遇 | 3 |
| 鱼 | 13 | 北 | 6 | 九 | 4 | 拌 | 3 |
| 煲 | 13 | 韩 | 6 | 前 | 4 | 王 | 3 |

（续表）

| 专名单字 | 出现次数 | 专名单字 | 出现次数 | 专名单字 | 出现次数 | 专名单字 | 出现次数 |
|---|---|---|---|---|---|---|---|
| 甜 | 13 | 香 | 5 | 放 | 4 | 凤 | 3 |
| 烧 | 13 | 蛳 | 5 | 十 | 4 | 莉 | 3 |
| 专 | 13 | 华 | 5 | 州 | 4 | 先 | 3 |
| 喜 | 13 | 豆 | 5 | 壹 | 4 | 来 | 3 |
| 料 | 12 | 乳 | 5 | 利 | 4 | 亚 | 3 |
| 屋 | 12 | 拉 | 5 | 翅 | 4 | 公 | 3 |
| 一 | 11 | 蛙 | 5 | 宝 | 4 | 聚 | 3 |
| 糕 | 11 | 鸽 | 5 | 江 | 4 | 巴 | 3 |
| 米 | 11 | 室 | 5 | 档 | 4 | 御 | 3 |
| 寿 | 11 | 风 | 5 | 太 | 4 | 阳 | 3 |
| 仔 | 11 | 五 | 5 | 陶 | 4 | 爷 | 3 |
| 虾 | 11 | 福 | 5 | 上 | 3 | 摇 | 3 |
| 题 | 11 | 炖 | 5 | 水 | 3 | 姜 | 3 |
| 点 | 10 | 串 | 5 | 匠 | 3 | 湘 | 3 |
| 理 | 10 | 园 | 5 | 楼 | 3 | 姨 | 3 |
| 泰 | 10 | 杂 | 5 | 莲 | 3 | 炭 | 3 |
| 饭 | 10 | 三 | 5 | 春 | 3 | 盛 | 3 |
| 檬 | 10 | 捞 | 5 | 糖 | 3 | 球 | 3 |
| 龙 | 10 | 百 | 5 | 吃 | 3 | 渔 | 3 |
| 乐 | 9 | 意 | 5 | 六 | 3 | 阿 | 3 |
| 猪 | 9 | 柴 | 5 | 号 | 3 | 婆 | 3 |
| 饼 | 9 | 川 | 4 | 合 | 3 | 道 | 3 |
| 日 | 9 | 肠 | 4 | 周 | 3 | 顺 | 3 |
| 美 | 9 | 扒 | 4 | 苏 | 3 | 鸭 | 3 |
| 冰 | 9 | 房 | 4 | 达 | 3 | 啫 | 3 |

从表5中可以看出，位居前10的高频专名汉字分别是“茶”（50次）、“牛”（35次）、“咖”（34次）、“啡”（34次）、“锅”（30次）、“火”（28次）、“小”（26次）、“餐”（25次）、“肉”（24次）、“手”（23次）、“大”（23次）。从高频专名用字的情况，可以看出广州饮食文化的一些特点，例如高频使用“茶”字，反映广州品茶文化的兴盛。广州人酷爱喝茶，喝茶的同时必定配以各种点心，各式茶楼在广州随处可见。又如，高频使用“咖”“啡”二字，体现国际化的饮食习惯。广州位于粤港澳大湾区，是国际化都市圈的中心城市，

“咖”“啡”二字的高频使用恰好反映了广州的国际化特色。另外，高频词中有“牛”“鸡”“海”“鲜”“鱼”等，体现了广州居民的饮食爱好。总之，专名用字中食物相关用字高频出现，说明在餐饮店铺命名时，商家倾向于标明其店铺售卖的食物，给予消费者较为明确的消费提示。

## 四 建议

第一，部分店名较长，消费者难以识记，建议店名的字数控制在四到六个之间。北京路商圈不少餐饮店名的字数过多，例如“牛乐贰店·刺身寿喜锅放题·团建聚餐”“芝仕堡意粉餐厅萨莉亚意式餐厅”，这种店名不利于消费者识记，也不利于店铺的宣传。根据上文分析，北京路商圈餐饮店名字数为四的店名最多，并且四到六个字的店名占全部店名数量的44.84%，占比将近一半。四到六个字的店名具有易识、易读、易记的特点，也能较为完整地传递信息。

第二，店名中适当采用不同语符的组合，有利于增加餐饮店名称的新颖度，但语符混用过多或组合不美观，可能会削弱店名的表意效果，建议店名中尽量避免过多语符的混搭。从体验者的角度看，饮食店名中两种语符混用型的命名方式较为理想，如“汉字＋汉语拼音”“汉字＋英文”“汉字＋韩文”“汉字＋日文”“阿拉伯数字＋汉字”“阿拉伯数字＋英文”等两种语符混用。

第三，存在店名文字使用不规范的现象，易影响城市形象及消费者的正字观。规范字，是指经过整理简化，由国家以《简化字总表》《通用规范汉字表》形式正式公布的简化字与传承字。如北京路商圈餐饮店名中出现了“氷”字，属于《第一批异体字整理表》中的异体字。这种异体字的出现影响了市容市貌，降低了城市文化品位，也易造成消费者的认读障碍，误导消费者的正字观念。建议对店名招牌中的汉字使用进一步加强监管力度，避免使用一些非必要的繁体字和异体字。

第四，部分规定不一致，有待相关部门关注。主要表现在店名中阿拉伯数字的使用上，2004年公布施行的《企业名称登记管理实施办法》第八条规定“企业名称应当使用符合国家规范的汉字，不得使用汉语拼音字母、阿拉伯数字”；但是，2009年实施的《个体工商户名称登记管理办法》并未明文规定禁止阿拉伯数字。店名中能否使用阿拉伯数字，可能让商家无法判断。

（王毅力、余慧文、张　洁）

# 广州市天河路商圈购物中心语言景观调查*

2022年，广州市商务局发布关于公开征求《广州市建设国际消费中心城市发展规划（征求意见稿）》意见的公告。意见稿在未来发展定位中提及，要将广州打造为全球综合性国际消费中心城市，并规划了五个重要商圈，天河路–珠江新城商圈是其中之一。该商圈内坐落着多个知名购物中心，例如：体育西路天河城，是广州最早建立的综合性商场；正佳广场，是广州首家4A级旅游景区的购物中心；汇集众多国际品牌的太古汇购物中心，是广州国际化消费场所的标杆；吸附多个大湾区"首店"的天环广场，是天河路商圈近年来的"网红"地标之一。

## 一 语言景观类别

购物中心通过多种手段营造理想购物环境，不同类型的语言景观目的都在于有效刺激消费行为，带来舒适的消费体验。我们在天河城、正佳广场、太古汇、天环广场等地采集到672张语言景观图片，从功能上大致可以分为以下几类。

（一）信息传递类：包括购物中心内的商铺招牌、门店告示、广告招贴等，如表1所示。

* 国家语委"十四五"科研规划2022年度省部级重点项目（研究基地项目）"粤港澳大湾区特色商圈语言服务研究"（ZDI145-57），广东省社科规划2022年度学科共建项目"粤港澳大湾区语言资源库建设研究"（GD22XZY03），广州市高教改革项目"立德树人背景下语言学类专业本科生科研素质培养模式的探索与实践"，广州大学2021年度大学生创新训练省级项目"珠三角地区外来务工人员语言适应于认同研究"（S202111078060）。

表 1　信息传递类语言景观

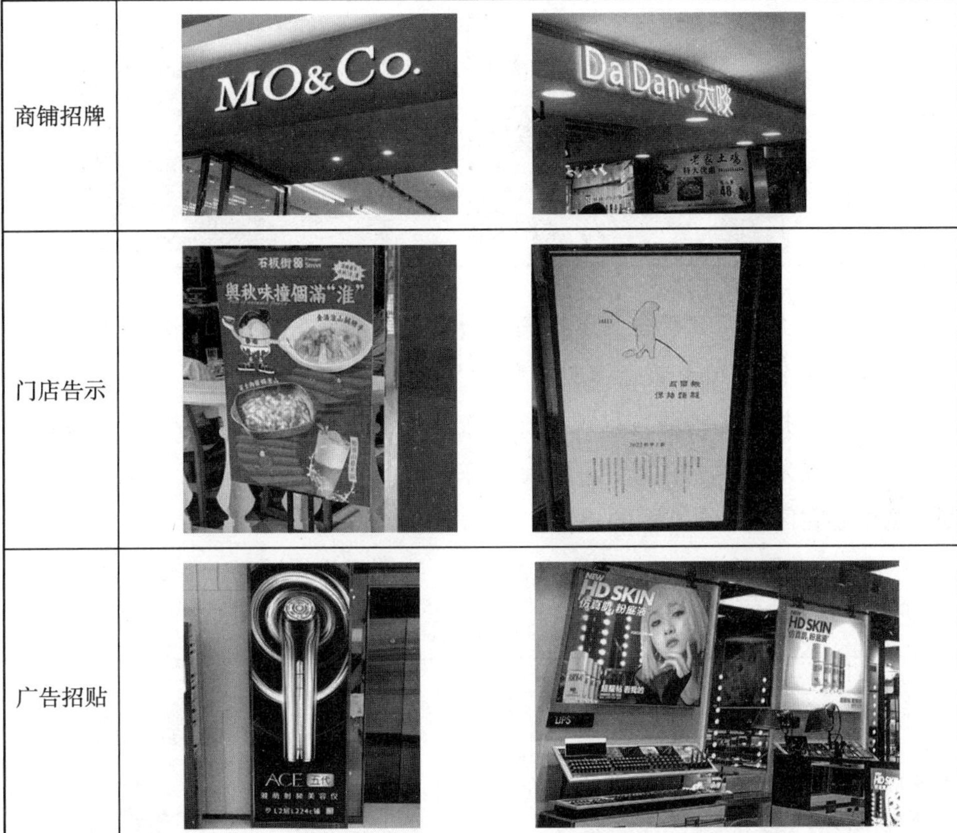


信息传递类语言景观能够向消费者及时传递消费信息，如商铺的主营商品、品牌、产品特色、新品到店通知，以及促销活动信息等。通常会用较为醒目的文字、数字、图形等元素招徕视线，提高目标顾客的到店率。

（二）导视系统类：包括购物中心外墙招牌、场内方位指引标识等，如表 2 所示。

表 2　导视系统类语言景观

| 外墙招牌 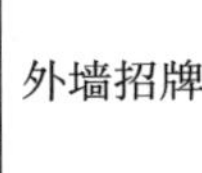 |  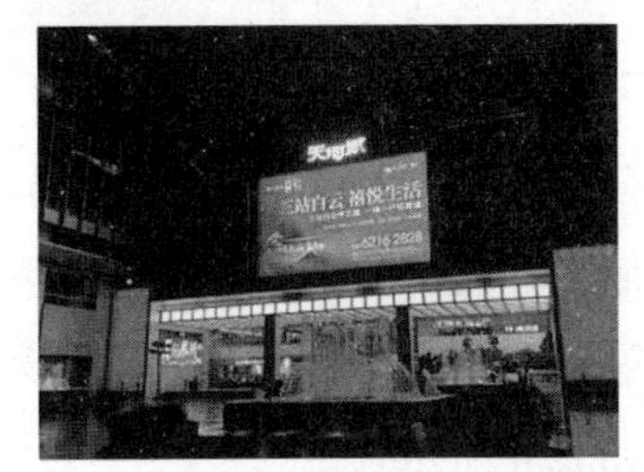 |
|---|---|

（续表）

| | | |
|---|---|---|
| 场内方位指引 |  |  |

导视系统类语言景观是为了提高消费者的行动效率而设。外墙将购物中心名称、主营商铺的logo置于高处，作为导视景观，方便消费者前往。购物中心内部，方位指引类的语言景观设置在较高的位置，大多数消费者会“按需观看”，所以较为细小，由文字、图标、符号组合而成，形制相近，也会呈现不同购物中心在区域命名方面的差异。

（三）公共服务类：包括安全应急提示、文明卫生提示等，如表3所示。

**表3　公共服务类语言景观**

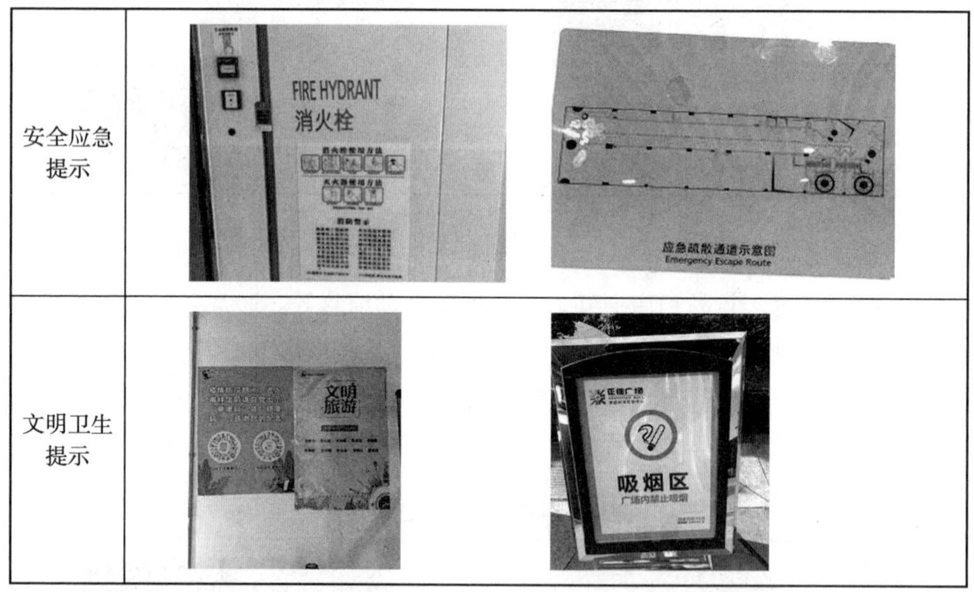


| | |
|---|---|
| 安全应急提示 | |
| 文明卫生提示 | |

公共服务类语言景观旨在提示公共空间的行为规则，主要起到告示、通知等方面的作用，方便消费者应对可能发生的各类状况。

（四）文化宣传类：包括购物中心内各类文化创意活动的预告、介绍和指引等，如表4所示。

表 4　文化宣传类语言景观

近年来，不少购物中心设置各类展览或文化体验活动，也生成了不少文化宣传类的语言景观。消费者在购物中心得到多样化的体验和享受，延长逗留时间，会提升追加消费的可能性。

这几类语言景观在购物中心内部各司其职。从形式上看，其中一部分语言景观已经趋于图形化和符号化，如方位指引、公共服务类等。其他语言景观在设置和分布上，受到更多因素的影响，呈现出不同特点，但也有一定的规律可循。

## 二　语言景观特点

购物中心的语言景观服务于消费活动，主动适应消费者的心理。虽然各购物中心在地理位置、特色定位、消费层次等方面有很大差异，但语言景观的呈现却有不少相似之处。

### （一）语言景观的丰富程度与品牌溢价程度相关

越是高溢价品牌的商铺，语言景观越是简明，且越倾向使用外语。比如奢侈品、国际品牌商铺等，以太古汇一楼商铺为典型代表，如图 1 所示。

**图1　太古汇一楼奢侈品商铺**

此类高溢价品牌的商铺常集中在购物中心一楼，语言景观都较为简洁。商铺门头一般都用英文、法文、意大利文等展示店名，配合品牌的logo、橱窗、主打产品、经典图案来营造景观。虽然不少品牌已有官方中文译名，但中文景观极为少见。

这些语言景观不包含产品名称、价格、活动预告等内容，在传递信息、提供指引方面的功能并不完备。在其他地区的购物中心，同类商铺的语言景观风格也都趋同：高大的店门、简明的品牌名称和logo、众多的服务人员，以产品本身作为视觉引导的主要工具，消费过程由销售人员与消费者的互动交际来推进，具有私人化的特征，以显示服务的高端细致。文字景观介绍由于天然的“公告”特质，处于次要、辅助的地位。

高溢价品牌商铺的语言景观凸显了品牌和商品的“舶来”特征。商品的无界流通是全球化的成果之一，商铺所营造的购物环境，给消费者带来了鲜明的“国际化消费”体验。同时，对知名品牌高溢价商品的占有，也是对某些时尚符号、圈层符号的占有，能建构并唤起消费者对于自己“都市人”的身份认同，进而增强对品牌及其产品的认同。

因此，不少消费者看到商铺仅设置了外文品牌名称的语言景观，容易产生这样的判断：母语元素较少的品牌，很可能是外来品牌，往往价格高于预期。此类商品的符号功能大于实用功能，能为消费者带来心理上的满足感甚至优越感。

但同时，语言景观提供的信息较少，也对消费者提出了较高的信息储备要求，比如需要一定的外语能力，可以对品牌名称进行识别与认读，对产品有基本了解等。如果消费者和品牌方之间的“信息共享”足够多，语言文字类的介绍会在景观中隐退，销售方不再关注语言景观是否在场，是否丰富完备，反而能够依靠这种信息共享的"默契"，有效筛选出真正有购买意愿和购买能力的消费者，增强他们和品牌之间的黏性，也能让消费者通过购买高溢价产品，获得自己所期待的形象。

在国际品牌的带领下，中国本土品牌，如果其价格显著高于同类产品，或者期望打造品牌的"国际化"形象，也会设置此种风格的语言景观。将文字介绍首先用于打造品牌形象，其次才是介绍商品信息。如女装品牌 Mo&Co（摩安珂）、BANXIAOXUE（班晓雪）等商铺，其商铺招牌、新品到店告示都十分简洁，且倾向于使用英文，让消费者聚焦、认同商品本身，进而接受其溢价程度。

图 2　天环广场女装商铺

### （二）语言景观的形态特点与商铺业态类型相关

当前的购物中心已经从购买式消费逐渐向体验式消费转变，其内部业态也朝着多元、丰富的方向演进。多种业态在购物中心内融合共存，大致上可以分为商品零售类（包括品牌专营商店、百货型零售、电子产品、家用电器、文创文具等）与服务类（包括餐饮、休闲娱乐、专业培训、便利服务等）。

经过观察，我们发现两类商铺的语言景观呈现出类型化的差异，主要有以下几点：

第一，语言景观的丰富程度存在差异。总体上看，商品零售类的商铺，语言景观的丰富程度不及提供服务类的商铺。商品零售类的商铺倾向于引导消费者关注商品本身，语言景观仅包括店名展示、新品到货预告、促销活动等，服务类商铺需要引导消费者信任其服务的能力和品质，除了店名之外，往往会设置宣传口号用以唤起认同，张贴主要产品的图文介绍，甚至会放置用户反馈等内容，增强消费者的消费信心。

第二，语言景观的结构特征存在差异。商品零售类商铺的语言文字使用较为俭省，但风格特征更加多样，主要是配合品牌定位和主打产品进行设计。服务类商铺的语言景观，虽然密集，但大多遵循相似的组合方式，主要的结构为“品牌名称 + 宣传口号 + 产品类型 + 用户反馈 + 促销活动”等。

第三，语言景观的目的功能存在差异。商品零售类商铺内的语言景观主要用来营造氛围，提升消费活动的愉悦感，装饰功能多于信息传递功能，有时店内的语言景观内容与品牌的关联性不强，但增加了观看趣味。服务类商铺的语言景观主要用来进行信息传递，介绍产品和服务内容，方便消费者了解服务品类，对实用性、真实性的追求明显高于趣味性。

购物中心的业态分布往往和楼层规划相关，相同业态的商铺常集中在同一楼层，故语言景观相应存在楼层差异。如天河城和太古汇的导览手册中，一楼主要放置国际品牌或高溢价品牌专营商铺，语言景观相对简明，且以外语类为主，二楼以上是各类百货零售，高层则是餐饮、休闲娱乐商铺汇集之处，语言景观逐渐呈现出堆叠缤纷之势，且汉语景观的比重随着楼层高度逐渐上升。近年来，也有不少购物中心有意打破零售类和服务类的业态分界，楼层之间的差异也在逐渐消退。

第四，新奇语言景观开始出现在传统业态中。位于正佳广场的 Unpop Store，以售卖新奇特的低价日用品为主。店内铺设大量语言景观，创造了独特的消费场景，与其他零售类商铺反其道而行之，吸引了不少消费者进入商铺。店内语言景观内容多为流行语，风格诙谐，并使用了方言元素，凸显本土文化特色和潮流，以形制统一的标语口号式的密集呼喊，快速唤起消费者的情感认同，在提高商品溢价率的同时激发购买意愿（图 3）。

图 3　正佳广场 Unpop Store 商铺

### （三）语言景观的聚集分布与消费者动线节点相关

在前往购物中心时，由于消费者的行动受制于交通规则，回游路线较少，从景观获取的信息较为有限，所以购物中心外墙的语言景观风格疏朗简洁，与室内相反。如天环广场和太古汇，外墙的语言景观以购物中心名称、知名品牌名称或 logo 为主，直观清晰、辨识度较高，唤起消费者进入购物中心的期待。有一些百货类购物中心由于建筑设计的缘故，保持了外墙的丰富图文景观，在街景中显得颇为缤纷。如图 4 所示。

图 4　天环广场、太古汇、天河城百货外墙语言景观

进入购物中心后，消费者根据需求自主形成不同动线，但容易在电梯、洗手间、餐饮区等地点重合，这些地点常有多种语言景观被“打包”放置，呈现出密集甚至拥挤的状态，以争夺消费者的视线分配。

经观察，购物中心在以下地点的语言景观呈现出较为显著的聚集状态。

**1. 必经点：扶手梯、垂直电梯等**

电梯是提高行动效率的必备工具，然而在搭乘电梯时，消费活动暂停，所以电梯周围经常出现一些语言景观，或完成公共场合安全提示等“规定动作”，或以各类广告填充消费者的视线空窗。电梯附近的语言景观如图 5 所示。

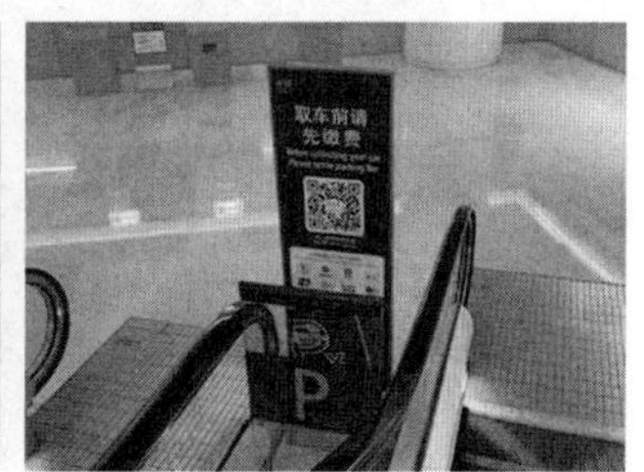


图 5　电梯附近语言景观

多楼层的购物中心一般中庭挑空，故也会利用各楼层商铺柜台的侧面和顶部，放置品牌名称或 logo，以免消费者在搭乘扶手梯或者观光电梯时视线闲置，也方便快速定位。如图 6 所示。

图 6　AOJO、DQ 利用商铺侧面和顶部放置语言景观

**2. 停留点：公共休息区、购物中心中庭、洗手间通道等**

公共休息区常设座椅，是消费者歇脚处；购物中心中庭广场往往是各类活动举办地，常设雕塑、展览等视觉景观。这两处地点空间较大，往往会放置活动宣传、品牌宣传等视觉装置，如 POP 展板、雕塑等，语言文字起到辅助说明的作用。

有些购物中心充分利用洗手间通道设置语言景观。比如正佳广场就在洗手间通道设置了科普类的景观，与购物中心内的几处展览馆进行呼应，强调了购物中心的文化内涵，也让在此等候的消费者有了较为理想的视线落脚点（图 7）。

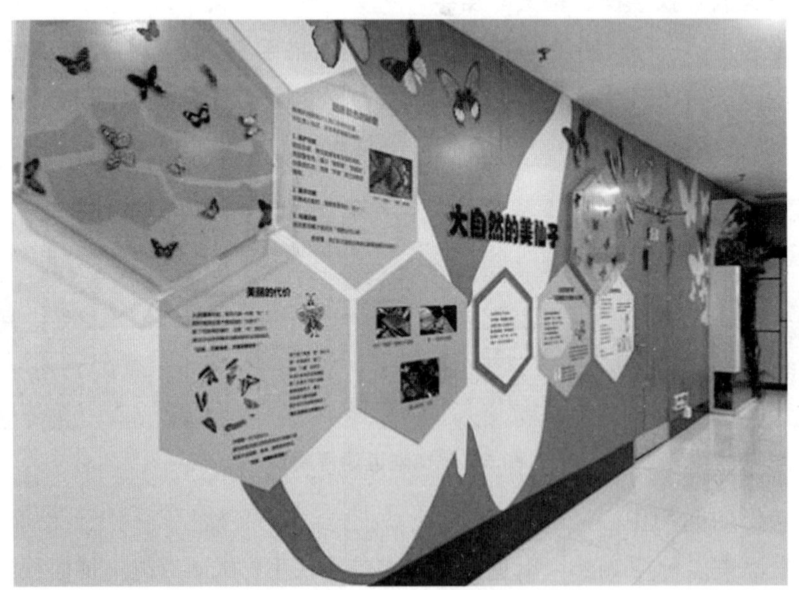


图 7　正佳广场洗手间通道

**3. 缓行点：转角处、地下车库进出通道等**

购物中心内的楼层区域较大，或者建筑设计以平面为主，可能会造成消费者在行动过程中视线受到遮挡，于是，在通道的转角处，消费者往往会需要判断方位而减缓行进速度。不少购物中心则在转角的墙壁、立柱等处，设置前方商铺名称、重要地标名称、区域划分名称的语言景观，作为指引和预告。如图 8 所示。

**图 8　天环广场转角处语言景观**

停车场出入通道也是自驾前来的消费者需要缓行的地方。通道往往也会放置相应的语言景观，如购物中心内各类品牌广告、车辆和车用产品广告、楼盘广告等。

## 三　建议

语言景观设计，是购物中心确立定位、打造品牌、营造氛围的重要手段，直接影响人们的消费体验和消费意愿。因此，我们提出如下建议。

第一，购物中心导视系统、公共服务类语言景观，应建立统一标准。如车辆行进指引以及卫生间、电梯、服务台、应急通道、消防器材等的方位指引，应形成明确的行业标准，逐渐统一放置方式、图标、指引策略等等，提高消费者的视线通透性，减少认知成本，便于快速满足消费者的基本需求、应对突发事件。

第二，在进行语言文字景观设计时，尊重多样性，保证规范性。尊重各类品牌门店的国际通行形式，尽可能地配备多种语言文字，服务来自于不同地区、有着不同语言能力的人群，打造国际化消费中心。注意用智慧化的手段来辅助简洁的语言景观，为消费决策增补必要的信息。规划城市消费商圈，也需要重视融合本地特色和需求，根据商圈的区域特点，用语言景观凸显差异化特征。可以在保证规范的前提下适度采用方言，提高地域文化的彰显度，增强消费者的认同感，打造差异化消费环境体验。

第三，重视线上线下语言景观的同步建设。网络购物和在线消费覆盖的人群越来越大，不少购物中心和商铺开始使用公众号、小程序，以接入消费者的网络生活。年轻消费者习惯于在消费活动之前先在大众点评、小红书、美团等平台搜寻相关信息，很多店铺已经通过打卡、引流等方式，形成了较为丰富的线上语言景观，各类活动、折扣信息也经常在线投递给消费者。这说明，线上和线下的语言景观结合日益紧密，配合方式也逐渐成熟，形成一种“互补”和“共建”模式，但是线上语言景观的规范性和真实性，也需要进一步关注。

第四，可适当增加“首店”语言景观。首店经济正逐渐成为打造国际消费中心城市的重要路径。天河路商圈购物中心吸纳了大湾区多家首店，成为新品牌、新业态的创新试验汇集地。但目前在购物中心内，有些“首店”的凸显度有限，可以通过文字符号在其商铺标牌凸显首店“身份”，引起消费者关注，也利于品牌传播。

第五，满足不同人群的语言景观需求。当前，“儿童+”的业态模式呈现出较强的消费吸附能力，这就需要根据目标消费者的年龄特征调整语言景观，提高友好程度，比如亲子业态语言景观的放置，在高度、风格等方面应适当考虑儿童的视觉习惯，在电子游戏娱乐区域放置一些面向少年儿童的引导标语，应会为广大家长所乐见。同时，老龄化进程也将影响消费趋势，传递给老年消费者的语言景观，其呈现方式、智慧程度、关怀服务等方面也应被重视，尽量保证信息公平，才能有效扩大消费人群。

第六，关注语言景观的变化发展趋势。随着技术的发展，传统百货型购物中心内部，电子屏幕、灯光箱、发光字与平面印刷招贴参差杂陈，视觉体验已渐有生硬之感。未来电子屏幕或将取代大部分传统景观材料，成为呈现语言文字、符号和图像的新媒介。而虚拟技术在消费场所的广泛应用，如“VR 试衣”等，也势必改变人们的消费行为和商铺的服务方式。这样一来，对虚拟场景中语言景观的规范性与合法性将提出新的要求，不同消费群体的视觉偏好和语言习惯，或许也能参与购物中心整体语言景观的建构。

（张晓苏、郭婉容）

# 广州市西关老街标牌语言使用状况调查*

西关是广州的旧城，因明清时期位于广州城西门外一带而得名。明清以后，随着商业贸易的迅速发展，西关成为广州重要的经济和文化中心，形成了独特的西关文化。

本报告以广州西关老街为调查对象，重点调查龙津路、多宝路、宝华路、宝源路、南昌路、长寿路等主要街区，实地拍摄公共服务标牌 143 张和商铺经营标牌 1521 张，共 1664 个语言标牌，分别从公共服务标牌和商业店铺名称标牌两个方面，考察西关老街的语言使用情况。

## 一　公共服务标牌的语言使用情况

西关老街的公共服务标牌，主要指建筑楼栋的标牌、景点景区标牌、路标、指示牌、提示牌、宣传标牌以及相关单位名称等。其中，路标和指示牌主要调查西关老街的主要街道路标和方向指示牌；提示牌主要调查消防安全、交通安全、防骗提醒、旅游提示、卫生健康宣传标牌等。

### （一）语言使用种类

在西关老街公共服务标牌的语言选择上，主要有单语、双语和多语三种情况，分别是：单用中文，兼用中英双语，以及混用中英韩三语。如表 1 所示，本调查共拍摄公共服务标牌照片 143 张，其中，中文单语有 91 个（如图 1），占 63.6%，中英双语有 50 个（如图 2），占 35.0%，中英韩三语有 2 个（如图 3、图 4），都用于景区方向指示标牌，方便不同语种的游客识别，占 1.4%。

* 2022 年度国家语委中青班项目“70 年来粤港澳大湾区语言景观的历史变迁研究”。

表 1　西关老街公共服务标牌的语言使用情况

| 语言文字 | 中文 | 中文 + 英文 | 中文 + 英文 + 韩文 | 合计 |
|---|---|---|---|---|
| 数量 | 91 | 50 | 2 | 143 |
| 占比 /% | 63.6 | 35.0 | 1.4 | 100.0 |

图 1　人民中社区

图 2　多宝路

图 3　路标指示牌

图 4　路标指示牌

### （二）语码取向

语码取向即在语言地位选择上的倾向性，往往通过字体凸显、置放位置、布局结构等方式表现出来。西关老街公共服务标牌双语或多语的语言排列情况主要有两种：一种是中文为主，英文配注中文，一般中文字体较大且位于英文配注之上（如图 2）；另一种是中文为主，英文和韩文配注中文，一般中文字体较大且位于英文和韩文配注之上（如图 3、图 4）。总体来看，西关老街公共服务标牌在语码的取向上，中文往往位于英文或者韩文的上方，英文或韩文是中文的辅助语言，或者是中文的意译。在标牌的使用上，常常采用变换字体、增大字号、调整颜色等方式来凸显中文的地位。同时，英语作为国际上最通用的语言，在国际传播和扩散上具有深远的影响，有一些名称标牌选择中文与英文同样凸显的方式，在字体、字号、颜色选择上，中文与英文不相上下。

另外，在实地考察中我们发现，同属历史文化街区主干线的宝源路和多宝路，对于历史建筑设置标牌的重视程度不同。宝源路对许多历史建筑设置了标牌，如图 5、图 6；多宝路则只有一栋历史建筑物设置了标牌，如图 7。在语言的使用上，2012 年之前设立的历史建筑标牌使用中文单语，并未标注英文，如图 5；2012 年之后设立的历史建筑标牌，使用中英双语，英文主要用于标注“广州市历史建筑”“广州市传统风貌建筑”，对于道路名称和民居名称等仍然只使用中文单语，如图 6 和图 7。

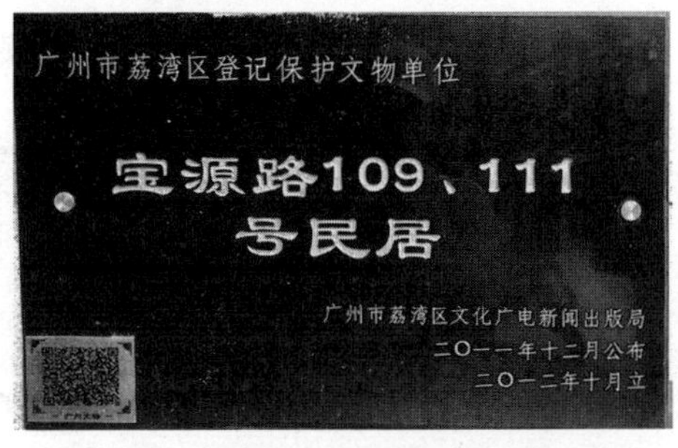


图 5　宝源路 109、111 号民居

图 6　宝源路 70、72 号及后座民居

图 7　多宝路 178 号

## （三）呈现方式

西关老街公共服务标牌呈现出多样化的特点。汉字以简体字为主，部分语言标牌使用了繁体字，如“仁威祖庙”（图 8）。还有标牌使用了伟人的手迹，如“多宝路 24 号”使用了毛泽东的手迹，下方用简体小号字对其历史进行了简介，这里是中国致公党中央党部旧址，现位于多宝路 221 号，如图 9。图 9 使用了三个标识牌，分别标注路名、文物保护单位和历史古迹，呈现出了多样化的特点。还有部分标牌用汉语拼音标注中文，一般出现在路标指示牌中，如图 10。

图8　仁威祖庙

图9　多宝路221号（毛泽东手迹）

图10　长寿西路

图11　卫生健康宣传标牌

标牌呈现方式的多样化，还表现为使用图文结合的形式，多见于公共服务的宣传标牌，如图11。也见于对历史文化街区的介绍，如对多宝路历史文化街区和龙津中路的介绍（图12、图13），除了使用中文对其历史进行介绍之外，还使用了建筑地图的形式标注其位置，用于宣传和传递与其相关的重要信息。

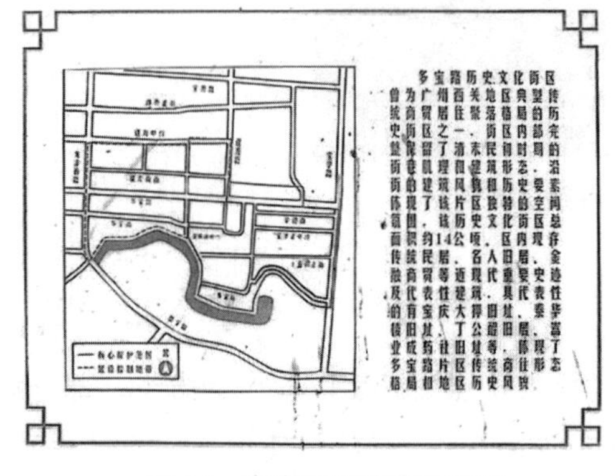


图12　多宝路历史文化街区

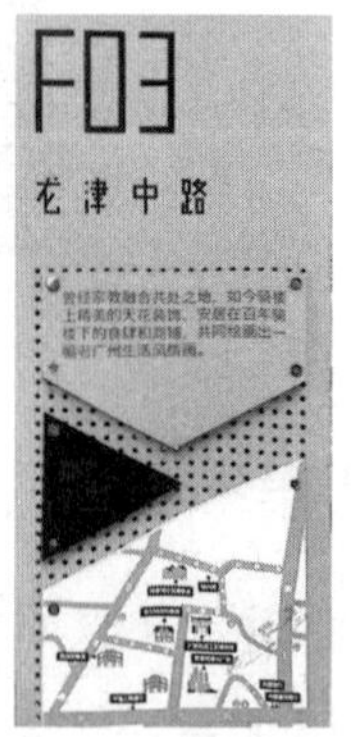


图13　龙津中路

特别值得一提的是“社区15分钟生活圈”，通过文字和简明的三个圆圈图形，标识出5分钟生活圈、10分钟生活圈和15分钟生活圈。如“广州市荔湾区逢源街逢源北社区15分钟生活圈标牌”（图14），详尽标出了超市、学校、银行、医疗服务设施、景区景点、区居委会、公交站、地铁站等的位置，并在标牌下方注明派出所、老年之家、社工站、庇护中心、长者饭堂、党群服务中心、卫生服务中心等的电话号码，语言文字信息丰富，生活气息浓厚，真正做到了便民。这些便民语言信息，在西关老街的语言标牌上还有更集中的呈现，如图 15 中，既有方向指示牌、路标、地图，又有公交、地铁指示，语言信息丰富，便民实用，标牌设置多样，整体设计错落有致，体现了广州老城区浓厚的生活气息。

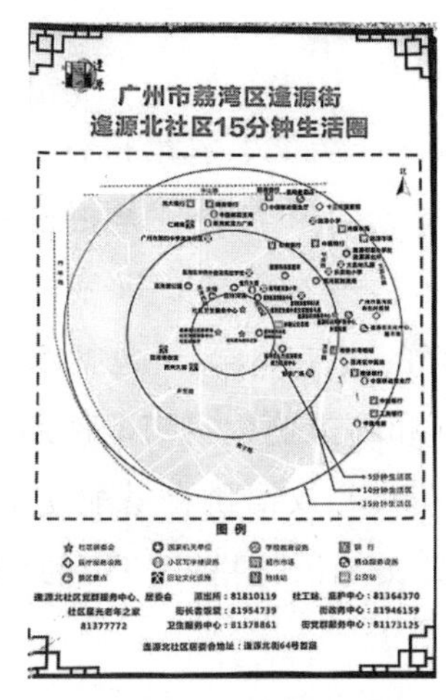


图 14 “社区 15 分钟生活圈”标牌

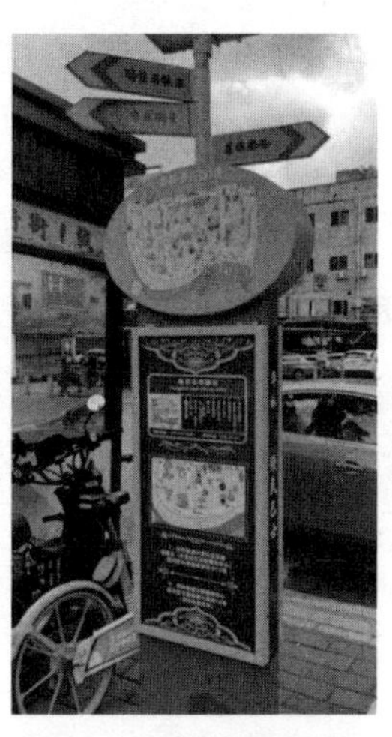

图 15 便民服务标牌

有些公共服务标牌在其下方加注二维码，多见于历史建筑标牌和景区景点标牌，方便居民和游客扫码了解历史建筑的历史。如宝源路 139 号民居（图 16），扫码可见建筑地图、照片图册，并注明建筑类别、建筑年代等。为了更好地保护历史文物，在有的历史建筑标牌的下方，还置放了文物安全直接责任人公告公示信息，便于管理和保护（如图 17）。此外，语言标牌文字置放形式有横排、竖排，标牌形状有方形、圆形、菱形等，文字的颜色有黄色、黑色、棕色，绿色等，都呈现出多样化的形态。

图 16 宝源路 139 号民居

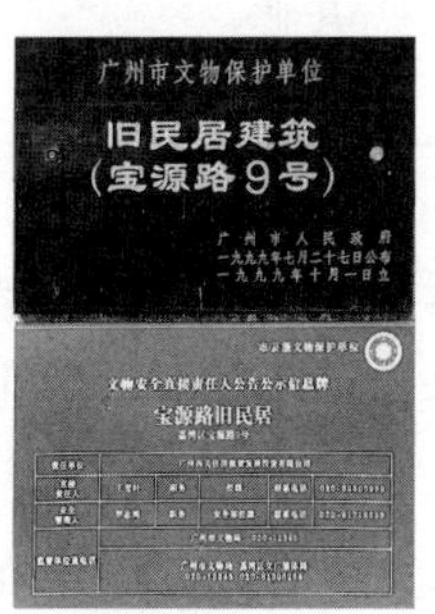


图 17 文物安全直接责任人公告公示信息

## 二 商业店铺名称标牌的语言使用情况

西关老街商业店铺名称标牌，调查范围包括龙津路、多宝路、宝华路、宝源路、南昌路、长寿路等街区，共拍摄照片 1521 张，收集商铺名称标牌 1521 个。

### （一）语符类型及语符搭配

西关老街商铺名称标牌的组成主要包括汉字、英文、汉语拼音、阿拉伯数字，还有少量日文、法文、马来文、越南文等语种和符号。本报告所搜集的 1521 个商铺名称标牌中，纯汉字的有 1016 个，占 66.8%；汉字与英文搭配使用的有 332 个，占 21.82%；使用其他语符的占 11.38%，包括汉字与汉语拼音搭配使用的 69 个，纯英文的 35 个，汉字和阿拉伯数字搭配使用的 27 个，英文和阿拉伯数字搭配使用的 14 个，汉字、英文和汉语拼音搭配使用的 7 个，其他表情、符号、法文、马来文、越南文和日文等语符搭配使用的 21 个。详见表 2。

表 2 西关老街商店名的语符搭配使用模式

| 语符搭配使用模式 | 名称数 | 占比 /% | 举例 |
|---|---|---|---|
| 纯汉字 | 1016 | 66.80 | 西关草本、钱大妈 |
| 汉字 + 英文 | 332 | 21.82 | 胜佳超市、金佰利 |
| 汉字 + 汉语拼音 | 69 | 11.38 | 美宜佳、德佑 |
| 纯英文 | 35 | | TIRAMISU、Kraemer paris |
| 汉字 + 阿拉伯数字 | 27 | | 80 名品、1 点点 |
| 英文 + 阿拉伯数字 | 14 | | 7 ELEVEN、8-mart |
| 汉字 + 英文 + 汉语拼音 | 7 | | 好客连锁 hospitable hao ke lian suo |
| 其他 | 21 | | 7&8、coffeedent |
| 总计 | 1521 | 100.00 | |

从表 2 可以看出，西关老街的商铺标牌使用的语符中，中文占绝对优势。就外语来看，英语作为国际上最通用的语言，在商铺标牌使用的外语中处于优势地位，其他外语出现得很少。在使用英文的标牌中，有些是品牌名称，如“McDonalds”“STARBUCKS COFFEE”等；有些是中文的配注或中文译名，如“牛站 NIU-STATION”“Cakeday”；有些店铺英文名称和中文名称语符地

位并列，如“ninebot 九号”“HI.TEA 茶室”（图 18）；另外还有一些是商家根据拟音而起的英语店名，如“coffeedent”是咖啡店铺的标牌名称（图 19），coffee 和 confident 的结合，发音和 confident 相似，店名有趣，容易让人联想起喝咖啡的人很自信，从而吸引顾客特别是年轻顾客前往。

图 18　HI.TEA 茶室

图 19　coffeedent

一般来说，在多语符的搭配使用中，汉字的字体最大，其位置往往靠前、居中或位于其他语符之上，凸显汉字的优势地位；英文及其他语符用小号字体，在汉字旁边或者下方作为配注或补充信息（图 20）。但是也存在例外的情况，有些中英双语搭配使用的商铺标牌中，英文不是中文的翻译或配注，两者字体大小、置放方式同等重要，如“Lucky 捞面”（图 21），英文“Lucky”和中文“捞面”字体大小相同，置放位置并列。

图 20　尊麒珑珠宝

图 21　Lucky 捞面

有些商铺标牌中，英文处于优势地位，中文标注英文，如标牌“Angel 天使”，其中英文“Angel”字体大，置放位置凸显，而中文“天使”字体小，位于标牌的右下方（图 22）。又比如“CAMBELRRY 金佰利”的标牌，英文位于中文上方，且字体比中文大（图 23）。

图 22　Angel 天使

图 23　CAMBELRRY 金佰利

在汉字和汉语拼音搭配使用的标牌中，一般情况下，拼音用来标注汉字，拼音起辅助作用，其中汉字字体大，位置突出（图 24）。同样也有拼音处于优势地位、汉字用来标注拼音的标牌，如“Guo Zi 帼姿”（图 25）。

图 24 永隆商行

图 25 Guo Zi 帼姿

还有些商品的店名标牌使用阿拉伯数字和汉字或英文搭配，如“6+2 生活超市”，其数字字体大，位置显著，“6+2”等于 8，8 又是汉字“发”的谐音（图 26）。还有些商铺标牌使用特殊的字符或者特殊字体，追求时尚新潮，容易吸引年轻人的注意（如图 27）。

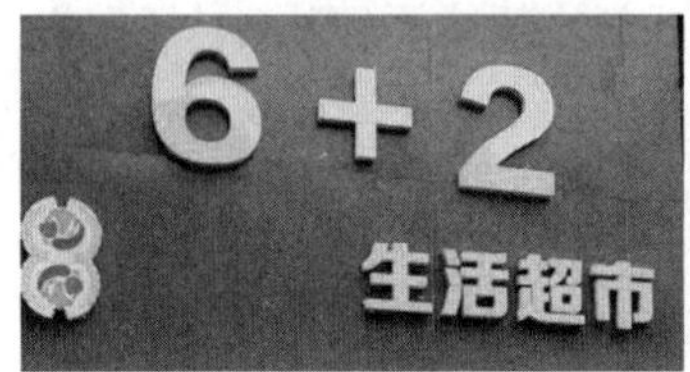


图 26 6+2 生活超市

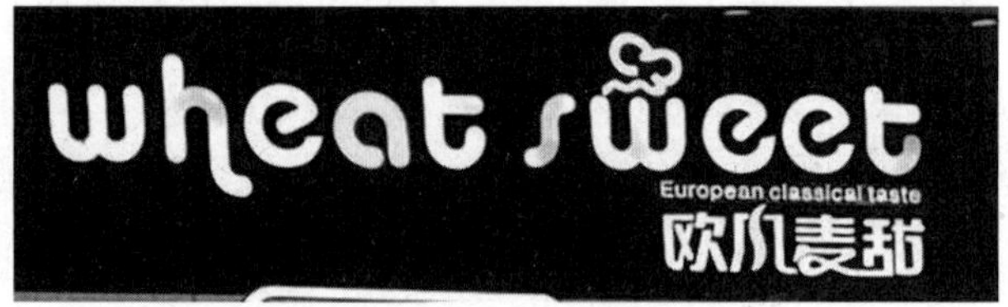


图 27 wheat sweet 欧风麦甜

总体来看，相较于西关老街公共服务标牌，店铺标牌的语言呈现形式更加活泼多样，生动有趣，生活气息更加浓厚。

### （二）商铺标牌的字词使用情况

西关老街商铺名称以三字到六字型较为常见，其中又以四字型、五字型为最多。特别值得注意的是，商铺名称标牌中繁体字的使用较多，这和西关老街的历史底蕴相契合。据统计，共有 186 个标牌中出现了繁体字，占标牌总数的 12.23%。繁体字的使用形式比较多样，有的是单纯使用繁体字，有的是繁简体混用，有的繁体字和英文搭配使用等。使用繁体字名称标牌的商铺种类也比较多样，有老字号商店，如莲香楼、广州酒家、点都德（图 28）、向群饭店、周生记太爷鸡等；也有珠宝店、钟表店，如金骏珠宝（图 29）、明兴珠宝、利记钟表店等；还有些是店主出于个人喜好，如浓心爷爷、超记煲仔饭、传统云吞面等。在实地考察中，我们发现长寿路有很多珠宝店、家具店和古玩店，这些店的名称标牌大部分使用繁体字，来提升店铺的历史韵味，使整个街道充满了传统文化气息和历史底蕴。

图 28　点都德

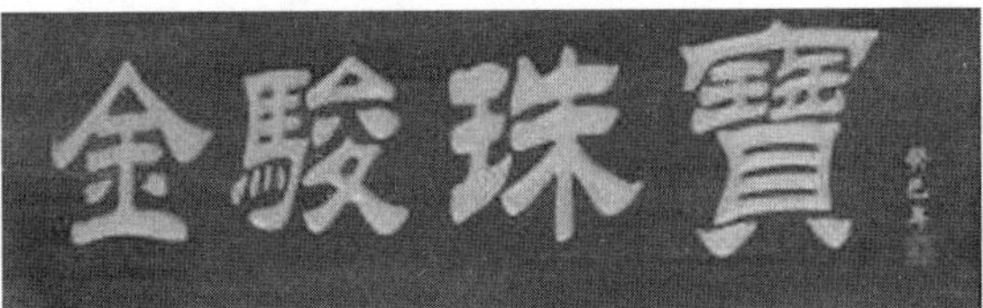


图 29　金骏珠宝

有些商铺在名称标牌上加广告词，如“钱大妈”的标牌上，加注“不卖隔夜肉”，把握住了顾客对商品质量的要求（图 30）；又如“张亮麻辣烫”的标牌上，加注“我们不一样”，吸引顾客前去尝试有什么不一样之处（图 31）。这些广告词置放位置显著，字体较为凸显，起到了很好的广告宣传作用。

图 30　钱大妈

图 31　张亮麻辣烫

还有些店铺名称标牌使用谐音、成语等形式，把商铺名称和商铺经营内容结合起来，让人耳目一新，取名有创意、有新意。比如理发店取名“好意头”，卖包的商铺取名“袋袋平安”，美容养生店取名“金枝玉叶”，服装店取名“千衣百顺”，采耳店取名“耳博汇”等，饶有趣味，让人印象深刻。

### （三）商铺标牌命名中蕴含的地域文化

广州独特的地域文化特点，也体现在西关老街商铺命名上。有些商铺标牌中含“粤”“西关”“广州”“穗”等字，如粤饮粤够汽（图 32）、西关草本、西关明记肠粉、西关面家、穗康包点等；有些商铺标牌中含“港式”“香港”字眼，如港式茶餐厅（图 33）、港饮广食、香港胜昌行等。

图 32　粤饮粤够汽

图 33　港式茶餐厅

在西关老街的餐饮类部分店名中，含有粤特色食品如“烧腊、凉茶、猪牛杂、肠粉、煲仔饭、竹升面、啫啫煲、特色鸡、点心糖水”等，经营粤特色美食的商铺标牌如“粤味烧”“沙湾姜埋奶”“湛记粥品专家”“粤记肠粉世家”“啫成蒸饭啫煲”“西关明记肠粉”“黎传凉茶”“龙津竹升面”等，体现了独特的地域文化特点。

## 三　建议

总体看来，西关老街标牌的语言文字使用丰富多样、实用便民，体现了广州西关老城区浓厚的生活气息和独特的文化底蕴。建议在以下几个方面做些改进工作。

第一，增加多语种的使用。建议在西关老街的历史建筑标牌、景点标牌等重要标牌以及路标、方向指示牌等起宣传、指引作用的标牌中，除了使用中文以外，建议标注一两种外语；同时，在已有的二维码链接中，除了使用中文以外，建议增加英文的使用，以方便更多的游客了解西关老街独特的历史文化。另外，建议适当增加其他语言的使用，以更好地吸引年轻顾客和外国游客。

第二，加强语言使用的规范化。西关老街标牌的语言使用在保持创造性的同时，还应注意语言使用的规范性和易读性。建议商铺取名遵守相关规范，少用一些怪异的符号和不规范的文字；简洁明了，突出重点，突出经营的内容、商铺的特色，或在语音上朗朗上口，便于给顾客留下深刻印象。

第三，加强语言使用的智慧化。建议在一些重要的或有特色的地点的标牌中增加二维码的链接，用以介绍相关街区的历史、古迹、民居以及老字号、老店铺等西关特色商铺等。在西关老街的历史建筑、景区景点等标牌中增加语音导览等智慧化服务，并及时更新维护相关宣传信息，以方便人们更好地了解西关文化，增加历史文化认同感。

（王毅力、杨瑞雯、徐曼曼）

# 广州市地名专名用字现状调查

地名一般以“专名＋通名”的方式构成。通名指示地理实体的类别，专名指示地理实体的个别性。本报告收集到广州市11个行政区内的12 578个地名，对其专名用字状况进行考察。

## 一 自然地理实体专名用字情况

自然地理实体名称包括水系地名和陆地地形名称。水系地名主要包括河流、湖泊、瀑布、泉、陆地岛屿等的名称；陆地地形名称主要包括平原、高原、山地、丘陵和盆地等的地形名称。我们收集到的广州市2316个自然地理实体地名中，水系地名1723个，陆地地形名称593个。

广州自然地理实体地名不少专名用字由通名用字而来，因此，先介绍一下广州自然地理实体地名的通名用字。水系地名通名用字主要有“涌、河、水、坑、沥、江、海、门、溪、口、沟、滩、滘、洋、岛、沙、洲、岗”等，陆地地形名称的通名用字主要有“岗、岭、山、顶、坳、台、嶂、髻、峰、脑、石、台、凹、坑、湾、尾”等。水系地名和陆地地形名称均存在无通名的情况。

### （一）专名用字字种数和字频

2316个自然地理实体的专名用字总字次为5376，字种数为875。频次前20的专名用字如表1。

表1 自然地理实体专名用字频次前20字统计表

| 序号 | 专名用字 | 频次 | 举例 |
|---|---|---|---|
| 1 | 沙 | 214 | 赤沙涌、剑沙涌、流沙河、沙溪水、沙贝坑 |
| 2 | 大 | 226 | 大塘涌、大洲涌、大沙涌、大沙河、大坑水 |
| 3 | 南 | 82 | 南岗河、南浦涌、夏南涌、南山涌、南沙岛 |

（续表）

| 序号 | 专名用字 | 频次 | 举例 |
|---|---|---|---|
| 4 | 石 | 78 | 石井河、石三河、峡石涌、石丰涌、石岭水 |
| 5 | 头 | 78 | 头陂河、江头水、仑头海、大王头、鱼头石 |
| 6 | 新 | 77 | 新冲涌、高沙新涌、新涌支涌、新围涌 |
| 7 | 岗 | 71 | 旦岗涌、鸦岗涌、鹤岗涌、南岗河、白岗水 |
| 8 | 东 | 69 | 东埔河、东沙涌、东开坊涌、塘东涌、东濠 |
| 9 | 西 | 64 | 西濠涌、西滘涌、西头岗、西坳、西田场 |
| 10 | 坑 | 62 | 马坑水、京坑水、金坑河、竹坑河、官坑涌 |
| 11 | 山 | 61 | 茅山引河、安山河、杨山涌、南山涌 |
| 12 | 村 | 60 | 岑村河、西山村涌、南村涌、郭村涌、枧村水 |
| 13 | 围 | 58 | 小谷围岛、大墩中围涌、大有围涌、南围涌 |
| 14 | 三 | 56 | 三丫涌、十三涌、三涌、三岗涌、锦三河 |
| 15 | 洲 | 53 | 长洲岛、琶洲岛、九洲沙、东洲涌、元洲涌 |
| 16 | 塘 | 52 | 塘涌、塘尾涌、莲塘涌、格塘水、石塘埔水 |
| 17 | 龙 | 50 | 龙水井坑、龙蝇岭、龙头山、观龙岛、青龙岗 |
| 18 | 支 | 47 | 欧阳支涌、新涌支涌、文涌支涌、后滘支涌 |
| 19 | 滘 | 46 | 环滘河、横滘河、滘心涌、旧滘涌、沥滘涌 |
| 20 | 北 | 45 | 北斗水、北溪水、北流河、松北涌、北亭涌 |

频次20以上高频字有62个，共使用了2655字次，占所有专名用字总字次的49%。这62个高频字占所有专名用字的7%。也就是说，这7%高频字的总字次接近所有专名用字总字次的近一半。这说明广州市自然地理实体专名用字集中度较高。

### （二）用字特色

#### 1. 反映山地、丘陵地貌特征的专名用字突出

广州市属于丘陵地带，东北部以山地为主，中部以中低山和丘陵为主，南部以冲积平原为主。广州市这些地貌特征在自然地理实体专名用字中均有所反映。

“石、岗、山、岭、洞、高、天、窿、峰、坳、峃、尖、云、髻”等专名用字主要是用于描述山地、丘陵的地貌特征的。其中，“石、岗、山、岭、洞”等

字，频次均在 78—32 次之间，如平石岭、乌石岭、大岗岭、长岗尾、大岭山、大岭头、大洞岭、中洞山等；“高、天、窿、峰、坳、峃、尖、云、髻”等字，频次均在 19—4 次之间，如高天岭、高峰横岭、禾叉窿顶、梅窿坳、尖峰顶、帽峰山、大坳顶、大峃顶、狗峃坳、风云岭、白云山、丫髻岭、狮髻顶等。这些高频和次高频的专名用字，突出反映了广州市多山地、丘陵的地形地貌特征。

**2. 反映河流水系发达、濒临海洋特征的专名用字丰富多样**

广州市境内河流水系发达，大小河流众多，南面又濒临南海。这些特征在广州市自然地理实体专名用字中也有所反映。

“沙、坑、洲、滘、水、江、溪、海、涌、湖、口、湾、流、潭、沥、河、洪、塱、冲、浦、濠、漖、澳、池、滩、礁”等专名用字主要是用于描述江、河、湖、溪、沟、水、岛、礁、沙、滩、洲等水系地理实体的。其中，“沙”字频次最高，达到 214 次，如“沙墟涌、沙溪水”等；“坑、洲、滘、水、江、溪、海、涌、湖、口、湾、流、潭”等字，频次均在 32 次以上，如“官坑涌、乌洲涌、环滘河、塞水涌、江尾涌、沙溪涌、海傍涌、孖涌涌、官湖水、黄水口水、铜锣湾水、流溪河、龙潭河”等；“沥、河、洪、塱、冲、浦、濠、漖、澳、池、滩、礁”等字，频次均在 18—1 次之间，如“沥口涌、沙河涌、洪安围涌、佛塱河、横冲涌、西浦涌、北濠涌、东漖涌、澳口涌、凤池涌、高滩河、香炉礁”等。这些高频和次高频的专名用字，充分反映了广州市河流水系发达、濒临海洋的特征。

**3. 动植物类专名用字特色鲜明**

广州市属海洋性亚热带季风气候，温暖多雨，光热充足，利于动植物繁育生长，动植物资源丰富。广州市自然地理实体专名中，动植物类字也比较突出。

“龙、马、牛、鸡、凤、鱼、虎、鹤、狮、鹿、鹅、蛇、螺、猪、狗、鲤、鸥、象、凫、鼠、兔、虾、蚬、鸦、鸭、燕、羊、蚝、蝴、蝶、猫、雁、鳌、蚌、蟾、蜍、蠄、蟝、鸽、鹧、鸪、蟠（龙）、蟛、蜞、雀、虱、蚊、鹰、豸、海（马）”等字，除了“龙、凤、鳌、蟠（龙）”是神话、传说中想象的动物外，其他字所代表的动物都是现实中存在的，它们大多与人们的生产生活密切相关。而“虾、蚬、蚝、蚌、蟛、蜞、蠄、蟝、海（马）”等专名用字具有鲜明的地域特色。

“莲、竹、草、茶、松、柏、荔、枝、楠、榄、麻、桂、木、棉、葫、芦、葵、榴、梅、枫、菊、梨、榕、桃、樟、菠、萝、卜、椿、棣、豆、芙、蓉、葛、槐、枧、茭、桔、麦、藕、杞、茄、杉、穗、苔、藤、蔗、簕”等植物类专名用字涉及具体植物42种，其中“荔、枝、木、棉、菠、萝、茭、榕、榄、簕”等专名用字，具有鲜明的地域特色。

## 二 人文地理实体专名用字情况

人文地理实体名称主要包括行政区域名称、自然村落名称和交通运输设施名称。我们收集到的10 262个人文地理实体名称中，行政区域名称2950个，自然村落名称3170个，交通运输设施名称4142个。

### （一）字种数和字频

10 262个人文地理实体的专名用字总字次为24 488，字种数为1400。频次前20的专名用字如表2。

表2 人文地理实体专名用字频次前20字统计表

| 序号 | 专名用字 | 频次 | 举例 |
|---|---|---|---|
| 1 | 东 | 678 | 棠东村、东南村、东江大道、上冲东约 |
| 2 | 南 | 674 | 岭南村、南溪村、桥南社区、越秀南路 |
| 3 | 新 | 558 | 新楼村、新造镇、新基村、新塘社区 |
| 4 | 西 | 544 | 西成村、南胜西里、傍江西村、西洲社区 |
| 5 | 大 | 494 | 大田村、大和西约、大沥村、爱莲大街 |
| 6 | 沙 | 359 | 沙亭村、沙田村、沙洛社区、沙湾路 |
| 7 | 北 | 355 | 北流村、北约村、天河北社区、环市北路 |
| 8 | 一 | 330 | 一德路、三一村、彩虹一路、青龙一街 |
| 9 | 龙 | 323 | 龙岗村、海龙街、云龙社区、龙腾社区 |
| 10 | 二 | 313 | 竹二村、香雪二路、二沙岛、中山二路 |
| 11 | 岗 | 304 | 鹤岗村、井岗村、赤岗路、萝岗墟会堂街 |
| 12 | 园 | 292 | 花园新村、竹园村、芳园路、公柏园、慕园村 |
| 13 | 三 | 290 | 三善村、三丫口、竹三村、三联村、钟三路 |
| 14 | 山 | 285 | 茅山村、杨山村、禺山大道、云山大道 |
| 15 | 石 | 273 | 石门围、石吓、石德街、大石街、乌石大街 |
| 16 | 村 | 261 | 村头、村贝路、岗村街、潭村南社区 |
| 17 | 塘 | 235 | 塘贝村、小塘村、郭塘村、沙塘街、韩塘街 |
| 18 | 中 | 234 | 中埠村、中心坡、莲中街、中兴社区 |
| 19 | 和 | 193 | 太和庄、长兴和、瑞和园社区、和乐东街 |
| 20 | 横 | 186 | 横枝沙、横湖村、横朗村、二横路社区 |

频次 50 次以上的高频字有 111 个，共使用了 15 311 字次，占所有专名用字总字次的 62.5%。这 111 个高频字占所有专名用字的 7.9%。也就是说，这 7.9% 的高频字的总字次接近所有专名用字总字次的三分之二。这说明，相对于自然地理实体专名用字，广州市人文地理实体专名用字的集中度更高。

### （二）用字特色

#### 1. 表示方位的专名用字使用频率居于前列

人文地理实体中的行政区域、自然村落、居民点、交通设施等地理实体的命名除了要具有指别性外，为了方便行政管辖、居民生产、经营、生活、交通，还应尽量标明其地理方位。

广州市人文地理实体专名用字中，表示方位的“东、南、西、北、上、下、中”7 个字的频次分别是 678、674、544、355、169、167、105 次。如“站北路、站西路、东坑村、西坑村、农林上路、农林下路、河东南社区、河东北社区”等。

#### 2. 表达美好愿望的专名用字使用频率比较突出

广州市人文地理实体专名用字中，表达美好愿望的“和、华、金、兴、安、福、德、平、乐、永、丰、康、联、红、同、宝、鹤、富、仁、泰、怡、雅、昌、贤、美、宁、隆、庆、胜、成、良、顺、秀、利、仙、盛、祥、瑞、吉、玉、锦、达、银、荣”等字的频次在 193—20 之间。如“盛华路、新华路、兴华路、国泰村、民安村、福安村、幸福社区、永宁街、康宁桥、兴隆巷、永兴街、昌盛路、昌兴街、兴发街、南兴街、安业里、达道路、达富路、达康路、达新路”等地名，表达了希望国家富强、社会祥和、百业兴旺、生活富足的美好愿望。

#### 3. 专名用字传承了中华民族的优秀传统文化

广州市人文地理实体专名用字中，“德、联、同、仁、合、贤、善、信、义”等字，频次分别是 108、69、63、59、48、40、18、17、16。如“大德路、德先路、德康路、兴仁里、广仁路、仁济路、联合围、同德围、合安围、乐善路、积善里、仁义街、信义路、义和围、圣贤里、崇贤巷、安贤里”等地名，传承了中华民族明明德、讲仁爱、守诚信、崇正义、尚和合、施善举、见贤思齐等优秀文化传统。

**4. 专名用字保留了方言字**

广州市人文地理实体专名用字中保留了一些粤方言用字和客家方言用字。

（1）粤方言用字

粤方言用字有“涌、滘、塱、仔、孖、壆、乸、奀”等 8 个。

“涌”，读作 chōng，指河汊。作为人文地理实体专名用字，由水系通名用字“涌”发展而来，一般用于指示人文地理实体的位置。我们收集的广州市人文地理实体地名中，“涌”使用了 102 次，如涌口村、涌岭路、涌边街等。

“滘”，读作 jiào，指分支的河道。作为人文地理实体专名用字，由水系通名用字“滘”发展而来，一般用于指示人文地理实体的位置。在我们的统计样本中，“滘”使用了 57 次，如滘心庄、滘溪村等。

“塱”，读作 lǎng，指江湖边上的低洼地。作为人文地理实体专用字，“塱”用于指示人文地理实体的位置。在我们的统计样本中，“塱”使用了 32 次，如塱贝、塱尾村、塱边村、塱田街等。

“仔”，读作 zǎi，表示细小的意思。在我们的统计样本中，“仔”使用了 28 次，如庙仔坪、农场仔、园岭仔、蛇仔岭、竹园仔、沙仔滩等。

“孖”，读作 mā，指成双的、相连成对的意思。在我们的统计样本中，“孖”使用了 5 次，如南孖围、下孖、孖楼街、孖涌直街等。

“乸”，读作 nǎ，用在动物后面，表示雌性。在我们的统计样本中，“乸”使用了 3 次，如鸡乸斗、鸭乸笼、蛤乸窝。

“壆”，读作 bó，指垅的意思。在我们的统计样本中，“壆”使用了 3 次，如高壆路、上壆社、下壆社。

“奀”，读作 ēn，矮小的意思。在我们的统计样本中，“奀”使用了 1 次，如奀岗。

（2）客家方言用字

客家方言用字有“冚、吓、磜”等 3 个。

“冚”，读作 kǎn，“窿”字的简写，当地习惯读音为 lōng。作为人文地理实体地名专用字，“冚”从陆地地形名称通名发展而来，用于指示人文地理实体的位置。在我们的统计样本中，“冚”使用了 3 次，如元冚墩、冚尾、冚尾头等。

“吓”，读作 xià，意义相当于“下”。在我们的统计样本中，“吓”使用了 12 次，如吓山、吓水、吓围村、厅吓围、吓岗村民委员会等。

“磜”，读作 qì，义为台阶。当地习惯读音为 zhài。在我们的统计样本中，“磜”使用了 2 次，如磜面、磜头。

**5. 专名用字保留了异体字**

广州市人文地理实体专名用字中保留的异体字有“碁”1 个。

“碁”，本义是石制棋盘，“棋”的异体字。在我们的统计样本中，“碁”使用了 3 次，如石碁镇、石碁村、石碁涌。保留“碁”字的“石碁”地名，相传源于当地有一石制棋盘，还有石制棋子。

## 三 相关建议

第一，在地名标识上，尽可能对地名中的方言字、异体字、多音字、罕见字标注汉语拼音。广州市地名中的一些方言字、异体字，如“滘、塱、湴、孖、埅、冚”和“碁”等，其形体和字音都不为人所熟悉，应该在地名标识上标注汉语拼音。还有一些地名用字是多音字，如“陂”，现代汉语有 pō、pí、bēi 三个读音，广州市地名中的“陂”均读 bēi，在地名标识上应标注地名的汉语拼音。还有一些地名用字是非常用字，如“槎、泮、暹、埗、圩、垌、獠、硷、㧜、簺、赉、簕、坜、蒌、湴、蜞”等，也应该在地名标识上标注汉语拼音。这样便于人们查找、认读，方便交际。

第二，注意对具有历史价值的地名专名的保护。一些地名的专名记录了地理实体原始的地理环境，有助于人们据此考察地理环境的历史变迁。例如“沙面公园”，“沙面”二字真实记录了这里曾经只是一片由珠江冲积而成的沙洲。一些地名的专名还记录了人类的活动历史。例如“八旗二马路”，专名“八旗”二字同样真实地记录了清代八旗人员统治广州的历史，见证了民族的交流与融合。类似上述记录自然变迁和社会变迁的地名专名，我们在城市建设过程中要注意保护。对那些有历史意义的老地名，建议尽量将整个地名的专名与通名完整保留下来，例如“三元里、状元坊、小东营、玉带濠”等。如果不能完整保留，也建议将其中具有纪念意义、特色鲜明的专名，通过街道、社区、街路、公交站、地铁站的命名保留下来，为城市留住一份记忆，让人们记得住乡愁。

第三，应注意地名专名的雅化。在我们所收集的地名中，少数地名的专名用字属于忌讳字、含有迷信或不敬义的字，如“屎、尿、鬼、婢、杀”等。构成的地名有“牛屎塘、鸭屎塘、屙屎塘、猪拉屎岭、马洒尿、鬼斗、澄鬼岩、鬼喊坑、鬼横涌、五鬼塘、鬼化冚、鬼壳垅水、小婢、狗婢、落杀岭、杀场尾顶”等。虽然这些地名主要是自然地理实体地名，使用频率不高，但还是建议在进一步开发利用时适当调整，尽量通过谐音或联想等方式将其中的忌讳字、含有迷信或不敬义的字换成雅字。

（戴仲平）

# 第五部分

# 港 澳 篇

# 导 语

香港和澳门是大湾区国际化的代表城市，多族裔汇聚，多文化共存，语言生活缤纷多彩，情况也较为复杂。港澳篇四篇报告关注香港、澳门的语言生活状况，从历时角度再现了语言文字使用的发展过程，也从共时层面关注了港澳地区不同场景、不同领域内的语言生活现状。

《香港的语言使用六十年（1961—2021）》依据1961—2021年间香港人口普查类调查的官方文件，梳理其中与语言使用相关的内容，提取香港居民60年来的语言使用水平、意愿和频率等数据，呈现出香港语言文字应用发展的轨迹线路，重点关注了汉语（尤其是粤方言和普通话）、英语等主流语言使用的情况，兼顾其他方言和其他语种的应用状况，并提出相关建议。

历史发展到今天，尤其是在粤港澳大湾区建设全面启动后，香港教育场所的语言使用状况也有了新的变化。《香港高校校园语言生活观察》选取了四所香港高校，从教学语言、行政工作语言、校园日常生活服务语言等角度进行深入细致的观察，描绘出当下香港高校内英语主导、多语兼容的语言状况，而在校园环境和生活服务中，汉语普通话和粤方言已成为并列选项，高校师生的语言素养不断提高，语言能力日益全面。

《香港中成药药名调查》关注民生健康框架下的语言文字使用问题。香港的中医药文化和中成药产品声名远播，作者考察了当前市面上的香港中成药产品，从命名的音节韵律、基本信息传递、修饰限定成分的使用等方面，总结出语言文字方面的特点。尤其关注到“同方异名”和“同名异方”的药品名称，从命名标准、文化传承等方面提出建议，兼顾药品名称的规范与特色，为健康大湾区的建设发展提供助力。

《澳门媒体语言使用状况》关注澳门传统媒体中的报纸和电视、新媒体中的传统媒体网络版和新兴独立媒体，采用量化研究和质性研究混合的方法进行调查，对澳门媒体语言文字选择与使用、媒体报道文本特点和媒体受众阅读倾向进行调查与分析，展示出澳门媒体多语并存、多彩纷呈的现实情况，并在此基础上提出相关对策和建议。

（张晓苏）

# 香港的语言使用六十年（1961—2021）*

香港得天独厚的地理位置和独特的历史、政治、经济及文化，深刻影响着香港的语言使用，形成了特色鲜明的语言生态。本报告依据香港政府统计处发布的过去60年（1961—2021）的人口统计数据以及2012—2021年间的4份《主题性住户统计调查报告书》（以下简称《主题性报告》），对其中涉及的语言使用调查结果进行对比分析，以期探查香港60年来语言使用的变化特点及趋势，并对香港和谐语言生态构建提出建议。

## 一　本研究的数据来源及使用说明

本报告把香港政府统计处60年间（1961—2021）公布的所有人口普查类调查报告中有关语言使用的统计数据纳入分析，所有数据均来自香港政府统计处官方网站[①]。香港的人口普查类型包括十年人口普查和五年中期人口统计。香港政府的人口普查始于1961年，此后每10年（尾数逢1的年份）进行一次，并在两次普查之间（尾数逢6的年份）进行一次中期人口统计，人口普查的精确程度高于中期人口统计。普查的内容大致相似，包括人口数目及结构、其他人口特征、教育、劳动人口、住户、房屋以及地区特征；中期人口统计主要进行大规模的抽样调查，从而推算出香港人口的基本资料和特征。迄今已有7次人口普查和6次中期人口统计。除1971、1976、1981和1986年的普查和中期统计外，其他人口普查和中期统计都把语言使用列入了调查范围。截至目前，香港政府统计处的最新人口普查报告是2022年11月公布的《2021年人口普查简

* 广东省哲学社会科学规划项目“基于国家安全的港澳语言政策与语言能力建设研究”（GD21CWY02），广东省联合培养研究生示范基地（广州大学-上海一者信息科技有限公司）（粤教研函〔2022〕1号）项目。

① 香港政府统计处的官方网站：https://www.censtatd.gov.hk/sc/。

要报告》。人口普查和中期人口统计有关语言使用的调查内容成为我们考察香港60年语言使用变迁的一个重要窗口。

香港政府统计处为满足政策局与政府部门日益增长的各类社会事务的统计需求，2012年2—5月开始主题性住户统计调查，语言使用及语言能力也被纳入主题性调查；此后，分别又于2015年5—8月、2018年3—6月和2021年9—12月开展了主题性住户统计调查。四次调查形成了《主题性报告》第51、59、66和76号。第76号于2022年11月公布。主题性住户统计有关语言使用的调查主要考察不同语境下香港居民“三语”即粤方言、普通话和英语的使用情况及口语能力，以及“两文”即中文和英文的书写能力。

此外，人口普查报告所采用的语言版本体现了香港语言政策的演变，折射出时代的烙印和历史前进的步伐。早期的4次普查和中期统计报告（1961、1966、1971、1976）为英文版；20世纪80—90年代的4次普查和中期统计报告（1981、1986、1991、1996）只有中文版；21世纪初（2001、2006）的普查和中期统计报告仅有英文版；2011年及之后的普查和中期统计报告及《主题性报告》均为中英双语版。如表1所示。

**表1　香港人口普查和中期统计报告及主题性报告语言使用调查一览表**

| 报告类型 | 年份 | | | | | | | | | | | | | | | |
|---|---|---|---|---|---|---|---|---|---|---|---|---|---|---|---|---|
| | 1961 | 1966 | 1971 | 1976 | 1981 | 1986 | 1991 | 1996 | 2001 | 2006 | 2011 | 2012 | 2015 | 2016 | 2018 | 2021 |
| 普查报告 | √ | | | | | | √ | | √ | | √ | | | | | √ |
| 中期统计报告 | | √ | | | | | | √ | | √ | | | | √ | | |
| 主题性报告 | | | | | | | | | | | | √ | √ | | √ | √ |

注：打√者为有语言使用调查。

表1显示，1971、1976、1981和1986年的人口普查和中期统计没有调查语言使用情况。为此，本研究主要对13份包含语言使用调查的报告进行数据分析。

## 二　数字表征下香港语言使用的六十年流变

1961年香港人口普查统计报告中，“其他人口特征”部分统计了不同职业及不同性别群体的语言使用，但只考察了英语和粤方言，涉及“只讲英语”“只讲广州话[①]”“讲英语和广州话”和“英语、广州话都不讲”4个统计项。与1961年普查报告相比，1966年中期统计报告涉及的语言/方言统计项更多样，包含了英语、广州话、学佬话、客家话、四邑话[②]等，以及“其他汉语方言”和“其他语言”。统计内容不仅包含语言/方言使用人口及其占比，也补充了1961年普查缺失的相关语言/方言的统计数据。1961年79.02%的香港人讲粤方言，1966年上升至81.43%。讲英语的人口占比较低，1961年为1.21%，1966年降至0.80%。除了广泛使用的粤方言外，众多汉语方言如学佬话、客家话、四邑话等的使用人口都占比较高，远高于英语和其他语言（见表2）。

**表2　1961年人口普查和1966年中期人口统计中的语言统计数据**

| 常用语言 | 1966 | | 1961 | |
|---|---|---|---|---|
| | 人口 | 占比/% | 人口 | 占比/% |
| 广州话（Cantonese） | 2 968 420 | 81.43 | 2 076 210 | 79.02 |
| 学佬话（Hoklo） | 298 470 | 8.19 | 164 537 | 6.26 |
| 客家话（Hakka） | 121 430 | 3.33 | 128 432 | 4.89 |
| 四邑话（Sze Yup） | 112 230 | 3.08 | 114 480 | 4.36 |
| 其他汉语方言（Other Chinese） | 101 580 | 2.79 | 95.544 | 3.64 |
| 英语（English） | 29 300 | 0.80 | 31 824 | 1.21 |
| 其他语言（Others） | 11 400 | 0.31 | 16 329 | 0.62 |

注：原表为英文，作者增加了中译。

基于1991—2021年的7次普查和中期统计报告中有关语言使用的统计数据，我们制作了表3，以便直观地了解这30年间香港的语言使用变迁。1991年普查的一个里程碑式的变化是把普通话纳入语言使用统计。7次语言使用调查采取了较为统一的模式，所调查的语言/方言种类基本保持一致，主要包括普通话以及广州话、客家话、福建话、潮州话、四邑话、上海话等汉语方言，英语，“其他语言”如日本语、菲律宾语、印尼语等。

① 香港人口普查报告分别使用“广东话”和“广州话”，而“广州话”的使用频次相对较高，故本报告涉及翻译时或在表格中采用“广州话”，而正文则一律称“粤方言”。

② 四邑话实际上属于粤方言，是一种以粤方言为主体、融合了闽南语和客赣语的混合方言。

表 3　香港 1991—2021 年 5 岁以上人口的语言使用统计　　单位：%

| 语言 / 方言 | | 1991 | 1996 | 2001 | 2006 | 2011 | 2016 | 2021 |
|---|---|---|---|---|---|---|---|---|
| 广州话 | 作为惯用语言 | 88.7 | 88.7 | 89.2 | 90.8 | 89.5 | 88.9 | 88.2 ↓ |
| | 作为其他语言 | 7.1 | 6.6 | 6.8 | 5.7 | 6.3 | 5.7 | 5.5 ↓ |
| | 合计 | 95.8 | 95.2 | 96.1 | 96.5 | 95.8 | 94.6 | 93.7 ↓ |
| 普通话 | 作为惯用语言 | 1.1 | 1.1 | 0.9 | 0.9 | 1.4 | 1.9 | 2.3 ↑ |
| | 作为其他语言 | 17.0 | 24.2 | 33.3 | 39.2 | 46.5 | 46.7 | 51.9 ↑ |
| | 合计 | 18.1 | 25.3 | 34.1 | 40.2 | 47.8 | 48.6 | 54.2 ↑ |
| 其他汉语方言 | 作为惯用语言 | 6.0 | 5.0 | 4.4 | 3.4 | 3.0 | 2.3 | 2.1 ↓ |
| | 作为其他语言 | 12.0 | 11.8 | 11.0 | 9.8 | 10.1 | 9.9 | 8.2 ↓ |
| | 合计 | 18.0 | 16.8 | 15.3 | 13.2 | 13.1 | 12.3 | 10.3 ↓ |
| 英语 | 作为惯用语言 | 2.2 | 3.1 | 3.2 | 2.8 | 3.5 | 4.3 | 4.6 ↑ |
| | 作为其他语言 | 29.4 | 34.9 | 39.8 | 41.9 | 42.6 | 48.9 | 54.1 ↑ |
| | 合计 | 31.6 | 38.1 | 43.0 | 44.7 | 46.1 | 53.2 | 58.7 ↑ |
| 其他语言 | 作为惯用语言 | 0.3 | 0.5 | 0.6 | 0.4 | 0.7 | 0.8 | 0.80— |
| | 作为其他语言 | 1.8 | 2.6 | 4.1 | 3.9 | 5.0 | 6.4 | 6.5 ↑ |
| | 合计 | 2.1 | 3.0 | 4.6 | 4.3 | 5.6 | 7.2 | 7.4 ↑ |

注：

①表格中“↑”指 2021 年的统计数据与前一次统计数据相比呈上升趋势；“↓”为数据呈下降趋势；“—”表示数据持平，无变化。

②香港 1991—2001 年人口普查报告中语言使用涉及“客家话”“福建话”“潮州话”“四邑话”和“上海话”等方言统计项，本表将这些项合并称为“其他汉语方言”。

③香港 1991—2001 年人口普查报告中语言使用涉及“印尼语”“菲律宾语”和“日本语”等统计项，本表将这三项合并称为“其他语言”。

### （一）粤方言的使用变迁

香港开埠以来，由于地缘、亲缘等关系，吸引了大批广州人前来居住和经商，域内通行粤方言。1961 年 207.6 万（79.02%）的香港人讲粤方言，1966 年增加了 89.2 万，达到 296.8 万（81.43%）。1991 年之后的 30 年间，粤方言的使用人口呈增长态势，作为惯用语言的人口比例始终保持在 88.2% 以上，作为惯用语言和“其他语言”的人口已高达 93.7% 以上（见表 3）。

《主题性报告》显示，2012—2021 年 6—65 岁香港人中“使用广州话完全足够或足够应付日常生活”的比例呈不断上升趋势，从 2012 年的 85.9% 上升至 2021 年的 94.4%；2018—2021 年具有粤方言能力的人数上升幅度最大，攀升了 6.7 个百分点。90.6% 及以上的香港人在与配偶、子女、父母及朋友交谈时使用粤方言；87.6% 及以上的人喜欢在看电视、看电影、听歌和唱歌时使用粤方言。在这两种场合，使用粤方言的人数在 2012 年均呈现较高值，2015 年略有下降，此后呈稳定和上升之势（见表 4）。

**表 4　香港 6—65 岁人士在不同场合使用广州话 / 普通话 / 英语的占比**　单位：%

| 语言使用场合 | 语言 | 2012 | 2015 | 2018 | 2021 |
|---|---|---|---|---|---|
| 与配偶沟通、与子女沟通、与父母沟通及与朋友交谈 | 广州话 | 96.3 | 90.6—96 | 90.6—95.7 | 91.6—96.1 ↑ |
| | 普通话 | 9.0 | 8.4—16.6 | 9.5—18.8 | 4.8—14.0 ↓ |
| | 英语 | 9.5 | 9.8—20.7 | 11.0—23.7 | 5.2—20.2 ↓ |
| 看电视、看电影及听歌和唱歌 | 广州话 | 92.7 | 87.6—94.4 | 88.7—93.9 | 89.0—94.2 ↑ |
| | 普通话 | 45.6 | 42.0—54.0 | 38.3—47.5 | 29.4—47.4 ↓ |
| | 英语 | 51.1 | 49.8—62.4 | 46.7—57.5 | 42.2—50.7 ↓ |

注：2015、2018 及 2021 年的《主题性报告》中对广州话、普通话及英语的调查数据出现一些区间值，为此，表 4 及表 5 以原统计数值呈现。

不论在日常生活还是在工作中，香港人以使用粤方言为主，其使用频率和使用人口居香港语言 / 方言之首。相比于英语和普通话，香港 15—65 岁就业人士在工作中使用粤方言的比例最高，“与外界 / 客户开会或闲谈”和“与公司同事开会或闲谈”时“必定、经常或偶尔使用”粤方言的比例在 2012 年分别为 80.3% 和 94.6%，此后几年呈现逐步上升的趋势，到 2021 年已分别升至 94.1% 和 96.0%（见表 5）。

**表 5　香港 15—65 岁就业人士在不同场合使用广州话 / 普通话 / 英语的占比**　单位：%

| 语言使用场合 | 语言 | 2012 | 2015 | 2018 | 2021 |
|---|---|---|---|---|---|
| 与外界 / 客户开会或闲谈 | 广州话 | 80.3 | 91.4—90.0 | 90.1—90.0 | 94.1 ↑ |
| | 普通话 | 26.0 | 29.9—28.3 | 30.1—28.9 | 26.3 ↓ |
| | 英语 | 34.7 | 42.6—37.3 | 38.2—41.6 | 39.5 ↓ |
| 与公司同事开会或闲谈 | 广州话 | 94.6 | 95.1—91.4 | 94.9—90.1 | 96.0 ↑ |
| | 普通话 | 21.9 | 22.1—19.6 | 20.6—20.0 | 16.8 ↓ |
| | 英语 | 29.8 | 35.1—28.4 | 34.7—29.7 | 29.2 ↓ |

### （二）普通话的使用变迁

1991—2021 年，把普通话作为惯用语言的人口占比从 1.1% 上升至 2.3%，比例翻倍，但总体上仍然偏低。但普通话得到了很大的普及，能讲普通话的人口从 1991 年的 18.1% 上升至 2021 年的 54.2%（见表 3）。

2012 年 24.1% 的香港居民认为自己的普通话能力非常好或良好，到 2021 年这一比例已经上升至 41.4%。然而，香港人普通话能力有所提升的同时，在生活和工作场景中使用普通话的比例却不高。表 4 显示，香港人在与配偶、子女、父母、朋友交流时，使用普通话的比例最低：2012 年居于 8.4%—16.6% 之间，2021 年却降至 4.8%—14.0%。在看电影、电视以及听歌、唱歌等娱乐场合，普通话的使用人口比例远低于粤方言和英语：2012 年在娱乐场合使用普通话的人数占比为 45.6%，2021 年降至 29.4%—47.4% 之间。同样，15—65 岁就业人士在与客户洽谈、与公司同事开会或闲谈时，使用普通话的占比最低，2021 年达到最低值。两种场景下使用普通话的人数占比为 26.3% 和 16.8%（见表 5）。

### （三）其他汉语方言的使用变迁

香港除粤方言之外，其他汉语方言使用人口占比总体上呈不断下降的趋势。1961 年为 19.15%，1966 年降至 17.39%（见表 2）；1991 年后的 30 年间，“其他汉语方言”的使用人口从 1991 年的 18.0% 逐年下降，2021 年降至最低，仅为 10.3%（见表 3）。

### （四）英语的使用变迁

英语使用人口的比例总体上呈不断增长的态势。1961 年仅有 1.21% 的香港人能讲英语，1966 年降低至 0.8%（见表 2）；1991 年把英语作为惯用语言的人口已达 2.2%，2021 年上升至 4.6%。2021 年能讲英语的人口已达 58.7%，高于同年能讲普通话的 54.2%（见表 3）。《主题性报告》显示，香港人使用英语“完全足够或足够应付日常生活的比例”从 2012 年的 23.7% 上升至 2021 年的 43.6%，10 年间上升了 19.9 个百分点。此外，从表 4 和表 5 可知，不论在日常交流、娱乐中，还是在工作场景中，英语已成为继粤方言之后，使用最为频繁的语言。英语作为语言资本（language capital）在香港得到了充分的体现。一些学者研究发现，英语的实用价值在香港得到了高度认同[①]，且受教育程度越高，

① Lai, Mee Ling. 2001. Hong Kong Students' Attitudes towards Cantonese, Putonghua and English After the Change of Sovereignty. *Journal of Multilingual and Multicultural Development*, 22(2), 111-133. 陈瑞端《普通话在香港语言生活中的定位问题》,《语言战略研究》2016 年第 4 期。

对英语的认同就越高[①]。

### （五）其他语言的使用变迁

其他语言（如“印尼语”“菲律宾语”和“日本语”）使用人口占比 60 年来呈现上升之势，从 1961 年的 0.62% 增加至 2021 年的 7.4%，香港作为国际化大都市的语言多样性和文化多样性不断彰显。

### （六）“两文”的使用变迁

《主题性报告》对香港人的“两文”即中文和英文的总体书写能力以及不同情境下中文和英文的书写能力进行了考察。在香港，中文的书写主要指繁体字书写，这从历年的统计报告中可见一斑。

如图 1 所示，6—65 岁香港人的中文书写能力远高于其英语书写能力。2012 年香港人中文书写能力“完全足够或足够应付日常生活”的比例为 66.5%，之后不断攀升，2021 年已达到 88.7%。相比较而言，香港人的英语书写能力远低于其中文书写能力，2012 年能够应付日常生活的占 24.2%，2015 年降至 23.3%，2018 年有所回升，2021 年升至 45.8%，但仅略高于中文书写能力占比的一半（见图 1）。

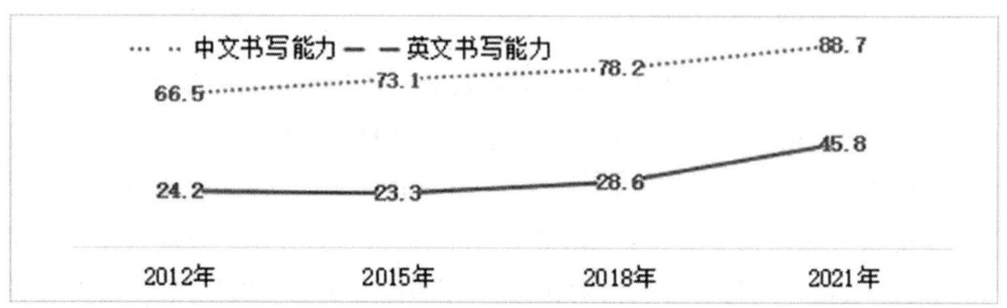


**图 1　6—65 岁香港人中文 / 英文书写能力完全足够或足够应付日常生活的占比**

香港 15—65 岁就业人士在发邮件、写书信、起草工作报告、做会议记录、浏览文件等场合，更喜欢使用中文书写，使用比例在 2012 年已超六成（62.4%—73.8%），此后基本稳定在八成上下。相比较而言，香港就业人士在公

---

① Poon, Anita. 2011. A Survey on Language Attitudes: What Are the Implications for English Language Teaching? In Proceedings of the 16th Conference of Pan-Pacific Association of Applied Linguistics, The Chinese University of Hong Kong, 8—10 Aug. 2011.

务书信往来、写报告、做会议记录时使用英文的比例远低于中文，2012 年仅为四成多（43.3%—44.3%），随后 3 次的《主题性报告》中比例有所上升，但都在五至六成左右（见表 6）。

**表 6　香港 15—65 岁就业人士在不同场合使用中文 / 英文书写的占比**　单位：%

| 语言使用场合 | 书写语言 | 2012 | 2015 | 2018 | 2021 |
| --- | --- | --- | --- | --- | --- |
| 向同事发邮件 / 书信、向外界 / 客户发邮件 / 书信、工作报告 / 建议书 / 会议记录使用的文字；工作上需要阅读的书籍 / 报章 / 文件 / 网页 | 中文 | 62.4—73.8 | 79.3—82.0 | 76.7—81.3 | 70.3—80.7 |
| | 英文 | 43.3—44.3 | 55.6—61.5 | 54.7—59.5 | 56.3—66.1 |

## 三　讨论与思考

香港 60 年来的语言使用可概括为以下几点：

第一，粤方言作为港澳本土文化、岭南文化、广府文化的重要载体[①]，是香港居民生活和工作中使用频率最高且使用人口最多的汉语方言。

第二，普通话 1991 年纳入人口普查以来，使用人口呈现增长态势。然而，在生活和工作中使用普通话的人数都处于低位。

第三，其他汉语方言如“客家话”“福建话”“潮州话”“四邑话”和“上海话”等的使用人数近 30 年来有不断下降的趋势。

第四，英语不论在日常交流、娱乐中，还是在工作场景中，已成为继粤方言之后使用最频繁的语言。

第五，其他语言如“印尼语”“菲律宾语”和“日本语”的使用人口持续上升。

第六，香港人在日常生活和工作中的中文书写能力远高于其英语书写能力，但中文书写以繁体字为主导。

香港 60 年来的语言使用特点为我们了解和掌握香港的语言使用和语言生活的变迁提供了参考，也为把握香港语言使用的未来发展趋势提供了依据。

① 屈哨兵《粤港澳大湾区语言生活状况报告》，商务印书馆，2021 年。

## 四 建议

通过对香港人口普查、中期人口统计和主题性住户统计调查中有关语言使用情况的考察和分析发现，经过60年的沧桑巨变，香港的语言多样性依旧显著，“两文三语”的语言生态在香港回归之后更加明朗。香港60年来的语言使用特点和发展趋势也促使我们审视和思考如何构建更加和谐的、多语多言的香港语言生态，使其更利于香港融入国家发展大局，更利于香港的长期繁荣稳定。为此，提出两点建议。

第一，成立多层次、多维度的粤港澳大湾区教育联盟，推进粤港澳大湾区语言文字协同，形成产学研用一体化的语言文字研究与创新平台，在教育教学、信息共享、师资及科研人员交流等方面建立有效的交流沟通渠道和磋商机制，推动香港各级学校构建更加科学可持续的语言学习和语言使用格局，加强国家通用语言文字推广实践与研究。

第二，加强香港中小学的中文教材编撰工作，组织粤港澳三地的专家学者和一线教师联合开展香港中小学中文教材的研究和编撰，完善香港中文教材，提升香港中小学的中文教学质量，不断提高香港学生的中文应用能力及规范中文水平。

（王晋军、吴静萍）

# 香港高校校园语言生活观察*

香港回归以来，“两文三语”的特殊语言制度安排，使香港地区交融并存的语言多样性特色进一步强化。在国际化程度更高的高校校园，这一特色尤为突出。本报告选取香港大学、香港中文大学、香港理工大学、香港教育大学等四所高校，基于在读学生的视角，考察其动态语言状况与静态语言景观，包括教学、行政、校园日常生活服务等。

## 一 英语主导下的多语兼容

香港高校普遍定位为国际化办学，以英语作为主要工作语言和基本教学语言。

### （一）教学行政语言使用

#### 1. 教学语言

四所高校的大部分专业及课程均以英语为基本授课语言。有的对授课语言为英语的课程要求严格，授课教师须签署文件，按要求用英语授课，中文只可作为必要的补充，每学期的课程评价中有对课程使用何种语言及使用比例的专项。不少外籍教师粤方言或普通话熟练，授课涉及一些中国话题时，也会直接用中文来表达。

根据专业特性和课程性质的不同，部分专业及课程会以中文为主要授课语言，但如语言学、特殊教育相关课程仍以英语为主授课。课程考试、研讨汇报、课程论文、学位论文的语言要求一般与对应课程、专业使用的教学语言一致。

在香港教育大学，一些必修课程（如研究方法）会同时开出中文授课班和英语授课班，供不同语言背景的学生自由选择修读课程的授课语言。

#### 2. 行政语言

英语也是各高校的主要行政语言。各高校的校、院正式文件、通知邮件等

* 广东省普通高校创新研究团队“语言服务与汉语传承”（2019WCXTD002），国家语委“十四五”科研规划项目“高校语言文字工作理论与实践研究”（ZDI145-36），“港澳地区国家通用语言文字学习资源平台建设及应用研究”（YB145-13）。

一般均使用英文。香港教育大学也有部分文件使用双语，英文在前，繁体中文在后；有双语行政文件会特别注明最终解释以英文版本为准。香港中文大学最正式的通知会使用双语，如以校长名义发出的关于新学期重要安排的公开信，繁体中文在前，英文在后。

中文在部分高校的部分院系中较多使用。香港中文大学在创立之初，就负有终结英语垄断官方语言地位的使命，[①] 因此一些成立较早的学部（如中国语言及文学系、历史系、哲学系等），中文也是行政语言。

各高校行政部门发出或回复的电子邮件，也以英文为主。无论收到英文还是中文邮件，行政管理部门一般均以英文回复。在香港中文大学，以英文向中文系等部分学部发邮件，则可能会收到中文回复。

学位（毕业）证书为中英双语，设置各有不同。香港大学的证书英文与繁体中文逐句对应，英文在上，中文在下，学位被授予人仅显示英文名（拼音）。香港教育大学证书中文与英文分置，校监、校长等签章分别对应为中文印章和签名，繁体中文在右，竖排，占据超过一半版面。证书上的签名形式大体按签署者习惯，使用英文或中文。

### （二）网页系统语种设置

#### 1. 学校官网主页

四所高校的官网，均至少有英文和繁体中文网页，三所高校兼有简体中文（见表 1）。一般默认英文版为主页，香港理工大学则以繁体中文版主页为默认主页。香港中文大学、香港教育大学的官网会基于检索时输入的语言或访问者浏览器的默认设置，自动转换繁体中文或英文主页。

**表 1　四所高校官网主页的文字种类**

| 学校名称 | 文字种类 |
| --- | --- |
| 香港大学 | 英文 / 繁体中文 |
| 香港中文大学 | 英文 / 繁体中文 / 简体中文 |
| 香港理工大学 | 繁体中文 / 英文 / 简体中文 |
| 香港教育大学 | 英文 / 繁体中文 / 简体中文 |

① 香港中文大学“是一所采用双语教学的大学”，见该校教务处网页介绍，http://www.res.cuhk.edu.hk/zh-tw/applications/graduates-of-full-time-undergraduate-programmes/transcript-certifying-letter-report-on-curriculum-details/faq-transcript-certifyingletter-curriculum-details。

**2. 校内机构网页**

除了官网主页，各高校内设部门、院系网页的语言设置各有不同，普遍以英文为主导。香港中文大学除了图书馆和中文、哲学等系默认繁体中文主页（可选简体中文和英文）外，其余院系主页大多默认英文；部分院系如英文系主页无中文选项，日本研究学系主页则可选英文、繁简中文和日文。香港理工大学人文学院及其他院系的主页均默认英文，无其他语言选择；中文与双语学系默认语言为英文，但可选择繁体中文。

以香港教育大学为例做更具体考察。该校官网的内容总览分为8个板块，各板块的语言使用情况不一，部分板块只提供英文信息。除研究生院外，设3个学院及学院辖下16个学系，学院与学系均各自设有网页，提供3种文字选择，但同样有部分内容仅提供英文信息。中国语言学系的网页稍显特别。当选取中文进行网页浏览时，学院教学奖信息公布、获奖人等内容显示仍为英文；当选取英文进行网页浏览时，"教大中国语言学系十周年——继承与创新"页面介绍、"教育博士：语文教育（中文班）"项目介绍、部分以中文为主讲语言的讲座分享等，内容显示仍为中文。

**3. 师生服务系统**

各高校面向校内师生的服务系统以英文为主，图书馆服务则多兼有中文。香港大学学生使用的网页如课业通知、门户网页均统一为英文。香港中文大学的入学申请、教学平台系统为全英文，作业查重系统则可选繁简中文。香港理工大学的学生系统、选课系统也均为英文；图书馆网页默认语言为英文，但可输入简体中文进行资料搜寻，其中中文数据库可显示繁体中文和英文。香港教育大学的信息科技中心、教职员工学生内部系统主要提供英文服务，教职员工学生课程系统部分有繁体中文；图书馆有英文和繁体中文页面并基于检索时输入的语言或访问者浏览器的默认设置自主转换。

**4. 学者介绍页面**

各高校官方网页上的学者介绍，其语言情况与官网主页大体一致，但学者的姓名拼写有多种情况。英文网页，中国籍教师的姓名拼写出现汉语拼音（主要是内地教师）、粤方言拼读（主要是港澳地区教师）和"通用拼音"（主要是台湾地区教师）等三种不同情况，有的教师也同时显示其英文名；有的高校网页，中国籍教师同时显示其繁体中文名（存在名＋姓、姓＋名两种不同组合），有的日、韩籍教师也显示其中文名。中文网页，外籍教师大多以其母语显示姓名（英文 / 葡文 / 西班牙文 / 菲律宾文等），部分教师同时显示其中文名；日、韩籍教师则显示中文名或英文拼写。

## 二　中文作为教学语言的多种样态

以中文作为教学语言的课程，主要分布在中国语言文学、中国哲学和历史文化类专业。

### （一）语言使用

选择使用普通话还是粤方言，很大程度上与教师的背景和教学需要有关。如香港中文大学哲学系的课程，香港本地教师主讲，一般使用粤方言；内地教师主讲，一般使用普通话，辅以粤方言回答本地学生的问题。当然也互有交叉。如香港理工大学、香港教育大学等的普通话授课课程，主讲者也有来自台湾地区或香港本地的教师；粤方言授课的课程，主讲者也有来自内地的教师。香港中文大学也有历史系、哲学系的课程由外籍教师用普通话或粤方言授课。

近年来，香港高校内地学生增多，中文授课课程以普通话授课的比例有所增长。香港理工大学中国语言文学专业不少课程同时设置粤方言授课班和普通话授课班，有的教师同时兼授普通话班和粤方言班，学生可根据需要自主选择修读。香港教育大学近年新增了以中文为主要授课语言的全日制授课型硕士、全日制博士专业，主要以普通话授课。在适当情况下，部分环节将以粤方言或英语授课。虽是以普通话授课，但也强调授课会涉及英语，部分专业领域对英语有明确的语言成绩要求。

普通话和粤方言在课堂上可根据需要切换。例如，香港大学使用粤方言授课的课堂，也鼓励内地学生使用普通话回答问题、发表意见，如遇内地学生听不懂部分专业名词，教师会尽可能用普通话补充解释。香港理工大学使用普通话授课的课堂，香港本地学生也可使用粤方言进行小组汇报，如有内地学生听不懂，教师会进行解释说明。香港中文大学的一门哲学课程，课堂上师生用普通话、英语、粤方言“三语”进行讨论，学术氛围浓烈。

### （二）文字使用

书面语言的“中文”目前绝大部分情况下为繁体中文。笔者选择观察了香港理工大学以中文授课的10位教师，其中9人的课程使用繁体中文教学课件，包括普通话授课班和粤方言授课班，授课教师中有8人来自内地。仅有一名香港本地教师在普通话班上将课件由繁体中文转换为简体中文，而该教师在其授课的粤方言授课班上，仍是使用繁体中文课件。

研讨汇报、课程论文、学位论文等，也一般要求学生用繁体中文完成。香港中文大学中国研究中心的课程作业要求以英文完成，但作业涉及的中文文献须在脚注和参考文献栏以中文和英文翻译同时呈现，中文可以是繁体，也可以是简体，但须全文保持一致。

## 三　服务交流中语种的并列与切换

### （一）行政服务

**1. 广播**

香港大学、香港中文大学、香港教育大学的图书馆广播，香港大学的运动场广播、诊所广播，均同时使用“三语”，播放的次序为粤方言、英语、普通话。

**2. 介绍说明**

香港中文大学、香港理工大学、香港教育大学的图书馆使用介绍讲座，香港理工大学校医室的疫苗接种介绍会等，同样内容会安排不同时段分别用普通话、粤方言、英语开展，学生可根据需要自主选择。

**3. 典礼活动**

香港理工大学人文学院的开学典礼，学院院长使用英语致辞，有学生提出能否使用普通话，院长回复学院学生来自欧洲、南亚、西亚等地，用英语发言才可兼顾；在中文与双语学系的开学典礼上，系主任则用普通话介绍系里的情况。

**4. 电话沟通**

香港理工大学、香港教育大学的行政人员电话沟通会视接听者情况选择首用语言；对内地学生，首先会使用普通话询问是否能用粤方言沟通，再根据情况继续使用普通话或切换为粤方言。香港中文大学的行政人员接听电话首用语言为粤方言，再根据情况选择是否切换为普通话或者英语。

## （二）标识指示

### 1. 常规标识

香港高校校园的标牌总体上以英文与繁体中文双文最常见，如各校校名标识一般繁体中文在上、英文在下（图 1），也有英文在上、繁体中文在下（图 2）。不同高校的双文 / 多文标牌比例和文种排序情况，各有差异，各高校内部也有差异。

香港中文大學
The Chinese University of Hong Kong

图 1　香港中文大学校名标识

图 2　香港理工大学校名标识

香港理工大学的标识指示牌一般兼用繁体中文与英文。如学校的道路指示牌繁体中文在上，并且字体较大；英文在下，字体较小。教学楼名称、学校饭堂的餐牌也是繁体中文在上，英文在下。香港教育大学的标识指示牌绝大多数为繁体中文与英文双文，但包括院系标识、部门标牌和一般指示牌等都有英中、中英两种不同排列次序（见表 2）。总体而言，院系标识、部门标牌、楼层指引等以英文在上、中文在下居多，中文在上的主要是人文学院的相关机构；警示提示牌以中文在上、英文在下居多。此外，个别警示提示牌仅用繁体中文。

香港大学的标牌以英文居多，主要有纯英文或英文加繁体中文两类情况。一是英文，如图书馆、教学楼、学校诊所等地的地点标识和地点指引（图书馆同时配有盲文），图书馆设备使用规则、教学楼露天花园的使用规则、健身场地疫情期间的温馨提示等，均为纯英文。二是双文，如图书馆的文化标语、餐厅的就餐指引及人工点餐菜单、教学楼的设施维修通知和使用告示、学校诊所的预约拍卡候诊提示等，均为英文加繁体中文。

表 2　香港教育大学双文指示牌举例

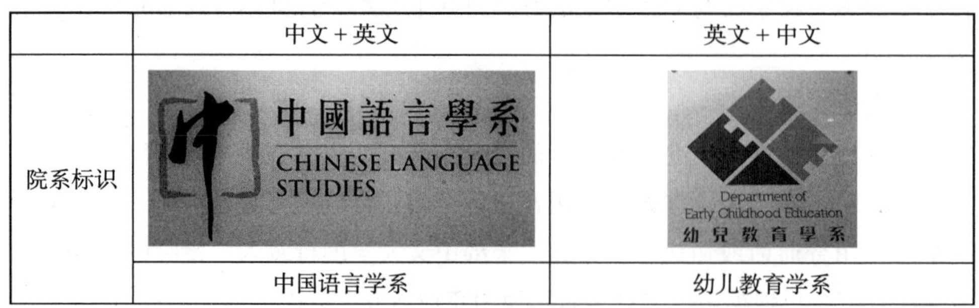


| | 中文 + 英文 | 英文 + 中文 |
|---|---|---|
| 院系标识 | （图片） | （图片） |
| | 中国语言学系 | 幼儿教育学系 |

（续表）

<table>
<tr><td></td><td>中文 + 英文</td><td>英文 + 中文</td></tr>
<tr><td rowspan="2">部门标牌</td><td>
</td><td>
</td></tr>
<tr><td>学校协作及体验事务处（1）</td><td>学校协作及体验事务处（2）</td></tr>
<tr><td rowspan="2">固定指示</td><td>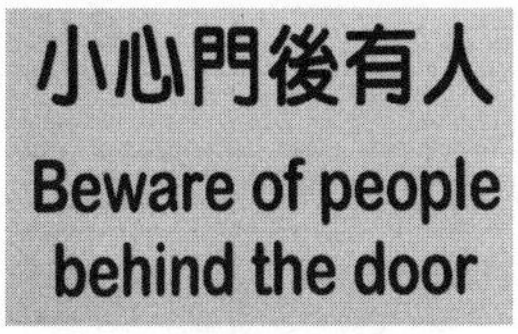
</td><td>
</td></tr>
<tr><td>小心门后有人</td><td>图书馆还书箱</td></tr>
<tr><td rowspan="2">临时指示</td><td>
</td><td>
</td></tr>
<tr><td>图书馆入口（1）</td><td>图书馆入口（2）</td></tr>
</table>

**2. 学术海报**

通常情况下，各高校一般学校层面的学术讲座和会议海报，以英文为主、中英双文为辅；与中国语言文化有关的讲座，则多会有英文和繁体中文两个版本，或仅繁体中文。

## （三）师生互动

**1. 往来邮件**

师生邮件往来，文种选择因人而异，但总体上也是以英文为主。以中文为主要教学语言的院系，师生交流则也较多使用中文。如香港理工大学中文及双语系，学生用繁体或简体中文向教师或学生助理发邮件，通常会收到繁体中文的回复。

**2. 课下交谈**

在具备多语能力的前提下，师生课下交谈的语言选择，主要取决于交谈者的语言背景和习惯。一般来说，如果是外籍教师，课下仍多用英语。如果是内地或台湾地区教师，课下多用普通话。如果是香港本地教师，部分内地生可以用粤方言与之交流，但一般也用普通话；香港学生和香港教师课后多用粤方言交流；香港助教和内地学生课下交流用英语居多，有时也用普通话，和香港学生交流则用粤方言。以下是对香港中文大学某全英文教学的学系教职员语言使用情况的观察（表 3）。

表 3　香港中文大学某教学研究机构部分教职员语言使用情况观察

| 教职员 | 国家 / 地区 | 语言掌握情况 | 课下交流常用语言 |
|---|---|---|---|
| A 教授 | 美国 | 英语、普通话 | 英语，偶尔夹杂普通话 |
| B 教授 | 中国上海 | 上海话、普通话、英语、粤方言 | 坚持用英语和学生交流 |
| C 教授 | 法国 | 法语、英语、普通话 | 英语 |
| D 教授 | 法国 | 法语、英语、普通话（非常流利）、粤方言 | 英语 |
| E 教授 | 英国 | 英语、普通话、粤方言 | 英语，偶尔转用普通话 |
| F 教授 | 比利时 | 弗莱芒语（母语）、英语、普通话（基本）、粤方言 | 英语，偶尔转用普通话 |
| G 教授 | 中国上海 | 上海话、普通话、英语、粤方言 | 普通话 |
| H 教授 | 中国香港 | 粤方言、英语、普通话、拉丁语 | 坚持用普通话交流，有时学生用粤方言提问也用普通话回复；与助教用粤方言、英语交流 |
| I 讲师 | 中国台湾 | 闽南话、普通话、英语、粤方言 | 普通话 |
| J 教授 | 德国 | 德语、英语、普通话 | 英语 |
| K 教师 | 中国香港 | 粤方言、英语、普通话、古英语 | 英语 |
| L 教师 | 中国香港 | 粤方言、英语、普通话 | 英语 |
| M 助教 | 中国香港 | 粤方言、英语、普通话 | 英语、普通话、粤方言 |
| N 行政 | 中国香港 | 粤方言、英语、普通话 | 普通话、英语、粤方言 |

注：按母语及语言熟练程度排序。

### （四）生活服务

#### 1. 语言选择

香港高校的校内服务工作人员，通常会根据自身判断，首用英语与认为是外国籍的人士沟通，首用粤方言与认为是中国籍的人士沟通；当使用粤方言但发觉对方有迟疑时，大多会自动切换为普通话。在香港大学的图书馆、运动场所，在香港教育大学各院系中心及其他场所的咨询台，在香港中文大学的图书馆、餐厅、学校诊所，大致均是如此。在香港大学学校诊所，护士则会根据患者数据（英文姓名拼写方式）判断首用语言的选择。

#### 2. 语言能力

大部分服务工作人员，均能使用英语、粤方言、普通话“三语”交流。据观察，在香港教育大学，较年轻的工作人员多能流利使用“三语”交流；年龄较大的工作人员普通话会相对生疏，但基本能沟通。在香港中文大学，行政人员能流利使用“三语”，英语通常都非常标准，普通话偶有口音但表达顺畅；保安人员的普通话口音较重，能掌握简单的英语。

### （五）个案观察

学校餐厅是多语交流的典型场域，以下是对香港中文大学餐厅的一个个案观察。

某次点餐排队时，笔者前后分别为一名香港本地学生和一位外籍教授及其助手。前面的香港学生点餐时，工作人员用粤方言与之交流。随后，工作人员也首先用粤方言与笔者交流，但发现笔者粤方言不流利，遂转为普通话。后面的外籍教授与其助手在排队时用流利、快速的英语交谈，随后又用流利的普通话点餐。取餐时，笔者前面为一名欧美面孔的学生，工作人员用英语提示其取餐，但该学生却以流利、标准的粤方言“唔该！”回应，后厨工作人员都不禁笑了起来。用餐时，外籍教授先后接了两个电话，前一个用的是普通话，后一个用的则是英语，随后与其助手边用餐边以英语交流。

## 四　建议

第一，丰富多语内涵，持续提升香港地区高校的国际化水平。香港地区高校以国际化办学为目标，决定了英语在教学、行政语言中的主导地位。不过，英语的通用只是国际化的其中一面，当下香港高校校园的多语，主要只是英语和中文（普、粤），香港高校国际化校园的多语内涵还有待进一步丰富。目前香港地区高校有为数众多的来自欧美、日韩、东南亚以及世界其他地区的国际生，也有来自世界各地的教师，各高校或可为更多语种创设交流和服务的环境，进一步提升国际化水平。

第二，拓展普通话应用，增进世界对中国的了解和中西文明互鉴。普通话在香港高校的使用范围正日益扩大，使用比例正日益提高。赴香港高校任教和就读的内地师生日渐增多，既增进了内地与香港的交流，也促进了普通话的普及。香港高校可更充分发挥东西文化交汇的地缘优势，拓展普通话的应用场域，在学术层面大力促进中外文化交流和中西文明互鉴。

（禤健聪、曾文杰、李颖秀、吴星虹、姚思瑾）

# 香港中成药药名调查

香港中成药由于标准高、质量优，备受消费者青睐，为中医药获得国际认可做出了重要贡献，也对人类健康和优秀传统文化传承具有重要意义。2019 年，国务院公布《粤港澳大湾区发展规划纲要》，倡议大湾区中医药领域合作，发挥香港中药检测中心优势，推动中医药标准化和国际化。本报告主要考察香港中成药的产品名称，归纳其命名特点、规律、地区特色，同时对药名存在的问题提出建议，旨在促进大湾区建设和中医药长足发展。

## 一　调查对象

香港实行中成药注册管理体制，其“注册中成药名称”格式为“文字商标（如有）+ 产品名称 + 公司名称”，本报告考察对象是其中的产品名称。香港中医药管理委员会数据库收录 4127 个获得“中成药注册证明书（HKC）”的中成药的名称。[①] 剔除仅注册销售的内地和国外中成药及产品名称完全相同的中成药后，样本数量为 1870 个。内地样本则依据国家药品监督管理局“国家药品编码本位码信息”[②] 中 57 153 个国产药品名称，剔除重复者，样本数量为 8988 个。

## 二　香港中成药产品名称命名特点分析

考察香港中成药药名，并与内地中成药药名进行对比，我们发现，香港中成药绝大多数符合药品命名的普遍规律，同时也有明显的本土特色。

### （一）产品名称符合药名普遍特征

#### 1. 音节适中、韵律和谐

考察香港中成药名长度，单音节到十七音节几乎均有用例（仅十六音节者

① 见香港中成药管理委员会官方网站（https://www.cmchk.org.hk/pcm/chs/#main_listpcm_2018.htm），香港中成药注册名单（HKC），样本截止时间为 2022 年 10 月 15 日。

② 样本时间 2022 年 9 月 30 日。

未见），药名长度跨度较大；而内地中成药药名最短为双音节，最长为十二音节。差别主要在于香港部分产品名称包含丰富的修饰成分。中成药药名的语音形式不能过简或过繁，过简不利于区别，过繁则不便称说。五音节的药名是人们在长期命名实践中总结出来的最理想语音形式，在香港和内地比例均最高。香港和内地中成药药名均集中在三至八音节，八音节以下的药名占比高达88%。

冯胜利指出，汉语构词中最敏感、最积极的因素是韵律单位——音步，两个音节是汉语的标准音步，三音节是最大的音步。[①] 香港中成药存在大量以双音节标准音步和三音节最大音步为基础构成的药名，常见有“2+1”“2+3”“3+3”“3+1”“2+2”等组合形式，如“利肝灵”“田七活络油”“透心凉薄荷膏”“腹可安片”“救心金丸”等。而较长的药名往往是上述形式的组合延展，如“活肌宝速效止痛摩擦膏”，格式为“3+2+2+3”。可见，香港中成药命名符合汉语音节韵律特点，使药名韵律和谐，读起来通畅顺口。

**2. 产品名称中核心药名的基本信息明确**

香港中成药未规定通用名，通常使用产品名称。产品名称的构成多包含功效、主药、主治、成药性状、药味数目和服用方法等，提供药品关键信息，我们把这部分内容称为核心药名。多数药品只包含核心药名，超过样本总数的60%。另有近40%的中成药核心药名前有丰富的修饰限定成分。

鉴于药名数量较大，而五音节及以下药名占比高、核心内容完整且多数不含修饰成分，信息直观，我们以这部分药名为依据，详细归纳其中核心药名所涉及的关键信息。

**表1　五音节及以下香港产品名称内容分析**

<table>
<tr><th colspan="2">类型</th><th colspan="2">核心药名成分</th><th>数量</th><th>占比/%</th><th>用例</th></tr>
<tr><td rowspan="11">与药品基本信息相关</td><td rowspan="11">直接标记型</td><td>功效</td><td rowspan="10">+（剂型）</td><td>406</td><td>38.16</td><td>扶正养生丸</td></tr>
<tr><td>主药</td><td>318</td><td>29.89</td><td>天麻田七丸</td></tr>
<tr><td>主治</td><td>79</td><td>7.42</td><td>口臭丸</td></tr>
<tr><td>主药+功效</td><td>63</td><td>5.92</td><td>安宫牛黄丸</td></tr>
<tr><td>成药性状</td><td>30</td><td>2.82</td><td>红花油</td></tr>
<tr><td>药味数目</td><td>21</td><td>1.97</td><td>八珍汤</td></tr>
<tr><td>药味数目+主药</td><td>11</td><td>1.03</td><td>八珍益母丸</td></tr>
<tr><td>主治+功效</td><td>9</td><td>0.85</td><td>骨刺消痛膏</td></tr>
<tr><td>主药+主治</td><td>8</td><td>0.75</td><td>珍珠暗疮丸</td></tr>
<tr><td>药味数目+功效</td><td>6</td><td>0.56</td><td>十全大补丸</td></tr>
<tr><td colspan="2">其他</td><td>14</td><td>1.32</td><td>惊风七厘散</td></tr>
</table>

① 冯胜利《汉语的韵律、词法与句法》，北京大学出版社，1997年。

（续表）

| 类型 | | 核心药名成分 | 数量 | 占比 /% | 用例 |
|---|---|---|---|---|---|
| | 间接指向型 | 间接指向功效 | 59 | 5.55 | 束泉宝、追风丸 |
| | | 间接指向其他 | 5 | 0.47 | 五林散、华盖散 |
| 与药品基本信息无关 | | | 35 | 3.29 | 四季平安膏、青龙油 |
| 总计 | | | 1064 | 100.00 | — |

注：类型中组合式有前后调换者，不做区分，仅列常见形式。“其他”包括服用方法＋（剂型）、主药＋服用方法＋（剂型）等七种类型，每类用例极少，不做细分。

整体而言，香港中成药药名中药品基本信息明确，96.71% 的药名为直接标记型和间接指向型两类。

直接标记型药名类型丰富，对药品基本信息的呈现为单一式或交叉组合式，五音节以下共有 17 种组合形式，但大部分类型使用频率低，主要集中在功效、主药、主治三方面。其中“功效＋（剂型）”的命名方式使用频率最高，占比 38.16%，其次是“主药＋（剂型）”，可见，药名信息中“功效”和“主药”最为重要。

间接指向型药名不直接呈现药品基本信息，但语义指向明确，绝大多数指向功效，如“涌泉胶囊”可以帮助哺乳期妈妈催奶；“束泉宝”主治小便失禁、儿童遗尿，“束泉”二字表达含蓄，但直指功效；偶有指向主治或其他信息，如古方“五林散”“华盖散”，前者原作“五淋”，是中医石淋、气淋、膏淋、劳淋、血淋的合称，华盖则指肺脏。间接指向型药名往往具有文化意蕴和艺术美感，含蓄委婉，多采用比喻、借代、引用、夸张的手法，易引人联想，且与药品本身内在关联密切。

此外，尚有 3.29% 的药名与药品基本信息无关，但寓意明确，或渲染神奇的药效，或表达对平安的希冀，或使用响亮、气派的词语吸引关注，如“大佛水”“华佗油”“青龙油”等。

### （二）产品名称中修饰限定成分丰富

除了提供药品关键信息的核心药名，香港有相当一部分中成药药名具有丰富的修饰限定成分，考察这些修饰限定成分的性质，有商标、人名、地名、方剂来源等类别，其中较有代表性的有以下两类。

**1. 人名类**

这里的人名，包括历史上、神话中的人物，有的是具体人名，有的是群体称谓。香港中成药药名中作为修饰限定成分的人名共出现61次，不重复人名合计37[①]个。

（1）药物成方、药物品牌的创始人

香港中成药药名中出现的创始人属古代者极少，仅“越婢”是药物的古方创始人，“越婢加术汤”由越婢汤加苍术组成，“越婢汤”是中医方的剂名，《金匮要略方义》记载该药方由越王的婢女创造。内地则较香港略高，共5位，其中华佗（华佗膏）、张仲景（仲景胃灵片）、冯了性（冯了性风湿跌打药酒）[②]和药物成方有直接关系，史可法（史国公药酒）[③]、诸葛亮（诸葛行军散）则是间接关系，传说与该药的推广使用有关。

香港近现代人名数量较多，共30个。他们或为药物成方的创始人，如“邹建特灵平安膏”，创制人即为邹建，又如刘锦文、李万山、霍师傅均属此类；或为品牌或药厂的创始人，如施德之、马百良等；或既为药物成方创始人，同时也注册为品牌名称，如齐天寿、何知我、李众胜等。药名中的人名，或为全名，亦可仅取姓氏，如“余仁生”中，“余”是创办人余广的姓氏，“仁生”则代表了关怀世人的寓意；“坤师傅”则采用姓氏与尊称相结合的方式。内地近现代人名数量较少，共9个，如季德胜、万氏、陆氏等，均为药物成方的创始人，这与内地品牌和人名不进入药名的要求有关。

（2）借历史、神话人物提高药品知名度或烘托功效

这类称谓词香港共见6个：唐太宗、天王、皇帝、华佗、八仙、少林寺十八罗汉，既有历史名人，也有神话人物或某种身份称号，均与药物本身关联性不强，如“天王补心丹”“救急华佗油”，分别借神话中的天神和神医华佗的影响力，烘托药效，提高药品的知名度，吸引消费者关注。内地这类称谓词样本中有3个，人物和药品的内在关联比较明显，如“孔圣枕中丹”借圣人孔子的教育家身份说明该药有提高学习效率的良好功效，“嫦娥加丽丸”则是借嫦娥的美貌来宣传该药物的美容功效。显然，内地中成药药名采用的人名修饰词具有公认的文化渊源，能真正体现传统文化特色。

**2. 美化药品、药效类**

香港中成药药名中有大量美化药品、药效、药材品质的修饰语，这类药名

① 极少量出现在核心药名中，不做区分，一并讨论。

② 冯了性，明代著名医药师，广东江门人，研制了风湿跌打药酒。

③ 史可法，明末政治军事家，史国公药酒为纪念史可法推广制用立起沉疴的药剂而得名。

共计 344 个，约占含修饰语药名的 45%。美化类修饰语的侧重点不同，主要有以下三类：

第一类，强调华丽包装、优良品质。这类药名占含美化类修饰语药名的三分之一。主要包含的修饰词有：金装（47）①、金庄（16）②、特级（13）、正（13）、精制（13）、秘制（8）、极品（8）等。这些词语有强调包装华丽精美或药品整体品质优良的作用，以此来显示产品的独特性，提高竞争力。

第二类，夸大、自诩药效。香港中成药注册手册中提到“产品名称不应带有误导或夸大成分”③，事实上，含这类修饰语的药品数量并不乏见，且用词直白，如“强力五宝散”“金装万应千里追风油”“特效喉舒宁片”“超级止痛活络油”等，其中“强力”在不同药名中使用次数最多，共 78 次，其余有“万应”（55）、“特效”（28）、“超级”（10）等，在药品中出现频率高，达到含美化类修饰语药名总数的二分之一。

美化药效的修饰语除采用直白夸大的固定词语外，还有结合药品使用感受、见效速度夸大药品功效的，如“透心凉薄荷膏”中，“透心凉”强调涂抹肤感清凉；“立得止痛露”“好快灵清素胶囊”中的“立得”“好快灵”则强调药效速度快。

第三类，美化药材品质。以“纯 / 纯正”（32）、“野生”（8）、“天然”（7）出现较多，如“纯野生灵芝”“纯正珍珠末”“天然灵芝孢子”等，这类修饰词注重强调药材选择的精细、优质。

美化类词语的大量使用，特别是夸大自诩类词语对药品功效进行直接大胆、不遗余力的夸大，在一定程度上反映了香港市民文化中包含的实用、自然、反方法、通俗等意识④，这对中成药的命名产生了重要影响。事实上，只要能起到宣传药效的作用，美化类修饰语不仅可入药名，且一个药名中不止出现一个美化修饰词，如“正庄万应活络油”“强力精制双料五宝丸”“健生堂极品金装破痛油”等。

药名注重严谨准确科学，内地《中成药通用名称命名技术指导原则》明确指出，中成药药名“不应采用夸大、自诩、不切实际的用语”。因此，内地中成

① 括号里的数字为该词在不同药名中的出现次数。

② “金庄”和下文“正庄”中，各有一例字形作“庒”。

③ 香港中医药管理委员会《香港中成药注册申请手册》，2004 年 8 月。

④ 李岩《从电视广告创意看大陆、香港两地文化观念的差异》，《浙江大学学报（人文社会科学版）》2003 年第 2 期。

药药名中除出现少量“强力”“速效”“万应”外，其他美化类词语基本未出现，要求颇严，但不免有些死板。香港中成药丰富多样的修饰词，为香港中成药药名增添了生机，严谨的同时亦不失生动灵活。

## 三　香港中成药“同名异方”和“同方异名”问题①

“同名异方”和“同方异名”问题在中成药中比较普遍，但随着相关法律法规的完善，以及2017年《中成药通用名称命名技术指导原则》的出台，该问题在内地得到了很大程度上的解决。而香港此类问题仍较为严重，需进一步关注。

### （一）同名异方

本报告所说的“同名异方”指除剂型外的药品名称相同，但处方组成不同的现象。由于中医药用药的特殊性，处方的加减变化是中医的治疗传统，如果仅少部分辅料有所差异可不做深究。事实上，部分同名药品成分和功效差别都比较大（表2）。

**表2　“八宝惊风散”的同名异方（部分）**

| 药品名称 | 商标文字 | 标签显示有效成分 | 功能主治 |
|---|---|---|---|
| 八宝惊风散 | 永明（HKP） | 琥珀，胆南星，蝉蜕，天竺黄，僵蚕（炒），枳壳，茯苓，甘草，全蝎（制），白附子（制） | 风寒，伤风咳嗽，夜啼惊跳，呕吐不食，食滞吐乳 |
| | 马百良（HKP） | 琥珀，胆南星，蝉蜕，钩藤，珍珠，牛黄，防风，甘草，全蝎，僵蚕，冰片，麝香，糖霜 | 小儿突受惊吓，惊悸哭啼，痰涎壅盛，外感风热，身热面赤，夜睡露晴 |
| | 万寿商标（HKC） | 琥珀，钩藤，珍珠，僵蚕，防风，燕窝，神曲，甘草，冰片（合成龙脑），柴胡，前胡，苦杏仁，桔梗，茯苓，大腹皮，天麻，羌活，厚朴，陈皮，麦芽，黄连，苍术，清半夏，广藿香，薄荷，桂枝 | 呕吐泄泻，消化不良，感冒初起，小儿惊风，咳嗽痰多 |
| | 海山牌（HKC） | 琥珀，钩藤，珍珠，僵蚕，川贝母，燕窝，防风，甘草，柴胡，前胡，桂枝，苍术等 | 小儿惊吓，祛风定惊，睡中惊跳，痰壅气喘，惊悸啼哭，清热化痰，外感身热，呕奶腹泻 |
| | 百宝园（HKC） | 琥珀，胆南星，蝉蜕，钩藤，珍珠，僵蚕，冰片（合成龙脑），牛黄，川贝母，燕窝，六神曲等 | 小儿惊风、气虚不定、风寒入身、夜啼惊跳、痰涎壅盛、咳嗽流涕、胃口积滞、热燥难眠等 |

① 本节药品来源包括获“中成药注册证明书”（HKC）和“确认中成药过渡性注册通知书”（HKP）的香港中成药。

上表所列5个品牌的“八宝惊风散”，有的有效成分差距较大。例如，永明（10种药材）和万寿商标（26种药材）仅5种成分相同。就主治症状而言，上述药品也有一定差异，永明、百宝园的八宝惊风散主治“风寒、伤风”等症状，海山牌、马百良的主治“外感风热、外感身热”，万寿牌的主治未明确寒热。或寒或热，药品的药性与药效都有比较明显的差别。

同名异方的问题，还涉及药品成分基本相同，但选用药材来源不同的现象。例如吴瑭《温病条辨》首创“安宫牛黄丸”，而对比同仁堂、怡合·安宫、中一牌、位元堂各品牌的安宫牛黄丸，就有“牛黄”或“体外培育牛黄”、“麝香”或“人工麝香”的差别。由于天然牛黄药源紧缺，价格高昂，替代品体外培育牛黄应运而生，并得以广泛应用。同时麝也濒临灭绝，因此采用人工麝香代替制药。但就功效而言，天然牛黄、麝香最优，体外培育牛黄、人工麝香功效次之，这类药材选择的差异可能会对药品的功效产生一定影响，且价格差别很大。

“同名异方”现象在香港中成药中并不少见，易给患者用药带来不必要的安全隐患，所涉药品功效及副作用问题不容忽视。

### （二）同方异名

“同方异名”指药品标注处方组成相同，除剂型外的药品名称不同的现象。换言之，药品的有效成分相同，但产品名称差别较大，使用者若未能辨出，容易造成重复用药等安全问题。

香港中成药此类现象颇为突出，既有不同厂商对同一处方的不同命名，也有同一厂商为同一处方注册多个不同的产品名称。前者如京都念慈菴总厂的“草本头痛方颗粒”和广州康和药业（香港）的“川芎茶调颗粒”；后者如永康药业的“复方白花蛇草”和“特效喉舒宁片”，香港回春堂中药厂的“保婴丹”“回春丹”“七厘散”。这类药品很难从药品名称上分辨出其处方有相似或相同之处，当患者购买产品或医生临床使用时，容易叠加药品剂量和副作用，严重者威胁生命安全。

## 四　建议

香港中成药药名多数符合药品命名的普遍原则，但同时也有自己的特点，如修饰成分丰富复杂、渲染疗效和精制包装的词语使用频率高等，体现较强的香港市民文化特色。考察香港中成药的产品名称，有些问题尚需进一步完善，例如用字方面，样本中产品名称含“复方”一词 27 次，其中，22 次写作“複方”，5 次“復方”，实际,“複”“復”词义有别,“複方”更为准确。至于内容方面，主要有如下四条建议。

第一，细化命名原则，明确准入标准。《香港中成药注册手册》中对中成药的命名原则有明确规定：产品名称不应带有误导或夸大成分。[①]但实际通过审核且包含渲染夸大成分的药名数量众多。究其原因，在于该手册未对“夸大成分”做出详细界定，亦未提及具体实例。我们建议，香港中医药管理委员会应在注册手册中细化相关内容，使药名在审核准入时能有据可依。

第二，合理引入传统文化元素。传统文化元素赋予中药方剂命名是中医药的文化特色之一，如“逍遥散”“涌泉胶囊”等就体现了传统文化色彩。但这类药名数量极少。有些药名虽然带有传统文化色彩的词语，但词语的文化内涵和药物本身却无太大关联，如“救急华佗油”中的“华佗”仅是吸引关注的手段。我们建议，药品的改名和新药的命名，可借鉴古方命名充分结合美学观念的优点，同时应结合文献依据或公认的文化渊源，真正发挥文化词语的魅力，让药品名称既科学规范，又体现一定的中华传统文化底蕴。如此不仅可以传承和发展中华优秀传统文化，亦能帮助香港中成药更好的面向国内、走向国际。

第三，增加限定词以区分差异较大的同名异方。解决同名异方的问题，我们建议，如果新增删的药材侧重不同，可在产品名称前或后添加区别性的提示词。如“半夏白术天麻汤”常用处方为半夏、天麻、茯苓、橘红、白术、甘草，若眩晕严重，可加僵蚕、胆南星；头痛则加蔓荆子、白蒺藜等，侧重不同，可添加相应词语以示区别。当然，这需要专业人士对药品的成分做细致的评估。

第四，标记统一名称以利于识别同方异名。香港同方异名现象比较严重，这不但导致药名混乱，不利于维护市场秩序，且存在一定安全隐患。另外，国家大力倡导大湾区中医药领域合作，发挥香港中药检测的中心优势，推动中医药标准化和国际化。同方异名显然不利于内地和香港的沟通交流，且产品名称

① 香港中医药管理委员会《香港中成药注册手册》，2004 年 8 月。

过多不利于提高同一处方药物的知名度和国际竞争力。针对同名异方问题，我们建议可以在同方异名的药品中小范围推行这类药品的“通用名”。这里的“通用名”，实际就是这些药物的统一名称，可以是同一处方的起源名称，亦可是该处方惯用或大众所熟知的名称。在处理方式上，统一的通用名称无须替代原有的产品名称，只需在外包装或说明书中标记即可，且标记时，产品名称的显著地位不会被削弱，产品名称字号大小、显著程度仍保持最优。这种处理方式，既保留了香港原有的特色，也避免了同方异名带来的诸多问题。

（王秀玲、陈　芮、黄静雨、范小溪）

# 澳门媒体语言使用状况*

澳门媒体是澳门多元文化交流与传播的参与者和见证者，自1999年回归以来的二十多年间，媒体平台作为语言交流的重要载体以及文化传播的主要媒介，在澳门地区的发展速度和规模是空前的。多种语言和多种样态的媒体平台，一方面满足了澳门地区不同语言文化背景的群体对于多语信息的需求，另一方面维护了多元文化背景下的各文化群体的媒体话语权，促进了文化交流与传播。本报告以传统媒体中的报纸和电视、新媒体中网络化的传统媒体和新兴的独立媒体为调查对象，采用定量统计、访谈、截图等方法，对澳门媒体语言文字的选择与使用、媒体报道文本特点和媒体受众阅读倾向进行调查与分析，并提出相关对策和建议。

## 一　媒体语言文字选择与使用

### （一）传统媒体

#### 1. 报纸

澳门的报纸以中文、葡文、英文三种语言为主，有单语的，也有“葡 + 中”双语，甚至“葡 + 英 + 中”三语报纸。详见表1。

**表1　澳门地区报纸发行基本情况（部分）**

| 报纸 | 发行情况与内容板块 | 语言文字使用 |
|---|---|---|
| 《澳门日报》 | 澳门发行量最大、规模最大、最具代表性的综合性日报。 | 中文（繁体） |
| 《华侨报》 | 澳门发行量第二大的中文日报。以刊登澳门、香港、大中华区的新闻为主。 | 中文（繁体） |
| 《讯报》 | 澳门唯一一份刊登政治漫画的中文报纸，主要刊登内地和澳门社会、政治、经济的评论文章，及澳门当地社团活动消息。 | 中文（繁体） |

* 2021年度国家语委项目“港澳地区国家通用语言文字学习资源平台建设及应用研究”（YB145-13），广东省社科规划2022年度学科共建项目“粤港澳大湾区语言资源库建设研究”（GD22XZY03）。

（续表）

| 报纸 | 发行情况与内容板块 | 语言文字使用 |
|---|---|---|
| *Ponto Final*《句号报》 | 以引用葡萄牙新闻为主的葡文报纸。 | 葡文（欧葡） |
| *Hoje Macau*《今日澳门》 | 首个以报道澳门本地新闻为主的葡萄牙语报纸，致力于维护葡语作为澳门特区官方语言的地位。 | 葡文（欧葡） |
| *Jornal Tribuna de Macau*《澳门论坛日报》 | 刊登澳门和葡萄牙政治与社会新闻及评论。 | 葡文（欧葡） |
| *O Clarim/Jornal O Clarim*《号角报》 | 葡文周报及天主教澳门教区机关报，后设中、英文报刊。三文之间编采独立，亦设有三文互译板块。 | 葡（欧葡）+英+中（繁体） |
| *Plataforma*《澳门平台》 | 中葡文双语周报，主要报道中国内地、澳门与葡语国家间经济与文化交往的新闻。 | 葡（欧葡）+中（繁体） |
| *The Macau Post Daily*《澳门邮报》 | 澳门目前仍然出版的最早的英文日报，特设菲律宾和葡语国家新闻的版面。 | 英文 |
| *Macau Daily Times*《澳门每日时报》 | 澳门第二份英语综合性日报。 | 英文 |

注：欧葡亦称葡葡，即欧洲葡萄牙语，常被作为标准的葡萄牙语。

内容方面，不仅有报道澳门本地新闻的报纸，还有涉及内地和香港新闻的中文报纸《华侨报》、专门报道葡萄牙新闻的葡文报纸 *Ponto Final*(《句号报》)。澳门报纸媒体的多样性很好地兼顾了澳门地区居民多元化的语言习惯、文化习俗、宗教信仰等要素。

**2. 电视**

澳门的传统媒体业主要由报业构成，本土电台和电视台并不发达，仅有一家电视台，两家广播电台，一家有线电视台和三家以澳门为基地、提供卫星电视广播服务的公司。详见表 2。

**表 2　澳门电子传媒列表**

| 电视种类 | | |
|---|---|---|
| 电视 | 电视台 | 澳门广播电视股份有限公司（简称 TDM 澳广视） |
| | 有线电视台 | 澳门有线电视股份有限公司 |
| | 卫星电视广播服务公司 | 澳门卫视股份有限公司 |
| | | 澳亚卫视有限公司 |
| | | 澳门莲花卫视有限公司 |
| 广播电视 | 公营 | 澳门电台 |
| | 私营 | 绿邨电台 |

但得益于澳门多语言文化环境以及开放的引进政策，据不完全统计，澳门目前能够收到来自全世界 14 个国家和地区的 180 余个电视频道。这不仅弥补了

本土电视台匮乏的情况，还满足了来自不同国家、拥有不同语言和文化背景的居民及游客的观看需求。详见表 3。

**表 3　澳门电视台列表（部分）**

| 国家 / 地区 | 语言 / 方言 | 频道 |
| --- | --- | --- |
| 中国 | 普通话 | 珠江卫视、浙江卫视、湖南卫视国际频道等 |
| 中国澳门 | 粤方言 | 澳门卫视、澳视澳门等 |
|  | 葡语 | 澳视葡文台 TDM Portuguese、亚洲 RTPi 葡国电视台 RTPi Asia 等 |
| 中国香港 | 粤方言 | TVB 星河频道、翡翠台等 |
| 中国台湾 | 普通话 | 中天亚洲台、东森新闻等 |
| 印度尼西亚 | 印尼语 | 印尼台 SEA Today |
| 英国 | 英语 | BBC 英国广播公司新闻台 BBC World News |
| 美国 | 英语 | 彭博资讯 Bloomberg DW-TV、FOX 新闻台 FOX News |
| 法国 | 法语 | 法国电视台 TV5 Monde、法国新闻台 France 24、法国生活时尚频道 V5 Monde Style |
| 澳大利亚 | 英语 | ABC 澳大利亚电视台 ABCAustralia |
| 卡塔尔 | 阿拉伯语、英语、土耳其语等 | 阿拉伯半岛电视台 AI Jazeera International |
| 俄罗斯 | 俄语 | 俄罗斯新闻台 RussiaToday |
| 土耳其 | 英语 | 土耳其国际频道 TRT World |
| 韩国 | 韩语、英语 | KBS 韩国国际综合高清频道 KBS World HD |
| 日本 | 日语、英语 | NHK 日本国家电视台 NHK World Premium、NHK 日本国际传媒 /NHK World Japan |

### （二）新媒体

#### 1. 网络化的传统媒体

传统媒体《澳门日报》的线上网络平台主要分两类：一类是自主开发的自运营平台，如数字报纸〔《澳门日报》应用程序（APP）〕和官网；另一类是第三方社交媒体平台，如微信公众号和 Facebook（图 1）。

**图 1　《澳门日报》官网界面**

文字选择方面,《澳门日报》APP 在简介中提到，设置了繁体中文和英文两个选项供用户选择，但下载后并未找到切换键，而官网也仅支持繁体中文阅读（表 4）。

**表 4 《澳门日报》新媒体平台的繁简选用情况**

| 平台类型 | 平台名称 | 繁简选用 |
|---|---|---|
| 自运营平台 | 数字报纸（《澳门日报》APP） | 繁体 |
| | 官方新闻网站 | 繁体 |
| 社交媒体平台 | 微博 | 简体、繁体 |
| | 微信公众号 | 简体、繁体 |
| | YouTube | 繁体 |
| | Facebook | 繁体 |
| | Telegram | 繁体 |

第三方社交媒体平台的情况相对复杂。首先是内地媒体平台，主要为微博和微信公众号，这两个平台主要面向内地读者，发布的新闻均为简体中文，但是微信公众号的简介和后台自动回复却是繁体中文，而导航栏中既有普通话又有粤方言表达，如“睇新闻”（图 2）。其次是海外社交媒体,《澳门日报》在 YouTube、脸书和 Telegram 上所发布的内容和回复均为繁体中文；另外，为适应以英文为主的平台特性，还专门在标题后标上“Macao Daily News”的英文字样。

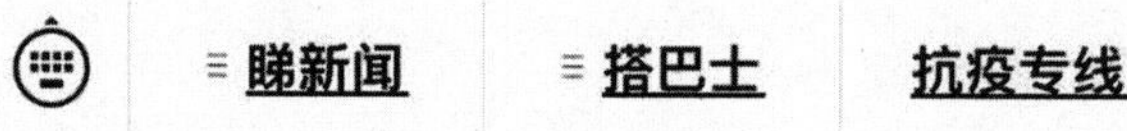


**图 2 《澳门日报》微信公众号导航栏**

中葡文双语周报《澳门平台》则仅开通了 YouTube 和脸书账号，其中 YouTube 账号名为中繁 + 欧葡组合，而账号简介却采用了英文。该平台中发布的每一则视频均附有中繁、英、欧葡三文版本的简介，但视频内新闻播报则为粤方言或葡语，若是无主持人出镜的生活类视频，如美食烹饪教学，则多配有中繁、欧葡、英三文字幕。在脸书中,《澳门平台》的简介采用了中繁 + 欧葡 + 英三文组合，账号的个性签名则为英文。从发布内容上看，其新闻文字内容均以葡文发布，新闻视频为葡语报送且配有葡文字幕，部分还配有中文繁体字幕，但该用户通过后台进行咨询时回复均为英文。

澳门传统媒体在不同网络平台上的语言选择和使用往往不一致，甚至同一平台的不同板块也会使用不同语言，很容易带给读者不专业、不值得信赖的印象，而专业度和可信度恰恰是媒体公信力的基础。

**2. 新兴的独立媒体**

依托于互联网产生的澳门独立媒体具有更独立、更民主、更平等的特征，为新闻话语权的构建、群众表达权的维护提供了传统媒体之外的可能性。他们除了拥有专业编辑和记者外，还会充分利用“公开发表（Open publishing）”或公民记者，关注的议题多聚焦澳门本地社会和政治问题，如澳门的土地荒、病态赌博、医疗政策、新闻自由和行政长官选举等，往往指向普通人的日常生活及社会问题，而非宏大的政治体制或者抽象的民主概念，充分展现出澳门独立媒体特有的在地化特征。如《论尽》，其官网设置了即时报道、时事专题、艺文评论、人物专访、特约专栏等专题，并在脸书上同步更新每日“即时新闻”，对本地具有争议的社会议题进行深入调查及专题报道，力求为澳门社会创造一个有质素的公共言论空间，促进澳门人建立多元、自主的公民主体。

这些新兴的传播平台以及议题实际赋予了不同文化背景的澳门民众传播、对话与行动的权力，使他们得以绕开甚至挑战传统官方的传播模式，从而实践多元的、另类的、表达不同体验的、代表多元认同的自主传播活动和公共传播模式。

## 二　媒体报道文本分析

独特的语言环境使澳门产生了一批涉及政治法律、金融经济、文化教育、社会服务、博彩赛马、娱乐演艺等各个领域的特色词汇。本章借助 LIVAC 泛华语地区共时语料库，考察了这类特色词汇的地区分布。详见表 5。

**表 5　澳门华文媒体与其他华语地区媒体词语对照**

| 澳门华文媒体 | 词条地区分布 /% | | | | | | 内地媒体常用 |
|---|---|---|---|---|---|---|---|
| | 澳门 | 北京 | 上海 | 香港 | 台湾 | 新加坡 | |
| 是次 | 73.4 | 0.0 | 0.1 | 26.3 | 0.0 | 0.2 | 这次、本次 |
| 社屋 | 99.7 | 0.0 | 0.0 | 0.3 | 0.0 | 0.0 | 廉租房 |
| 经屋 | 99.7 | 0.0 | 0.0 | 0.3 | 0.0 | 0.0 | 经济适用房 |

（续表）

| 澳门华文媒体 | 词条地区分布 /% | | | | | | 内地媒体常用 |
|---|---|---|---|---|---|---|---|
| | 澳门 | 北京 | 上海 | 香港 | 台湾 | 新加坡 | |
| 社服 | 81.0 | 0.4 | 0.4 | 2.4 | 2.8 | 13.1 | 社会服务 |
| 乘搭 | 9.2 | 0.1 | 0.1 | 54.9 | 0.3 | 35.4 | 乘坐 |
| 发财车 | 68.9 | 0.0 | 0.0 | 6.7 | 24.4 | 0.0 | 接驳巴士 / 摆渡车 |
| 查屋纸 | 100.0 | 0.0 | 0.0 | 0.0 | 0.0 | 0.0 | 物业登记书面报告 |
| 行为纸 | 100.0 | 0.0 | 0.0 | 0.0 | 0.0 | 0.0 | 无犯罪记录证明 |

### （一）行业词的使用

澳门博彩业历史悠久，是澳门的经济支柱，博彩业的繁荣给澳门经济带来了巨大收益，也形成了一些与博彩行业相关的词语：

1. 现时社会信息发达且本澳设有发财车，部分游客会选择自由行，导游要站得住脚要靠建立声誉和口碑。（《力报》2018.12.01）

2. 市政署派出动物医疗及管护人员提供援助，将有关动物送到路环市政狗房特设的动物隔离检疫区。（《力报》2021.08.06）

### （二）粤方言特色词的使用

粤方言是澳门居民日常交流使用的语言，澳门新闻报道中经常出现粤方言特色词：

3. 法案讨论期间重点关注师资问题，除了健康证明，导师也要提交行为纸，若曾犯下贩毒、性侵、家暴等罪，即使已“洗底”，亦不能从事补习及相关业务。（《现代澳门日报》2022.09.15）

4. 2 名被捕疑犯均拒绝合作，当局不排除两名疑犯曾经做过水客。（《濠江日报》2021.03.17）

“行为纸”即澳门居民的无刑事犯罪记录证明书。“水客”指走私货物的人。除此之外，还有“查屋纸”（物业登记书面报告）、“人情纸”（员工向雇主递交的请假申请书）、“散位”（临时的职位）等粤方言特色词。

### （三）文言词的使用

使用文言词汇是澳门新闻报道一大特色：

5. 该官员续称，拜登政府亦会保留部分特朗普时期的政策，其中一项是确保美国不会提供能增强中国军事实力的高端敏感技术。(《澳门日报》2021.02.12）

6. 料最低气温 12 度或以下。(《力报》2022.12.05）

文言词“续、料”在通用中文里一般需对应说成“继续、预料”，文言词的使用体现了较强的书面语色彩。

### （四）外来词的使用

澳门华语特色词汇中的外来词主要借自葡萄牙语和英语的音译或意译词：

7. 昨日为大年初四，中区不少商铺已经启市，大三巴及议事亭前地年味十足，市民及游客驻足拍照，有中区商铺表示，人流已有回升，但旅客消费谨慎。(《濠江日报》2022.02.05）

8. 亚洲先锋娱乐于 Club99 娱乐场安装首台 Spintec 多用途百家乐。(《现代澳门日报》2020.07.24）

“前地”为葡萄牙语借词，葡语为 largo，义为大型建筑物前面的空地，通用中文里一般称为“广场”或“花园”。澳门有很多景点都带有“前地”字样，如“白鸽巢前地”“亚马喇前地”。“百家乐”为英语借词，英文为 baccarat，义为一种以扑克牌为赌具的博彩方式。英语中 baccarat 是不可数名词，“百家乐”则可带量词，如“他玩了三把百家乐”。

### （五）缩略词的使用

9. 澳门青年博彩从业员协会一行日前组织“携手并肩・爱与关怀”活动，先后到访本澳三家社服团体，送上防疫、粮食物资及中秋节日礼品。(《澳门日报》2021.09.18）

10. 是次有两名确诊患者对行程不清晰和不确定的情况，卫生当局邀请司警同事进行询问。(《澳门商报》2021.11.07）

“社服”和“司警”均属于提取型缩略词，分别对应“社会服务”和“司法警察局”，这些词在内地新闻报道中多采用全称。

## 三 媒体受众阅读倾向

为进一步了解澳门媒体群与受众之间的关系，本报告对9位有着不同文化、语言背景的澳门移民、在澳外籍人士与本土居民进行了访谈，访谈调查时间从2022年9—12月。详见表6。

**表6 澳门媒体受众基本情况**

| 受访对象 | 出生地 | 性别 | 年龄/岁 | 定居澳门时长/年 | 语言/方言 | 关注最多的澳门媒体（语言/文字） | 阅读偏好 |
|---|---|---|---|---|---|---|---|
| A咖啡师 | 中国澳门 | 男 | 26 | 26 | 粤方言>普通话、英语 | 《论尽》（中） | 时政、文化 |
| B餐厅主厨 | 中国（7岁移居澳门） | 男 | 23 | 16 | 闽南方言、粤方言、普通话>英语 | 澳门广播电视台（中）<br>《澳门日报》（中）<br>《澳门力报》（中） | 经济、体育 |
| C某国际中学教师 | 加拿大 | 女 | 26 | <1 | 英语>日语 | 澳门广播电视台（英）<br>日本NHK（日语） | 民生时事 |
| D某国际中学教师 | 加拿大 | 女 | 34 | 1 | 英语>葡语>西语 | 澳门广播电视台（英） | 民生时事 |
| E保安 | 菲律宾 | 男 | 34 | 10 | 英语>他加禄语>粤方言 | 澳门广播电视台（英）<br>*Macau Daily Times*（英）<br>《澳门日报》（英） | 新冠疫情相关新闻 |
| F某本土中学教师 | 中国澳门（菲律宾裔） | 女 | 22 | 22 | 英语>粤方言 | 澳门广播电视台（英）<br>*Macao news*（英） | 新冠疫情相关新闻、医疗、时政和文娱 |
| G某大学学生 | 中国澳门（中葡混血） | 女 | 23 | 23 | 英语、葡语 | 澳门广播电视台（英/葡）*Macao news*（英） | 新冠疫情相关新闻、文娱 |
| H某学院学生 | 葡萄牙 | 女 | 21 | 9 | 葡语>英语 | 澳门广播电视台（葡/英）*Macao news*（英） | 新冠疫情相关新闻、文娱 |
| I某大学教授 | 葡萄牙 | 男 | 42 | 5 | 葡语>德语>英语>西语 | 澳门广播电视台（葡/英）*Ponto Final*（葡）<br>*Hoje Macau*（葡）<br>*Macau Daily Times*（英） | 无特定偏好 |

媒体平台选择方面，澳门广播电视台（TDM）凭借其资讯覆盖面之广，可选语言种类之多成为了大多数人了解资讯的首选。该电视台不仅提供中、英、葡三语节目，还在脸书、Instagram 等海外媒体平台上同步推出中、英、葡三文资讯。多渠道的新闻推送方式，一方面满足了大部分依赖电视节目看新闻的老年人的需求，另一方面迎合了当下更多年轻人选择通过手机 APP 和社交媒体获取资讯的习惯。由于本地新闻素材有限、扩充难度较大，澳门本地年轻人多优先选择如“论尽”一类新兴独立媒体平台。同时，他们对内地的如微信、微博、小红书、哔哩哔哩等社交媒体平台接受度也很高。另外，澳门相对自由、宽松的网络环境，使脸书、Instagram、YouTube 等海外媒体平台成为大多在澳外籍人士最重要的信息来源。

新闻内容偏好方面，外籍人士多倾向于选择提供英文版本的媒体平台，而不会留意同时使用繁体和简体的中文媒体平台，可见他们对主动融入澳门本地汉语文化环境的积极性不高。此外，由于没有直接报道内地新闻的本地官方英文媒体，多数由澳门本地媒体先进行中文转载，再有选择地对部分新闻翻译发布，因此在澳外籍人士大多对中国内地新闻了解程度十分有限。与此同时，他们将更多的精力用于浏览母语国家的新闻上，菲律宾裔澳门新移民受访者 F 每天都会在 Facebook 上浏览 Rappler（菲律宾新闻账号），来自葡萄牙的受访者 I 则通过澳门本地发行的葡文报纸获取与祖国相关的新闻。

## 四 建议

第一，加强媒体语言文字使用的引导和规范。针对澳门媒体在文字和词汇使用上不统一、不规范等现状，在保障新闻自由及信息自由前提下，澳门立法会应适时修订《澳门特别行政区出版法》《澳门特别行政区视听广播法》等相关法律条款。面对普通话和粤方言使用不规范的现象，相关政府部门应侧重方言特色词和文言词的分类管理，避免语言体系的混用，同时加强对字母词、外来词等的监测研究和规范引导。如结合澳门本地特色，将英语、葡语词汇翻译成更贴合本土文化的实用词汇，避免中国特色词汇的流失，还可整理出版相关词汇使用手册，以便向大众普及。

第二，提升多语服务能力，建立以受众需求为导向的新闻发布平台。针对澳门地区媒体受众语言文化背景构成复杂，及其对不同国家和地区新闻需求多元的现状，一方面，澳门媒体需要提升媒体网站、APP 的多语服务能力，实现语言切换，扩大服务范围。例如增加翻译、配音、字幕等多语种服务，为读者提供更加全面和深入的信息。另一方面，澳门媒体在不同平台发布新闻时，应充分考虑该平台的特点、受众的文化背景和阅读习惯等，从而更有针对性地选择与之相匹配的语言文字和表达方式，以便于更好地满足不同社会群体对信息获取的需求。

（刘婧妤、方玥理、吴　越）

第六部分

# 自贸区篇

# 导 语

中国（广东）自由贸易试验区（以下简称“广东自贸试验区”）于2014年12月31日经国务院正式批准设立。广东自贸试验区的实施范围116.2平方千米，涵盖三个片区：广州南沙新区片区、深圳前海蛇口片区和珠海横琴新区片区。其战略定位是“依托港澳、服务内地、面向世界，将自贸试验区建设成为粤港澳深度合作示范区、21世纪海上丝绸之路重要枢纽和全国新一轮改革开放先行地”。广东自贸试验区挂牌8年多来，完成一些系列制度创新，采取一系列政策措施，在投资便利化、贸易便利化、扩大开放、金融创新、人才管理创新和税收管理等方面取得一系列成就。2019年2月，中共中央、国务院印发《粤港澳大湾区发展规划纲要》（以下简称《规划纲要》），提出粤港澳大湾区建设的五大战略，在“第十章 共建粤港澳合作发展平台”提出“优化提升深圳深港现代服务业合作功能”“打造广州南沙粤港澳全面合作示范区”和“推进珠海横琴粤港澳深度合作示范”。依托此纲领性文件，中共中央、国务院2021年9月5日和9月6日分别印发《横琴粤澳深度合作区建设总体方案》（以下简称《横琴方案》）和《全面深化前海深港现代服务业合作区改革开放方案》（以下简称《前海方案》），国务院2022年6月17日印发《广州南沙深化面向世界的粤港澳全面合作总体方案》（以下简称《南沙方案》）。横琴、前海和南沙为国家级三大平台。目前广东自贸试验区的三大片区已融入三大平台，关于三大平台的建设规划和政策举措都实际涵盖了自贸片区。因此，本板块虽然命名为“自贸区篇”，但部分报告的分析对象实际为三大平台或其中之一。

自贸区篇共四篇报告，其中三篇是关于语言环境和语言景观的调查，一篇是对三大平台政策文件文本的分析。《横琴、前海、南沙三大平台政策文件的高频词》对2012—2022年各级政府部门发布的关于广东自贸试验区和三大平台的241份政策文件文本高频词进行统计分析，以期更好把握三大平台建成粤港澳合作示范区的战略定位，及其相互之间的共性与错位发展。《广州南沙新区片区语言环境建设状况》和《深圳前海蛇口片区语言环境建设状况》分别对南沙新区自贸片区和前海蛇口自贸片区的现实语言景观和网站语言环境展开调查，考察语言环境概貌，重点分析语言环境在塑造自贸片区功能特色方面发挥的重要作用，结合平台建设规划提出进一步加强语言环境建设的思考建议。《横琴粤澳深度合作区语言景观调查》采集合作区内 2116 个语言景观样本，完成 68 份问卷，从历时和共时、“设计者”与“使用者”等不同角度较为全面地考察合作区的语言景观，针对现存问题，提出改进建议。

广东自贸试验区和三大平台建设在粤港澳大湾区建设中发挥重要作用，其语言生活和语言环境有自身特色。未来，应以《规划纲要》《横琴方案》《前海方案》《南沙方案》等纲领性文件为指引，考虑开展三大平台语言生活和语言服务建设专项研究，以更优质的语言环境和语言服务支撑三大平台建设。

（王海兰）

# 横琴、前海、南沙三大平台政策文件的高频词*

本报告选取2012年国务院印发《关于支持深圳前海深港现代服务业合作区开发开放有关政策的批复》以来有关中国（广东）自由贸易试验区（以下简称“广东自贸试验区”）和横琴、前海、南沙三大平台的政策文件文本进行分析，以期更好把握政策内涵和发展趋势。

## 一　政策文件文本概览

本报告从广东自贸试验区官网和粤港澳大湾区门户网选取关于广东自贸区，包括广州南沙新区片区、深圳前海蛇口片区和珠海横琴新区片区，以及深圳前海深港现代服务业合作区、珠海横琴粤澳深度合作区和广州南沙粤港澳全面合作区三大平台有关政策文件作为分析对象。共收集各级各类政策文件241份，文本总计约106万字，文件的区域分布、发文主体、发布年份和主要类型如下。

### （一）政策文件区域分布

241份政策文件中，关于广东自贸区和三大平台的综合性文件57份，关于广州南沙新区片区和南沙合作区的49份，关于深圳前海蛇口片区和前海合作区的73份，关于珠海横琴新区片区和横琴合作区的62份。各区域情况见表1。

**表1　区域发文数量及占比**

| 区域 | 综合 | 横琴 | 前海 | 南沙 | 合计 |
|---|---|---|---|---|---|
| 发文数量/份 | 57 | 62 | 73 | 49 | 241 |
| 占比/% | 23.65 | 25.73 | 30.29 | 20.33 | 100.00 |

* 2019年教育部人文社会科学研究青年基金项目“粤港澳大湾区语言服务体系建设研究”（19YJC740073），国家语委“十四五”科研规划2021年度省部级重大项目“我国语言文字治理体系现状及创新研究”（ZDA145-1），国家社会科学重大项目“‘两个一百年’背景下的语言国情调查与语言规划研究”（21&ZD289）。

### （二）政策文件发文主体

241 份政策文件涉及各级各类发文主体 122 个。中央层面 14 个，包括中共中央、国务院、税务总局、财政部、海关总署等，共发布文件 26 份，其中中共中央、国务院联合印发 2 份，国务院单独印发 4 份，税务总局印发 7 份，海关总署印发 6 份；广东省省级层面发文主体 37 个，包括广东省人民政府、广东省自贸办、广东省公安厅出入境管理局等，共出台文件 59 份，其中广东省人民政府出台 15 份，广东省自贸办出台 7 份；广州市、深圳市和珠海市市级层面发文主体 21 个，发布文件 29 份；平台层面发文主体 50 个，发文 127 份，其中深圳前海管理局发文最多，有 39 份。各层面发文主体和发文数量情况见表 2。根据不同主体发文数量的多少制作的主体词云图如图 1 所示。发文主体级别高，数量多，发文量大，体现了国家和地方政府对三大平台建设的高度重视。

**表 2　各层面政策文件发布主体情况**

| 层级 | 发文主体数量 / 个 | 发文数量 / 份 | 发文数量占比 /% |
|---|---|---|---|
| 中央 | 14 | 26 | 10.79 |
| 省 | 37 | 59 | 24.48 |
| 市 | 21 | 29 | 12.03 |
| 平台 | 50 | 127 | 52.70 |
| 合计 | 122 | 241 | 100.00 |

**图 1　发文主体发文数量词云图**

### （三）政策文件发布年份

2012 年 6 月—2022 年 12 月，11 年中历年发布的政策文件数量如图 2 所示。每一年都有文件出台，其中 2015 年和 2019 年发文量最多，可谓“政策大年”。以这两年为节点，政策文件的发布可以划分为三个阶段。

第一阶段：2012—2014 年。发文量较少，共 7 份，文件之间关联度不大。

第二阶段：2015—2018 年。共发布 82 份，其中 2015 年发布 44 份。2015 年国务院出台战略性文件《中国（广东）自由贸易试验区总体方案》（以下简称《总体方案》）。围绕《总体方案》提出的“经过三至五年改革试验……力争建成符合国际高标准的法制环境规范、投资贸易便利、辐射带动功能突出、监管安全高效的自由贸易园区”这一发展目标，该阶段的政策文件以落实关于国家重大战略任务为牵引，如试行扩大人民币跨境使用、“一照三号”登记制度改革、提供司法保障等内容，体现出优化国际化、市场化和法治化营商环境的特点。

第三阶段：2019—2022 年。共发布 152 份，平均每年发布 38 份，2019 年一年就发布了 48 份。第三阶段不仅发文数量多，发文频率高，而且规格高，仅中央层面的文件就有 13 份。2019 年 2 月，中共中央、国务院印发《粤港澳大湾区发展规划纲要》（以下简称《规划纲要》），提出粤港澳大湾区建设的五大战略，“第十章　共建粤港澳合作发展平台”提出“优化提升深圳深港现代服务

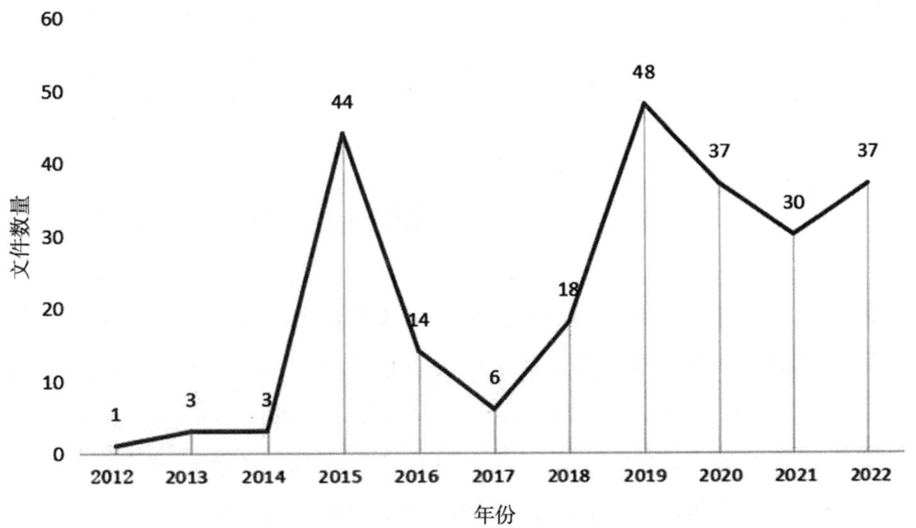


图 2　三大平台历年发布文件数量情况（单位：份）

业合作功能”“打造广州南沙粤港澳全面合作示范区”和“推进珠海横琴粤港澳深度合作示范”。依托此纲领性文件，中共中央、国务院 2021 年 9 月 5 日和 9 月 6 日分别印发《横琴粤澳深度合作区建设总体方案》（以下简称《横琴方案》）和《全面深化前海深港现代服务业合作区改革开放方案》（以下简称《前海方案》），国务院 2022 年 6 月 17 日印发《广州南沙深化面向世界的粤港澳全面合作总体方案》（以下简称《南沙方案》），三份重要文件的出台为三大平台建设做了总体部署。各政府部门随之出台了一系列旨在贯彻落实《规划纲要》《横琴方案》《前海方案》和《南沙方案》的政策举措。

### （四）政策文件主要类型

根据政策文件所聚焦的领域，可大致分为综合类、金融类、贸易类、财税类和投资类等五类，其中综合类数量最多，有 132 份，占总数的 54.77%。各自贸片区出台的文件在类型的分布上差异明显，例如深圳前海蛇口片区相比于其他片区，出台财税类文件最多，共 20 份，占财税类文件总数的 64.52%。具体如表 3 所示。

**表 3 各平台政策文件类型分布情况** 单位：份

| 类型 | 综合类 | 金融类 | 贸易类 | 财税类 | 投资类 | 合计 |
|---|---|---|---|---|---|---|
| 综合 | 27 | 6 | 6 | 3 | 11 | 53 |
| 横琴 | 42 | 5 | 2 | 5 | 8 | 62 |
| 前海 | 32 | 9 | 5 | 20 | 7 | 73 |
| 南沙 | 31 | 10 | 6 | 3 | 3 | 53 |
| 合计 | 132 | 30 | 19 | 31 | 29 | 241 |

## 二 政策文件文本的高频词分布与特点

词语是承载自贸试验区政策文件文本意义的最基本单位。透过政策文件文本高频词分析，可以了解三大平台建设的重点任务、方向及其相互之间的共性与错位发展。运用微词云工具对 241 份政策文件文本进行词频统计，可以看到，政策文件文本的高频词体现了各级政府对企业等市场主体的高度重视，将三大平台建设成为粤港澳深度合作示范区的战略定位和建设目标，以及三大平台的功能划分。

## （一）高频词体现三大平台对市场主体的高度重视

用微词云词频分析软件对241份政策文件的文本进行词频统计，得到的总体和各区域文本高频词如表4和图3所示。

**表4　三大平台政策文件文本前10位高频词**

| 综合 | | 南沙 | | 前海 | | 横琴 | | 合计 | |
|---|---|---|---|---|---|---|---|---|---|
| 高频词 | 频次 | 高频词 | 频次 | 高频词 | 频次 | 高频词 | 频次 | 高频词 | 频次 |
| 企业 | 718 | 企业 | 1872 | 合作 | 1153 | 企业 | 1221 | 企业 | 4964 |
| 建设 | 656 | 奖励 | 1416 | 企业 | 1111 | 合作 | 717 | 合作 | 2394 |
| 服务 | 558 | 人才 | 1282 | 机构 | 978 | 管理 | 626 | 机构 | 2265 |
| 发展 | 527 | 申请 | 751 | 支持 | 791 | 补贴 | 446 | 服务 | 2094 |
| 支持 | 512 | 给予 | 673 | 管理 | 600 | 基金 | 444 | 管理 | 2075 |
| 监管 | 483 | 服务 | 666 | 资金 | 599 | 发展 | 403 | 支持 | 2057 |
| 管理 | 455 | 补贴 | 662 | 申请 | 566 | 服务 | 378 | 奖励 | 2012 |
| 机构 | 421 | 机构 | 560 | 扶持 | 495 | 支持 | 370 | 人才 | 1947 |
| 创新 | 409 | 工作 | 550 | 服务 | 492 | 扶持 | 366 | 申请 | 1835 |
| 业务 | 398 | 项目 | 542 | 发展 | 413 | 给予 | 346 | 建设 | 1737 |

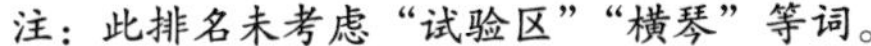
注：此排名未考虑“试验区”“横琴”等词。

图3　三大平台政策文件文本前100位高频词词云图

图 4 为高频词关联图，从中可以看出，各高频词之间关联密切，体现了各级各类政策文件文本之间的高度关联，表明各政府部门在贯彻落实党中央、国务院规划部署上的一致性和协同性。

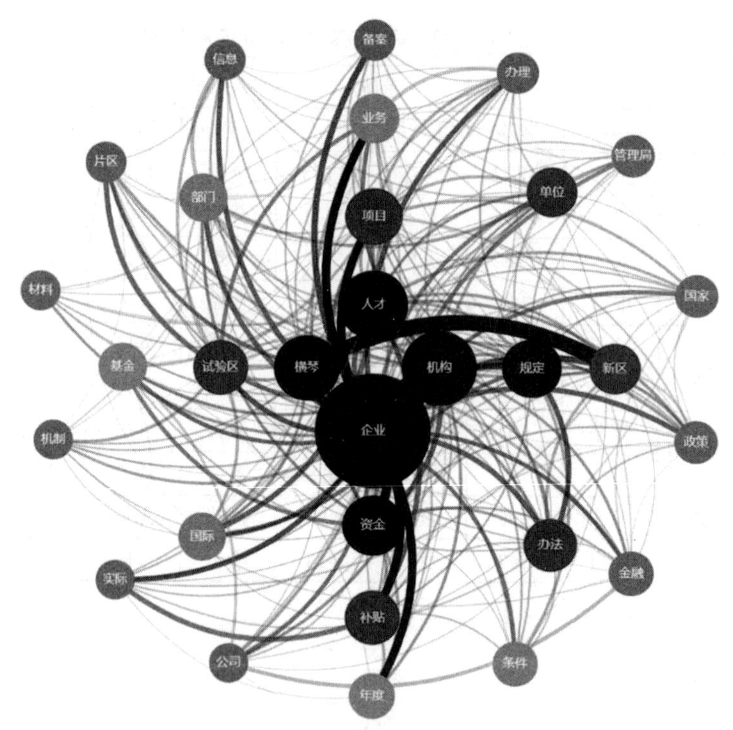


**图 4　三大平台政策文件文本高频词关联图**

根据统计结果，我们有三点发现：

第一，“企业”“机构”是三大平台的建设主体和主要服务对象。在所调查的政策文件文本中，“企业”出现 4922 次，“机构”出现 2265 次，分别位列第一和第三位。企业和机构是最重要的市场主体，是三大平台发展的动力引擎。两个词的高频出现体现了国务院各部门、广东省省政府、各市市政府和各自贸片区、平台贯彻落实党中央、国务院的决策部署，营造良好营商环境，培育市场主体，依托企业和机构实现创新驱动和产业发展，加快推进自贸片区产业集聚发展。进一步探究“企业”一词在文件文本中的左右邻词发现，“港澳企业”“投资企业”“服务企业”“支持企业”“奖励企业”等词语出现的频次非常高，体现政府对吸引企业，特别是港澳企业落户三大平台的决心和举措。如图 5 所示。

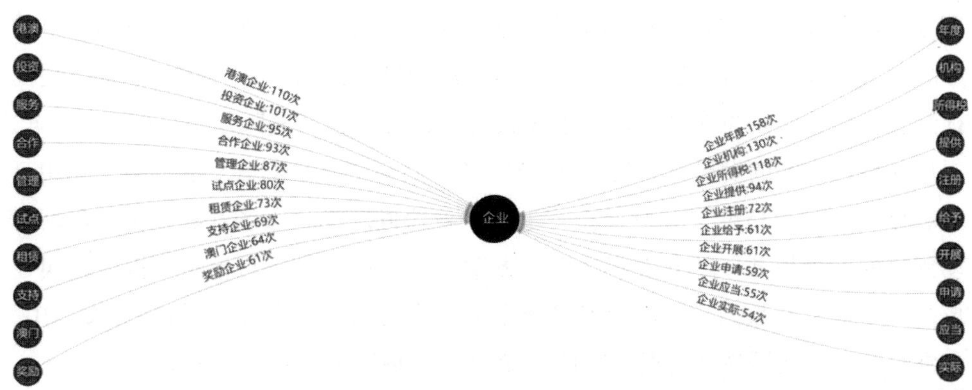


**图 5 “企业”一词在政策文件文本中的左右邻词情况**

第二，“服务”“支持”“奖励”是建设三大平台的重要举措。政策文件文本高频词体现了政府对平台内各类主体的全方位、多样化支持与服务。“服务”“支持”“奖励”出现频次都超过 2000，对其左右邻词统计发现，“法律服务”“专业服务”“开放服务”“服务贸易”“服务机构”“予以支持”“资金支持”“政策支持”“支持企业”“支持横琴”“支持港澳”“给予奖励”“人才奖励”“落户奖励”“贡献奖励”“奖励资金”“奖励企业”等都高频出现。

第三，“人才”是三大平台发展的核心资源。“人才”一词出现 1947 次，其中南沙的政策文件文本出现 1282 次。人才既是政策的受益者，也是政府提升区域发展竞争力的第一资源。党中央、国务院和各级政府都高度重视三大平台的人才建设。《规划纲要》提出将粤港澳大湾区“建设人才高地”，《南沙方案》提出“推动国际化高端人才聚焦”，2020—2021 年两年间关于南沙人才方面的文件就有 6 份。统计“人才”左右邻词发现，人才类型丰富，主要有“外籍人才”“高端人才”“骨干人才”“紧缺人才”等各种人才；对人才的支持方式多样，包括“人才奖励”“人才公寓”“人才引进”“人才认定”“人才培训”“人才绿卡”等。

### （二）高频词体现三大平台建成粤港澳深度合作示范区的战略定位和建设目标

建设粤港澳深度合作示范区是党中央、国务院对广东自贸试验区和三大平台的重要战略定位和建设目标。2015 年国务院印发的《总体方案》提出，广东自贸试验区的战略定位是“依托港澳、服务内地、面向世界，将自贸试验区建设成为粤港澳深度合作示范区、21 世纪海上丝绸之路重要枢纽和全国新一轮改革开放先行地”，提出“深化推进粤港澳服务贸易自由化”任务；2018 年国务院印发《进一步深化中国（广东）自由贸易试验区改革开放方案》，将打造“粤港澳大湾区合作示范区”作为重要建设目标；2021 年《横琴方案》提出横琴合作区战略定位是“推动粤港澳大湾区建设的新高地”；同年《前海方案》提出前海合作区的发展目标是，到 2025 年“对粤港澳大湾区发展的引擎作用日益彰显”，到 2035 年“建立健全与港澳产业协同联动、市场互联互通、创新驱动支撑的发展模式”；2022 年《南沙方案》提出南沙发展目标是“携手港澳建成高水平对外开放门户，成为粤港澳全面合作的重要平台”。政策文件文本中，与港澳有关的词语高频出现，2019 年之后的出现频次尤其高。如图 6 所示。

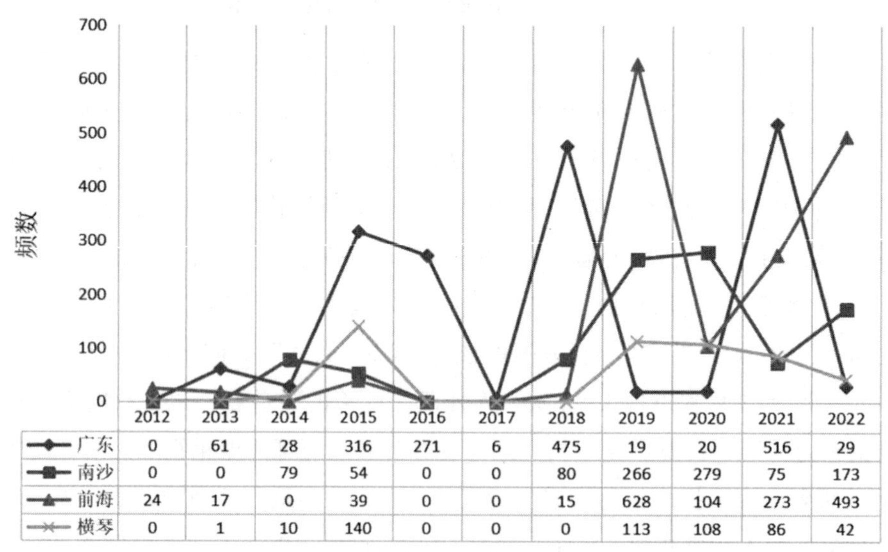


| | 2012 | 2013 | 2014 | 2015 | 2016 | 2017 | 2018 | 2019 | 2020 | 2021 | 2022 |
|---|---|---|---|---|---|---|---|---|---|---|---|
| 广东 | 0 | 61 | 28 | 316 | 271 | 6 | 475 | 19 | 20 | 516 | 29 |
| 南沙 | 0 | 0 | 79 | 54 | 0 | 0 | 80 | 266 | 279 | 75 | 173 |
| 前海 | 24 | 17 | 0 | 39 | 0 | 0 | 15 | 628 | 104 | 273 | 493 |
| 横琴 | 0 | 1 | 10 | 140 | 0 | 0 | 0 | 113 | 108 | 86 | 42 |

**图 6　各区域政策文件文本中与港澳有关词语的频次**

“合作”一词的高频出现是对战略定位和建设目标的一种印证与落实。“合作”出现次数高达 2394，位列第二，涉及“合作”的政策文件共 119 份，约占文件总数的一半。合作主体包括粤港澳（合作）、穗港深（合作）、深港澳（合作）、深港（合作）、珠澳（合作）等。广东自贸试验区与港澳地区通过全面合作、深度合作、跨领域与跨层级合作，促进构建开放型经济新体制，形成国际经济合作竞争新优势。合作领域主要涉及现代服务、加工贸易、航运物流、科技人才等，例如，设立青年创新创业合作示范基地、产学研创新的社会组织，建立产业发展数据库、技术路线图数据库、创新主体信息数据库和高端人才信息数据库，整合、发布粤港澳创新资源和科技合作供需信息，推动建立粤港澳三地“互通互认、共享共建”的人才引进、评价、服务体系，通过这些方式促进科技人才领域的发展。从法律服务、企业登记、海关通关、跨境人民币等方面打造良好的合作环境，例如，为解决跨境人民币带来的贸易问题，设立跨境电子交易和资金结算平台，支持区内企业和机构在开展跨境融资、担保、资产转让等业务时使用人民币进行计价结算，允许非银行金融机构与港澳地区开展跨境人民币业务，扩大自贸试验区支付服务领域、征信服务业对港澳地区开放等举措，为不同主体的各类合作提供保障。政策文件文本中的“合作”导图如图 7 所示。

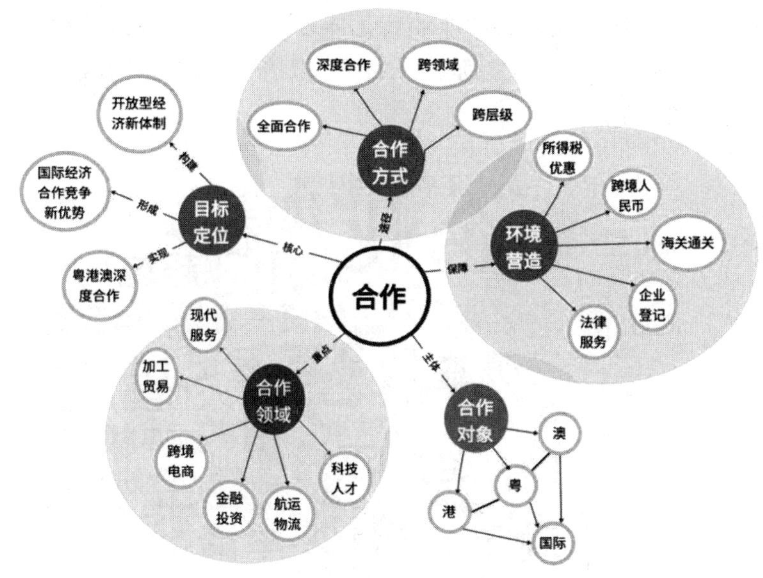


图 7　政策文件文本中的“合作”导图

## （三）高频词体现三大平台的功能划分

《总体方案》对广东自贸试验区三个片区做了区域功能划分,《横琴方案》《前海方案》和《南沙方案》对三大平台进行了更加明确的差异化定位。这种区位功能划分在高频词上也有所体现。

《横琴方案》强调横琴片区要为澳门产业多元发展创造条件，大力发展新技术、新产业、新业态、新模式,“澳门”“合作”“管理”“基金”等排在前列。横琴与澳门合作具有天然的地理优势，两地合作发展高端制造产业、中医药工业、现代金融产业等，可以促进澳门经济适度多元发展。横琴片区还着眼进一步促进私募投资基金业的发展，将私募基金发展成一个新兴的经济增长点，为私募投资基金业的良性化、规范化发展颁布多项政策文件有序管理,“管理”“投资”“基金”等词也高频出现。如图 8 所示。

《前海方案》强调要深化与港澳服务贸易自由化，推动高端要素集聚、辐射作用突出的现代服务业蓬勃发展，“合作”“深港”“香港”“深圳”“现代服务业”等词语体现前海深港现代服务业合作区的重要性，凸显现代服务业是深港两地合作建设的重中之重；“奖励”“支持”“扶持”“资金”等词表明政府通过各种方式激发合作区经济发展。如图 9 所示。

《南沙方案》提出，要进一步完善南沙粤港澳联合科技创新体制机制，不断深化产业合作，构建区域创新和产业转化体系，推动国际化高端人才集聚。南沙政策文件文本中“企业”“奖励”“人才”“申请”“给予”“补贴”等词出现频次排在前列。如图 10 所示。

图 8　横琴片区政策文件文本高频词词云图

图 9　前海片区政策文件文本高频词词云图

图 10　南沙片区政策文件文本高频词词云图

## 三　结语

通过对三大平台相关政策文件的文本分析可以看出，党和国家对三大平台建设高度重视，做了明确的战略定位和规划部署，各政府部门为贯彻落实党中央、国务院的指示精神，发布了各类政策文件，提供制度保障。政策文件对企业、个人等社会主体的行为具有很强的引导性和规约性，为使企业和个体更及时、更全面理解政策，有必要加强对政策文件文本的宣传和解读。现有的“一图读懂”“一文读懂”“简明问答”等形式，在帮助民众了解政策方面发挥了积极作用；还可以利用音频、视频、动画等媒介进行宣传，使广东自贸试验区的政策信息更可视、可读、可感。自贸试验区政策中有些特有政策名词，如南沙自贸片区建立的“港澳人才职称评价 1+3+4 体制”、前海自贸片区提出的“海洋创新高地”、横琴自贸片区推行的“144 小时过境免签”等，可建立三大平台特色政策名词库，对这些名词做专门解释，便于社会大众更准确、更便捷地把握政策内涵。特别是面向港澳人士，有必要提供繁体中文版本和英文或葡文版本，使用港澳人士易于理解和接受的表述方式，提升政策对接的效率效果。

（王海兰、巫丽君、江静仪）

# 广州南沙新区片区语言环境建设状况*

广州南沙新区片区是中国（广东）自由贸易试验区（以下简称“广东自贸试验区”）三大片区之一，面积60平方千米（含广州南沙保税港区7.06平方千米），2014年正式设立。2022年6月，国务院印发《广州南沙深化面向世界的粤港澳全面合作总体方案》（以下简称《南沙方案》），支持将广州南沙打造成为立足湾区、协同港澳、面向世界的重大战略性平台，成为香港、澳门更好融入国家发展大局的重要载体和有力支撑，提出深化粤港澳互利共赢合作、加快建成高水平对外开放门户的发展目标，为南沙标注了新的历史方位和奋斗坐标，绘就了南沙面向未来的宏伟蓝图。《南沙方案》实施范围为南沙区全域，以南沙自贸片区的南沙湾、庆盛枢纽、南沙枢纽三个区块作为先行启动区。该方案的提出对南沙区全域，特别是自贸片区的语言环境建设提出了更高的要求。本报告主要考察南沙片区现实和网络空间的语言环境建设状况，总结其语言环境功能特色，从规划的角度对南沙片区语言环境建设提出几点思考。

## 一　调查对象

报告结合《南沙方案》规划重点，主要调查了南沙自贸片区的青年创新创业、金融服务、政务服务、医疗服务、法律服务、文化旅游等六大领域的现实语言景观和网站语言环境，具体包括港澳青年创新创业基地、香江国际金融中心、广州银行（广东自贸试验区南沙分行）、广州南沙政务服务中心、南沙区第一人民医院、粤港澳大湾区暨“一带一路”（广州·南沙）法律服务集聚区、南沙天后宫等区域和机构。报告共采集现实语言景观样本1110个，其中文化旅游领域语言景观最多，308个。各领域语言景观分布情况见表1。

* 2019年教育部人文社会科学研究青年基金项目“粤港澳大湾区语言服务体系建设研究”（19YJC740073），国家语委“十四五”科研规划2021年度省部级重大项目“我国语言文字治理体系现状及创新研究”（ZDA145-1），国家社会科学重大项目“‘两个一百年’背景下的语言国情调查与语言规划研究”（21&ZD289）。

表 1　语言景观数量统计表

| 领域 | 青年创业 | 金融 | 政务 | 医疗 | 法律 | 文旅 | 总计 |
|---|---|---|---|---|---|---|---|
| 数量 / 个 | 250 | 178 | 68 | 236 | 70 | 308 | 1110 |
| 占比 /% | 22.52 | 16.03 | 6.13 | 21.26 | 6.31 | 27.75 | 100.00 |

报告还调查了上述六大领域主要机构的门户网站语言环境建设状况，包括南沙国际人才港、广州银行、广州市南沙区人民政府、南沙区人民法院、南沙区图书馆等共 42 家机构，其中，金融服务领域网站数最多，14 个。各领域网站数量分布情况见表 2。

表 2　调查的门户数量分布情况

| 领域 | 青年创业 | 金融 | 政务 | 医疗 | 法律 | 文旅 | 总计 |
|---|---|---|---|---|---|---|---|
| 数量 / 个 | 7 | 14 | 4 | 3 | 9 | 5 | 42 |
| 占比 /% | 16.67 | 33.33 | 9.52 | 7.14 | 21.43 | 11.91 | 100.00 |

## 二　语言环境概貌

南沙自贸片区语言景观总体上具有多语码混用、多模态呈现和多功能组合的特点。

### （一）多语码混用

现实语言景观总体上以中文单语为主，中英双语为辅，同时有葡文、韩文、法文、数字等多语码混合。在 1110 个语言景观样本中，中文标牌最多，达 480 个，占 43.24%，其中简体中文标牌 450 个，繁体中文标牌 30 个；中文覆盖率更是高达 93.87%。英文单语标牌虽然只有 12 个，占 1.08%，但中英双语标牌 325 个，占 29.28%；英文覆盖率则达到 37.66%，位居第二。中文与数字、汉语拼音等语码组合的标牌 237 个，占 21.35%。其他语码组合的标牌 56 个，占 5.05%，其中包括“中文（简体）+ 韩文”1 个，“中文（繁体）+ 法文”4 个，“中文（简体）+ 葡文”1 个，“中文（繁体）+ 葡文”1 个等。从领域上看，医疗服务和文化旅游领域以简体中文标牌为主，金融服务和文化旅游领域以“中文（简体）+ 英文”为主。详见表 3 和表 4。语言文字多语码的使用体现了自贸片区的开放性和包容性。部分标牌的语码还体现了港澳特色。例如连胜冰室茶餐厅招牌使用了繁体中文和英文，其中“门”字形似澳门标志性建筑大三巴牌坊，体现了澳门风情（图 1）。

表 3 语言景观语码组合情况

| 语码组合类型 | 景观数量 / 个 | 占比 /% |
|---|---|---|
| 中（简） | 450 | 40.54 |
| 中（繁） | 30 | 2.70 |
| 英文 | 12 | 1.08 |
| 中（简）+ 英文 | 305 | 27.48 |
| 中（繁）+ 英文 | 20 | 1.80 |
| 中（简）+ 数字 | 124 | 11.17 |
| 中（简）+ 汉语拼音 | 32 | 2.88 |
| 中（简）+ 英 + 数字 | 81 | 7.30 |
| 其他 | 56 | 5.05 |
| 总计 | 1110 | 100.00 |

表 4 不同领域语言景观语码组合占比 单位：%

| 领域 | 中（简） | 中（繁） | 英 | 中（简）+ 英 | 中（繁）+ 英 | 中（简）+ 数字 | 中（简）+ 汉语拼音 | 中（简）+ 英 + 数字 | 其他 | 合计 |
|---|---|---|---|---|---|---|---|---|---|---|
| 青年创业 | 30.40 | 4.80 | 2.00 | 26.40 | 5.20 | 16.00 | 1.60 | 2.00 | 11.60 | 100.00 |
| 金融 | 22.48 | 0.56 | 2.81 | 42.13 | 1.12 | 6.18 | 2.81 | 16.85 | 5.06 | 100.00 |
| 政务 | 35.30 | 0.00 | 0.00 | 26.48 | 0.00 | 10.29 | 11.76 | 11.76 | 4.41 | 100.00 |
| 医疗 | 59.76 | 0.42 | 0.00 | 11.02 | 0.00 | 20.76 | 1.69 | 5.08 | 1.27 | 100.00 |
| 法律 | 54.28 | 0.00 | 1.43 | 21.42 | 0.00 | 4.29 | 2.86 | 1.43 | 14.29 | 100.00 |
| 文旅 | 42.54 | 5.19 | 0.32 | 34.09 | 1.62 | 4.55 | 2.92 | 8.12 | 0.65 | 100.00 |

图 1 连胜冰室茶餐厅招牌

42个门户网站都使用简体中文，16个同时使用繁体中文，21个同时使用英文。详见表5。金融服务和文化旅游领域使用中英双语的网站数量较多。其中，南沙区图书馆官网提供“中文（简体）+英文+日文+法文+俄文”，中国交通建设集团官网提供“中文（简体）+英文+法文+西班牙文+阿拉伯文”等多语种服务。详见表5和表6。

**表5　网站门户多语码组合情况**

| 语码组合 | | 数量/个 | 占比/% |
|---|---|---|---|
| 单语 | 中（简） | 17 | 40.48 |
| | 中（简丨繁） | 4 | 9.52 |
| 双语 | 中（简）+英 | 8 | 19.05 |
| | 中（简丨繁）+英 | 11 | 26.19 |
| 多语 | 中（简丨繁）+英+日+法+俄 | 1 | 2.38 |
| | 中（简）+英+法+西+阿 | 1 | 2.38 |
| 合计 | | 42 | 100.00 |

**表6　各领域网站门户语码组合占比**　　单位：%

| 领域 | 单语 | | 双语 | | 多语 | | 合计 |
|---|---|---|---|---|---|---|---|
| | 中（简） | 中（简丨繁） | 中（简）+英 | 中（简丨繁）+英 | 中（简丨繁）+英+日+法+俄 | 中（简）+英+法+西+阿 | |
| 青年创业 | 57.14 | 14.29 | 28.57 | 0.00 | 0.00 | 0.00 | 100.00 |
| 金融 | 35.71 | 7.14 | 14.29 | 35.71 | 0.00 | 7.14 | 100. 00 |
| 政务 | 33.33 | 33.33 | 0.00 | 33.33 | 0.00 | 0.00 | 100. 00 |
| 医疗 | 25.00 | 25.00 | 50.00 | 0.00 | 0.00 | 0.00 | 100. 00 |
| 法律 | 66.67 | 0.00 | 0.00 | 33.33 | 0.00 | 0.00 | 100. 00 |
| 文旅 | 0.00 | 0.00 | 40.00 | 40.00 | 20.00 | 0.00 | 100.00 |

### （二）多模态呈现

南沙自贸片区语言景观多模态呈现特征明显，现实空间与虚拟空间语言景观相融合，信息传递形式丰富，动静结合，彰显自贸片区现代化、国际化风采。现实语言景观既包括文字文本形式，以多种材质为载体的标牌，也有大量制作精美、图文并茂的宣传手册、活页和墙壁图画等。如图2和图3。

图 2　手册阅览处

图 3　文化宣传手册

自贸片区还充分运用现代信息技术，设置电子显示屏、智能语音讲解等应用，打造良好的虚拟语言环境。例如，南沙区图书馆借助大数据智慧墙简化借书还书流程，为读者阅读提供便捷服务；智能柜台实现自助办税，大大提高办事效率；法律支援服务中心以视频形式展示南沙自贸片区的法律服务特色；南沙天后宫提供智能语音讲解服务等（图 4—7）。线上门户网站往往图文结合，设置自动切换界面的消息栏目，部分还提供滚动文字，同时内嵌音频、视频，生动展现自贸片区风采，如广州银行网站提供视频播放、南沙湾网站提供音频播放等。

图 4　南沙区图书馆大数据智慧墙

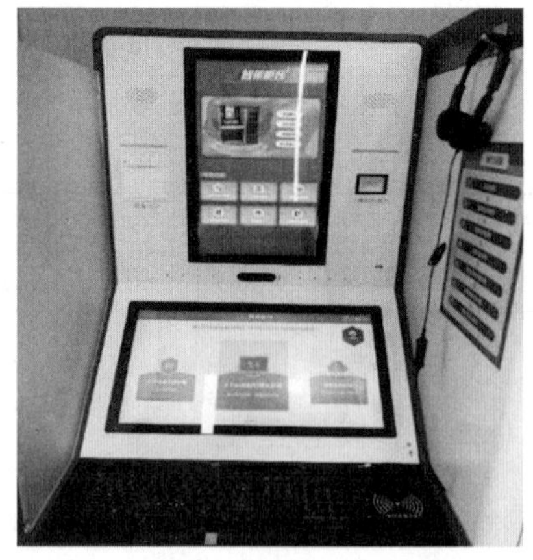

图 5　创享湾自助办税智能设备

图 6　法律融合展厅视频展示服务

图 7　南沙天后宫智能语音讲解服务

### （三）多功能组合

语言是人类最重要的交际工具和信息载体，南沙自贸片区公共服务语言景观类型多样，形式丰富，功能多元，在发挥信息传递功能的同时，兼具人文性，有助于创建和谐的语言环境。从功能上看，所调查的 1110 个现实语言景观可以分为指称类、宣传类、警示类、指示类和公示类等五种类型，其中指称类最多，共 387 个，占总数的 34.86%。各类语言景观数量和占比情况见表 7。不同类型的语言景观在内容、形式上各有特色。例如，指示类的语言景观，包括路牌、方向指示牌、公共设施标识牌等，大多由政府提供，覆盖面广，以文字为主，部分配有图片。线上语言环境充分利用现代信息技术，除了具备现实语言景观具有的功能外，还提供咨询服务和适老化服务。所调查的 42 家网站中，有 8 家网站提供智能问答服务，为访客提供及时便捷的信息咨询服务；有 8 家配置了信息无障碍和适老版本，在感知服务、基础服务、语音播报等方面满足特定人群的使用需求，帮助其更好地融入社会发展。如图 8 和图 9 所示。

表 7　现实语言景观情况

| 类别 | 指称类 | 宣传类 | 警示类 | 指示类 | 公示类 | 总数 |
|---|---|---|---|---|---|---|
| 数量 / 个 | 387 | 256 | 210 | 184 | 73 | 1110 |
| 占比 /% | 34.86 | 23.06 | 18.92 | 16.58 | 6.58 | 100.00 |

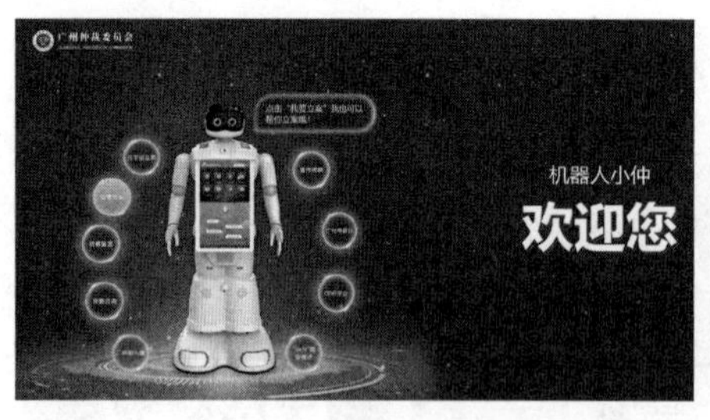


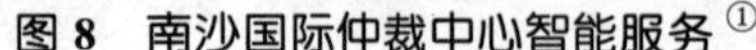
图 8　南沙国际仲裁中心智能服务[①]

图 9　华夏银行信息无障碍与适老化服务

## 三　语言环境的功能特色

多语码混用、多模态呈现、多功能组合的语言环境不仅有助于南沙自贸片区营造良好的沟通交往环境，同时充分展现了自贸片区特色，在彰显青年创新精神、营造国际化良好营商环境、创设宜居宜业宜游优质生活圈、塑造南沙自贸片区文化风韵和展现数字自贸片区风采等方面，更是发挥着特别重要的作用。

### （一）彰显青年创新精神

南沙创汇谷是粤港澳青年文创社区，该区域语言景观整体以深蓝色、银白色为主色调，大方简约，符合青年生活方式，展现青春活力的现代气息。公共标牌语言生动活泼，契合青年创业者的语言表达方式，“梦想还是要有的，万一实现了呢”“想要致富，先修思路”等标语鼓舞人心，营造创新创业氛围（图 10—12）。粤港澳青年三新讲学所的“湾区起梦港”采用艺术字体设置“交流梦”“创业梦”“置业梦”“就业梦”和“实习梦”，鼓励港澳青年“湾区追梦南沙启航”。创业基地设有融媒展厅，推介园区基本情况、配套服务、内地与港澳青年的交流成果等内容，展现了青年创新创业团队的专业性和发展性，有助于激发创业带动就业的内动力（图 13—14）。在青年创新创业网站中，“细节决定成败”的宣传口号被置于首页，凸显自贸片区青年创新创业的宝贵精神（图 15）。

① 因“南沙国际仲裁中心”网站内嵌于“广州仲裁委员会”网站中，故调查基于“广州仲裁委员会”网站进行。

图 10—12　创汇谷-粤港澳青年文创社区的语言景观

图 13—14　粤港澳青年三新讲学所的语言景观

图 15　创汇谷-粤港澳青年文创社区网站首页标语

### （二）营造国际化良好营商环境

建设国际化良好营商环境是自贸片区高标准高质量建设的首要任务，也是自贸区进一步实现对外开放的内在要求。在粤港澳大湾区暨“一带一路”（广州·南沙）法律服务集聚区中，公共空间整体为暖色调，布局简洁实用，展现了法律服务的商务性、高效性和人文性特点。每一家法律服务中心和律师事务所都设置了独特的品牌标识，形象立体，正式规范，体现了南沙自贸片区法律服务的规范化、专业化和品牌化。该区域融合了粤港澳三地高端法律服务的语言资源，提供内地、港澳台和国外相关法律问题的一站式服务，密切了海峡两岸暨港澳律师之间的协作互促，突出跨境业务中多语言、多模式的专业优势，为推进南沙自贸片区市场化、法制化、国际化营商环境的建设提供优质的法律语言服务（图16—17）。在门户网站中，南沙区人民法院法律诉讼服务板块齐全，工作动态及时推送，图文结合，简明清晰，专门设置“营造国际一流法治化营商环境”模块，展现了南沙自贸片区法律服务的发展目标（图18）。广东启源律师事务所则以海报形式将“启于律法　源自诚信”的经营理念置于首页，传达出了自贸片区法律服务中以人为本、诚信公正、严谨严明的法律精神（图19）。

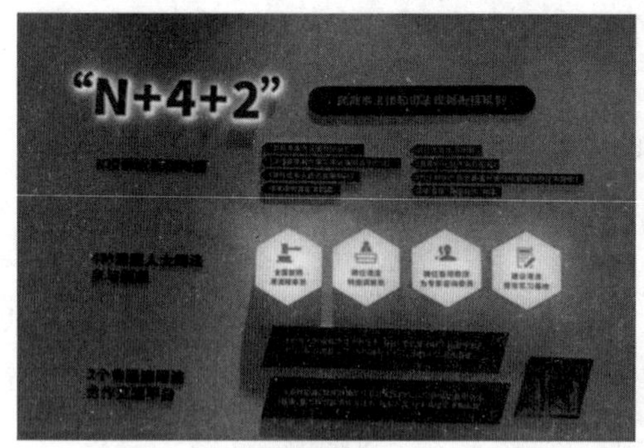


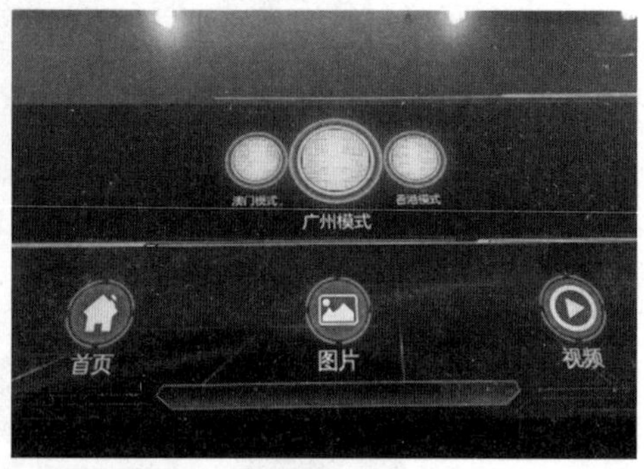


图16—17　法律服务集聚区一站式跨境语言服务

图18　南沙区人民法院网页

图19　广东启源律师事务所网页

金融领域的标牌多采用中英双语，内容涉及开放业务时间、无障碍服务提示、操作指示、金融政策等方面，图文生动结合，信息简明高效，为客户提供较为细致、全面的信息提示。自助办理柜台和24小时自助银行服务系统都能提供中英双语的服务界面，功能全面，提供操作指引，满足客户的个性化需求

（图 20）。在网站中，银行机构特设“普惠金融”“数字金融”等栏目，主动适应金融数字化、智能化发展潮流，推动金融服务更加便捷、高效发展，优化了南沙自贸片区的营商环境。

图 20　招商银行远程视频柜员机

## （三）创设宜居宜业宜游优质生活圈

在政务服务中心、医疗机构等场所，各类指示标牌功能清晰，英文标识覆盖范围较广，办事窗口功能明确，注重提升服务效率，服务设施配备较为齐全，设置 24 小时自助服务区，营造出优质高效的服务环境（图 21）。在线下场景应用中，依托自助智能设备，将数字化应用与各级各类智治场景紧密结合（图 22）；线上网站则推出智能咨询语言服务功能，及时有效地为人们答疑解惑（图 23），实现政务服务与医疗服务的便捷智能，创设了一个便民、便捷的语言服务环境。

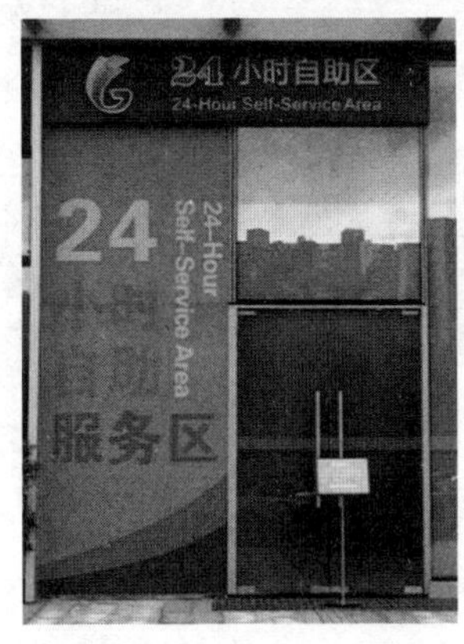


图 21　南沙政务服务中心 24 小时自助服务区

图 22　南沙区第二人民医院自助售病历机

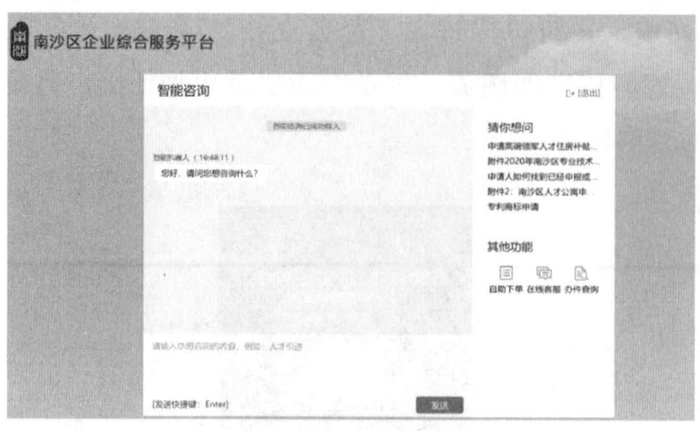


图 23　南沙区企业综合服务中心的智能咨询服务

## （四）塑造南沙自贸片区文化风韵

传统文化是南沙自贸片区发展的文化底色。南沙自贸片区中有不少古建筑群，这些传统建筑以红砖外墙或灰墙为主，线条规整精致，风格典雅别致，展现岭南文化的魅力。文化旅游区域不少商铺使用了“堂”“阁”“馆”等富有历史感的词语，选用牌匾这一独特的文化载体，集文字、雕刻、书法、艺术装置等于一体，加以用多种语种、字体、颜色来设计语言景观，更添传统文化的魅力与神韵。各类指示标牌和大部分商家店铺所呈现的语言景观，在展现景区传统文化整体风貌的同时，又有各自特色，共性与个性相得益彰（图 24—27）。

图 24—27　商铺招牌的语言景观

南沙自贸片区以语言为媒介，设置的各式特色文化展览、展厅塑造了南沙多元的现代文化。广州市南沙区港澳青年五乐服务中心、粤港澳青年三新讲学所和南沙法治融合展厅等场所或以墙壁作为载体粘贴文字，或以现代融媒体技术图文共现，采用中文简体和中文繁体宣传最新政策，介绍各类服务，促进粤港澳青年交流。南沙区图书馆陈列的古香古色的图书展板展现了南沙自贸片区的精神文明（图 28—29）。南沙区图书馆网站设有“活动预告”栏目，定期推出读书会、科普研学等特色活动，有利于形成浓厚的学术氛围，推动自贸片区文化交流。

**图 28—29　南沙自贸片区的文化展览与展厅**

### （五）展现数字自贸片区风采

门户网站是政府部门和企业机构向公众传达信息、提供服务的重要载体。自贸片区建设多语种版本的网站能够更好地满足国际访客的语言需求，体现国际化语言服务水平。南沙自贸片区网站语码种类丰富多样，能够有效满足内地、港澳人士与外国友人的语言需求。广州市南沙区人民政府在线多语种版网站设置了“关于南沙”“办事服务”“投资南沙”“互动交流”等功能板块，涵盖服务、生活、投资、法律等多个主要栏目，同时提供涉外审批服务事项的网上办理服务，为在自贸片区的外资企业经营和外籍人士投资、就业、居住提供便利条件，体现出南沙自贸片区致力于不断提升数字服务能力和服务水平，推动自贸片区在各领域全方位与国际交流合作，实现发展互利共享（图 30）。

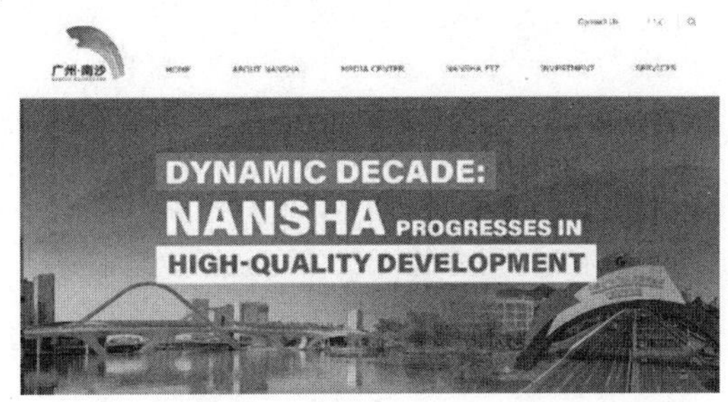


**图 30　广州市南沙区人民政府网站首页**

## 四 建议

南沙自贸片区语言环境建设整体较好，满足了自贸片区交往需求，同时展现了自贸片区特色。但也还存在一些问题，如英文译写不规范，缺乏统一性，英文拼写错误，翻译不准确，单独使用英文，缺乏中文，以及行政区划调整后标牌未及时更新、仍使用原有行政区域名等现象。良好的语言环境是现代城市的重要组成部分，是城市形象，也是城市竞争力。

《南沙方案》提出了建设科技创新产业合作基地、创建青年创业就业合作平台、共建高水平对外开放门户、打造规则衔接机制对接高地和建立高质量城市发展标杆等五大重点任务，每一项重点任务的建设都需要有良好语言环境和语言服务的支撑。深化面向世界的粤港澳全面合作，南沙在城市语言环境建设方面还有进一步拓展的空间。第一，有必要将语言环境建设纳入南沙自贸片区乃至南沙建设方案总体框架，制定南沙新区语言环境建设和管理方案，使语言环境建设更好服务《南沙方案》贯彻落实，将南沙自贸片区语言环境打造为广州城市语言环境标杆；第二，树立语言环境“共建共治共享”的理念，构建由党委领导、政府主导、部门协同、社会参与的语言环境建设工作格局，完善语言环境治理体制机制；第三，加强对语言环境的监管与纠错力度，语言环境建设应遵守《国家通用语言文字法》，“外语设施建设、管理以及外语服务应当符合合法性、必要性、规范性、服务性、文明性的要求”，满足用语规范、服务便利、交流顺畅等基本功能，塑造好南沙形象；第四，进一步提升语言服务能力，包括多语服务能力、语言技术服务能力等，帮助港澳同胞更好融入内地，为港澳青年在南沙创业就业创设更加优质的语言环境，提升南沙的“国际范”。

（王海兰、黄可文）

# 深圳前海蛇口片区语言环境建设状况*

深圳前海蛇口片区规划面积28.2平方千米，分为前海区块（15平方千米，含前海湾保税港区3.71平方千米）和蛇口区块（13.2平方千米）。前海蛇口自贸片区重点放在六个方面的改革创新，推动以“深港组合港”形式共建21世纪海上丝绸之路的核心枢纽和重要门户，打造自贸试验区新的标杆。2021年9月6日，中共中央、国务院印发《全面深化前海深港现代服务业合作区改革开放方案》（以下简称《前海方案》），进一步扩展前海深港现代服务业合作区（以下简称“前海合作区”）发展空间，将广东自贸试验区蛇口区块纳入前海合作区。开发建设前海合作区是支持香港经济社会发展、提升粤港澳合作水平、构建对外开放新格局的重要举措，对推进粤港澳大湾区建设、支持深圳建设中国特色社会主义先行示范区、增强香港同胞对祖国的向心力，具有重要意义。自2015年挂牌以来，前海蛇口自贸片区语言环境建设不断完善，有力支持了自贸片区的发展和功能的实现。《前海方案》的出台对前海深港服务区提出了更高的战略目标，对前海蛇口片区和整个前海深港服务区的语言环境建设也提出更高质量的要求。本报告主要考察前海蛇口自贸片区主要领域的语言环境现状，总结语言环境的功能特色，提出思考建议，为构建更加和谐的语言生活、提升前海合作区语言服务能力提供参考。

## 一　调查对象

本报告根据《前海方案》规划，重点调查了前海蛇口片区政务、法律、金融、医疗、创新创业和文化旅游等六大领域的现实和网络语言环境建设状况。现实语言景观主要调查了前海合作区、深港基金小镇、蛇口海上世界、南海意

* 2019年教育部人文社会科学研究青年基金项目“粤港澳大湾区语言服务体系建设研究”（19YJC740073），国家语委“十四五”科研规划2021年度省部级重大项目“我国语言文字治理体系现状及创新研究”（ZDA145-1），国家社会科学重大项目“‘两个一百年’背景下的语言国情调查与语言规划研究”（21&ZD289）。

库等场所，共采集语言景观样本 324 个，其中文化旅游领域最多，共 92 个，占 28.4%。各领域语言景观样本数量分布如表 1 所示。

**表 1 各领域语言景观样本数量分布情况**

| 领域 | 政务 | 创新创业 | 法律 | 金融 | 医疗 | 文旅 | 合计 |
|---|---|---|---|---|---|---|---|
| 数量 / 个 | 81 | 29 | 22 | 60 | 40 | 92 | 324 |
| 占比 /% | 25.0 | 9.0 | 6.8 | 18.5 | 12.3 | 28.4 | 100.0 |

网络语言环境重点调查了政府、金融机构、律师事务所、文化机构等的 33 家单位的门户网站，其中金融领域最多，共 12 家。各领域网站分布如表 2 所示。

**表 2 各领域网站数量分布情况**

| 领域 | 政务 | 创新创业 | 法律 | 金融 | 医疗 | 文旅 | 合计 |
|---|---|---|---|---|---|---|---|
| 数量 / 个 | 6 | 4 | 8 | 12 | 1 | 2 | 33 |
| 占比 /% | 18.2 | 12.1 | 24.2 | 36.4 | 3.0 | 6.1 | 100.0 |

## 二 语言环境概貌

### （一）语言文字使用状况

前海蛇口片区的语言文字使用以中文为主，英文为辅，多语并存。现实语言景观中，中英双语景观样本最多，有 173 个，占总数的 53.4%。中文单语标牌 138 个，占 42.6%；其中又以简体中文为主，只有 19 个繁体中文标牌，主要集中在前海合作区。楼宇标识和部分商家店名存在纯英文名称，个别标牌为法文、韩文、日文等语言。详见表 3。

**表 3 各领域语言景观语言文字使用情况**

| 领域 | | 政务 | | 金融 | | 法律 | | 医疗 | | 创新创业 | | 文旅 | |
|---|---|---|---|---|---|---|---|---|---|---|---|---|---|
| | | 数量 / 个 | 占比 / % | 数量 / 个 | 占比 / % | 数量 / 个 | 占比 / % | 数量 / 个 | 占比 / % | 数量 / 个 | 占比 / % | 数量 / 个 | 占比 / % |
| 单语 | 中（简） | 45 | 55.6 | 10 | 16.7 | 12 | 54.5 | 22 | 55.0 | 6 | 20.7 | 24 | 26.1 |
| | 中（繁） | 1 | 1.2 | 1 | 1.7 | — | — | — | — | 3 | 10.3 | 14 | 15.2 |
| | 英 | 1 | 1.2 | 1 | 1.7 | — | — | — | — | 2 | 6.9 | 5 | 5.4 |
| | 日 | — | — | — | — | — | — | — | — | — | — | 1 | 1.1 |

（续表）

| 领域 | | 政务 | | 金融 | | 法律 | | 医疗 | | 创新创业 | | 文旅 | |
|---|---|---|---|---|---|---|---|---|---|---|---|---|---|
| | | 数量/个 | 占比/% | 数量/个 | 占比/% | 数量/个 | 占比/% | 数量/个 | 占比/% | 数量/个 | 占比/% | 数量/个 | 占比/% |
| 双语 | 中（简）+英 | 31 | 38.3 | 47 | 78.3 | 10 | 45.5 | 18 | 45.0 | 13 | 44.8 | 43 | 46.7 |
| | 中（繁）+英 | 3 | 3.1 | 1 | 1.7 | — | — | — | — | 5 | 17.2 | 2 | 2.2 |
| | 中（简）+法 | — | — | — | — | — | — | — | — | — | — | 2 | 2.2 |
| 多语 | 中（简）+英+韩+法+俄 | — | — | — | — | — | — | — | — | — | — | 1 | 1.1 |

网站语言文字使用以中文为主，一半只提供中文，一半提供中英双语和多语。所有网站都提供中文，有 7 家提供中文简体和繁体两种字形；英文覆盖率达 51.5%。详见表 4。

**表 4　网站语言文字使用情况**

| 语言文字 | 单语 | | 双语 | | 多语 | |
|---|---|---|---|---|---|---|
| | 中（简） | 中（简 \| 繁） | 中（简）+英 | 中（简 \| 繁）+英 | 中（简）+英+韩 | 中（简）+英+法 |
| 数量/个 | 14 | 2 | 9 | 5 | 1 | 2 |
| 占比/% | 42.4 | 6.1 | 27.3 | 15.1 | 3.0 | 6.1 |
| | 48.5 | | 42.4 | | 9.1 | |

## （二）语言环境呈现形态

根据标识载体的不同，现实语言景观可划分为典型形态和非典型形态两大类。

典型形态语言景观的载体为传统介质，如金属标牌、塑料标牌、纸质标牌、宣传手册、地标等。[①] 前海蛇口自贸片区以塑料标牌、金属标牌为载体的语言景观多为路牌，视图配色为黑白两色，文字为黑色，使用黑体字。纸质标牌、宣传手册上的语言景观文字基本上为黑色、白色、红色等，色彩多样、鲜艳。宣传手册里的语言景观大多比较新，少磨损。地标式的语言景观风格多样、个性鲜明，具有浓烈的深圳城市色彩，具体表现为一种热烈奔放的景观特征。如图 1—3 所示。

① 尚国文、赵守辉《语言景观研究的视角、理论与方法》,《外语教学与研究》2014 年第 2 期。

图 1 前海公正南街路牌

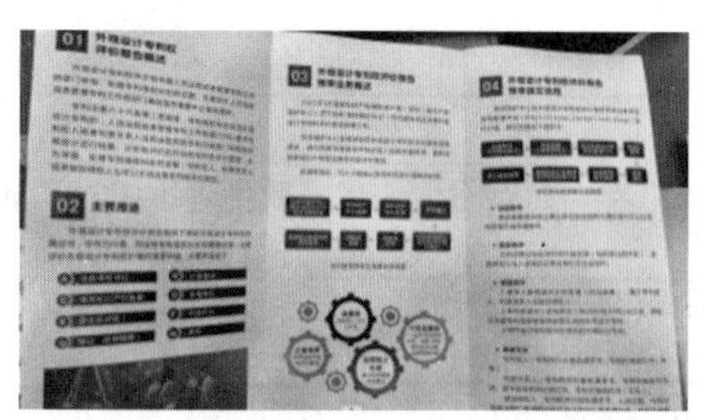

图 2 中国（深圳）知识产权保护中心宣传手册

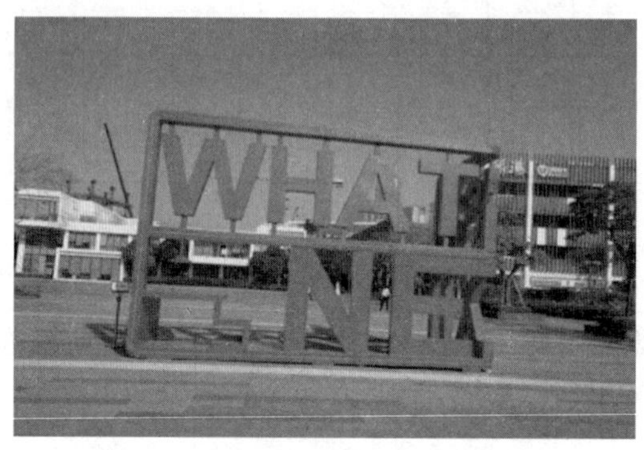


图 3 前海深港青年梦工厂宣传语

非典型语言景观的载体为非传统介质语言景观，比如墙壁涂鸦、电子显示屏滚动显示、投影播放、视频展示、语音讲解等新技术虚拟景观。[①]前海蛇口自贸片区有很多非典型语言景观，如视频展示、语音讲解等。部分网站配有智能问答，可 24 小时即时提供资讯服务；有的配有信息无障碍模式和适老版本，便于信息特殊人群获取信息。如图 4—5 所示。

图 4 前海深港基金小镇电子宣传屏

图 5 蛇口街道海昌社区墙壁涂鸦

① 尚国文、周先武《非典型语言景观的类型、特征及研究视角》，《语言战略研究》2020 年第 5 期。

## 三 语言环境的自贸片区特色

### (一)语言环境富有“港味”

深圳前海蛇口自贸片区具有与香港合作的天然优势。发展前海，是港澳所需。在自贸试验区和深港合作区制度框架下，深圳与香港合作不断加深，自贸片区语言环境呈现面向香港的特色，“港味”十足，体现在港澳人士较为集中的合作区里“两文三语”的语用环境、繁体中文的较高覆盖率和语言景观设计的港式风格等多个方面。

如前所述，前海蛇口自贸片区语言景观以中英两种文字为主，公交、地铁等公共交通系统和银行系统的语音播报服务都提供普通话、英语和粤方言，语用环境与香港的“两文三语”相一致。自贸片区除简体中文外，一些公共区域的温馨提示 / 安全警示牌、展览使用繁体中文，在港澳人士较为集中的深港青年梦工厂中，园区内路标、指示牌大多以繁体中文大字、辅以英文小字标注。图 6—7 中的前海深港合作区的语言景观就体现出十足的“港味”。

图 6 前海深港现代服务业合作区管理局的告示牌

图 7 前海深港梦工厂的语言景观

2022 年 7 月，前海国际人才港举办以“沐廿五载风雨，前海深港号扬帆起航”为主题的展览(图 6—7)，展览以“港人港语”“港风港味”形式呈现前海面向港澳青年创业就业的特色服务，文字使用以繁体中文和英文为主，更是凸显了自贸片区“依托香港、服务内地、面向世界”的战略定位。自贸片区语言景观设计风格与香港语言景观一致，努力打造让港澳人士像在“本地”一样的环境。《前海方案》发布一周年之际，深圳特区报、读特客户端推出的《大战略　大前海　大未来——〈前海方案〉发布一周年》特别报道写道，“漫步前海，浓浓‘港味’扑面。斑马线上写的是‘望左’‘望右’，街牌区别于‘内地蓝’是白底黑字，红绿灯参照香港体积更小。处处‘港化’的细节，都是前海作为港人港企北上第一站的最佳注脚”。

图 8—9　前海国际人才港主题展览的语言景观

### （二）语言环境展现深圳城市精神

语言环境是城市形象，语言环境也是城市精神的体现。2020 年深圳市委六届十五次全会发布的新时代深圳精神为：“敢闯敢试、开放包容、务实尚法、追求卓越”。前海蛇口自贸片区作为深圳最具开放性的区域，其语言环境很好地展现了深圳的城市精神。

语言环境展现了深圳开放包容、富有创造力的城市精神。位于蛇口自贸片区的南海意库是深圳市级文化创意产业园，园区内的文字环境呈现出多样化特征，街头巷尾随处可见各种艺术字体。园区内的公共服务设施标识牌，如环保类标识牌使用了繁体中文、英文、韩文等多种语言文字，既作为装饰，增加了文字景观的观赏性，又能更好地服务于外籍人士（图 10）。自贸片区内部语言景观单独使用繁体中文或由繁体中文转变而来的创意字体，不仅增加了景观的艺术气息，也较好地传承了传统文化，实现了传统文化的创造性转化和创新性发展。海报、广告牌往往使用多种文字，比如繁体中文、简体中文、英文和数字等，自由开拓、兼收并蓄的深圳城市精神展现得淋漓尽致（图 11—12）。

图 10　蛇口南海意库公共设施

图 11　蛇口海上世界商家海报

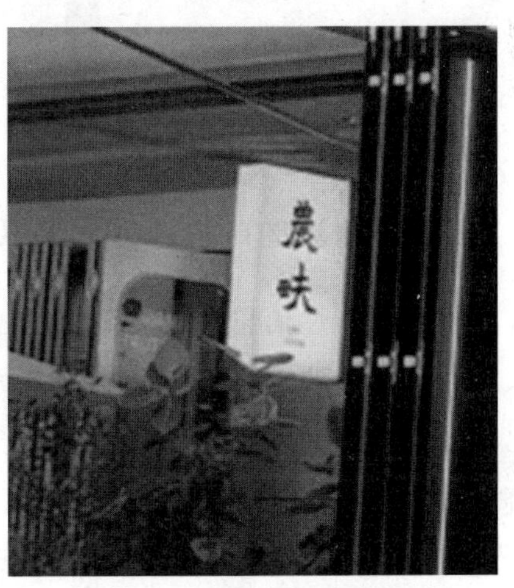

图 12　万象前海商家招牌

语言环境体现了青年创业逐梦的城市精神。前海蛇口自贸片区的青年梦工厂布局整体像一个“梦”字，标语也特别体现了深圳人的逐梦、造梦精神。园区为营造良好积极的创新创业氛围，设置了“梦工厂是圆梦的地方”“跟党一起实现梦想”“跟党一起奋斗”等标语。园区内“创新”“创业”“众创”等词语使用频繁，知识产权保护中心展出的“创新是引领发展的第一动力，保护知识产权就是保护创新”的标语也充分体现了对“创新”的重视。整个自贸片区语言环境营造了一种深圳人敢于追梦、勇于创新的良好氛围（图 13—16 所示）。

图 13—14　前海深港基金小镇标语

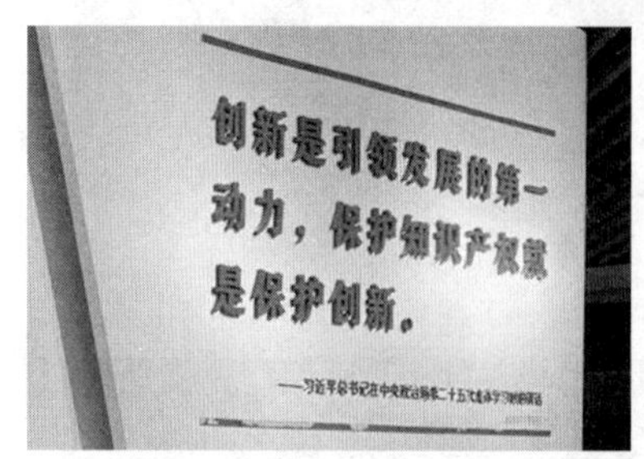


图 15　中国（深圳）知识产权保护中心标语

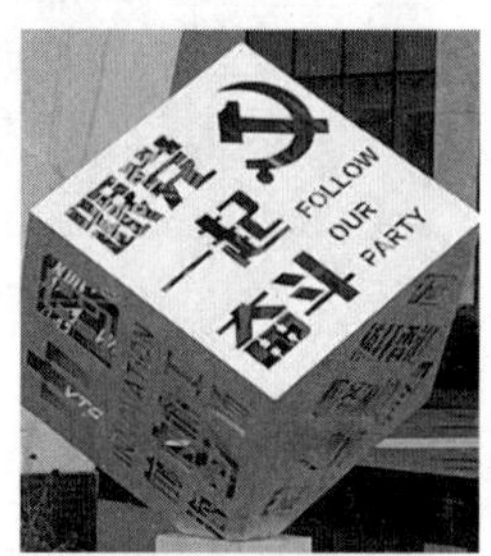


图 16　前海深港青年梦工厂的语言景观

### （三）语言环境塑造自贸片区文化风韵

语言环境不仅传递信息，促进交流，还塑造着城市的文化风韵，是建构城市精神人文空间的重要因素。前海蛇口自贸片区的语言环境很好地塑造了深圳商业文化、国际文化、艺术文化和传统文化特色。

语言环境塑造了效率至上的经济文化。深圳经济特区是我国改革开放的“试验田”和“窗口”，曾诞生了许多突破思想束缚、催人奋进革新的口号。2010 年，深圳经济特区建立 30 周年之际，深圳发起了“深圳十大观念”评选，“时间就是金钱，效率就是生命”排名第一。1981 年年底，“时间就是金钱，效率就是生命”的巨型标语牌在蛇口工业园区竖立（图 17），被誉为“冲破思想禁锢的第一声春雷”；2011 年，蛇口“时间就是金钱，效率就是生命”纪念牌全新面世（图 18），蛇口工业园区将其所在地命名为“时间广场”。在南海意库，同样竖立着“时间就是金钱，效率就是生命”的标语（图 19）。“这句口号体现了一种新观念，那就是深圳人在党的领导下，敢闯敢试、敢为天下先的勇气、魄力和智慧，深圳日新月异的发展速度也正是对‘时间就是金钱，效率就是生命’的最好诠释。”[①] 这一语言景观也集中体现了深圳追求效率的经济文化。

① 深圳政府在线，深圳故事《蛇口春雷：时间就是金钱 效率就是生命》，http://www.sz.gov.cn/szstory/202301/content/post_10385019.html。

图 17　1981 年招商局蛇口工业园区竖立的标语牌

图 18　深圳南山蛇口时间广场标语

图 19　蛇口南海意库的标语

语言环境塑造了多元融合的国际文化。前海蛇口自贸片区是我国国际化程度最高的区域之一，这里多语码混合的语言景观展现了多元融合的国际文化风采。例如：南海商家店名“Ja 遇”的语码为“法文 + 中文”，意为相遇、遇见；南海意库的标识“NH ⓔ COOL”的语码为“汉语拼音缩写 + 特殊符号 + 英文”；店名“La V-onderland”的语码为“法文 + 英文”；海上世界景区前矗立着“SEA WORLD”的英文标牌，景区内店铺招牌极具现代化、个性化，餐饮类商家依据不同地域美食，会在招牌上加入该地域的语码（图 20—23）。这些景观处处展现国际化。

图 20—22　蛇口南海意库的语言景观

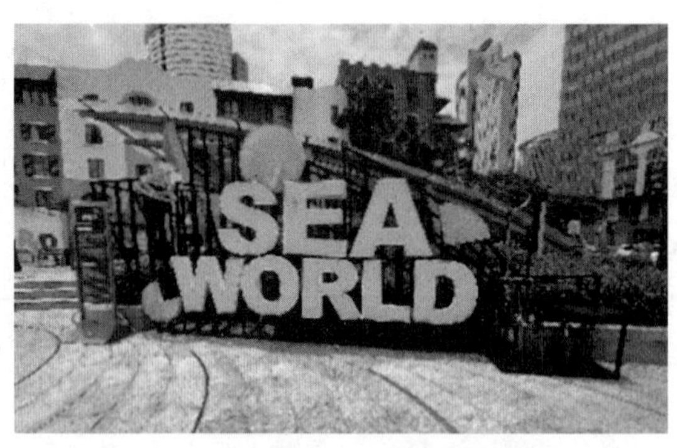


图 23　蛇口海上世界的语言景观

语言环境塑造了瑰丽灿烂的历史文化。赤湾天后宫博物馆中语言景观字体与载体的多元化，充满着古典气息。园区内有隶书、楷书、小篆、草书等字体形式，载体有花盆、石碑、壁画、牌坊等。通过大量运用传统意味较浓的古体字及载体材料，采用石刻、书法等形式，来营造浓厚的历史感与文化底蕴的意味（图 24—26）。

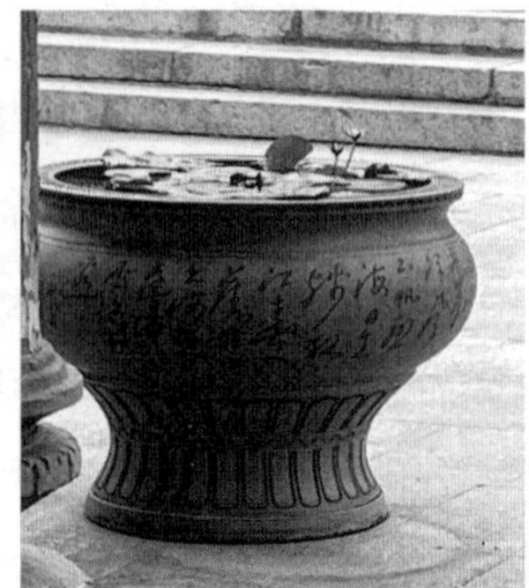

图 24—26　南山区赤湾天后宫博物馆的语言景观

## 四　建议

前海蛇口自贸片区在语言环境建设方面取得了很大进展，特别是在深化与港澳合作、塑造深圳城市精神和自贸片区文化风韵等方面发挥了重要作用。《前海方案》提出，打造全面深化改革创新试验平台，建设高水平对外开放门户枢纽，这对前海的语言环境建设和语言服务能力提升提出了更高要求，可以进一步优化。

第一，进一步加强前海合作区的语言规划。将语言规划纳入前海合作区发展总体框架，将前海打造为深圳作为社会主义先行示范区城市语言环境建设的标杆。处理好普通话、粤方言、英语和简化汉字、繁体汉字、英文等多语言多文字的关系，解决好主要交际语言的问题。确立国家通用语言为合作区的基本交际语言，同时要发挥好粤方言在联系港澳中的重要作用，进一步提升英语服务水平，搭建好与世界的沟通桥梁。加强合作区的领域语言建设，根据领域功能定位，各领域在语言环境建设上可以有些差异化。加强对语言环境的监督与管理。

第二，进一步提升前海合作区的语言服务能力。首先是为港澳人士融入深圳生活就业创设良好语言环境，帮助其提升普通话水平和简化汉字认读能力，为来深工作生活的港澳家庭提供家庭语言规划服务；其次是提升多语服务能力，在提升英语服务能力的同时，提升其他外语服务能力，特别要提升金融和法律等领域的多语服务能力，为扩大金融业对外开放，提升法律事务对外开放水平，建设高水平对外开放门户枢纽提供语言之力；再次是提升语言文化交流服务水平，以语言文字为纽带，促进粤港澳语言文化交流；最后是提升应急语言服务能力，为应对各种突发公共事件做好语言储备。

第三，进一步加强前海合作区的语言信息化建设。推动语言技术应用，在政务、医疗、教育等领域提高语音识别、机器翻译、语义理解等技术的应用水平，提高语言服务的质量和效率，助力合作区智慧化发展。目前合作区内相关机构网站的智能问答、信息无障碍和适老化服务覆盖率有待进一步提高，服务质量有待提升。

（王海兰、肖一蕊、刘欣妮）

# 横琴粤澳深度合作区语言景观调查*

地处珠澳之交的横琴粤澳深度合作区（以下简称“深合区”）是“海上丝绸之路”的重要枢纽，其独特的地理环境和文化政策背景造就了复杂的语言生态状况。目前，深合区正处于多元化高速发展的重要阶段，语言景观也处在动态变化之中。本报告走访深合区内的四个社区，共采集语言景观样本 2116 个，完成访谈问卷 68 份。希望能够大致呈现深合区内语言景观现状，揭示语言生态格局，从而为城市语言管理、出台语言政策、规范语言环境提供参考。

## 一 官方和非官方语言景观基本现状

本报告从自上而下的官方语言景观和自下而上的非官方语言景观两个层面进行分类讨论。表 1 为四个社区的官方和非官方语言景观分布情况。

**表 1 官方和非官方语言景观分布情况** 单位：个

| 社区 | 官方景观 | 非官方景观 | 总数 |
|---|---|---|---|
| 小横琴社区 | 223 | 439 | 662 |
| 荷塘社区 | 208 | 346 | 554 |
| 新家园社区 | 167 | 327 | 494 |
| 莲花社区 | 139 | 267 | 406 |
| 总数 | 737 | 1379 | 2116 |

### （一）类型分布

从区域分布来看，荷塘社区中的官方语言景观占比最高，达到 37.55%，这体现出荷塘社区作为横琴的区管委会、镇政府所在地，尤其是区办公中心和驻点单位中心区域的政治功能属性。各社区数据详见表 2。

* 广东省社科规划 2022 年度学科共建项目“粤港澳大湾区语言资源库建设研究”（GD22XZY03）。

表 2　官方语言景观分类情况　　单位：个

| 社区 | 指称类 | 警示类 | 宣传类 | 指示类 | 公示类 | 总数 |
|---|---|---|---|---|---|---|
| 小横琴社区 | 105 | 39 | 39 | 22 | 18 | 223 |
| 荷塘社区 | 104 | 27 | 43 | 15 | 19 | 208 |
| 新家园社区 | 86 | 15 | 36 | 13 | 17 | 167 |
| 莲花社区 | 70 | 30 | 12 | 12 | 10 | 139 |
| 总数 | 365 | 111 | 130 | 67 | 64 | 737 |

警示类标牌文本内容多涉及交通安全、治安安全等内容，其数量一定程度上可以反映当地的治安情况、社会环境与居民结构。以荷塘小区为例，该小区建立时间早，人口密集，房屋建筑老旧，所以多出现带有“荷塘小区报警电话”“注意防火防盗”“您已进入监控区域”的字样，提醒居民提高安全意识。

在非官方语言景观样本中，指称类标牌数量最多，这点与官方样本相同。进一步对比细项可以发现，在这四个社区中，宣传类标牌占比相对最平均，如表 3。

表 3　非官方语言景观分类情况　　单位：个

| 社区 | 指称类 | 宣传类 | 提示类 | 总数 |
|---|---|---|---|---|
| 小横琴社区 | 278 | 115 | 46 | 439 |
| 荷塘社区 | 223 | 102 | 21 | 346 |
| 新家园社区 | 201 | 88 | 38 | 327 |
| 莲花社区 | 160 | 78 | 29 | 267 |
| 总数 | 862 | 383 | 134 | 1379 |

新家园社区和莲花社区中的指称类非官方语言景观数量占比低于平均值，其中以莲花社区最低，占比 59.93%。该地区有珠澳第一高楼 IFC 和横琴核心跨境商务办公示范点 ICC，社区内高级写字楼林立，还有许多在建楼房。作为深合区内的商务中心，该区域内多为大型企业或集团，另有大面积建筑工地，而少有语言景观丰富的商铺，故莲花社区内的非官方语言景观丰富度相比于其他几个拥有较多居民生活区的社区而言，有明显差距。

### （二）语码取向

官方语言景观代表的是政府立场，其组合形式比较有限，仅有三种，分别为中文单语、中 + 英和中 + 葡的双语组合。各项数据详见表 4。

表 4 官方语言景观语码组合情况 单位：个

| 语码组合 | 单语 | 双语 | |
|---|---|---|---|
| | 中 | 中＋英 | 中＋葡 |
| 小横琴社区 | 175 | 45 | 3 |
| 荷塘社区 | 163 | 41 | 4 |
| 新家园社区 | 134 | 32 | 1 |
| 莲花社区 | 109 | 29 | 1 |
| 总数 | 581 | 147 | 9 |

中文单语标牌数量在官方语言景观中占据优势，总占比达到了 78.83%，是双语标牌的近 4 倍。另外，还出现了葡文语码这一只在深合区内才会出现的独特语言景观，如图 1。

图 1 澳门街坊联合会的标牌

非官方语言景观的语码组合形式则比较多样，不仅有单语和双语组合，还有多语组合，可以区分出 9 种形式。其中数量最多的为中文单语，共有 839 个，占比超过 6 成。各项数据详见表 5。

表 5 非官方语言景观语码组合情况 单位：个

| 语码组合 | 单语 | | | 双语 | | | | 多语 | |
|---|---|---|---|---|---|---|---|---|---|
| | 中 | 英 | 其他 | 中＋英 | 中＋葡 | 中＋意 | 中＋日 | 中＋英＋葡 | 中＋英＋俄 |
| 小横琴社区 | 253 | 16 | 0 | 158 | 6 | 0 | 0 | 5 | 1 |
| 荷塘社区 | 224 | 1 | 0 | 119 | 1 | 0 | 1 | 0 | 0 |
| 新家园社区 | 214 | 4 | 0 | 106 | 0 | 1 | 0 | 2 | 0 |
| 莲花社区 | 148 | 6 | 1 | 112 | 0 | 0 | 0 | 0 | 0 |
| 总数 | 839 | 27 | 1 | 495 | 7 | 1 | 1 | 7 | 1 |

小横琴社区是深合区内离横琴口岸最近的社区，其优越的地理位置决定了该社区内拥有最多的澳门在珠居民，以及大量在深合区内居住、在澳门工作或学习的人士。该社区环境良好，大量高学历人才集居在此，因而此地语言景观中拥有更多语码种类，组合类型也更丰富。由表 5 可知，小横琴社区内的英文

单语标牌数量远多于其他社区，还出现了不少中 + 葡和中 + 英 + 葡的语码组合。这类标牌一般出现于葡萄牙风味餐厅或澳门美食餐厅。

相比而言，莲花社区内的语言景观中，中 + 英标牌的占比远高于其他组别。这在很大程度上是因为该区域以金融贸易为主，拥有许多规模大、业务广泛的高端公司、集团等。这些公司、集团为了凸显出其国际性，一般都会使用中 + 英的命名形式。

## 二 历时和共时层面下语言景观的呈现情况

### （一）历时层面呈现政策制度的动态变化

城市的变化不仅体现在基础设施建设的更新，也体现在新旧语言景观的更替。在走访调查的过程中，发现了不少标牌上的社区名称称谓仍没有更新。按照深合区发展时间顺序，不同时期的语言标牌展示如表 6。

表 6　深合区内不同时期语言景观

| 出现时期 | 图片示例 1 | 图片示例 2 |
| --- | --- | --- |
| 横琴镇时期 | | |
| 横琴新区时期 | | |
| 横琴粤澳深度合作区时期 | | |

走访调查发现，深合区内大部分标牌上的社区名称已经更新为“横琴粤澳深度深合区”，但旧名仍存在于居民日常的语言生活中。从所收集的样本可以看出，相关部门已经对部分旧标牌进行了涂改或遮盖，但依然可以清楚辨认出表 6 中“横琴镇”和“横琴新区”的字样。这些表达多出现于固定的标牌中，它们材质稳定，不易更改，且更换成本较高，因此多被遗留，但这也侧面体现出政府对该地语言社会的规划和管理尚有疏忽，不够到位。

除此以外，受新型疫情的影响，深合区内还出现了大量体现国家针对疫情的防控政策的语言标牌，这些标语均以中（简）为优势语码，以可粘贴的宣传条幅为主，具有临时性、易更改性的特点。这是由疫情发展态势的复杂性，以及防控政策的灵活多变性决定的，如图 2 所示。

图 2　深合区内防疫抗疫语言景观（组图）

总的来说，这些在横向同一空间提取出的纵向时间上先后出现的典型语言景观，作为深合区发展进程中动态活化的意义表达，展现出了该区域地方性符号演变的历史以及新旧语言景观的联系与互动。而许多临时设立的非典型性语言景观则更多地反映出特殊时期内，深合区内管理制度的实时变化与动态。

### （二）共时层面呈现各社区历史文化特色

从空间维度看，深合区内的每个社区的语言景观都有自己的特色。以路牌为例，小横琴社区内的马路多以“琴”命名，如“琴政路”“琴扬路”“琴飞路”等，再加上“子期北道”“知音北道”“伯牙南道”三条路，让人联想起《列子·汤问》中高山流水遇知音的故事。“琴”字既代表横琴粤澳深度合作区和小横琴社区的“琴”，又可代表伯牙与钟子期“高山流水遇知音”这一美谈，不仅一语双关，又营造出悠古的文化氛围。加之这里还建有珠海市首都师范大学横琴伯牙小学，更进一步加重了该社区的文化历史色彩，有助于树立起良好的社区文化形象，打造社区特色。

莲花社区也采用了与小横琴社区类似路牌命名的方法，分别命名了“荣澳道”“荣港道”“荣粤道”“荣珠道”，既以“荣”寓意“繁荣”，又巧妙融入了粤港澳大湾区的几个区域的简称。除了路牌，该社区内的语言景观还呈现出国际化倾向，具体表现在双语标牌数量多，且商业广告高频词依次为“粤港澳大湾区发展”“深合区建设”“金融”“商务”“贸易”，足以体现该区域的经济属性。但换个角度看，也显现出这里的语言景观类型较为单一、扁平。

与莲花社区相反，荷塘社区居民生活区本土化和历史化特色显著。这里的语言景观设计偏旧，还出现了手写标牌。另外，由于靠近横琴码头，作为离长隆海洋王国最近的居民住宅区，荷塘社区内的语言景观无论是文字文本，还是符号设计，都体现出海洋元素。商业宣传广告也多以“海岛”“度假”“休闲”“享受”“美食”“酒店”为关键词。

新家园社区面积最小，但语言景观并未因此而减少，而是非常集中。新家园社区与小横琴社区仅一水之隔，语言景观结构大致相似。但受社区内创业谷的影响，该区域内商业标牌多以“创新创业”“青年”“科技”“人工智能”“智慧”“研究”“研发”为关键词，体现出明显的产业属性和创新特色。

深合区内的语言景观呈多元化趋势发展，产业的聚类使深合区内各社区中的语言景观形成了独特的区域特色，不同区域的功能分区差异在语言景观上得到了充分的展现。

## 三 “设计者”与“使用者”的互动情况

### （一）“设计者”对语言景观的设想与规划

通过走访相关单位及工作人员了解到，目前深合区内并未对社区内语言进行有针对性的管理措施，路牌和政府单位名牌大多是沿用旧招牌，或在原有招牌的基础上删改关键词。而对于不符合相关语言文字规定和翻译规范的语言景观，考虑到更换成本和更换后的成效等多项因素，工作人员表示需要很长一段时间才能全部完成更新，这是深合区语言文字使用现状的一个缩影。

从非官方语言景观层面来看，深合区内的语言文字实际使用情况与官方语言政策并非完全一致，其中不乏异体字、纯外文语码等不规范等语言标牌，说明显性语言政策与隐性的社会语言使用规则有一定差异。商铺所有人多表示设计招聘和宣传广告时主要考虑产品性质与定位和消费者的接受程度，较少关注政策规定要求。民间对语言景观的实践与官方政策要求的不对等，一方面表明政策的落实和普及仍需加强；另一方面也显示出语言选择的经济原则，非官方语言标牌更加注重实现收益最大化。除了经济价值，语言背后所代表的文化和形象也是标牌“设计者”考量的重要因素。深合区内知名凉茶连锁品牌古春堂在全新升级后，将招牌中的优势语码从中文汉字换成了粤方言拼音，希望可以借助此突出岭南粤方言区特色，同时借助拉丁字母的国际化形象和传播效应，吸引更多外国游客品尝、了解广东的凉茶文化。

### （二）“使用者”对语言景观的感受与需求

访谈问卷显示，居民对中文单语语码的关注度最高，有近五成居民认为路牌中的语码组合为中文单语形式，而认为“中（简）+ 拼音”和“中 + 英”的各占两成左右。但实际上，在深合区内路牌的语码组合形式主要是“中（简）+ 拼音”。同样的情况也发生在非官方语言景观中，多数受访者表示，不会太关注外文招牌，如果看到中文与外文同时出现的双语标牌时，也只会关注中文，“不太认识这个单词”“认识英文，但是有中文在旁边，就不会去主动回忆单词”“细看这个单词是认识的，但是招牌上设计成了艺术字，不是很好认”“拼音和英文单词分不清”。可以看出，受访者对外文标牌的理解存在一定难度。

对于官方和非官方语言景观的语码，居民的需求也略有差异。超过七成居民认为深合区内如路牌、政府机构等官方标牌采用“中（简）+ 英”语码组合，可以给人带来规范正式和国际化的印象，从而凸显深合区与国际接轨的形象，同时也能方便在区内生活、工作的外国友人。若是要自己开店的话，则“要根据店铺的性质决定，如高级服饰、西餐厅等消费比较高商铺，则会优先采用英文、法文、意大利文等”。

## 四　现存问题及建议

### （一）现存问题

#### 1. 空间话语表达待提高，存在语言使用失范现象

深合区内出现的语言使用失范现象主要包括两种。一种是语言选择与命名

不统一。以路牌为例，小横琴社区中两块路牌上“琴达道”出现了两种表述：一种是“中（简）+ 拼音”，即“琴达道 Qinda Dao”；另一种为“中（简）+ 英”，即“琴达道 Qinda Road”。除了语码选择不统一的情况，同一条道路的中文命名也并不完全一致，如“琴政路”和“琴政道”虽同指一条道路，却有两种表述。

另一种为翻译失范，主要集中在中英对译和英文拼写错误上。励骏庞都广场内洗手间里“便后冲水”的标牌，将“Flush（冲，冲洗）”写成“Flash（闪烁，闪光）”。而莲花社区内的党政宣传栏中，一个中文为“深入开展平安建设　加强综合治理宣传”的标语下，印有一段主题为介绍五四青年节的英文，与中文标语毫无关系。另外，这段英文最后一行还将“liberty（自由）”误写为“literary（文学的）”（图 3）。这显然是当地政府有关部门审查不实、疏于管理所导致的。这样的错误出现在官方的政治宣传标语中，十分不利于政府塑造形象和树立威信。

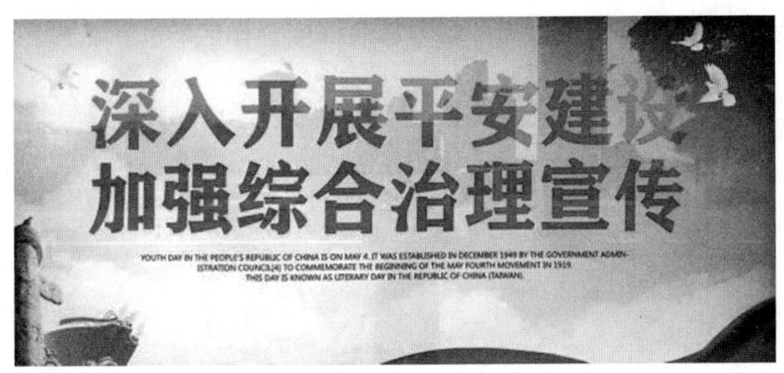


**图 3　莲花社区内翻译失范的语言标牌**

**2. 一些语言景观与时代发展不同步，存在滞后**

调查中发现，对政策有着高敏感度和高反应率的官方机构中，大部分主要标牌属区已经更换为“横琴粤澳深度合作区”，但仍有部分称谓表述存在明显滞后，未能撤下并及时更新。目前在深合区内依然还能看到“横琴新区”和“横琴镇”的表述，如图 4—5。

**图 4—5　深合区内含有“横琴新区”的语言标牌**

### （二）建议

基于以上出现的问题，本报告进一步针对深合区的语言景观规划提出两点建议。

第一，规范地名、路名及其英译文。一个事物若出现两种甚至以上的不同名称，容易给不熟悉的人造成困扰，尤其是像深合区中出现的路牌不统一的情况，十分容易误导外地游客。建议相关职能部门针对当地标牌上的地名和路名及其英译文，出台相应规范加以统一。统一的地名、路名不仅便于市民的起居生活，也能为城市塑造严谨整洁的形象。

第二，统一行政区域署名。目前，深合区正处于新旧交替的变革之中，无论地区称谓，还是管理制度，都在发生变化。相关政府单位应及时出台文件，对行政区域的撤并、归属和称谓进行统一协调，由宣传、市场监管和交通管理等部门合力形成专门工作小组，针对区域内的旧称谓标牌进行拆除，并及时更新。多方协作，共同努力，擦亮“横琴粤澳深度合作区”的新名片。

（刘婧妤）

# 附　　录

# 粤港澳大湾区政府部门公文中有关语言文字的内容

2022年度粤港澳大湾区政府部门发布公文中涉及语言文字相关内容的正式文件范围涉及语言规划与服务、语言规范与管理、语言教育与推广和语言科技与产业等方面，尤为侧重语言规划与服务方面。香港特别行政区主要致力语言翻译服务和国家通用语言文字学习，澳门特别行政区重点关注公共语言文字服务。

广州市、深圳市发文数量并列首位，其次为中山市、东莞市。发文对象和内容上，珠三角九市、香港特别行政区和澳门特别行政区之间呈现出较为明显的地域差异。广东省级政府部门主要面向政府部门和教育机构发布指导性文件，包括语言文字工作相关的指导性文件、语言文字法规和规范；珠三角九市在广东省级政府部门刊发文件的基础上细化到面向残障人士的视、听、言服务，方言族群的国家通用语言文字培训，工信产业的语言科技创新，外籍人员的公共语言服务。香港特别行政区相关文件面向学生的中文学习、市民的中英文学习和外籍人员的翻译服务。澳门特别行政区相关文件面向社会的语言文字规范和学生的中葡英三语学习。

## 一　广东省省级政府部门及珠三角九市

### （一）语言规划与服务

1. 广东省全面加强新时代语言文字工作的若干措施（粤府办〔2022〕39号，12月13日）（详见 http://www.gd.gov.cn/zwgk/gongbao/2023/1/content/post_4077216.html）

2. 广东省教育厅关于印发《广东省教育系统开展法治宣传教育的第八个五

年规划（2021—2025年）》的通知（粤教策〔2022〕7号，9月21日）

深入学习宣传教育及相关法律法规，宣传教育法、教师法、义务教育法、职业教育法、高等教育法、民办教育促进法、学位条例、国家通用语言文字法、未成年人保护法、预防未成年人犯罪法、家庭教育促进法、广东省学校安全条例等法律法规。

3. 广州市残疾人联合会　广州市民政局　广州市财政局关于继续实施广州市民办残疾人社会服务机构资助办法的通知（穗残联规字〔2022〕2号，11月23日）

根据广州市残疾人公益服务需求的客观实际，民办残疾人社会服务机构为在本市居住的本市户籍残疾人提供手语翻译、权益维护、文化活动、帮扶支援、社区融合、技能培训、支持性就业、无障碍环境、紧急援助、职业能力评估以及宣扬扶残助残理念、促进社会融合等创新优化服务。

4. 广州市民族宗教事务局关于加快构建互嵌式社会结构和社区环境打造一批"羊城石榴籽工作室"的通知（穗民宗发〔2022〕33号，8月1日）

把民族工作与来穗人员服务管理工作结合起来，保障少数民族的合法权利和利益，确保各族群众就业、教育、医疗、社保等公共服务均等化，搭建国家通用语言文字培训、就业创业服务平台等，加强与少数民族积极分子、志愿者的沟通联系，帮助各民族融入城市。

5. 深圳市关于加快建设国际消费中心城市的若干措施（深商务规〔2022〕2号，3月3日）

提升国际化消费服务功能。建立面向全球的国际交通网络，实施入境签证便利化，落实外国人144小时过境免签政策，推动更多口岸实施24小时通关。完善入境游客紧急医疗救治机制，探索游客商业医疗保险结算服务，提升境外游客在深旅游消费便利度。健全游客服务中心布局，加强国际语言环境建设，规范重点公共场所、公共设施公示语译写和使用，打造一批国际化街区，提升游客舒适度。（责任单位：市商务局、交通运输局、市政府外办、文化广电旅游体育局）

6. 深圳市综合交通"十四五"规划（深府办〔2022〕1号，3月3日）

提升重点区域的枢纽服务品质。大力提升全市重点区域的交通枢纽能级，高标准推进西丽、光明城、皇岗口岸等枢纽规划建设。推动枢纽友好化升级改造，提供体验舒适的通行环境。优化枢纽标识系统，全面增设国际语言标识。

增设旅客互动系统，提供周边景点、活动等信息，提升旅客服务水平。

7. 深圳市人民政府关于印发市建设营商环境创新试点城市实施方案的通知（深府〔2022〕13号，4月29日）

提升外籍人才服务水平。优化提升深圳政府在线多语种版网站建设，提供涉外审批服务事项的网上办理服务，为外籍人才在深工作生活提供便利。

8. 深圳市商务局关于印发《深圳市商务局〈关于加快推动服务贸易创新发展的若干措施〉实施细则》的通知（深商务规〔2022〕5号，5月27日）

第十条　建设国家服务出口基地，围绕服务外包、文化创意、商务服务、生物医药、食品营养和旅游休闲等领域，加快培育一批功能突出、品牌影响力彰显的服务贸易园区，支持建设国家级各类服务出口基地，引领带动新模式新业态发展。具体支持条件和标准如下：

（一）支持条件如下：

……

3. 经商务部、中宣部、教育部、自然资源部、人力资源和社会保障部、国家知识产权局、中国外文出版发行事业局等相关部委认定的地理信息服务、知识产权服务、人力资源服务、语言服务等各类国家服务出口基地。

9. 深圳市科技创新委员会　深圳市商务局　深圳市财政局　国家税务总局深圳市税务局　深圳市发展和改革委员会关于印发《深圳市技术先进型服务企业认定管理办法》的通知（附件，技术先进型服务业务认定范围〈试行〉）（深科技创新规〔2022〕4号，附件，11月7日）

（三）文化技术服务

文化产品的对外翻译、配音及制作服务适用范围：将本国文化产品翻译或配音成其他国家语言，将其他国家文化产品翻译或配音成本国语言以及与其相关的制作服务。

10. 东莞市人民政府办公室关于印发东莞市贯彻落实国家、省2022年政务公开工作要点分工方案的通知（东府办〔2022〕44号，7月14日）

31. 加快政策咨询综合服务平台建设，充分整合政府网站政策文件库、12345政务服务便民热线、“粤系列”平台、“粤企政策通”、“企莞家”、“i莞家”、各级实体服务大厅、基层政务公开专区等线上线下政策资源，围绕各类高频政策咨询事项形成统一政策问答库，建设集智能化政策问答、政策服务热线咨询答复、线下政策窗口服务等功能为一体的政策咨询综合服务平台，提高政策公开实效。

……

33. 依托政府网站加强人工智能技术运用，集成政策问答库，完善智能化机器人政策问答功能。

34. 在做好“省长留言信箱”留言办理工作的基础上，认真做好我市各类政务平台群众留言办理工作，按照规定时限做好留言答复，切实解决人民群众“急难愁盼”问题，不断提升解决率和满意率。定期进行留言办理梳理分析，对反映集中的问题可通过二次解读等方式加强回应。

……

43. 落实信息发布主体责任，进一步增强规范意识，完善信息发布审核机制，严格执行政府信息公开保密审查。政府网站及频道、政务新媒体要严格执行日常发布内容“三审三校”“先审后发”机制，严把政治关、法律关、政策关、保密关、文字关。

11. 东莞市人民政府办公室关于印发《东莞市“十四五”残疾人保障和发展规划》的通知（东府办〔2022〕53号，9月14日）

鼓励电信运营、互联网、数字电视等相关企业推出适合视力、听力、言语残疾人的信息产品和服务，对符合条件的残疾人信息产品消费给予费用优惠。推动市级电视台在电视节目中加配字幕，且每天至少安排一次加配字幕或者手语的新闻播报。

……

优化应急场所的无障碍设施设备，设置语音、字幕等信息提示装置。在编制突发公共事件应急预案时，充分考虑残疾人的特殊需求，发布重大突发公共事件信息时，应配备手语翻译或字幕。建立手语翻译志愿队伍，推广手语翻译APP的应用。

12.《中山市残疾人保障办法》（中府〔2022〕13号，2月10日）

鼓励教育工作者从事残疾人教育工作。从事残疾人教育工作的教师和手语翻译享受特殊教育津贴；从事特殊教育工作满十五年以上，并在残疾人教育岗位退休的教师，可以继续享受特殊教育津贴。

……

市级公共图书馆以及有条件的镇街公共图书馆应当建立视障人士阅览室或盲人阅读专区，提供有声读物、盲文版书籍及阅听设备供盲人阅读。

将无障碍信息交流建设纳入信息化建设规划，为残疾人信息交流无障碍创造条件。政府门户网站、政府公益组织网站和社会公共服务网站要达到无障碍网站设计标准，方便视力障碍者获取信息。鼓励研发、推广使用符合残疾人无障碍交流需要的通讯技术和产品设备。

大型、重点公共场所和风景区、公园的主要景点应当设立盲文简介和盲人手摸模型。面向公众服务的重点服务行业应当推广手语。

报刊、电台、电视台等新闻媒体单位应当逐步开辟残疾人专栏或者专题节目，电视新闻和其他影视节目应当逐步采用中文字幕和手语翻译。电信、互联网等运营企业可以根据残疾人的特点和需求，推出适合残疾人使用的信息产品和符合残疾人需要的无障碍业务服务。

13. 中山市妇女发展规划和中山市儿童发展规划（中府〔2022〕41号，4月29日）

推进以视力、听力、言语、肢体、智力、孤独症及多重残疾等为重点的0—6岁儿童残疾筛查，完善筛查、诊断、康复、救助相衔接的工作机制。

在特殊教育学校大力推广国家通用手语。

14. 中山市人民政府办公室关于印发中山市国家公共文化服务体系示范区创新发展规划（2022—2025年）的通知（中府办〔2022〕39号，12月30日）

加强孙中山文化资源、红色文化资源、华侨文化资源、商业文化资源以及盲文图书、少儿图书资源馆藏建设。

15. 江门市人民政府办公室关于成立江门市语言文字工作委员会的通知（江府办〔2022〕9号，3月1日）

市教育局负责研究制定全市语言文字工作总体发展规划、计划，研究确定加强语言文字工作的重大政策，确定需要向市委、市政府汇报的重大议题，督促规划、计划和有关重大工作的落实，统筹协调部门间的重大语言文字活动，促进各部门及全社会共同推动语言文字工作的快速健康发展。督促、检查各级各类学校开展普通话和文字规范化的教学。

### （二）语言规范与管理

1. 惠州市人民政府拟定地方性法规草案和制定政府规章程序规定（惠州市人民政府令第98号，3月1日）

地方性法规草案、政府规章的结构体例是否合理，内在逻辑是否严密，条文表述是否严谨、规范，语言是否简洁、准确，是否符合其他立法技术规范。

地方性法规草案、政府规章送审稿有下列情形之一的，市人民政府司法行政部门可以缓办或者书面退回起草单位：送审稿存在内容不明确、逻辑混乱、文字表述和体系格式凌乱错漏等不符合立法技术规范要求的情形，需要进行大幅度修改的。

2. 惠州市人民政府关于印发惠州市行政规范性文件管理办法的通知（惠府〔2022〕32号，6月22日）

制定规范性文件应当符合精简、统一、效能的原则，能够切实解决问题。规范性文件应当结构严谨、逻辑严密，用语简洁准确，条文内容具体明确，具有可操作性。

3. 东莞市人民政府关于印发《东莞市行政规范性文件管理办法》的通知（东府〔2022〕43号，7月28日）

第九条　规范性文件应当符合精简、统一、效能的原则，用语应当准确、简洁；条文内容应当明确、具体，具有可操作性，不得照抄照搬上级文件。法律、法规、规章和上级文件已经作出明确规定的，或者现行文件已有部署且仍然适用的，不得重复制定规范性文件。

第十条　规范性文件一般以条文的形式表述。除内容复杂以外，不分章、节。规范性文件的名称一般称"决定""命令""规定""办法""规则""细则""意见""规范""通知""公告"和"通告"等，不得使用"法""条例"。市政府规范性文件、镇政府（街道办事处、园区管委会）规范性文件的标题应当冠以行政区域名称，部门规范性文件的标题应当冠以制定机关名称。

4. 广东省市场监督管理局关于广东省十三届人大五次会议第1850号代表建议协办意见的函（粤市监法函〔2022〕224号，3月9日）

四是规范执法用语。制定行政处罚、行政强制、行政许可、行政检查、行政裁决等执法规范用语和音像记录用语指引，指导执法人员使用规范文明执法语言。

5. 广东省市场监督管理局关于省政协十二届五次会议第20220247号提案答复的函（粤市监广函〔2022〕631号，6月6日）

四是落实商品质量管控制度。明确网售产品与生产者身份识别、质量相关的"产品名称、生产厂名、生产厂址、执行标准、合格证信息、市场准入信息"等基础共性质量信息的展示规范，在网页详情页采用规范的文字和表述形式，形成统一规范化的“网页版标签标识”，杜绝“三无”产品在网络交易平台上架销售，避免“货不对版”。明确“网页版标签标识”信息应展示在产品销售网页显著位置，并可采用文字描述、链接点击入口、二维码扫描入口等方式进入网页版标签标识信息展示页面，使消费者可获得更为完整的与产品实物一致的基础信息。明确网络交易平台经营者的主体责任及其对平台内经营者的监督责任，规定网络交易平台应设置产品标签标识信息发布及修改功能模块，给出标签标识审核工作指引。

6. 肇庆市市场监督管理局关于进一步规范我市当前防疫物资和生活物资价格行为的提醒告诫函（12 月 5 日）

三、各经营者不得利用虚假的或者使人误解的价格手段，诱骗消费者或者其他经营者与其进行交易；

不得实施下列价格欺诈行为：

（一）谎称商品和服务价格为政府定价或者政府指导价；

（二）以低价诱骗消费者或者其他经营者，以高价进行结算；

（三）通过虚假折价、减价或者价格比较等方式销售商品或者提供服务；

（四）销售商品或者提供服务时，使用欺骗性、误导性的语言、文字、数字、图片或者视频等标示价格以及其他价格信息。

### （三）语言教育与推广

1. 广东省“十四五”特殊教育发展提升行动计划（粤府办〔2022〕20 号，7 月 4 日）

深化粤港澳大湾区特殊教育交流与协作，推动大湾区特殊教育学校结成“姊妹学校”，继续办好“粤港澳融合教育论坛”。加大力度推广使用国家通用手语和国家通用盲文。

2. 广州市人民政府关于印发广州市妇女发展规划和广州市儿童发展规划的通知（穗府〔2022〕7 号，7 月 12 日）

加强网络语言文明教育，坚决遏阻庸俗暴戾网络语言传播。落实在特殊教育学校推广国家通用手语和国家通用盲文政策。

3. 肇庆市人民政府关于印发《肇庆市妇女发展规划（2021—2030 年）》《肇庆市儿童发展规划（2021—2030 年）》的通知（5 月 18 日）

创造有益于儿童身心健康的文化环境。制作和传播体现社会主义核心价值观，适合儿童的图书、影视、歌曲、游戏、广播电视节目等精神文化产品，培育儿童文化品牌。大力推广和规范使用国家通用语言文字，保护传承方言文化。

### （四）语言科技与产业

1. 广州市人民政府办公厅关于印发广州市战略性新兴产业发展“十四五”规划的通知（穗府办〔2022〕4号，4月8日）

应用软件支持发展医疗、教育、交通、建筑、能源等应用场景广阔的软件系统和信息技术应用服务。支持数字游戏、数字音乐、数字阅读、网络直播、自动驾驶、北斗导航等产品开发应用。

积极推动机器学习、计算机视觉、模式识别、大数据智能等人工智能关键技术创新，加快建设文献、语音、图像、视频、地图等人工智能海量训练资源库和支撑大规模深度学习的新型计算集群，构建由新型芯片、基础软件、关键中间件、智能硬件、公共服务平台和示范应用场景等构成的人工智能产业生态。

人工智能软件。围绕高端软件平台化、标准化的要求，加大面向人工智能的操作系统、数据库、中间件、开发工具等基础软件的研发力度，积极发展工业计算机、工业云、通用型嵌入式等工业智能系统，研究开发图像识别、语音识别、机器翻译、自然语言交互、知识处理、控制决策等智能系统解决方案。

2. 广州珠江沿岸地区高质量发展带工信产业导则（穗工信函〔2022〕209号，9月2日）

重点产业方向及产业链（产业集群）：重点发展人工智能、新一代通信网络、云计算等产业，加强生物特征识别、自然语言理解、机器学习、深度学习等人工智能关键技术攻关，推动5G/6G网络技术、量子通信技术、IPv6等新一代通信网络技术研发及应用。

## 二　香港特别行政区

1. 小学教育课程指引（分章4）示例三：照顾非华语学生　愉快学习语文（香港特别行政区教育局，9月9日）（详见 https://www.edb.gov.hk/attachment/tc/curriculum-development/major-level-of-edu/primary/curriculum-documents/primary_education_curriculum_guide/pecg_ch4.pdf）

2. 小学教育（香港特别行政区教育局，11 月 30 日）

提高中小学学生的两文三语能力。香港的语文政策是要让学生通晓中英两种语文，同时又能说流利的广东话、普通话和英语。教育局提升学生“两文三语”水平的措施包括：

* 持续检视课程，更新中国语文、英国语文教育学习领域课程指引，为学校提供语文课程发展及规划的建议；

* 普通话科课程涵盖小一至中三，为学生提供更多实践普通话的机会；

* 建议学校由“从阅读中学习”推展至“跨课程阅读”及“跨课程语文学习”，以连系学生在不同学科的学习经历，并拓宽学生的知识基础；

* 由 2018/19 学年起，向学校提供一项全新的“推广阅读津贴”，鼓励学校推广阅读；

* 由 2014/15 学年开始，进一步加强支援非华语学生学习中文，其中包括在中小学实施“中国语文课程第二语言学习架构”，以及为学校提供多元化的学与教资源；

* 持续为语文教师举办不同的专业发展课程、提供支援学与教的材料、推行校本语文教学支援服务，以帮助提升教师的教学效能。

3. 视学周年报告 2021/22（香港特别行政区教育局〈质素保证分部〉）12 月 5 日）

在支援非华语学生学习中文上，学校多未能有效通过参考“中国语文课程第二语言学习架构规划”课程或善用该架构和中国语文校内评估工具以了解学生的学习进度。教师一般未能充分掌握学生的学习难点，以循序渐进的方式协助他们融入主流课堂。学校需加强课程领导和制订合适的持续专业发展计划，确保教师团队能针对学生的学习能力和表现，以加强照顾非华语学生的不同学习需要。

4. 向公共广播服务检讨委员会提交的意见书摘要（香港特别行政区商务及经济发展局，6 月 30 日）

公共广播服务的角色和需要

1. 支持公共广播服务的意见

关于港台的具体意见……由于港台能切合香港市民的期望和需求，应加强其作为公共广播机构的角色。

……

保留港台的英语广播。

……

推动普通话普及化。（第五条）

推广英语运用。（第二十条）

5. 齐心合力　共同抗疫（香港特别行政区公务员事务局，9月26日）

为方便免遣返声请人士接种疫苗，公务员事务局于指定社区疫苗接种中心提供少数族裔语言传译服务。

……

疫情期间，劳工处亦在各区经常有外佣聚集的地点，以多种语言进行流动广播，呼吁他们遵守防疫规定和接种新冠疫苗。

6. 促进种族平等　现行及计划中的措施（香港特别行政区房屋局，7月20日）

有关服务：关于我们的工作和政策范畴的资料，均以中英文载于房屋局网站，宣传资料亦备有中英文版本。

现行措施：如有需要和情况适用时，将通过“融汇—少数族裔人士支援服务中心”（融汇）安排传译服务。融汇提供的电话传译服务涵盖八种语言，包括印尼语、印度语、尼泊尔语、旁遮普语、乌尔都语、他加禄语、泰语和越南语。

7. 促进种族平等　现行及计划中的措施（香港特别行政区财经事务及库务局，8月5日）

现行措施：

财经事务科所提供的服务无分种族，并会以中英文提供。财经事务科会按需要和实际情况安排传译及翻译服务，例如使用“融汇—少数族裔人士支援服务中心”（融汇中心）所提供的八种语言的电话传译服务，包括印尼语、印度语、尼泊尔语、旁遮普语、菲律宾语、泰语、乌尔都语及越南语。财经事务科为属下人员安排就提高种族相关事宜的敏感度及理解的培训，及就不同种族人士的服务需要收集资料及统计数字。

日后工作评估：

财经事务科会不时评估服务，配合不同种族人士的需要，包括向不同种族人士收集资料以进行上述评估。

已采取 / 将采取的额外措施：

财经事务科会采取所需措施，满足不同种族的服务需要。

8. 促进种族平等　现行及计划中的措施（香港特别行政区文化体育及旅游

局，9月16日）

有关服务：

我们为公众提供的服务无分种族，并会以中文及／或英文提供。文化体育及旅游局网站的信息均以中英文提供。

现行措施：

文体旅局会按需要和实际情况，通过“融汇—少数族裔人士支援服务中心”提供八种语言的传译／翻译服务，包括印尼语、印地语、尼泊尔语、旁遮普语、他加禄语、泰语、乌尔都语及越南语。

若不懂英语及华语的人士要求提供服务，我们会转介有关人士到合适的机构，以便有关机构提供传译及翻译服务，让有关人士了解我们的服务。如有关人士希望提出资助申请，可按既定程序以中文或英文提交。

9. 促进种族平等　现行及计划中的措施（香港特别行政区保安局，9月20日）

人事登记审裁处、入境事务审裁处、香港特别行政区护照上诉委员会及婚姻监礼人委任事宜上诉委员会

现行措施：本审裁处／上诉委员会使用中文及／或英文提供服务。

为免遣返声请人提供公费法律支援试验计划办事处

现行措施：办事处会安排不同语言的传译及／或翻译服务，以便律师提供法律支援予免遣返声请人。办事处会向免遣返声请人提供不同语言的资料单张，介绍为免遣返声请人提供公费法律支援试验计划的服务。办事处会向免遣返声请人提供不同语言的方向指南，以协助免遣返声请人到访办事处。

保安及护卫业管理委员会

现行措施：

保安公司牌照的申请须由公司提出。管理委员会的服务不分种族，以中文和英文提供有关资料。

管理委员会因应需要，透过“融汇—少数族裔人士支援服务中心”所设的电话传译及查询服务，免费为不同种族人士提供八种语言的电话传译服务。进行聆讯时，会为不能以中文或英文沟通的答辩人提供传译服务。

香港赛马会禁毒信息天地

现行措施：

常设展览、团体导赏、互动影院等服务提供中英文语言选择。我们会按需要为不同种族人士的团体导赏提供实时传译服务。部分禁毒宣传品以不同种族

人士的语言制作。

……

已采取 / 将采取的额外措施：

天地预计于今年第四季在完成大型翻新和改善工程后重开，届时场地将以二维码或其他方式提供更多以不同种族人士的语言制作的禁毒信息。

## 三　澳门特别行政区

1. 中华人民共和国澳门特别行政区政府二〇二二年财政年度施政报告（中华人民共和国澳门特别行政区政府，11 月 16 日）

出版整套小学《中国语文》（试行版）教材和《常识》（试行版）教材，以及中学和小学的《宪法》、《基本法》补充教材，并首次出版葡文版和英文版中学《澳门历史教材》（试行版）供学校使用。推进“中华传统礼仪文化教育”计划。

（七）文教人才工作逐步推进

澳门理工学院推出“中葡葡中公文辅助翻译系统”，已被政府部门及商业机构广泛应用。

2. 关于核准《中药药事活动场所命名规则》（澳门特别行政区印务局第 12 期政府机关通告及公告，药物监督管理局，3 月 23 日）

中药药事活动场所命名规则

一、场所名称须至少以一种澳门特别行政区正式语文表述。

二、场所名称不得含有与该场所的准照类别不符，又或令人对该场所业务、规模或准照持有人的认别资料产生混淆或误解的名称或用语。

三、场所名称不得含有损害公共道德、善良风俗、公共利益，又或贬抑他人的名称或用语。

四、场所名称不得与已获发同类准照的其他场所的名称相同或产生混淆。

五、场所名称不得与公共机构或团体的名称相同或产生混淆，但获相关团体同意者除外。

六、场所名称不得含有任何国家、地区，又或具有类似意义的名称或用语，但申请人拟使用的场所名称与其在有关国家或地区实际经营的同类场所的名称相同除外。

3. 澳门特别行政区第17/2022号法律非高等教育私立补充教学辅助中心业务法（澳门特别行政区印务局第52期政府机关通告及公告，第17/2022号法律，12月28日）

第十条　中心名称

一、中心名称须以其中一种正式语文或同时以两种正式语文作成，并可增加英文名称。

二、中心的名称须符合下列要件：

（一）不得与其他已获发准照的中心或教育机构的名称混淆；

（二）不得使用明显违法、影响善良风俗、引起公众不安或混淆的字词或其同音字、谐音字。

三、中心的中文、葡文及英文名称分别须加上“教学辅助中心”、“Centro de Apoio Pedagógico”及“Pedagogical Supporting Center”。

四、同一准照持有人的多间中心可使用相同名称，但须向教育及青年发展局提供用于作明显区分的描述，以载于第二十四条第三款所指的识别牌上。

五、如使用的中心名称涉及已注册商标，申请人须提交证明其具正当性使用该注册商标的文件。

（徐茹钰、刘书琴、徐珍珍、龚钰萍、巫丽君）

# 后　记

国家语言服务与粤港澳大湾区语言研究中心（以下简称“粤港澳语言中心”）作为国家语委科研机构之一，其核心任务是开展国家语言服务与粤港澳大湾区语言状况报告研究。围绕这一任务，粤港澳语言中心在教育部语言文字信息管理司、广东省教育厅的指导下，先后研制发布了《粤港澳大湾区语言生活状况报告（2021）》和《粤港澳大湾区语言服务发展报告（2022）》。《粤港澳大湾区语言生活状况报告（2023）》（以下简称《报告》）是继以上两部报告之后，粤港澳语言中心完成的又一重要研究成果。

作为国家语委“十三五”科研规划2019年度委托（重大）项目“粤港澳大湾区语言状况及规划研究”（WT135-58）的阶段性成果，《报告》在研制过程中得到了广东省社科研究基地粤港澳大湾区语言服务与文化传承研究中心、广州大学语言服务研究中心、广州大学“数字经济与数字文化”学科与科研创新平台的大力支持。

除了各个研究平台的支持之外，兄弟单位与学界同行也为《报告》的完善与提升提供了大量帮助。2023年3月25—26日，国家语委科研机构工作会议在广州大学举行。借会议之“东风”，会后，粤港澳语言中心邀请了暨南大学郭熙教授、赵春利教授，广东外语外贸大学汪磊教授，北京师范大学周荐教授，厦门大学苏新春教授，中山大学郭宇菲副教授，香港岭南大学李斐教授等专家对《报告》的结构框架、具体篇目的撰写细节等进行了审阅，从语言生活皮书编写的学术性、体例性、时代性和区域性等方面进行了全面审评，不仅保障了《报告》的撰写质量，也为探讨语言生活、语言服务中的一系列重要问题提供了难得的机会。这次审阅是在我们内部一读、二读、三读的基础上进行的，有效保证了皮书研制的国家队水平。我们衷心感谢各位外审专家，同时对我们团队内部一读、二读、三读过程中大家彼此之间的互审自改在最终送稿之际也多少有几分欣慰。皮书研制过程是一个不断“磨”大家的过程，就皮书研制而言，不断“磨”出来的东西可能才是好东西。

粤港澳语言中心自成立以来，一直秉持人才培养、团队建设、科研创新“三位一体”的发展理念。队伍建设层面，中心团队是广东省普通高校创新研究团队（语言服务与汉语传承创新团队）、广州大学黄大年式教师团队和广东省本科高校课程教研室（语言学课程教研室）。人才培养与科研层面，团队一方面依托中心平台，聚拢相关学术资源，为团队发展与科研创新提供支撑；另一方面，将学生科研素质培养与语言生活皮书编写等科研实践活动紧密结合，将“立德树人”的人才培养目标与各类田野调查、社会实践紧密结合，为“德才兼备”语言学后备人才的培育提供条件。《粤港澳大湾区语言生活状况报告（2021）》和《粤港澳大湾区语言服务发展报告（2022）》的研制过程均有本科生、研究生参与其中。本次《报告》延续了这一做法，共有60余名在读和已毕业的本科生、研究生不同程度地参与了调研与撰写。广州大学有：汉语言文学专业2014级李颖秀，2015级姚思瑾、曾文杰，2016级刘婧好、吴星虹，2018级范小溪、蓝盈盈、廖愿茹、余慧文、原靖彤、郑展昊、钟淑惠，2019级陈佳礼、陈琳、胡益慧、黄华洁、潘浚铖、翁雨晴、吴子萍、薛尔恒、杨瑞雯、余琳，2020级宾泳珊、陈澄霖、陈恺瑶、陈芮、陈烨、郭婉容、黄静雨、黄可文、黄昭岚、江丽慧、刘素柳、刘欣妮、麦彤、邱文豪、邱子荷、石桂枝、王雅荧、吴咏鑫、肖一蕊、詹小璇、张洁、庄婉宜，2021级邓馨韵、胡梓欣、黄瀚、李菲菲、林春秀、龙祎洋、饶乐、王柳晴、叶格言、曾雨鑫；汉语国际教育专业2014级许紫晴；播音与主持艺术专业2019级揭慧怡、郑思奥；法学专业2020级戴博；语言学硕士研究生2020级龚钰萍，2021级江静仪，2022级巫丽君、徐珍珍；汉语国际教育硕士研究生2022级刘书琴；汉语国际教育博士研究生徐茹钰；英语语言文学硕士研究生2022级吴静萍。外校有澳门科技大学西班牙语专业2019级吴越和暨南大学视听传播专业硕士研究生2020级许佩欣。也感谢广东省教育厅和广州大学对皮书研制工作的高度重视和充分肯定。

2019年2月18日《粤港澳大湾区发展规划纲要》正式发布。四年来，在各级政府、三地民众的共同努力之下，粤港澳大湾区作为国际一流湾区和世界级城市群的框架已基本成形；大湾区协同发展的步伐不断加速，连通城市间的基础设施网络持续完善；粤港澳三地间的机制、规则加快衔接；大湾区内部的文化交流合作愈加频繁活跃，民众的湾区认同感进一步增强。四年来，粤港澳语言中心紧跟大湾区发展的步伐，携手学界同道，聚焦大湾区发展中的语言文字问题，以语言学之力助推大湾区建设。未来，作为国家战略性区域之一，粤港澳大湾区将会在产业升级、科技创新等方面承担起更为重要的角色，迎来更大的发展机遇。潮起宜踏浪，风正好扬帆。我们愿意与学界同仁一起乘浪扬帆，做好大湾区语言调查与语言服务研究，为大湾区建设、区域经济社会发展贡献我们的一份力量。

编者

2023 年 4 月

**图书在版编目(CIP)数据**

粤港澳大湾区语言生活状况报告.2023/屈哨兵主编.—北京:商务印书馆,2023
(语言生活皮书)
ISBN 978-7-100-22468-0

Ⅰ.①粤… Ⅱ.①屈… Ⅲ.①社会语言学—研究报告—广东、香港、澳门—2023 Ⅳ.①H102

中国国家版本馆 CIP 数据核字(2023)第 085099 号



**粤港澳大湾区语言生活状况报告(2023)**
YUE-GANG-AO DAWANQU YUYAN SHENGHUO ZHUANGKUANG BAOGAO (2023)
屈哨兵 主编

商务印书馆出版
(北京王府井大街 36 号 邮政编码 100710)
商务印书馆发行
北京中科印刷有限公司印刷
ISBN 978-7-100-22468-0

2023 年 7 月第 1 版 开本 787×1092 1/16
2023 年 7 月北京第 1 次印刷 印张 23
定价:98.00 元